Paulus Ebner

Politik und Hochschule

Die Hochschule für Bodenkultur 1914–1955

Franz Deuticke

Wien 2002

FORSCHUNGEN UND BEITRÄGE ZUR WIENER STADTGESCHICHTE
Publikationsreihe des Vereins für Geschichte der Stadt Wien

Herausgeber: Susanne Claudine Pils

Band 37

Fördernde Mitglieder des Vereins:

ISBN 3-7005-4673-4

Druck: Karl Werner Buch- und Offsetdruckerei KG, 1070 Wien, Lerchenfelder Straße 37.

Umschlagbild: Hochschule für Bodenkultur

INHALT

Vorwort und Danksagungen

Die politische Geschichte einer österreichischen Hochschule zu schreiben, wurde bis in die achtziger Jahre von den staatlichen Behörden – und in manchen Fällen von den Institutionen selbst – nicht nur nicht gefördert, sondern regelrecht behindert. Vor allem, wenn es sich dabei um die Untersuchung der nationalsozialistischen Vergangenheit handelte. So endete Anfang der achtziger Jahre der Versuch von Veronika Hofer, eine Dissertation über die Geschichte der BOKU in der Zeit zwischen 1938 und 1945 zu schreiben, trotz der Unterstützung des damaligen Rektors Manfried Welan an den Vorbehalten des Wissenschaftsministeriums. Dieses stellte den Datenschutz und die Rechte von Angehörigen und Nachkommen vor das wissenschaftliche Interesse und wies die Universitätsdirektion an, Veronika Hofer nicht nur die Sichtung der Personalakten, sondern den Zugang zum Archiv der BOKU grundsätzlich zu verweigern.

Eine Broschüre aus dem Jahr 1985, die sich mit der politischen Geschichte der Hochschule für Bodenkultur zwischen 1934 und 1945 beschäftigte, musste ebenfalls ohne die Archivalien der Hochschule auskommen. Hier wurden allerdings andere in öffentlichen Archiven aufbewahrte, wichtige Quellen zum ersten Mal präsentiert. Eine Pionierarbeit, die auch von Persönlichkeiten aus dem Dokumentationsarchiv des Österreichischen Widerstands (Willi Weinert) und dem Institut für Zeitgeschichte (Prof. Anton Staudinger) sowie von Veronika Hofer unterstützt wurde.

Der Autor dieser Arbeit war ein politisch und historisch interessierter BOKU-Student, dessen Name auf dem Titelblatt jedoch nicht aufscheint. Auslöser für sein Interesse an der Vergangenheit seiner Universität war der Konflikt zwischen der Studentenvertretung (vor allem der „Basisgruppe BOKU“) und einem Teil des Professorenkollegiums über die Gedenktafel für die im Zweiten Weltkrieg gefallenen Hochschulangehörigen. Auf dieser Tafel war bis 1984 ohne Beanstandung oder Kommentierung ein Zitat aus Adolf Hitlers „Mein Kampf“ zu lesen gewesen, und Teile des Kollegiums wehrten sich vehement gegen jede Veränderung des Status quo.

Dank der Unterstützung der Österreichischen Hochschülerschaft (ÖH) konnte diese Broschüre 1985 erscheinen. Der damalige Student (und heutige Landschaftsplaner DI) Heinz Wiesbauer hielt es angesichts der herrschenden Stimmung für besser, das Werk ohne Nennung eines Autorennamens zu publizieren. Als Redakteure scheinen die Namen von Hannes Balas und Heinz Auer (= Wiesbauer) auf.

Im Vorfeld der 125. Wiederkehr der Gründung der „Hochschule für Bodencultur“ war es Rektor Prof. Manfried Welan, der ein historisches Forschungsprojekt anregte: Dr. Lynne Heller, Archivarin der Universität für Musik und Darstellende Kunst, und Dr. Leo Kammerhofer vom Haus-, Hof- und Staatsarchiv entwickelten ein Konzept, in dem – auf ausdrücklichen Wunsch von Manfried Welan –

endlich auch die Jahre 1933 bis 1945 gebührend berücksichtigt wurden, um so letztlich eine Gesamtgeschichte der Institution zu ermöglichen. Ab 1994 konnte ich an diesem vom damaligen Bundesministerium für Wissenschaft und Forschung finanzierten Projekt teilnehmen, dessen Erkenntnisse 1997 in dem von Manfried Welan herausgegebenen Band „Die Universität für Bodenkultur Wien. Von der Gründung in die Zukunft 1872–1997“ an die Öffentlichkeit gebracht wurden.

Dieser Projektbericht bildet auch die Basis für das vorliegende Buch. Dabei handelt es sich um die überarbeitete Fassung einer 2001 abgeschlossenen Dissertation. Mein Dank gilt meinen Betreuern, Karl Vocelka und Mitchell G. Ash, deren Unterstützung und Drängen für den Abschluss der Arbeit unverzichtbar gewesen ist.

Weiters danke ich ganz besonders Lynne Heller und Manfried Welan für die wichtigen Gespräche zum Thema sowie der Direktion der BOKU für den unbürokratischen Zugang zum Archiv. Mirjana Naunkovic hat sich besonders für das Archiv eingesetzt und die Arbeit begleitet.

Weiteren Dank an Herbert Killian, Norbert Weigl, Leo Kammerhofer, Rudolf Jerabek, Veronika Hofer, Heinz Wiesbauer, Susanne C. Pils, Claudia Kuretsidis-Haider und Gerhard Hauptmann (für die Fotosammlung).

Als ungemein wichtig und ergiebig erwies sich die Arbeit der Korrekturleserinnen Lynne Heller, Ingrid Matschinegg, Elisabeth Strömmer, Susanne C. Pils und -leser Martin Krist, Georg Loidolt, Walter Muttenthaler und Karl Wögerer.

Das BOKU-Archiv: Verdrängte Geschichte?

In der Festschrift „100 Jahre Hochschule für Bodenkultur 1872–1972“ wurde die nationalsozialistische Epoche – abgesehen von einer genauen Dokumentation der die BOKU betreffenden Gesetze und Verordnungen – auf einer halben Seite abgehandelt.[1] Nachdem die einzelnen Institute, also in den meisten Fällen die Institutsvorstände, angehalten waren, ihre eigene Geschichte zu schreiben, lässt sich als einzige Konstante im Umgang mit der NS-Vergangenheit große Vorsicht feststellen, eine Vorsicht, die sich sowohl auf die Opfer des Regimes wie auch auf dessen Vertreter und Handlanger bezieht.

In den achtziger Jahren sahen sich die BOKU-Verantwortlichen im schon oben erwähnten Tafelstreit wieder mit der Vergangenheit konfrontiert. Der studentischen Kritik an der öffentlichen und unkommentierten Zurschaustellung eines Hitler-Zitates wurde seitens eines Teils der Professorenschaft mit Argumenten wie „Geschichtsfälschung“ oder „mangelnde Achtung vor den Toten“ oder gar

[1] 100 Jahre Hochschule für Bodenkultur in Wien 1872–1972. 1. Bd.: 100-Jahr-Bericht, Wien 1972, S. 16: „Um weitgehendst objektiv zu bleiben, sei auf die jeweiligen Gesetze, die hier einen guten Einblick gewähren, verwiesen.“ Die Gesetze aus den Jahren 1933 bis 1945 befinden sich in: ebd., S. 35–46.

„Bücherverbrennung“ begegnet.[2] Für die Tafelgeschichte wurde zunächst eine halbherzige Lösung gefunden, die zu Recht auch die Kritik der Studenten erregte,[3] die allgemeine geschichtliche Entwicklung der eigenen Institution wurde deswegen aber in den Folgejahren nicht stärker thematisiert.

Dieses Desinteresse an der eigenen Geschichte als Institution und meist auch an der Geschichte des eigenen Faches beschränkte und beschränkt sich – von wenigen Ausnahmen abgesehen – aber keineswegs auf die Zeit des Nationalsozialismus, sondern lässt sich grundsätzlich konstatieren. Im Gegensatz etwa zur Schwesteruniversität in Stuttgart-Hohenheim, wo schon 1957 ein Lehrstuhl für Geschichte und Agrargeschichte eingerichtet wurde,[4] gibt es an der BOKU kein vergleichbares Institut. Einschlägige Lehrveranstaltungen halten der Forsthistoriker Herbert Killian, der dem Institut für Sozioökonomik der Forst- und Holzwirtschaft zugeteilt ist, sowie Norbert Weigl ab.[5] Gerade unter der Betreuung von Prof. Killian entstanden und entstehen immer wieder Diplomarbeiten und Dissertationen, die sich mit Biographien von BOKU-Professoren der Forstwirtschaft und allgemeinen historischen Problemen dieses Faches beschäftigen.

In puncto NS-Vergangenheit ist die Zurückhaltung an der BOKU deshalb besonders auffällig, weil andernorts in Folge der Waldheim-Affäre das Interesse an der Geschichte der Hochschulen in der NS-Zeit wuchs und eine Reihe von Forschungsarbeiten inspirierte: Es entstanden erste Studien zum Themenbereich Universität und Nationalsozialismus an der Universität Graz,[6] der Technischen Universität Graz,[7] der Universität Wien,[8] der Hochschule für Musik und darstellende Kunst in Wien[9] und ganz besonders der Universität Innsbruck[10]. An der Universität für Bodenkultur war es diesbezüglich aber ebenso still geblieben wie an der

2 Verdrängte Geschichte? Die Hochschule für Bodenkultur im Austrofaschismus und Nationalsozialismus, Wien 1985, S. 4 (Einleitung).

3 Vgl. Verdrängte Geschichte (wie Anm. 2), S. 45 f., und PAULUS EBNER, Die Geschichte zweier Tafeln, in: Die BOKU 6 (1996), S. 9 f.

4 HARALD WINKEL, Universität Hohenheim – Die letzten 25 Jahre, in: DERS. (Hg.), Festschrift zum 175jährigen Jubiläum/Universität Hohenheim, Stuttgart 1993, S. 92. Dass dies aber auch nicht zu einem angemessenen Umgang mit der NS-Vergangenheit der eigenen Hochschule führen muss, beweisen S. 89 f., wo auf eineinhalb Seiten die Jahre 1933–1945 in einer derart nichtssagenden Weise abgehandelt werden, wie es in Österreich nur noch an der Montan-Universität Leoben möglich ist. Vgl. FRIEDWIN STURM (Hg.), Montanuniversität Leoben 1840–1990, Graz 1990.

5 Das aktuelle Vorlesungsverzeichnis (2001/2002) weist vier Lehrveranstaltungen im Kernbereich und fünf Vertiefungsfächer aus „Forst-, Jagd- und Umweltgeschichte“ auf.

6 Grenzfeste deutscher Wissenschaft. Über Faschismus und Vergangenheitsbewältigung an der Universität Graz, Graz 1985.

7 HANS-PETER WEINGAND, Die Technische Hochschule Graz im Dritten Reich. Vorgeschichte, Geschichte und Nachgeschichte des Nationalsozialismus an einer Institution, Graz 1988. Weingands Erfahrungen lassen sich noch am ehesten mit denen der ÖH-Broschüre über die BOKU vergleichen. Seine Arbeit wurde ebenfalls von der ÖH publiziert, und auch er war einmal Hörer dieser Hochschule gewesen. Doch die drei Jahre, die zwischen der Herausgabe beider Arbeiten liegen, hatten das Klima so weit verändert, daß Weingand Zugang zum Archiv erhielt.

8 GERNOT HEISS u.a. (Hg.), Willfährige Wissenschaft. Die Universität Wien 1938–1945, Wien 1989.

Wirtschaftsuniversität Wien, der Montanuniversität Leoben oder der Veterinärmedizinischen Universität.

Wie sehr sich die BOKU dem allgemeinen Trend zur Erforschung des Nationalsozialismus verschloss, beweist der Eintrag im 1995 erstellten „Inventar archivalischer Quellen des NS-Staates",[11] der aufgrund der rigiden Zugangsbestimmungen nichts über die Archivbestände der BOKU auszusagen weiß und auf Vermutungen angewiesen ist.

Auch ohne studentischen Druck (in den neunziger Jahren war das Thema nach dem Abflauen der Tafeldiskussion auch der ÖH kein besonderes Anliegen mehr) war es dem Autor als erstem Historiker im Rahmen des oben erwähnten Forschungsprojektes möglich, das Archiv der BOKU, d. h. die Akten des Rektorats und der Direktion, ohne jede Behinderung und ohne zeitliche Einschränkung zu benutzen. Ob dies ohne die Unterstützung von (Pro-)Rektor Welan so einfach gewesen wäre, wage ich zu bezweifeln.

Dieses Archiv befand und befindet sich, was den Bestand bis 1986 betrifft, in einem wohl geordneten Zustand: Es enthält den Schriftverkehr von Rektorat und später Direktion zwischen 1872 und 1986, wenn auch durch drei Skartierungsaktionen (1903, 1920, 1940) leider stark eingeschränkt für die Zeit vor 1918. Es bietet dementsprechend jenen Einblick in die Mechanismen der Hochschule, der für die vorliegende Arbeit Grundvoraussetzung war. Mit Hilfe von Index- und Protokollbüchern findet der Benutzer mühelos jene in Faszikeln und Kartons geordneten Schriftstücke, die er für seine Arbeit benötigt. Durch die Benutzung der Protokollbücher lassen sich wenigstens Basisinformationen über die skartierten Akten gewinnen.

Neben diesen Faszikeln enthält das Archiv auch noch Sammlungen der Protokolle der Sitzungen des Professorenkollegiums, Sammlungen der Inaugurationsreden, eine Sammlung von Dissertationen (bis 1945) und der Habilitationen mit den dazugehörigen Gutachten sowie diverse Kleinbestände wie Bildteilarchive, die Porträts der Rektoren, Ehrengeschenke von Partnerhochschulen etc. Weiters findet sich hier die Korrespondenz des Rektorats.

Weitere Teilarchive besitzen die Personalabteilung, das Studiendekanat, die Quästur und die Bauabteilung. Die Archivalien der Institute befinden sich nicht im

[9] Lynne Heller, Die Reichshochschule für Musik in Wien 1938–1945, phil. Diss. Wien 1992, und dies., Geschichte der Hochschule für Musik und Darstellende Kunst in Wien 1909–1970. 5 Bde., Wien 1994 (Endbericht eines FWF-Projekts).

[10] Michael Gehler, Studenten und Politik. Der Kampf um die Vorherrschaft an der Universität Innsbruck 1918–1938, Innsbruck 1990 (Innsbrucker Forschungen zur Zeitgeschichte 6). In jüngster Zeit erschienen: Peter Goller, „... natürlich immer auf wissenschaftlicher Ebene!": Die geisteswissenschaftlichen Fächer an der Universität Innsbruck im Übergang von Nazifaschismus zu demokratischer Republik nach 1945, Innsbruck 1999, und ders., Der Dozentenkader der Naturwissenschaftlichen Fakultät Innsbruck und die Befreiung vom Nazifaschismus 1945–1951, Innsbruck 2000.

[11] Inventar archivalischer Quellen des NS-Staates. Die Überlieferung von Behörden und Einrichtungen des Reichs, der Länder und der NSDAP. Teil 2, München u. a. 1995.

Archiv, sondern – wenigstens theoretisch – in den einzelnen Instituten. In den meisten Fällen sind derartige Archive nie eingerichtet worden oder im Laufe der Zeit verloren gegangen.

Es gehört mit zu den Zielen dieser Arbeit, die Bestände dieses in der wissenschaftlichen Welt bisher nicht rezipierten Archivs der Universität für Bodenkultur erstmals zu präsentieren. Die momentane Archivsituation ist höchst unbefriedigend. Zwischen 1994 und 1997 war das Archiv für wissenschaftliche Benutzer geöffnet (nach Ansuchen an die Universitätsdirektion und unter Betreuung des Autors). Obwohl in dieser Zeit einige Diplomarbeiten und eine Dissertation[12] ganz wesentlich von den Beständen dieses Archivs gespeist worden waren, wurden Vorschläge, die Dr. Leo Kammerhofer und der Autor für die Aufarbeitung und Benutzbarkeit dieses Ortes des „kollektiven Gedächtnisses" der Universität für Bodenkultur vorlegten, aus finanziellen Gründen abgelehnt.

Für 2002 ist eine Übersiedlung der Bestände in das Simony-Haus und die Vergabe eines Werkvertrags für eine genaue Bestandsaufnahme geplant. Die Einrichtung eines zentralen Archivs der Universität für Bodenkultur ist jedenfalls nicht vorgesehen. Momentan ist der Zugang nur über schriftliche Ansuchen an Rektorat und Direktion möglich, wird in der Regel auch gewährt, eine Benutzerbetreuung (im Sinne von Beratung) findet jedoch genauso wenig statt wie eine wissenschaftliche Betreuung der Bestände.

In diesem Fall hat sich das UOG 1993 mit seiner Schwächung der zentralen Stellen in den Hochschulen sicherlich negativ ausgewirkt. In Zeiten der Vollrechtsfähigkeit der Universitäten wird sich die Situation wohl nicht verbessern, denn Archive, die Gewinn machen, sind leider noch nicht erfunden worden.

Die wenigen Professoren, die der scheinbaren Geschichtslosigkeit der an der BOKU ansässigen Lehrkanzeln und Wissenschaften entgegenwirken, gehören schon (bald) zum Kreis der Emeriti: Neben Manfried Welan ist dies in erster Linie Herbert Killian, der auch immer wieder auf die Archivmisere hinweist.

Vielleicht liegt dieses Desinteresse auch darin begründet, dass historische Vorlesungen an der BOKU eng mit diktatorischen Regimes bzw. deren Überwindung verbunden waren: Vor 1938 wurde in diesen Lehrveranstaltungen die Österreich-Ideologie präsentiert, zwischen 1938 und 1945 fand in den Vorlesungen zur Agrargeschichte die Ideologie von „Blut und Boden" breiten Raum und nach 1945 gehörten einschlägige Lehrveranstaltungen zum so genannten „Umerziehungsprogramm" für Studenten, deren Schulzeit in die Ära des Nationalsozialismus gefallen war.

So verbleiben als Beispiele für den Umgang der BOKU mit der eigenen Geschichte jene vier Festschriften, die von den jeweiligen Kollegien in den Jahren 1912/13, 1933, 1947 und 1972 herausgeben wurden.[13] Diese bilden einen wichtigen Ausgangspunkt meiner Arbeit.

[12] NORBERT WEIGL, Österreichs Forstwirtschaft in der Zwischenkriegszeit 1918–1938, Wien 1997 (Dissertationen der Universität für Bodenkultur 45).

[13] Zur Gedenkfeier der Forst-Lehranstalt Mariabrunn 1813 und der k.k. Hochschule für Bodenkultur in Wien 1872, Wien 1912/13 (sehr stark historisch orientiert); 60 Jahre Hochschule für Bodenkultur.

Literatur, Methoden, Erkenntnisse

In den beiden grundlegenden Analysen der Funktionen von Hochschulen und Universitäten, die in den letzten Jahrzehnten in Österreich durchgeführt wurden, arbeiteten Marina Fischer-Kowalski/Hermann Strasser sowie Susanne Preglau-Hämmerle mit soziologischen Modellen. Preglau-Hämmerle versucht zunächst einen funktionsanalytischen Zugang. Nach diesem Modell, das in Anlehnung an Talcott Parsons entwickelt wurde, ergeben sich für die Hochschulen Systemfunktionen wie Anpassung, Zielerreichung, Integration und Strukturerhaltung.[14] Da sich mit diesem Modell Veränderungen nicht erklären lassen,[15] ergänzt Preglau-Hämmerle ihre Untersuchungen mit einem historisch-materialistischen/polit-ökonomischen Ansatz.

Demnach dienten die Universitäten erstens zur Erzeugung von Wissen und Qualifikation für den gesellschaftlichen Produktionsprozess. Die Wissenschaft wird zur „unmittelbaren Produktionskraft", wenn sie praktische Anwendung findet. Diese Funktion wird mit der Verwissenschaftlichung der Produktion, also der Industrialisierung relevant: in Österreich also ab der Mitte des 19. Jahrhunderts. Gründungsumstände und Gründung der BOKU untermauern diese Sichtweise auch für den landwirtschaftlichen Sektor.[16] Der zweite wesentliche Faktor ist die Erzeugung von Wissen und Qualifikation für den gesellschaftlichen Reproduktionsprozess, also von Distinktionsmerkmalen. Als dritten Punkt nennt sie die Erzeugung von gesellschaftlicher Legitimation, also eine „legitimatorische Stabilisierung" der jeweils gegebenen gesellschaftlichen Machtverhältnisse durch die Hochschulen.[17]

Auch Fischer-Kowalski/Strasser, deren Ansatz stärker historisch ausgerichtet ist, betonen die Wichtigkeit der Erzeugung „technisch-wissenschaftlicher Ressourcen für den materiellen Produktionsprozeß", sowie die Erzeugung von „gesellschaftlicher Binnenstabilisierung" (auch legitimatorisch gemeint) durch die Hochschulen.[18]

Herausgegeben vom Professorenkollegium der Hochschule für Bodenkultur, Wien 1933 (konzentriert sich fast ausschließlich auf den gerade aktuellen Zustand der Hochschule); 75 Jahre Hochschule für Bodenkultur. I. Bd.: Allgemeiner Teil, Wien 1947, II. Bd.: Die Bodenkultur in Forschung und Praxis, Wien 1948 (Teil I enthält den historischen Rückblick); 100 Jahre Hochschule für Bodenkultur in Wien 1872–1972. 1. Bd.: 100-Jahr-Bericht, Wien 1972, 2. Bd.: 100-Jahr-Feier, Wien 1973.

[14] Susanne Preglau-Hämmerle, Die politische und soziale Funktion der österreichischen Universität. Von den Anfängen bis zur Gegenwart, Innsbruck 1986, S. 2 f.

[15] Michael Gehler, Neuere Literatur zur Geschichte der Universitäten, Wissenschaften, Studenten und Korporationen in Deutschland und Österreich unter besonderer Berücksichtigung der Jahre 1918–1945, in: Archiv für Sozialgeschichte 34 (1994), nennt diese Methode demnach auch „ahistorisch" (S. 301).

[16] Preglau-Hämmerle (wie Anm. 14), S. 4.

[17] Ebd., S. 4 f.

[18] Marina Fischer-Kowalski – Hermann Strasser, Gesellschaftliche Entwicklung und Hochschulreform in Österreich 1: Eine soziologische Analyse der Veränderungen im Hochschulsektor seit dem Zweiten Weltkrieg, Wien 1974, S. 1 ff.

Ihrer (zum Zeitpunkt der Erstellung noch nicht durch empirische Detailstudien belegbaren) Einschätzung der Hochschulsituation nach dem Ersten Weltkrieg, dass nämlich unter dem Eindruck der Verschärfung der Klassenkämpfe die „bürgerlich-liberale Öffentlichkeit der Hochschulen einer nahezu lückenlosen katholischen Restauration [weicht]“,[19] ist gleich in zweifacher Weise zu widersprechen: denn sowohl vor wie nach 1918 ist der Deutschnationalismus die bestimmende Ideologie an den Hochschulen, und zwar bei den Lehrenden und – noch stärker – bei den Studierenden. Wegen dieser grundlegenden Fehleinschätzung ist auch das in der Studie entwickelte Schema nur bedingt brauchbar.[20]

Für die Zeit des Ständestaates und des Nationalsozialismus sehen Fischer-Kowalski/Strasser die Hauptaufgabe der Universitäten in der Lieferung von Herrschaftslegitimation.[21] Die Zeit nach 1945 gilt als „Rekonstruktionsperiode“,[22] wobei gerade für den landwirtschaftlichen Sektor die Ausbildungserfolge zu wünschen übrig lassen: Erst 1952 wird das Vorkriegsniveau wieder erreicht.[23]

Was sowohl Preglau-Hämmerle und Fischer-Kowalski/Strasser sehr schwer fällt, ist die Verknüpfung der theoretischen Ansätze mit den empirischen Daten der Hochschulgeschichte(n). Dies liegt natürlich in erster Linie an den fehlenden historischen Monographien zu den einzelnen Hochschulen: Während die Studie von Fischer-Kowalski/Strasser 1974 in erster Linie auf statistischen Daten aufbaute, musste Preglau-Hämmerle zehn (Dissertation) bzw. zwölf (Publikation) Jahre später immer noch auf historische Streiflichter zurückgreifen, die eher beliebig ausgewählt scheinen.

Gernot Stimmer hatte in seiner 1997 erschienenen Habilitation „Eliten in Österreich 1848–1970“ schon eine weitaus größere Materialbasis. Er nützt diese zu einem überzeugenden Einblick in den Prozess der Elitenformierung in Österreich unter den verschiedensten politischen Regimes. Die Universitäten spielen darin zwar eine wichtige Rolle, die Untersuchung geht aber weit über dieses Thema hinaus.[24]

Das Fach „Geschichte“ war dem Thema „Entwicklung der österreichischen Hochschulen nach 1918“ lange Zeit ausgewichen. Ganz im Gegensatz zu Deutschland, wo schon in den sechziger Jahren Ringvorlesungen dazu abgehalten wurden.[25] Die Salzburger Antrittsvorlesung von Erika Weinzierl unter dem Titel „Universität und Politik in Österreich“ blieb weitgehend folgenlos, obwohl darin die Eckpunkte

19 Ebd., S. 12 f.

20 Ebd., Schema 1, Fortsetzung 3 und 4, S. 13D und 13E.

21 Ebd., S. 13.

22 Ebd., S. 23.

23 Ebd., S. 39.

24 Gernot Stimmer, Eliten in Österreich 1848–1970, 2 Bde., Wien/Köln/Graz 1997 (Studien zu Politik und Verwaltung 57).

25 Die deutsche Universität im Dritten Reich. Eine Vorlesungsreihe der Universität München, München 1966.

künftiger Forschungsarbeit abgesteckt gewesen wären.[26] Erst in den siebziger Jahren lieferte die Dissertation von Brigitte Lichtenberger-Fenz wesentliche Einblicke in die Vorgeschichte des Nationalsozialismus an den österreichischen Hochschulen.[27] Anfang der achtziger Jahre folgten eine Reihe von Aufsätzen von Lichtenberger-Fenz und Willi Weinert, die sich mit dem Nationalsozialismus an den Hochschulen und seinem Fortwirken nach 1945 beschäftigten.[28]

Aber erst die schon oben erwähnte Diskussion um Kurt Waldheim und sein Studentenleben regten weitere Publikationen an. Nachdem die ersten Arbeiten zum Thema „Österreichische Universitäten im Nationalsozialismus" erschienen waren, gab es neben der Würdigung der Pionierarbeiten auch Kritik und Anregungen. In seiner Rezension des Sammelbandes „Willfährige Wissenschaft"[29], der die Verstrickungen der einzelnen Disziplinen der Universität Wien in den Nationalsozialismus erstmals thematisiert hatte, forderte Christian Fleck die Behandlung dreier Themenkreise beim zukünftigen Umgang mit der Hochschulgeschichte des Nationalsozialismus in Österreich:

- Welche Anpassungen erfuhren die einzelnen Disziplinen in ihrer kognitiven Gestalt durch das Auftreten der staatlichen Intervention, die auf Unterordnung der disziplinspezifischen Kriterien der Wahrheitssuche unter die Imperative der Weltanschauung drängte?
- Welche Veränderungen erfuhr die traditionelle Institution Universität durch eine die Autonomie restringierende Wissenschaftspolitik und die innerinstitutionelle Machtübernahme einer politisierenden (und politisierten) Fraktion?
- Welche (insbesondere Langzeit-)Wirkungen zeitigten die erzwungenen Entlassungen bzw. ermöglichte Mobilität des Personals (einschließlich der Studierenden) für die soziale und kognitive Gestalt der jeweiligen Disziplinen?[30]

In der Folge erschienen einige weitere Studien, überwiegend zu jenen Hochschulen, deren Geschichte vorher noch nicht aufgearbeitet worden war.[31] Die

[26] Erika Weinzierl, Universität und Politik in Österreich. Antrittsvorlesung an der Universität Salzburg, Wien/München 1969.

[27] Brigitte (Lichtenberger-)Fenz, Volksbürgerschaft und Staatsbürgerschaft. Das Studentenrecht in Österreich 1918–1932, Diss. Wien 1977.

[28] Z. B.: Willi Weinert, Die Maßnahmen der reichsdeutschen Hochschulverwaltung im Bereich des österreichischen Hochschulwesens nach der Annexion 1938, in: Helmut Konrad – Wolfgang Neugebauer (Hg.), Arbeiterbewegung – Faschismus – Nationalbewußtsein, Wien/München/Zürich 1983, S. 127–134, und ders., Rechtsextremismus an den Hochschulen, in: Rechtsextremismus in Österreich nach 1945, hg. v. Dokumentationsarchiv des österreichischen Widerstandes, 5. Aufl. Wien 1981, S. 289–308.

[29] Vgl. Anm. 8.

[30] Christian Fleck, Rezension von „Willfährige Wissenschaft", in: Österreichische Zeitschrift für Geschichtswissenschaft (ÖZG) 1 (1990), H. 1, S. 140.

[31] Peter Berger, Die Wiener Hochschule für Welthandel und ihre Professoren 1938–1945, in: ÖZG 10 (1999), H. 1, S. 9–49; Juliane Mikoletzky, „Mit ihm erkämpft und mit ihm erbaut deutsche Technik ein neues Abendland". Die Technische Hochschule in Wien in der NS-Zeit, in: ÖZG 10 (1999), H. 1, S. 51–70; Albert Müller, Dynamische Adaptierung und „Selbstbehauptung". Die Universität

beeindruckendste Arbeit stammt von Michael Gehler und behandelt mit großer Akribie die Entwicklung der Universität Innsbruck zwischen 1918 und 1938. Gehlers Schwerpunkt liegt sehr stark auf der Studentengeschichte. Er konnte auf sehr schwierig zu beschaffende Archivalien von Studentenverbindungen zurückgreifen und zeigt die vielfältigen Verbindungen zwischen Korporationen und dem Nationalsozialistischen Deutschen Studentenbund (NSDStB) auf.[32]

Soweit sich die Literatur überblicken lässt, ist in Österreich aber noch keine Untersuchung erschienen, die den von Fleck formulierten Ansprüchen genügen würde. Dies gilt im Übrigen auch für die vorliegende Arbeit, wenn diese drei Fragestellungen sie auch begleitet haben. Zusätzlich soll ein Schwerpunkt auf die innere Entwicklung der Hochschule hin zum Nationalsozialismus gelegt werden. Flecks Modell ist ja eher statisch, es konzentriert sich auf die externen Faktoren dieses Veränderungsprozesses. In der vorliegenden Arbeit soll vor allem den an der Hochschule ablaufenden politischen Prozessen nachgegangen werden. Deshalb gilt es zunächst, die politische Formierung und Sozialisierung der Studentenschaft, die eng mit der prononciert nationalen Grundhaltung des Großteils der Professorenschaft korrespondiert, transparent zu machen.

Weiters wird hier die erste von Fleck erhobene Forderung nur am Rande behandelt werden können, da ich – im Gegensatz zu den MitarbeiterInnen von „Willfährige Wissenschaft" und deren Forschungsgegenständen – in keiner der an der BOKU gelehrten Disziplinen wissenschaftlich tätig bin. Dabei ist die Behandlung dieses Themas ohne Zweifel von großer Wichtigkeit, auch wenn unmittelbar nach 1945 sehr gerne von der Fiktion ausgegangen wurde, in den naturwissenschaftlichen Fächern hätte der Nationalsozialismus viel weniger auf Lehrinhalte Einfluss genommen als beispielsweise in der Geisteswissenschaft. Die konkreten Auswirkungen auf die an der BOKU beheimateten Fächer bleiben also ein Forschungsdesiderat, auch wenn sich einige Hinweise zu diesem Bereich in dieser Studie finden.

Der Focus dieser Arbeit liegt in der Untersuchung des Verhältnisses der Hochschule zur jeweiligen Regierung und der gesellschafts-, wissenschafts- und auch parteipolitischen Äußerungen von Angehörigen der Hochschule für Bodenkultur, seien es Professoren, Dozenten oder Studenten. Im Zentrum stehen die zwölf Jahre von 1933 bis 1945, in denen die vier einander ablösenden politischen Herrschaftsformen in einer selbst im Vergleich mit anderen österreichischen Hochschulen ungewöhnlichen Weise auf die Zusammensetzung des Professorenkollegiums wirkten.

Die Untersuchung der komplexen Verhältnisse und Beziehungen innerhalb des Kräftefeldes, das aus Professorenkollegium – ab 1938 muss unbedingt auch

Wien in der NS-Zeit, in: Geschichte und Gegenwart 23 (1997), S. 592–617; MANFRIED WELAN (Hg.), Die Universität für Bodenkultur. Von der Gründung in die Zukunft 1872–1997, Wien/Köln/Weimar 1997.

32 MICHAEL GEHLER, Studenten und Politik. Der Kampf um die Vorherrschaft an der Universität Innsbruck 1918–1938, Innsbruck 1990 (Innsbrucker Forschungen zur Zeitgeschichte 6).

noch die Dozentenschaft als selbständig agierende Formation berücksichtigt werden –, Studentenschaft und der jeweiligen staatlichen Unterrichtsverwaltung und -politik besteht, ist das zentrale Anliegen dieser Arbeit. Die Machtverhältnisse innerhalb dieses instabilen Feldes verändern sich im Untersuchungszeitraum laufend – aus politischen wie auch aus soziokulturellen Ursachen.

Grundsätzlich erscheint die Hochschule für Bodenkultur als Feld, auf dem zwei der drei politischen Lager Österreichs einen harten Kampf ausfechten: die bei Professoren und Studenten hegemonialen Deutschnationalen (oft auch in der beliebten Verkleidung des „Unpolitischen") gegen die klerikal-katholisch orientierten Hochschulangehörigen. Sozialdemokratische oder liberale (im zeitgenössischen Jargon meist bezeichnet als „jüdische") Einflüsse sind an dieser Hochschule von Anfang an in erster Linie als allgemeine Feindbilder für die überwiegende Mehrheit der Lehrenden und Studierenden festzustellen. Feindbilder, auf die sich gerade nach 1918 fast alle einigten, die jedoch zumeist nicht einmal an konkreten Akteuren an der eigenen Hochschule festgemacht werden konnten, sondern an anderen Hochschulen regelrecht gesucht werden mussten.

Obwohl ja 1918 keinerlei Folgen auf die Zusammensetzung des Professorenkollegiums hatte, verschlechterte sich die Stimmung. Der Hochschule, die offensichtlich mit der veränderten Situation nicht umgehen konnte, fehlte nun ein Ausbildungsziel, wie es der wissenschaftlich gebildete Gutsverwalter in der Monarchie gewesen war. Weder das Kollegium noch die Unterrichtsverwaltung vermochten diese Leerstelle zu füllen. Es waren also – im Großen und Ganzen – die selben Personen, die nach der „Blüte" nun auch den „Niedergang" (von der Dotation bis zu den Hörerzahlen) verwalten mussten.

Das eigene Unbehagen, die Schwierigkeiten, mit den veränderten politischen, vor allem aber sozialen Rahmenbedingungen der (deutsch-)österreichischen Republik umzugehen, ließ auch in den Professoren dieser Hochschule einen Hang zum Geschichtspessimismus keimen: „Spätestens in den frühen zwanziger Jahren unseres Jahrhunderts waren sie [= die Gelehrten, P.E.] zutiefst davon überzeugt, eine schwere Krise zu durchleben, eine ‚Krise der Kultur', der ‚Bildung', der ‚Werte' oder des ‚Geistes'."[33] Diese Empfindungen wurden von deutschnationalen und katholischen Professoren geteilt und äußerten sich in Antikommunismus, Antisemitismus und Antimodernismus. Die öffentlichen und internen Aussagen mancher Professoren lassen diesen Schluss jedenfalls zu.

Dies gilt nicht für alle an der BOKU tätigen Professoren, und ganz sicher nicht für die aktiven Nationalsozialisten. Diese verband mit der überwiegenden Mehrzahl der Studierenden die gemeinsame Ideologie des Deutschnationalismus, später des Nationalsozialismus. Der Anschluss an ein nationalsozialistisches Deutschland erschien dabei nicht erst nach 1933 als ultima ratio. Bei aller Unbe-

[33] Fritz K. Ringer, Die Gelehrten. Der Niedergang der deutschen Mandarine 1890–1933, Stuttgart 1983, S. 13. Ringer bezieht sich auf die deutschen Verhältnisse, seine Erkenntnisse treffen aber auch auf Österreich zu. Er bemerkt weiters, daß „viele deutsche Naturwissenschaftler in kulturellen und politischen Fragen ihren Kollegen aus den Geisteswissenschaften folgten" (ebd., S. 16).

irrbarkeit gab es jedoch keine ausformulierten Vorstellungen, was „danach“, also nach der Machtergreifung, hochschulpolitisch geschehen sollte.

Dass dieses offen zur Schau gestellte Verhalten den ohnehin schon bestehenden Konflikt mit der immer autoritärer agierenden christlichsozialen Unterrichtsverwaltung verschärfte, ergab sich von selbst. Diese stellte unter Unterrichtsminister Schuschnigg die Frage, ob eine überwiegend staatsfeindlich agierende Hochschule weiterhin im gleichen Ausmaß staatlich gefördert werden sollte. Der Einschränkung der Dotation folgte ein selbst im Ständestaat einmaliger Eingriff in die Hochschulautonomie: Gerade in der Ersten Republik fanden sich Studenten und Professoren sehr oft auf ein- und derselben Seite, eben auch beim Kampf um den Autonomiestatus, wobei die „Autonomie“ der Hochschulen spätestens in der Ersten Republik zum reaktionären Kampfbegriff wurde.

1934, 1938 und 1945 sind an der BOKU gleich drei „Machtübernahmen einer politisierenden (und politisierten) Fraktion“ (Fleck) zu verzeichnen – und zwar sowohl in der Professorenschaft wie auch bei den Studenten. Bei der folgenden Untersuchung wird auch immer wieder der Vergleich zu anderen österreichischen Hochschulen und zur deutschen Entwicklung gesucht, nicht zuletzt um die Sonderentwicklung(en) an der BOKU besser herausstreichen zu können. Dabei stellt der Machtwechsel von 1938 auch in sozialer Hinsicht einen besonders gravierenden Einschnitt dar: Schon an dieser Stelle sei festgestellt, dass das nach den Säuberungen von 1934 eher regimetreu ausgerichtete Professorenkollegium (incl. der wenigen verbliebenen oder pardonierten Nationalsozialisten) im März/April 1938 einen in der Geschichte bis dato einmaligen Bedeutungsverlust gegenüber den Dozenten und Studenten der eigenen Hochschule erlebt.

Obwohl 1945 nicht nur die Überwindung des Nationalsozialismus, sondern die Wiederkehr einer recht milde-paternalistisch agierenden Professorenherrlichkeit mit sich brachte, war ein Autoritätsverhältnis, wie es vor 1933 bestanden hatte, nicht mehr herstellbar. Um 1950 schließlich brechen demnach neuerlich Konflikte zwischen dem nun eindeutig ÖVP-(und damit regierungs-)nahen Kollegium und der neuformierten rechten studentischen Opposition auf, die sich nach ihren nationalsozialistischen Lehrern sehnte, auch mit dem (von mir nicht überprüfbaren) Argument, dass diese als Hochschullehrer fachlich besser geeignet waren.

Besonders ungewöhnlich für Österreich ist wohl die nach 1945 sehr streng gehandhabte Entnazifizierung im Bereich des Professorenkollegiums. Im Gegensatz zu anderen österreichischen Hochschulen gelang es an der Hochschule für Bodenkultur, die nationalen oder nationalsozialistischen Traditionslinien im Lehrkörper zu unterbinden oder wenigstens für Jahrzehnte zu unterdrücken. Doch im Falle der BOKU erscheint dies nur folgerichtig. Im Bereich der hier gelehrten Fächer strebte die ÖVP nach 1945 erfolgreich nach einer Art Monopolstellung. Auf politischer Ebene wurde dies unter anderem durch die Einverleibung des „Landbundes“ möglich. Nicht umsonst wurde der ehemalige Vorsitzende dieser Partei, der ebenfalls zur ÖVP übergetretene Vinzenz Schumy, 1952 mit einem Ehrendoktorat der BOKU ausgezeichnet. Damit fand er sich in einer illustren Gesellschaft mit anderen ÖVP-Politikern: Auch Leopold Figl (1948), Ex-Minister Rudolf Buchinger (1950), der oberösterreichische Landeshauptmann Heinrich Gleißner (1951) und sein niederösterreichischer Amtskollege Eduard Hartmann (1965) promovierten zu Ehrendoktoren der Hochschule für Bodenkultur.

Der stabilen ÖVP-Lastigkeit des Kollegiums entsprachen auch die Wahlergebnisse bei den ÖH-Wahlen. Die freiheitlichen Studenten (RFS) konnten nie mehr als ein Drittel der abgegebenen Stimmen erreichen. Das mit der scharfen Entnazifizierung begonnene Projekt war erfolgreich zu Ende gebracht worden, und die BOKU blieb bis Mitte der siebziger Jahre ein Hort der politischen Stabilität im Sinne der großkoalitionären Farbenlehre.

1. Die BOKU im Umbruch 1914–1932

Um die Situation der Hochschule im Jahr 1914 zu verstehen, ist ein kurzer Rückblick auf die „goldenen“ Vorkriegsjahre notwendig, in denen die „Hochschule für Bodencultur“ – ohne besondere Vergünstigungen durch die Behörden – prosperierte, in enger Beziehung zum herrschenden Regime und zur zuständigen Bürokratie stand und sich auch politischer Anerkennung erfreute. Im Lehrkörper der BOKU wirkten Reichsratsabgeordnete (Josef Schlesinger), Herrenhausmitglieder (Wilhelm Exner), Minister (Gustav Marchet), ja sogar ein späterer Ministerpräsident (Ernst Seidler von Feuchtenegg, Ministerpräsident von Juni 1917 bis Juli 1918).[34] Die Studenten dieser Hochschule, die zunächst im Lehrplan und bei (manchen) Lehrenden eher an eine höhere landwirtschaftliche Schule erinnerte, wurden nicht sonderlich auffällig, und wenn, dann nur mit „Erlaubnis“ der Professoren.

Die Hochschule für Bodenkultur in Wien war 1872 gegründet worden, weil die einzige höhere landwirtschaftliche Schule der Monarchie in Mosonmagyaróvár (Ungarisch-Altenburg) durch den Ausgleich von 1867 an die ungarische Reichshälfte gefallen war. Weil hier die Unterrichtssprache von Deutsch auf Ungarisch geändert wurde, formierten sich in der österreichischen Reichshälfte Agrarier, zumeist Großgrundbesitzer, die auf die Errichtung einer deutschsprachigen Anstalt in Cisleithanien drängten. Die 1872 im Palais Schönborn in der Laudongasse im 8. Wiener Gemeindebezirk eröffnete Anstalt führte zunächst nur einen landwirtschaftlichen Zweig. Gründungsrektor war der Professor für Tierphysiologie und Tierzucht Martin Wilckens. Von vornherein waren eine landwirtschaftliche und eine forstliche Sektion geplant. Mit Dekret vom 4. Juni 1875 wurde die k. k. Forstakademie in Mariabrunn aufgelöst und die forstliche Abteilung an der Hochschule für Bodenkultur errichtet.

Mit 1. Jänner 1878 ging die Zuständigkeit der Hochschule vom Ackerbauministerium an das Ministerium für Kultus und Unterricht über. Schon in dieser Phase der Geschichte war die Selbständigkeit der Hochschule bedroht. Während die Majorität des Kollegiums für den Weiterbestand der Anstalt eintrat, leistete sich ausgerechnet der Gründungsrektor eine abweichende Meinung. Martin Wilckens trat für die Errichtung einer staatswissenschaftlichen Fakultät ein, denn seiner Meinung nach sei die BOKU nichts anderes als eine Fachhochschule, und eine solche beschreibt er wie folgt:

„Was ist eine ‚Fachhochschule‘? Mir kommt dieser Begriff so vor wie der Begriff des ‚hölzernen Eisens‘. [...] Auf der Hochschule für Bodencultur werden die Disciplinen der allgemeinen Bildung gar nicht gelehrt; es fehlen dort die philosophischen, die allgemeinen und culturhistorischen und die literarhistorischen Vorlesungen. Die staatswissenschaftlichen Vorlesungen werden an der Hochschule

[34] Vgl. WELAN (wie Anm. 31), S. 259 f.

für Bodencultur von Seiten der Hörer gegenüber den fachwissenschaftlichen entschieden vernachlässigt. Selbst die naturwissenschaftlichen Vorlesungen werden in geringerer Zahl frequentirt, als die fachwissenschaftlichen."[35]

Trotz dieser pessimistischen Einschätzung konnte sich die Hochschule in der akademischen Welt langsam etablieren: Die Hörerzahlen stiegen, zwei Staatsprüfungen (1881/82) wurden eingeführt, ab 1883/84 konnte mit der Kulturtechnik eine dritte Studienrichtung eingerichtet werden.

Das (nur angemietete) Schönbornsche Palais war längst zu klein geworden und so übersiedelte die Hochschule 1896 in das neu errichtete Gebäude beim Türkenschanzpark (heute Gregor-Mendel-Haus). Binnen weniger Jahre entstand in der Umgebung eine Art kleiner Universitätscampus mit Mensa academica, Studentenheim und einem Neubau, dem heutigen Adolf-v.-Guttenberg-Haus.

Mit den Hörerzahlen wuchsen auch die Ansprüche an die Studenten und die Leistungen der Hochschule. 1905 wurde die Dauer des Regelstudiums von sechs auf acht Semester angehoben, 1906 erhielt die Hochschule für Bodenkultur auch das Promotionsrecht. Ein Jahr vor dem Feierjahr 1912/13 (die 40. Wiederkehr des Gründungstages wurde genauso gefeiert wie der 100. Geburtstag der Anstalt in Mariabrunn) wurde mit 1.138 Hörern ein neuer Frequenzrekord erzielt.

1.1. Die Hochschule für Bodenkultur im Ersten Weltkrieg

Der patriotische Taumel des Juli 1914, mit dem vor allem die deutschsprachigen Österreicher auf die gegenseitigen Kriegserklärungen der Mittelmächte und der Entente reagierten, machte auch vor der Hochschule für Bodenkultur nicht halt. Hierorts ging man, in der Annahme der Krieg werde bald wieder beendet sein, sogar so weit, das Hauptgebäude in den ersten Kriegstagen unverzüglich in ein Lazarett (Reservespital 7) zu verwandeln.

Rektor Josef Ritter von Bauer hatte schon am 2. August 1914 zusammen mit einem anderen Hochschulprofessor (Prof. Cluß) und einem Arzt (Primarius Dr. Lorenz) Institutionen wie den Brauherren-Verein und die Versuchsstation und Akademie für Brauindustrie für das Projekt eines Lazaretts gewonnen und binnen kurzer Zeit 80.000 Kronen an Spenden gesammelt. Nachdem das Ministerium für Kultus und Unterricht die Umwandlung genehmigt hatte, einigten sich die Hochschule und das Rote Kreuz auf folgende Bereichsteilung bei der Finanzierung: Die Bundesleitung des Roten Kreuzes übernahm die Kosten des Betriebs, das Hochschulkomitee die der Einrichtung.[36]

[35] Martin Wilckens, Der Hochschul-Unterricht für Land- und Forstwirthe im Hinblick auf die Frage der Einverleibung der Wiener Hochschule für Bodencultur in die Wiener Universität, Wien 1878, S. 25.

[36] Vgl. den Beitrag von Prof. Olbrich in: 60 Jahre (wie Anm. 13), S. 23 ff.

Im September 1914 wurden diese Entscheidungen seitens des Professorenkollegiums nicht nur gebilligt, Bauer wurde sogar der herzliche Dank ausgesprochen. Dass mit dieser Entscheidung die Aufnahme des Lehrbetriebs zum ursprünglich geplanten Termin unmöglich gemacht wurde, nahmen die Professoren gerne in Kauf: Man hoffte auf ein schnelles Kriegsende. Außer dem Prüfungssaal und einem Chemiehörsaal waren nun alle Hör- und Zeichensäle Teile des Lazaretts. Auch der eben erst geschaffene Ergänzungsbau wurde zum größten Teil als Spital benutzt.

Abb. 1: Die Hochschule als Lazarett (1914–1918).

Insgesamt wurden in kurzer Zeit zwei Operationsräume, Wasch- und Infektionsräume sowie Krankensäle geschaffen. Bereits am 8. September 1914 (nur sechs Wochen, nachdem die Idee geboren worden war) konnte das Spital eröffnet werden. Insgesamt wurden 50 Betten für Offiziere und 250 für die Mannschaft bereitgestellt.

Unter den Professoren herrschte Uneinigkeit über den Ablauf des Wintersemesters 1914/15. Einige wollten den Lehrbetrieb später wieder aufnehmen, andere das Semester überhaupt streichen. Bei einer Abstimmung im Professorenkollegium setzten sich die Befürworter des Lehrbetriebs mit 12:10 Stimmen gegen die

„Verhinderer" um Rektor von Bauer durch. Wenig später entschied das Ministerium für einen späteren Beginn des Semesters.

Die Prüfungstermine waren ebenfalls in Frage gestellt. Den Studenten wurde – zur Schonung der ruhebedürftigen Verwundeten – untersagt, das Gebäude durch den Haupteingang zu betreten, die Bibliothek konnte nicht zur Prüfungsvorbereitung genutzt werden.

Die Suche nach einem Ersatzquartier für den mit 7. Jänner 1915 angesetzten Semesterbeginn (WS 1914/15) gestaltete sich zunächst schwierig. Für die geringe Anzahl der verbliebenen Studenten (die Hörerzahlen gingen aufgrund kriegsbedingter Umstände von rund 1.100 auf 300 zurück) genügten schließlich die verbliebenen Hörsäle. Die Türen zu den als Krankenhaus dienenden Gebäudetrakten blieben versperrt. Ein Teil der Veranstaltungen wurde in zwei Hörsälen der Versuchsstation und Akademie für Brauindustrie (18. Bezirk, Michaelergasse 25) abgehalten.[37] 32 Hochschulangehörige (ohne Studenten) wurden zur militärischen Dienstleistung einberufen, darunter waren vier Professoren (Durig, Hoffmeister, Hellebrand, Kolmer), sechs Dozenten (darunter der spätere Rektor Olbrich), sowie neun Assistenten (darunter der spätere Professor Tischendorf).[38]

Die strenge Trennung zwischen den Studien- und den Spitaltrakten erwies sich als dringend notwendig. Im April 1915 traten zwei Fälle von Typhus auf, die Hochschule wurde sofort geschlossen und das Semester für beendet erklärt. Damit war am 27. April 1915 das bislang schwierigste Semester (WS 1914/15) in der Geschichte der Hochschule abgeschlossen. Der noch nicht vorgetragene Lehrstoff sollte im Sommersemester nachgeholt werden.[39]

Dass sich der Krieg auch im universitären Alltag niederschlug, zeigen Geheimberichte von der Observierung aller südslawischen (auch der slowenischen und kroatischen) Studenten – etwa durch die Befragungen der Vermieter. Noch unangenehmer war die Situation der Studenten aus Feindstaaten. Trotzdem überrascht es, dass über das Thema, ob diese Studenten noch zu den österreichischen Hochschulen zugelassen werden sollten, überhaupt diskutiert wurde. An der Hochschule studierten im Sommersemester 1914 immerhin 89 Russen (9% der gesamten Hörerschaft), aber nur sechs Serben und ein Japaner.

In einer Denkschrift der Professoren Leiningen und Marchet wird am 14. Oktober 1914 auf das geringe Niveau der russischen (außer den offensichtlich „braven" polnisch- und deutsch-russischen) und serbischen Studenten verwiesen. Diese stellten überdies „fast ausnahmslos ein hetzendes und treibendes Element dar" und wären anarchistisch eingestellt, ohne dies vor ihren Professoren zu verheimlichen. Gegen japanische Studenten wurde grundsätzlich ins Treffen geführt, dass sie zwar „mit großem Fleiß ihren Studien obliegen", dafür aber „wirtschaftlich zweifellos

[37] ÖSTA, AVA, MCU, Fasz. 1196, 20.136/15.

[38] Bericht über das Studienjahr 1913/14 erstattet von Prorektor Josef Ritter von Bauer, in: Bericht anläßlich des Amtsantrittes des für das Studienjahr 1914/15 gewählten Rektors Prof. Dr. Ludwig Hecke, Wien 1915, S. 8 f.

[39] Archiv der BOKU, 487/15.

außerordentlich gefährlich" seien, ohne auf den „Einzelfall" an der BOKU einzugehen. Ja, es sei „geradezu eine Gewissensfrage [...] noch weiterhin zu wirtschaftlicher Hebung diese Länder beizutragen".[40]

Im Oktober 1914 erließ das Unterrichtsministerium schließlich ein Inskriptionsverbot für Studierende aus Belgien, Großbritannien, Japan, Russland, Serbien, Montenegro und Frankreich.

Im Frühjahr und Sommer 1915 verstärkten sich die Bedenken der Professorenschaft wegen der Beeinträchtigung des Lehrbetriebs durch das Lazarett. Der Leiter des Spitals wurde abgesetzt, sein Nachfolger verhielt sich gegenüber den Anliegen der Hochschule konzilianter. Der Lehrkörper der Hochschule bat um die Rückgabe des Südtraktes des Hauptgebäudes, und die Spitalsverwaltung ging darauf ein und räumte überdies noch den Prüfungssaal. Im Gegenzug fielen der Nord- und der Mitteltrakt an das Lazarett.

Im Juni 1915 wurden erstmals Begünstigungen für „die im Felde stehenden Hörer" bekannt gegeben: Im Einzelfall konnten Semester nachgesehen werden, die Ferialpraxis konnte entfallen und die Befreiung von Taxen wurde möglich gemacht. Außerdem wurde für die Friedenszeit die bevorzugte Anstellung von Kriegsdienstleistenden angeregt.[41] Doch nicht nur die Studenten, auch zunächst nicht eingezogene Professoren traten in den Dienst des Militärs: Prof. Micklitz etwa meldete sich freiwillig und suchte 1915 um Beurlaubung für den Militärdienst an. Micklitz argumentierte damit, dass es kaum mehr Studenten an der Hochschule gäbe.[42]

Im Sommersemester 1916 endete – nach fast zwei Jahren – diese Episode der Hochschulgeschichte. Die Spitalssituation in Wien hatte sich soweit gebessert, dass das Reservespital 7 aufgelöst werden konnte. Alles in allem hatte sich die immer wieder thematisierte Behinderung des Studienbetriebs aber in Grenzen gehalten, da ja die Zahl der Studenten wegen der Kriegsdienstleistungen und des Ausschlusses von Studenten aus Feindstaaten stark zurückgegangen war.

Die Inskriptionszahlen sind eine höchst interessante, aber nicht immer leicht zu interpretierende Quelle: Im ersten „Kriegssemester" 1914/15 waren noch 314 Hörer (Landwirtschaft: 140, Forstwirtschaft: 140, Kulturtechnik: 34) inskribiert. Diese Zahl sank bis zum Sommersemester 1916 auf 144 (61/60/23). Danach aber lässt sich wieder ein beachtlicher Anstieg an Hörern feststellen. Obwohl der Krieg mit immer größerem Aufwand geführt wurde, stiegen die Hörerzahlen im Wintersemester 1917/18 auf 409 (210/155/37). Die beiden letzten Kriegssemester brachten jeweils eine Verdoppelung der Inskriptionen: Die Zahl der Hochschulstudenten erhöhte sich von 817 (Sommersemester 1918) auf die Rekordzahl von 1.580 (1.009/440/131) im Wintersemester 1918/19.

Bei diesen Studenten handelte es sich fast ausschließlich um Kriegsheimkehrer, die ihr Studium hatten unterbrechen müssen und nun wegen einer Verwundung

[40] Archiv der BOKU, 1457/14.

[41] Archiv der BOKU, 730/15.

[42] ÖSTA, AVA, MCU, Fasz. 1207, 28.334/15.

oder aus anderen Gründen (Studierende wurden vorrangig vom Militärdienst entlassen) nicht mehr zum Frontdienst eingezogen wurden. Eine weitere Ursache für diesen außergewöhnlichen Anstieg gegen Kriegsende hin liegt in den Studienerleichterungen, die den Soldaten und Offizieren gewährt wurden.[43] Besonders wichtig in diesem Zusammenhang war die seit Anfang 1918 bestehende Möglichkeit, einen zwölfwöchigen Studienurlaub zu nehmen, wenn der betreffende Student zwei Jahre lang Kriegsdienst geleistet hatte. Stichtage waren der 28. Jänner und der 28. April 1918.[44]

Laut eines von den Professoren Liebenberg, Friedrich, Marchet, Wilhelm und Cieslar verfassten Memorandums ging es der Hochschule darum,

> „möglichst schnell den bedeutenden Kräfteverlust zu ersetzen, den die Bodenkultur durch den Verlust so vieler blühender Leben und durch den Abfall anderer, die ihre Studien aufgeben und sich dem ständigen Militärdienste zuwenden, durch Invalidität etc., erlitten hat.“[45]

Andererseits beteiligte sich die Hochschule sehr wohl am öffentlichen Diskurs: Die Denkschrift „Staatsnotwendigkeiten auf dem Gebiet der Land- und Forstwirtschaft in Österreich“ aus dem Jahr 1916 erregte großes Aufsehen, und zwar weniger die Forderung nach verstärkter Förderung der Forschung, sondern die kritischen Anmerkungen zur Tätigkeit der Landeskulturräte und Landwirtschaftsgesellschaften: Diese forderten ultimativ eine Ehrenerklärung durch die Hochschule, eine Rückholaktion für die Denkschrift und die Entfernung des letzten Druckbogens.[46] Die Richtigkeit der Vorhaltungen zeigte sich spätestens beim Zusammenbruch der Nahrungsmittelversorgung bei Kriegsende, als das Kollegium in einer Eingabe an den Vorsitzenden des Ernährungsausschusses noch einmal betont, dass es ein „kaum noch gut zu machender Fehler“ gewesen sei, das landwirtschaftliche Versuchswesen nicht mit der Hochschule zu verbinden.[47]

Besonders Prof. Ernst C. Sedlmayr setzte seine wissenschaftliche Arbeit im Armeedienst fort: Sein großes Wissen um die landwirtschaftlichen Verhältnisse der Monarchie führten dazu, dass er 1915 zum landwirtschaftlichen Sachverständigen der österreichisch-ungarischen Armee bestellt wurde. Dabei entstanden zum Beispiel Broschüren über die agrikulturellen Verhältnisse in den Feindstaaten.[48] Wie

[43] Vgl. z. B. ÖSTA, AVA, MCU, Fasz. 1214, 41.233/16 (19. 12. 1916) (Informationskurse für invalide Offiziere an der Hochschule für Bodenkultur).

[44] Bericht über das Studienjahr 1917/18, erstattet von Prorektor Th. Micklitz, in: Amtsantritt des Rektors für das Studienjahr 1918/19 Willibald Winkler, Wien 1919, S. 5. Vgl. auch ÖSTA, AVA, MCU, Fasz. 1214, 20.683/18 und 22.307/18. Laut 34.748/18 waren im Sommersemester 1918 ca. 500 Eingerückte zur Absolvierung eines Semesters beurlaubt.

[45] Archiv der BOKU, 691/17 (Komiteebericht vom 20. 6. 1917).

[46] Archiv der BOKU, 355/17, Denkschrift: 1298/16.

[47] Archiv der BOKU, 910/18.

[48] Z. B.: Ernst C. Sedlmayr, Die Landwirtschaft in Russisch-Polen vor dem Krieg, Wien 1917. Ähnliche Broschüren über Serbien und Montenegro entstanden 1917/18.

später im Zweiten Weltkrieg wurde das an der BOKU vertretene Wissen für den Kriegseinsatz benutzt. Der Bogen von Sedlmayrs Schrifttum spannt sich vom Arbeitseinsatz von Kriegsgefangenen[49] bis hin zu Vorschlägen zur Verhinderung einer Hungerkatastrophe im Jahr 1918.[50]

Der Großteil der Lehrenden der Hochschule wurde nicht in diesem Ausmaß in die militärische Forschung und Logistik eingebunden. Aufforderungen von privater Seite wurden aber des Öfteren an die Hochschule herangetragen: Sogar die wissenschaftliche Auswertung der Erfahrungen des Gaskrieges sollten nach einem vertraulich an die Hochschule gerichteten Vorschlag untersucht werden. Ein Wiener Kommerzialrat wollte die Wirkungen von Giftgas auf die Tier- und Pflanzenwelt untersucht sehen. Das Kollegium reagierte mit höflichem Desinteresse.[51]

Daneben ließ sich die Hochschule bei der Verleihung von akademischen Würden sehr wohl von militaristischen, also dem Zeitgeist entsprechenden Gefühlen und Motiven leiten. So wurde Erzherzog Eugen, dem „siegreichen Feldherrn gegen das treulose Italien, der als Förderer der Wissenschaft bekannt ist" (so die Formulierung im Glückwunschtelegramm), im Juni 1916 die Ehrendoktorwürde verliehen.[52] Auch Feldmarschall Erzherzog Friedrich und der königlich-preußische Feldmarschall August von Mackensen wurden zu Ehrendoktoren promoviert.

Immer deutlicher wurde die desintegrative Kraft des Nationalismus. In einem Brief des Rektorats vom 1. Februar 1916 an den Rektor der deutschen technischen Hochschule in Prag, der zuvor die „Überschwemmung der Staatsämter mit tschechischen, minderwertigen Elementen" beklagt hatte, hob das Professorenkollegium den deutschen Charakter der Hochschule besonders hervor, schließlich sei die Unterrichtssprache, die Gesinnung der Professoren und der Mehrheit der Hörer „deutsch". Im Vergleich zum Prager Schreiben ist der Tonfall aber gemäßigt national:

„Die Hochschule für Bodenkultur als einzige selbständige land- und forstwirtschaftliche Hochschule bietet in der Zusammensetzung ihrer Hörerschaft ein Bild des Nationalitätenstaates Österreich im Kleinen. Die Zahl der Deutschen beträgt knapp die Hälfte (49,6%) im Studienjahr 1913/14, während die andere Hälfte sich aus allen anderen Nationalitäten zusammensetzt, von denen die höchsten Prozentanteile die Polen mit 18,4 und die Tschechen mit 13,5 erreichen. [...] [Es herrsche] völlige Gleichberechtigung aller Studierenden, welcher Nation sie immer angehören."[53]

49 Ders., Zur Verwendung der Kriegsgefangenen in der Landwirtschaft, Wien 1916.

50 Ders., Ein System einer staatlichen Getreideaufbringung im Kriege. Ein Beitrag zur Lösung des Ernährungsproblems, Wien 1918.

51 Archiv der BOKU, 661/18 (Eingabe von Michael Sonnenfeld am 20. 5. 1918).

52 Ebd. 543/16 (2. 6. 1916). Den Beschluss hatte das Professorenkollegium schon am 10. 12. 1915 gefasst.

53 Archiv der BOKU, 129/16 (1. 2. 1916), liegt bei 182/16.

Diese deutsche Mehrheit (der neutrale Begriff „österreichisch“ kommt in diesem Brief der Professoren nicht vor) schütze die Gleichberechtigung aller Studenten,

„da zu der im Nationalitätenstaat notwendigen führenden Rolle – womit weder eine Vorherrschaft der einen noch eine Unterdrückung anderer Nationen gemeint ist –, vermöge ihrer geschichtlichen und kulturellen Entwicklung und ihrer staatserhaltenden Fähigkeiten nur die Deutschen in Österreich berufen sind.“[54]

Hier klingt schon etwas von dem Tonfall durch, der das Hochschulklima bis 1945 prägen wird. So wird sich beispielsweise der antitschechische Affekt in den nächsten Jahren verschärfen und 1920 einen Höhepunkt erreichen.

Ausgerechnet mitten im Krieg ging ein lang gehegter Wunsch der Hochschule in Erfüllung: Mit kaiserlicher Verordnung vom 14. März 1917 wurde nämlich endlich die Titelfrage für Absolventen der Hochschule geklärt:

„Zur Führung der Standesbezeichnung Ingenieur sind diejenigen berechtigt, welche die Studien an einer inländischen Hochschule technischer Richtung (Technische Hochschule, Montanistische Hochschule, Hochschule für Bodenkultur), und zwar an einer Fachabteilung, für welche mindestens zwei Staatsprüfungen vorgesehen sind, ordnungsgemäß abgelegt haben.“[55]

Damit war endlich auch jene Mehrheit von Absolventen zur Führung eines akademischen Titels berechtigt, die ihr Studium nicht mit einer Dissertation beendeten.

In puncto Militarisierung der Hochschule erwies sich das Kollegium als sehr weitsichtig und positionierte sich abseits jeglichen Hurrapatriotismus. Das Ministerium für Kultus und Unterricht, einige andere Ministerien und das k. u. k. Armeeoberkommando informierten die österreichischen Hochschulen Anfang 1917 von der geplanten Einführung verpflichtender Wehrkundevorlesungen und -übungen (gehalten von Offizieren) auf akademischem Boden. Alle österreichischen Hochschulen lehnten diese Vorschläge ab. Die Hochschule für Bodenkultur (Referent war ein ehemaliger Rektor, der Jurist Johann von Bauer) lieferte am 8. Mai 1917 die fundierteste abschlägige Antwort, die in einer grundsätzlichen Absage an eine militarisierte Gesellschaft gipfelte. Dabei war Bauer beileibe kein fortschrittlicher Jurist (wie sich in den ersten Jahren der Republik noch deutlich zeigen sollte); doch ein totaler Krieg, wie von Goebbels nach der Niederlage in Stalingrad 1943 ausgerufen, erschien ihm 1917 noch denkunmöglich:

[54] Ebd.

[55] RGBl. 130 (14. 3. 1917).

Abb. 2: Josef Ritter von Bauer – Ein Rektor gegen die Militarisierung der Hochschule.

„Für Lehrkräfte, die unter völliger Ausschaltung des akademischen Einflusses lediglich von militärischen Gewalten berufen, von diesen auch abhängig sind, ist im Organismus einer autonomen österreichischen Hochschule, deren Wissenschaft und Lehre frei ist, kein Raum. [...] Die Weltgeschichte wird seit Beginn der Zeiten, da man Entwicklung und Rivalität der Staaten als Geschichte zu verzeichnen pflegt, kein trostloseres Bild aufweisen, als den in Waffen starrenden Staat, bei dem der Kampf um seine Existenz Selbstzweck und Endzweck geworden ist; es wird dann jener Punkt erreicht sein, von dem die absteigende Kurve der Kultur- und Lebensgeschichte der abendländischen Völker ihren Ausgang nimmt.“[56]

Bauers deutliche Worte hatten den gewünschten Erfolg, die Militarisierung der Hochschule konnte abgewendet werden, die Vorschläge wurden zurückgezogen.

In den Jahren 1917/18 verschlimmerte sich die wirtschaftliche Lage der Hochschüler und der Hochschule noch einmal. Im Februar 1917 musste die Hochschule erstmals wegen Kohlenmangels geschlossen werden, am 9. Jänner 1918 zeigte das Rektorat dem Ministerium an,

„daß ab 15. Jänner d. J. jenen Studierenden, welchen infolge Mangels von Petroleum und Brennmaterialien Schwierigkeiten hinsichtlich ihrer häuslichen Studien und Arbeiten erwachsen, um ihnen einigermaßen eine Erleichterung zu schaffen, an den Wochentagen Montag bis einschließlich Freitag bis 7 Uhr abends der Hörsaal Nr. V zur Verfügung gestellt wird, insoweit er nicht durch die Abhaltungen von Vorlesungen in Anspruch genommen ist.“[57]

Rektor Willibald Winklers Inaugurationsrede im Oktober 1918 wurde dementsprechend pessimistisch eingeleitet:

„Eine gewisse Beklommenheit kann ich nicht unterdrücken; haben sich doch schon Anzeichen eingestellt, daß unserem Vaterland und uns allen schwere Zeiten bevorstehen. Düstere Ahnungen liegen in der Luft. Möge unserem Vaterlande ein gnädiges Schicksal beschieden sein! Möge unsere Hochschule sich weiter bewähren als ein Leuchtturm für unsere heimische schwerbedrängte Landwirtschaft! Möge sie ein Hort bleiben für unsere studierende Jugend und möge sie auch bald wieder alle ihre tapferen Kriegsteilnehmer bei sich versammelt sehen zur schaffensfrohen Gemeinschaft von Lehrenden und Lernenden.“[58]

[56] Archiv der BOKU, 464/17 (8. 5. 1917).

[57] ÖSTA, AVA, MCU, Fasz. 1196, 1540/18.

[58] Zu meinem Rektoratsantritte von Prof. Dr. W. Winkler, in: Bericht über den Amtsantritt des Rektors für das Studienjahr 1918/19, S. 22.

1.2. Kriegsende und Gründung der Republik

Unmittelbar nach Kriegsende im Herbst 1918 waren nicht weniger als 1.784 Hörer inskribiert. Damit wurde die bisherige Höchstmarke an Hörern aus dem Jahr 1911/12 um nicht weniger als 52% übertroffen! Das Professorenkollegium bezeichnete schon im Oktober 1918 den klaglosen Betrieb der Mensa als „Lebensfrage für die Hörerschaft", da die „Straßenbahn nur selten verkehrt und es keine Gasthäuser gibt".[59]

Die Attraktivität der Hochschule beruhte einerseits auf ihrer Funktion als (in engem Rahmen funktionierendes) soziales Sicherheitsnetz, andererseits auf recht weit gehenden Erleichterungen beim Studium für die ehemaligen Soldaten, die von der republikanischen Verwaltung in keiner Weise angetastet wurden. Für jene Hörer, deren Matura schon Jahre zurücklag und die vor Kriegsende noch nicht inskribiert waren, wurden Repetitorien eingerichtet, in denen der Schulstoff noch einmal vorgebracht wurde. Sonst war für diese Gruppe aber keine Begünstigung vorgesehen.

Für Soldaten und Invalide, die ihr Studium wieder aufnahmen, wurde hingegen eine Kürzung des Prüfungs- und Arbeitsstoffes durchgeführt. Außerdem wurden die Staatsprüfungen erleichtert. Diese Studenten mussten auch keine Inskriptionsgebühr bezahlen.[60]

Noch 1917 waren den ehemalige Soldaten, insbesondere Invaliden, folgende Begünstigungen versprochen worden: Sie sollten nach Abschluss des Studiums bevorzugt angestellt, ihre Militärzeit als doppelte Dienstzeit angerechnet werden. Ein Professorenkomitee der BOKU forderte die Realisierung dieser Sozialmaßnahmen nicht nur vom Staat im öffentlichen Dienst, sondern auch vom Großgrundbesitz und von der Großindustrie.[61] Ob diese Intervention erfolgreich war, lässt sich nicht mehr feststellen. Man darf wohl bezweifeln, dass die völlig verarmte Republik diese Vorhaben in die Tat umsetzen konnte.

In einigen Fällen konnte die Hochschule die ärgste materielle Not jedoch lindern: Die Mensa academica betreute 1918/19 schon 600 Mittagsgäste täglich, 120 Hörer konnten in einem Barackenlager in Grinzing untergebracht werden, der Kriegsteilnehmerverein konnte in diesem Studienjahr weitere 50 Wohnungen für seine Mitglieder organisieren. Den anderen Studenten blieben noch die Bibliothek (bis 18.30 Uhr geöffnet) und zwei große Hörsäle (bis 20 Uhr geöffnet) als geheizte Aufenthaltsräume.[62]

Über 120 Angehörige der Hochschule wurden im Zuge des Ersten Weltkrieges getötet, viele gerieten in Kriegsgefangenschaft oder wurden verwundet. Der spätere

[59] Archiv der BOKU, 1602/18, Ad-hoc-Sitzung des Professorenkollegiums am 11. 10. 1918.

[60] Vgl. Archiv der BOKU, 251/18, 381/18.

[61] Archiv der BOKU, 691/17.

[62] Prorektor WILLIBALD WINKLER, Bericht über das Studienjahr 1918/19, in: Die feierliche Inauguration des Rektors der Hochschule für Bodenkultur für das Studienjahr 1919/20, Wien 1920, S. 10 ff.

Rektor (1929/30) Emil Hellebrand, der schon 1915 in russische Kriegsgefangenschaft geraten war, kehrte erst Jahre nach Kriegsende heim.[63] Doch das Andenken an die Gefallenen wurde in den zwanziger und dreißiger Jahren ausschließlich als Heldenehrung und keineswegs als Warnung vor dem Krieg verstanden. Das Kriegerdenkmal im Hauptgebäude gibt davon ein beredtes Zeugnis, indem es von Helden und nicht von Opfern spricht.

Das Studienjahr 1918/19 lief nicht nur unter extrem schwierigen Bedingungen ab, es brachte auch eine Änderung der Staatsform und damit der staatlichen Verwaltung. Das Professorenkollegium der Hochschule begrüßte den Übergang zu einer republikanischen Verfassung. In einer „Kundgebung an die deutsch-österreichische Nationalversammlung" vom 14. November 1918 heißt es:

„Das Professorenkollegium der Hochschule für Bodenkultur bekennt sich rückhaltlos zum deutsch-österreichischen Staate und begrüßt die provisorische Nationalversammlung als die Verkörperung der staatlichen Gewalt und des Gedankens der Selbstbestimmung der Völker. Es wird mit allen Kräften bestrebt sein, sich wirksam in den Dienst des deutschen Volkes zu stellen, um als die höchste wissenschaftliche Lehr- und Forschungsstätte auf dem Gebiet der Bodenproduktion für deren Hebung und für die kulturelle und fachliche Ausbildung der Hörerschaft tätig zu sein."[64]

Der Untergang Altösterreichs und der Übergang zur Republik hatte jedenfalls wenig Einfluss auf die Studienpläne sowie Zusammensetzung und Ausrichtung der Professorenschaft. Auch ihre soziale Stellung blieb weitgehend unangetastet.

Unübersehbar waren aber die Auswirkungen auf die Grundidee der BOKU. Anfang 1924 wandte sich der Rektor an das Unterrichtsministerium, um eine Änderung des Statuts der Hochschule anzuregen: Er verweist darauf, dass das bisherige Organisationsstatut in erster Linie an den Bedürfnissen des „ausgedehnten Latifundienbesitzes" orientiert war. Im kleinen Österreich „muss der steigenden Bedeutung des mittleren Grundbesitzes" ebenso verstärkt Rechnung getragen werden wie der Ausbildung von Lehrern. Weiters regte der Rektor auch die Verbesserung der wissenschaftlichen Ausbildung an.[65] All dies geschah angesichts der Tatsache, dass die Hochschule wie in den frühen zwanziger Jahren so viele Absolventen hatte wie noch nie – Absolventen, die zum überwiegenden Teil in der kleinen Republik keine adäquate Anstellung finden konnten.

63 Dabei hatte sich die BOKU schon im Juni 1917 für die Freilassung Hellebrands im Rahmen einer Gefangenenaustauschaktion eingesetzt, doch mangels Invalidität wurde Hellebrand nicht in dieses Programm aufgenommen: ÖSTA, AVA, MCU, Fasz. 1207, 24.654/17.

64 Archiv der BOKU, 1711/18. Dass sich die Republik Deutsch-Österreich als Teil der deutschen Republik verstand, fand offenkundig die Unterstützung des Kollegiums.

65 Archiv der BOKU, 790/23, ÖSTA, AVA, MCU, Fasz. 1192. Als das Ministerium auf den mit 13. 1. 1923 (recte 1924) datierten Brief nicht reagierte, schickte der Rektor am 26. 1. 1924 ein Urgenzschreiben.

Im Bereich der Studenten und ihrer Vertretung lassen sich unter anderem auch deshalb tief greifende Veränderungen feststellen. Obwohl sich an den rechtlichen Grundlagen des Studiums wenig veränderte, lässt sich konstatieren, dass das Ende der Monarchie zu einem freieren Benehmen im Umgang mit den Autoritäten führte. Genutzt wurde diese Freiheit jedoch nicht für demokratisch-emanzipatorische Ziele. Es lässt sich vielmehr ein Erstarken eines radikalen Deutschnationalismus und Antisemitismus feststellen.

1.3. Die Studenten an der Hochschule für Bodenkultur von den Anfängen bis 1932

Über die Lebensumstände der Studierenden der Bodenkultur vor 1914 ist relativ wenig überliefert. Der Alltag der Hochschüler hat sehr wenige Spuren im Aktenlauf hinterlassen.[66]

Dafür wurden bis zur Übersiedlung auf die Türkenschanze genaue Statistiken über die Herkunft der Studenten geführt. Bis zum Studienjahr 1895/96 waren insgesamt 3.593 Hörer inskribiert gewesen, von denen mehr als 90% aus der Österreichisch-Ungarischen Monarchie kamen. Dabei waren alle Landesteile vertreten, und das sogar ziemlich gleichmäßig.[67]

In den Jahresberichten der abtretenden Rektoren wurden bis zum Studienjahr 1885/86 eine Konfessions-, bis zum Studienjahr 1890/91 eine Sozial- (= Herkunfts-) und bis zum Studienjahr 1892/93 eine Nationalitätenstatistik geführt.

Die soziale Absicherung der mittellosen Hörer dürfte besser funktioniert haben als an anderen Hochschulen: So wurden etwa im Studienjahr 1875/76 immerhin 46 von insgesamt 174 Hörern mit Stipendien oder Staats- und Landesunterstützungen bedacht,[68] 1897/98 waren es 119 von 352 Studierenden.[69]

Unter der Federführung von Rektor Friedrich Haberlandt und Prof. Neumann-Spallart hatte sich schon im März 1874 ein „Unterstützungsverein für würdige und dürftige Hörer der Hochschule für Bodenkultur in Wien" konstituiert. Die Unterstützungen bestanden zunächst in erster Linie aus Speisemarkenzuweisungen, in zweiter Linie aus Geldunterstützungen (zur Teilnahme an Exkursionen etc.). Um die Jahrhundertwende bemühte sich vor allem der renommierte Mathematiker Oskar Simony um diese Sozialeinrichtung, der er sogar – praktisch, nicht sprich-

66 Von Zeit zu Zeit findet man Aufforderungen von Gläubigern oder Vermietern an das Rektorat, die Studenten zur Begleichung ihrer Schulden bzw. Mietzinse zu veranlassen.

67 Rede des abtretenden Rectors Hofrath Prof. FRANZ SCHWACKHÖFER, in: Reden gehalten bei der Feierlichen Inauguration des für das Studienjahr 1896/97 gewählten Rectors der k.k. Hochschule für Bodencultur Wilhelm Exner, Wien 1897, S. 9. Einen Überblick über die Nationalitätenverteilung an den österreichischen Hochschulen in ihrer Gesamtheit bietet PETER URBANITSCH, Die Deutschen in Österreich, in: ADAM WANDRUSZKA – PETER URBANITSCH (Hg.), Die Habsburgermonarchie 1848–1918, III. Bd.: Die Völker des Reiches, 1. Teilbd., Wien 1980. Tabelle 10 (nach S. 94).

68 Rede des abtretenden Rectors Dr. F. X. v. NEUMANN-SPALLART, o. O. o. J. [1876/77], S. 13. Ein Prozentsatz, den „verhältnißmäßig kaum eine zweite Lehranstalt in Oesterreich" erreichte (ebd.).

69 Rede des Prorectors ADOLF RITTER VON LIEBENBERG, o. O. o. J. [1897/98], S. 7.

Abb. 3: Oskar Simony – „Ein Freund der Studenten".

wörtlich – das Familiensilber opferte: „Ihm war kein Opfer zu groß, nicht an Zeit, noch an Arbeit, galt es doch, seinen besten Freunden zu helfen – den Studenten.“[70] In Erich Tschermak-Seyseneggs Lebenserinnerungen wird dem Mathematiker und Physiker ein ehrendes Andenken gesetzt:

„Er unterstützte sie [die Studenten, P. E.] mit Geld, Kleidern, Wäsche und Schuhen und ging selbst sehr dürftig bekleidet [...], oft ohne Hemd, nur mit einem Plastron an einem Spagatschnürl befestigt, mit abgetragenen Kleidern und abgetretenen Schuhen durch die Stadt, denn die Straßenbahn benutzte er fast niemals.“[71]

1.3.1. Studentische Verbindungen

Es dauerte ein Jahrzehnt, bis an der neu gegründeten Hochschule die erste Studentenverbindung entstand. Nicht zuletzt wegen des späten Gründungsdatums gingen den an der BOKU tätigen Verbindungen die liberalen Wurzeln völlig ab. Sie vertraten, wie auch die erst nach dem Ersten Weltkrieg entstandene CV-Hausverbindung, immer extrem nationale Positionen und nahmen sehr bald einen rassenantisemitischen Standpunkt ein.

Bereits 1876, vier Jahre nach der Gründung der Hochschule hatte sich ein „Sängerbund an der Hochschule für Bodenkultur“ konstituiert. Doch erst mit dem „Verein deutscher Studenten aus Böhmen“, der 1882 ins Leben gerufen wurde, entstand eine fast ausschließlich aus BOKU-Hörern bestehende Gruppe. Damit wurde „zum ersten Male eine größere Anzahl von Studierenden dieser Hochschule dem nationalen Gedanken gewonnen“,[72] wie sich ein burschenschaftlicher Historiker 1924 ausdrückte. Der Verein unterstützte von Anfang an die politische Richtung Schönerers. Bei der polizeilich untersagten Gründungskneipe war Georg Ritter von Schönerer persönlich anwesend, wurde aber von der Polizei am Reden gehindert. Der 1888 amtlicherseits aufgelöste Verein nahm keine jüdischen Studenten auf und war auch sonst auf der radikal-nationalen Seite zu finden.

Auch der Sängerbund wandelte sich 1886 vom vermeintlich unpolitischen, musikalisch-geselligen in einen deutsch-völkischen Verein. Er stellte sich „sofort auch auf den judengegnerischen Standpunkt der Richtung Schönerers.“[73]

In den darauf folgenden Jahren lassen sich – wenigstens in den Akten des Archivs der BOKU – keine öffentlichen Auftritte von Studenten der Bodenkultur

[70] Vgl. 60 Jahre (wie Anm. 13), S. 61 ff., hier S. 62.

[71] ERICH VON TSCHERMAK-SEYSENEGG, Leben und Werk eines österreichischen Pflanzenzüchters. Beitrag zur Geschichte der Wiederentdeckung der Mendelschen Gesetze und ihre Anwendung für die Pflanzenzüchtung, Berlin/Hamburg 1958, S. 23.

[72] KURT KNOLL, Die Geschichte der schlesischen Landsmannschaft „Oppavia“ in Wien im Rahmen der allgemeinen studentischen Entwicklung an den Wiener Hochschulen, Wien 1923/24, S. 80.

[73] Zit. nach ROBERT HEIN, Studentischer Antisemitismus in Österreich, Wien 1984 (Beiträge zur österreichischen Studentengeschichte 10), S. 40.

feststellen. Erst in der „Badeni-Krise" 1897[74] nahmen Studenten (und auch Professoren) eine aktivere Rolle ein:

„Einen ungeheuren Studentenauflauf vor der Wiener Universität gabs im November 1897. Man demonstrierte gegen die deutschfeindliche ‚Sprachenverordnungen' des Ministerpräsidenten Badeni. Berittene Polizei drängte die Studenten zurück. Plötzlich flog aus einem Fenster der Universität in der Universitätsstraße ein Sack voll Mehl, den man in der Wohnung eines Pedells requiriert hatte und zerbarst mit lautem Knall zwischen den Polizisten, eine Mehlwolke hinterlassend. Die ganze Stadt war in Aufregung und ernste Unruhen drohten.

Am Abend dieses Tages fand im Ronacher-Saal ein Festkommers aus Anlaß des 25jährigen Bestandes der Hochschule für Bodenkultur statt, welcher sich nach einer Rede des Rektors v. Guttenberg zu einer gewaltigen nationalen Kundgebung entwickelte, wobei die ‚Wacht am Rhein' und ‚Der Gott der Eisen wachsen ließ' mit Begeisterung gesungen und ‚Nieder mit Badeni!', ‚Weg mit den Sprachenverordnungen!' gerufen wurde."[75]

Die Verschärfung der Nationalitätenkonflikte, aber wohl auch die Übersiedlung in ein eigenes Gebäude und das damit gewonnene Selbstvertrauen förderten die Ausbildung von burschenschaftlichen Verbindungen auch an der BOKU: Eine „Tafelrunde deutschnationaler Hörer der Hochschule für Bodenkultur", die sich 1897 konstituierte, bildete die Basis für die am 13. Mai 1904 gebildete wehrhafte Verbindung der deutschen Hochschüler für Bodenkultur „Hubertus" (Burschenschaft seit 1908).[76] Der Verbindungswahlspruch „Durch Reinheit zur Einheit!" betonte die zentrale Bedeutung des rassischen Antisemitismus für diese Korporation.[77]

Damit hatte sich auch an der BOKU die Situation an jene anderer Hochschulen angeglichen: Auch das Haus am Türkenschanzpark lernte jene Konfliktformen kennen, die an anderen Universitäten schon lange üblich waren:

[74] BERTHOLD SUTTER, Die politische und rechtliche Stellung der Deutschen in Österreich 1848 bis 1918, in: WANDRUSZKA – URBANITSCH (Hg.) (wie Anm. 67), S. 222–231. Der Versuch, in Cilli/Celje ein slowenisch-deutsches Unterstufengymnasium (die Oberstufe sollte rein deutsch bleiben) zu eröffnen, führte zu heftigen deutschnationalen Manifestationen, die schließlich – zusammen mit der umstrittenen Sprachenverordnung für Böhmen – den Sturz der Regierung Badeni (die für die Eröffnung der Schule eingetreten war) auslöste.

[75] Es war einmal. Großvater erzählt. Erinnerungen von Heinrich Schönwiese (1875–1951), S. 19. Herzlichen Dank an Prof. Dr. Bartussek (Irdning), der dieses rare Zeugnis eines Studenten der BOKU aus dem vorigen Jahrhundert zur Verfügung gestellt hat. Der gesamte Text bringt deutlich das Selbstverständnis der deutschnationalen Waffenstudenten der Jahrhundertwende zum Ausdruck.

[76] KNOLL (wie Anm. 72), S. 98.

[77] Vgl. zu den Wahlsprüchen: PETER KRAUSE, Studiosus austriacus. Handbuch des österreichischen Korporationswesens, Wien 1982.

„In den ersten Februartagen [1898, P. E.] gärte es gewaltig in der deutschen Studentenschaft. Man hatte den deutschen Hochschülern in Prag verboten, Farben zu tragen und dagegen lehnte sich die ganze deutsche Studentenschaft in Österreich wie ein Mann auf. Auch an der Hochschule für Bodenkultur herrschte große Aufregung. Am 3. Februar fand dort eine Studentenversammlung statt, bei welcher in Reden und durch eine Denkschrift an das Professorenkollegium die Stellungnahme der deutschen Studentenschaft dargelegt wurde. Die Studenten hatten beschlossen, in den Ausstand zu treten und die Einstellung der Vorlesungen zu erzwingen, wenn das Farbenverbot nicht zurückgenommen würde. An der Hochschule für Bodenkultur war es am 4. Februar 1898 so weit: Die deutschen Studenten störten lärmend die nur von Nichtdeutschen besuchten Vorlesungen einiger Professoren.“[78]

Der allgemeine Studentenstreik vom 4. bis 22. Juni 1908 wirkte sich an der BOKU weniger stark aus, weil er zu einem großen Teil in die Pfingstferien fiel. So stellte der abtretende Rektor Gustav Adolf Koch den Studenten ein gutes Zeugnis aus. Die Aktionen seien „viel ruhiger und friedlicher“ abgelaufen als an anderen Hochschulen. Es sei nicht notwendig gewesen, „auch nur gegen einen einzigen Studierenden der Hochschule mit disziplinären Mitteln vorgehen zu müssen“.[79]

Mit Nationalitätenspannungen hat ein Ereignis im Jahr 1912 zu tun, das unter anderen Umständen wohl gar nicht berichtenswert wäre, hier aber als Indiz für die allgemeine Stimmung gelten soll: Bei der Rückkehr von einer am 31. Mai unternommenen praktisch-wissenschaftlichen Exkursion nach Oberhollabrunn wurde eine Gruppe polnischer BOKU-Studenten von Einheimischen überfallen und verprügelt. Das Ministerium für Kultus und Unterricht untersuchte den Fall und kam zu folgendem Ergebnis: Die Polen hatten im Wirtshaus in ihrer Muttersprache gesungen, die einheimischen Wirtshausgäste fühlten sich dadurch angeblich provoziert und verspottet. Nachdem die Studenten das Wirtshaus verlassen hatten, wurden fünf von ihnen von 15 Einheimischen mit Ochsenziemern und Stöcken misshandelt.[80]

Wie weit sich Spannungen zwischen den Studenten der verschiedenen Nationalitäten an der BOKU aufbauten, lässt sich nicht sagen, denn aktenmäßigen Niederschlag haben derartige Animositäten jedenfalls nicht gefunden.

78 SCHÖNWIESE (wie Anm. 75), S. 19. Im Aktenlauf der Hochschule fanden diese Ereignisse keinen direkten Niederschlag, sieht man von den Anweisungen der übergeordneten Stellen ab.

79 Bericht über das Studienjahr 1907/08 erstattet von Prorektor GUSTAV ADOLF KOCH, in: Die feierliche Inauguration des für das Studienjahr 1908/09 gewählten Rektors Julius Marchet, Wien 1908, S. 6. Koch warnt aber auch vor den Gefahren des Streiks, und zwar mit Argumenten wie sie fast wortgleich in den frühen dreißiger Jahren den NS-Studenten von Professorenseite vergeblich gepredigt werden: „So lange die Autonomie unserer Hochschule nicht gesetzlich festgelegt ist – was ja heute von den fortschrittlichen und freisinnigen Parteien des Parlaments angestrebt wird – kann in Zukunft jeder neue Streik nur zur unausbleiblichen Drosselung und Knechtung unserer Hochschule durch reaktionäre Kräfte führen!“ (S. 7).

80 ÖSTA, AVA, MCU, Fasz. 1213, 29.681/12, 30.711/12, 34.455/12, 49.635/12 (Das Bezirksgericht Hollabrunn verhängte vier Arreststrafen zwischen 24 und 48 Stunden, eine Geldstrafe von 5 Kronen und sprach zehn Angeklagte frei).

1899 entwickelte sich aus dem ehemaligen „Sängerbund" die zweite Studentenverbindung an der BOKU, die Vereinigung deutscher Hörer für Bodenkultur „Silvania" (Burschenschaft seit 1914). Der „Silvania" gehörte Adolf Ritter von Guttenberg,[81] wohl der renommierteste Forstwissenschafter Österreichs als „Ehrenbursch" an. Auf der Mitgliederliste von 1913/14 finden sich gleich drei ehemalige und spätere Rektoren der BOKU, so Julius Marchet (1908/10), der Bruder des ebenfalls an der BOKU tätigen Unterrichtsministers Gustav Marchet, Adolf Ostermayer (1919/21) und schließlich Leo Cermak (als auch namensmäßig eingedeutschter „Tschermak" Rektor 1944/45).[82] Der Wahlspruch der Verbindung lautete: „Durch Einheit zum Sieg!"[83]

Gegen einzelne Vortragende, denen Strenge vorgeworfen wurde, gingen die Verbindungen mit Protestaktionen vor. Dabei wurden Feindschaften, die zwischen 1934 und 1945 schwer wiegende Folgen haben sollten, begründet. So etwa gegen den Dozenten Till, der 1938 als Professor enthoben und 1945 als Rektor eingesetzt werden sollte:

„Zu Anfang dieses Monats wurden die Gemüter der Hörerschaft unserer Hochschule, insbesondere des I. Jahrganges, gegen den Dozenten Dr. Till nicht wenig in Wallung gebracht, dessen hochschulwidriges Vorgehen und Verhalten in den Vorlesungen und allzu strenges Prüfen Ursache mehrerer Lärmszenen war."[84]

Mitglieder der „Silvania" „können nur ordentliche Hörer der Hochschule für Bodenkultur in Wien werden, welche arischer Abkunft, deutschvölkischer Gesinnung sind und keiner anderen Semestralverbindung angehören."[85] Die Burschenschaft „bekennt sich als Vorkämpferin eines großen, alle Stammesbrüder umfassenden Vaterlandes",[86] als Vereinsziel nach innen wird die „Erweckung, Ausbreitung und Vertiefung des völkischen Gedankens" genannt. Nach außen sind die Mitglieder zur „Verbreitung der völkischen Idee nach Fähigkeit und Möglichkeit" verpflichtet.[87]

1919 wurde den beiden Burschenschaften der Status von „Hausverbindungen" bestätigt, wenn auch ohne „Bummel"-Erlaubnis.[88] Unter „Bummel" versteht man den Gang mit anderen Korporationen durch Stadt und Universität in Couleur.

[81] Guttenberg war auch führend im „Verein für wissenschaftliche Ferialkurse" beteiligt, in dem unter Leitung von Ludo Hartmann linke, liberale und eben deutschnationale Wissenschafter gegen Bestrebungen auftraten, in Salzburg eine katholische Universität zu etablieren. Vgl. dazu: PAUL MOLISCH, Politische Geschichte der deutschen Hochschulen in Österreich von 1848 bis 1918, 2. Aufl. Wien/Leipzig 1939, S. 161 f. Die Hochschule für Bodenkultur spielt in Molischs Geschichte sonst keine Rolle.

[82] Bericht der Wiener Burschenschaft „Silvania", WS 1913/14, SS 1914, S. 14 ff.

[83] KRAUSE (wie Anm. 77), S. 143.

[84] Bericht „Silvania" (wie Anm 82), S. 6. Eine Untersuchung des Professorenkollegiums fiel angeblich „sehr zugunsten der Studentenschaft" (ebd.) aus.

[85] Hausordnung der Wiener Burschenschaft „Silvania", Wien o. J., §5. Diese Statutensammlung stammt aus der Zeit vor 1918 – diese Vermutung legt der Einband nahe.

[86] Ebd., §2.

[87] Ebd., §2a.

Abb. 4: Adolf Ritter von Guttenberg – Ehrenbursch der „Silvania".

„Silvania“ und „Hubertus“ schlossen sich 1922 mit sechs anderen Verbindungen innerhalb der „Deutschen Burschenschaft“ zum „Schwarz-weiß-roten Verband“[89] zusammen. Dieser Verband umfasste die radikalsten Vertreter der Waffenstudenten. Es ging ihm vor allem um die strenge Durchsetzung des „Waidhofner Grundsatzes“, der Juden grundsätzlich die Satisfaktionsfähigkeit absprach. Folgerichtig hatte das erste Rundschreiben dieses Verbandes den Titel „Dem Juden keine ritterliche Genugtuung“.[90]

1.3.2. Die Deutsche Studentenschaft: Deutschnationalismus und Antsemitismus auf dem Vormarsch

Im September 1918 kam es zu Engpässen bei der Versorgung der „militärisch beurlaubten“ Studenten in der Mensa academica. Die Mittel reichten für die Verköstigung der 500 an die Hochschule zurückgekehrten ehemaligen Soldaten nicht aus. Das Professorenkollegium richtete am 15. Oktober 1918 eine dringende Bitte um Hilfe an das Ministerium.[91]

In dieser allgemeinen Notlage der letzten Kriegsmonate begründeten deutschsprachige Studenten aus dem Deutschen Reich und aus Österreich die „Deutsche Studentenschaft“, die zunächst das Ziel hatte, die Gegensätze zwischen nationalen und katholischen Studenten auf demokratischer Basis abzuhandeln. Doch diese „demokratische Basis“ war von Anfang an schmal, denn die Frage der Aufnahme von jüdischen Studenten blieb umstritten. Für kurze Zeit schien immerhin eine allgemeine, eigenständig konstituierte Studentenvertretung möglich. Sehr bald setzten sich, ganz der Stimmung der Studentenschaft entsprechend, die völkisch-reaktionären Strömungen durch. Trotz aller organisatorischen Anknüpfungspunkte ist es nicht weiter erstaunlich, dass sich inhaltlich keinerlei Querverbindungen (auch nicht negativer Art) zur wichtigsten Sozialbewegung der österreichischen Revolution, der Rätebewegung, erkennen lassen.[92] Helge Zoitl berichtet von Versuchen, 1919 an der Universität Wien und der Technischen Hochschule Arbeiterratswahlen durchzuführen.[93]

Denn die Studentenschaft verfolgte ihr Ziel, die Etablierung einer völkischen Universität, die sich von der sozialdemokratischen oder christlichsozialen (Staats-)

[88] Archiv der BOKU, 826/19.

[89] KNOLL (wie Anm. 72), S. 462.

[90] Ebd.

[91] Archiv der BOKU 1393/18.

[92] Vgl. dazu HANS HAUTMANN, Geschichte der Rätebewegung in Österreich 1918–1924, Wien/Zürich 1987. In dieser groß angelegten Studie spielen die Studenten und die Universitäten keine Rolle. Zu den Räten in der österreichischen Revolution 1918–1920, S. 229 f.

[93] HELGE ZOITL, „Der Kampf um die Gleichberechtigung. Die Sozialdemokratische Studentenbewegung in Wien 1924–1925, Diss. Salzburg 1978, S. 215 f. Vgl. dazu STIMMER (wie Anm. 24), Bd. 1, S. 553.

Verwaltung so weit wie möglich abkoppeln sollte, mit weitaus größerer Konsequenz als irgendwelche sozialen Ziele.[94]

„Kaum ein Burschentag, kaum ein Studententag verging in diesen fünfzehn Jahren, in [sic!] denen nicht die ostmärkischen und reichsdeutschen Ansichten aufs heftigste aufeinanderprallten. Im akademischen Leben Großdeutschlands waren die Ostmärker durch ihr stürmisches Vorwärtsdrängen unbequeme Mitbürger geworden."[95]

Mit diesem Befund aus einer Dissertation aus 1940 liegt Erich Witzmann sicher nicht falsch: Die entscheidenden Impulse bei der Etablierung und Institutionalisierung des Antisemitismus auf akademischem Boden und der Durchsetzung des Konzepts von auf so genannter rassischer Grundlage gebauten Studentennationen, also der zentralen Anliegen der organisierten Studentenschaft, gingen von Österreich aus.[96]

Wie sehr sich die Lage für alle nicht der Deutschen Studentenschaft nahe stehenden Hörer an österreichischen Universitäten binnen weniger Jahre verschlimmerte, zeigt eine Petition der Deutsch-demokratischen Hochschulvereinigung an den Unterrichtsminister (das Amt wurde damals ausgerechnet vom Historiker Heinrich Ritter von Srbik bekleidet, dessen Sympathien für den Nationalsozialismus später deutlich zutage traten) aus dem Jahr 1929. Diese liberale Vereinigung konstatiert, dass an den Hochschulen das Faustrecht herrsche und dem Missbrauch der akademischen Freiheit nur mit drei Maßnahmen entgegengetreten werden kann, nämlich durch: 1) freien Zugang der Polizei zur Universität, 2) eine strenge Regelung des Anschlagwesens und 3) die Ausdehnung des Strafrechts auf die Universitäten.[97] So lauteten elf Jahre nach Ausrufung der Republik Österreich die Forderungen von liberalen Studenten an einen parteiunabhängigen, nationalen Minister. Aufgelistet sind 31 Delikte, die an den hohen Schulen laufend vorkamen, ohne geahndet zu werden: Die Liste reichte von der Körperverletzung über Verstöße gegen das Pressgesetz bis hin zum Hochverrat.[98] Diese Eingabe führte zu keiner Verbesserung der Situation an den Hochschulen.

Wie war es dazu gekommen? Unmittelbar nach Kriegsende hatte sich die soziale Situation der Studenten noch einmal verschlechtert: Die Generation der

94 Und wenn das „Soziale" eine Rolle spielt, dann zumeist in Verbindung mit dem gemeinsamen Kriegserleben. Z.B: „Soziales Studententum." Aus Wiener akademischen Kreisen, in: Reichspost, 29. 3. 1919, S. 6.

95 ERICH WITZMANN, Der Anteil der Wiener waffenstudentischen Verbindungen an der völkischen und politischen Entwicklung 1918–1938, Diss. Wien 1940, S. 70.

96 Zum akademischen Antisemitismus der unmittelbaren Nachkriegszeit: BRUCE F. PAULEY, Eine Geschichte des österreichischen Antisemitismus. Von der Ausgrenzung zur Auslöschung, Wien 1993, S. 132 ff.

97 Zu den Hochschulkrawallen. Offener Brief an Herrn Bundesminister für Kultus und Unterricht vom Vorstand der Deutsch-demokratischen Hochschulvereinigung, Wien 1929, S. 4.

98 Ebd., S. 9–14.

Kriegsheimkehrer, die direkt von der Front an die Hochschule zurückgekehrt waren, hatte wenig Zukunftsaussichten – ein absolviertes Studium bedeutete keineswegs die Garantie für einen Arbeitsplatz. 1919 hatten viele Studenten in Wien nicht einmal ein Dach über dem Kopf. Mit Losungen wie „Vier Jahre im Feld für euch gefroren, das fünfte mit euch" veranstalteten Studenten der Bodenkultur Ende Jänner 1919 eine Demonstration durch das noble Cottageviertel:

„Etwa fünfhundert Hörer der Hochschule für Bodenkultur veranstalteten gestern nachmittag die erschütternde Demonstration. Mehr als zweihundert von diesen Studenten sind obdachlos, das heißt sie sind gezwungen, in Massenquartieren, in Kaffeehäusern zu übernachten, oder sie suchen nachts bei Kameraden Zuflucht, wo sie zu zweit und dritt in einem Bette schlafen. Ungefähr die Hälfte von ihnen wird den Februarzins nicht bezahlen können und steht vor der Gefahr, die Wohnung zu verlieren und das Studium aufgeben zu müssen. Der Schauplatz der Kundgebung war das Währinger Cottageviertel, wo es viele leerstehende Zimmer und auch völlig unbewohnte Villen gibt, und die Demonstration richtete sich gegen die Villenbesitzer, die sich bisher, trotzdem sie wiederholt zur Überlassung von Wohnräumen für die Studenten angegangen wurden, um deren Wohnungsjammer nicht gekümmert haben."[99]

Dass unter diesen Rahmenbedingungen übersteigerter Nationalismus, überzogenes Standesbewusstsein und eine unglaublich gewalttätige Sprache eine gute Basis erhielten, überrascht nicht weiter. Signifikant für diese Entwicklung in der Geschichte der österreichischen Studenten ist ein am 17. November 1920 gefasster Beschluss des Hochschulausschusses,[100] der „die Entfernung der Hörer czechischer Nationalität" verlangte. An der BOKU selbst wurde zwar nicht demonstriert, viele ihrer Hörer beteiligten sich aber an einer Demonstration an der Universität. Erstmals ging es den Studenten nicht mehr um abstrakten Deutschnationalismus, sondern um den Ausschluss bereits inskribierter Kommilitonen.[101] Der Verbalradikalismus begann sich zu konkretisieren.

Die Hochschule für Bodenkultur wurde sehr rasch zu einer Hochburg der deutschnationalen Studenten (die an allen Hochschulen in der Mehrzahl waren). Das bedeutete: einen geradezu ungezügelten verbalen Antisemitismus, aggressiven Antimarxismus und eine Verherrlichung des eben beendeten Weltkrieges. „Die Hochschulen waren zum Tummelplatz der Reaktion geworden."[102]

Michael Grüttner fasst die Situation nach Kriegsende so zusammen: „Überfüllungskrise und Existenzangst trafen eine Studentengeneration, die nicht mehr

[99] Arbeiter-Zeitung, 31. 1. 1919. Vgl. Helge Zoitl, „Student kommt von Studieren!" Zur Geschichte der sozialdemokratischen Studentenbewegung in Wien, Wien/Zürich 1992, S. 206 f.

[100] Zur Geschichte des interfraktionellen Hochschulausschusses vgl. ebd. S. 152 ff., S. 209 f. Laut Witzmann (wie Anm. 95), S. 27 gehörten dem Ausschuß die zionistischen Studenten nicht an.

[101] ÖSTA, AVA, MCU, Fasz. 1214, 22.875/20, enthält BOKU 2275/20 (4. 12. 1920).

[102] Zoitl (wie Anm. 99), S. 388.

durchgängig aus gesicherten Verhältnissen stammt".[103] Er warnt aber vor allzu einfachen Schlussfolgerungen für die Geschichte der Jahre 1918–1933. Denn die Furcht vor der sozialen Deklassierung prägte die Studenten zwar, doch die Affinität zu Nationalismus, Antisemitismus und völkischer Ideologie hat es auch schon vorher gegeben. Konrad Jarausch hat die deutsche November-Revolution von 1918/19 im Gegensatz zu der von 1848 als „Revolution ohne Studenten" bezeichnet.[104]

Für Jarausch war die Hinwendung zum Nationalsozialismus keineswegs unausweichlich, die Studenten „seien nicht von vornherein so antidemokratisch eingestellt" gewesen. Doch es führe „noch mehr in die Irre zu behaupten, dass die akademische Jugend wider besseres Wissen verführt worden sei, denn ihr Nationalismus, Imperialismus und Antisemitismus prädisponierten sie geradezu mehrheitlich für eine radikale Rechtswendung."[105] Auch Jarausch betont die Vorreiterrolle der österreichischen Studenten bei der Etablierung eines ganz „besonders aggressive[n] Antisemitismus".[106]

In der Ersten Republik gab es keine gesetzlich verankerte Studentenvertretung. Glöckels Bestrebungen[107] in diese Richtung wurden nach dem Ende der Großen Koalition nicht mehr aufgegriffen. Die „Autonomie" der Hochschulen wurde so stark betont, dass jede Einmischung des Staates in die innere Ordnung der Hochschulen zurückgewiesen wurde.[108]

Am Fallbeispiel „Hochschule für Bodenkultur" lässt sich die Richtigkeit der folgenden Diagnose von Lichtenberger-Fenz geradezu exemplarisch nachweisen: „‚Hochschulautonomie' wurde in der Ersten Republik für die konservativen Professoren und Studenten zu einem Schlagwort und Chiffre für das Recht auf eine eigene politische Sonderentwicklung."[109] Ergänzt werden müsste noch, dass diese „Autonomie" praktisch ausschließlich zum Durchsetzen antisemitischer Gewalt (in Wort und Tat) und zur Hintanhaltung jeglicher abweichender „linker" oder auch nur liberaler Meinung in Forschung und Lehre verwendet wurde, und dass dabei nicht nur die österreichischen Studenten, sondern auch die Republik Österreich gegenüber der Weimarer Republik eine unrühmliche Vorreiterrolle innehatte.

[103] MICHAEL GRÜTTNER, Studenten im Dritten Reich, Paderborn/Wien/Zürich 1995, S. 24.

[104] KONRAD JARAUSCH, Deutsche Studenten 1870–1970, Frankfurt a. M. 1984, S. 118.

[105] Ebd., S. 117.

[106] Ebd., S. 122.

[107] Zu Otto Glöckels (1874–1935) schul- und hochschulpolitischen Vorstellungen vgl. ERIK ADAM, Austromarxismus und Schulreform, in: PETER HEINTEL u.a. (Hg.), Die Schul- und Bildungspolitik der österreichischen Sozialdemokratie in der Ersten Republik, Wien 1983, S. 276–280.

[108] BRIGITTE LICHTENBERGER-FENZ, „...deutscher Abstammung und Muttersprache", Wien/Salzburg 1990, S. 10 f., bezeichnet Glöckels Amtszeit vom 16. 2. 1919–22. 10. 1920 als „jene Epoche, in der erstmals und bis auf weiteres auch letztmals Unterrichtsministerium und akademische Behörden in politische Konflikte miteinander gerieten."

[109] Ebd., S. 25.

Schon 1919 wurden an der BOKU einige Überlegungen für einen Zusammenschluss aller „deutschen" Studenten angestellt.[110] In einer Note an das Rektorat der BOKU legt der Deutsche Burschenbund das Hauptthema für die Studentenschaft für die nächsten Jahrzehnte fest: Nur deutsche Volksangehörige können entscheiden, wer studieren darf, insbesondere sei die Zuwanderung von Juden aus dem Osten zu unterbinden.[111]

Eine Vorstufe zur Deutschen Studentenschaft stellte der Hochschulausschuss dar. In diesem Fall optierte das Professorenkollegium für ein – im Vergleich zu anderen Hochschulen – ungewöhnlich liberales Wahlrecht: Das aktive Wahlrecht sollte allen Studenten zuerkannt werden, es gab sogar Bestrebungen, ausländische Studentenvertreter (bis zu 10%) zu akzeptieren. Weiters forderte das Professorenkollegium mehrmals den Ausschluss von parteipolitischen und konfessionellen Fragen in dieser Angelegenheit.[112] Damit sollte die Attraktivität der Hochschule für ausländische Hörer erhalten bleiben. Der Entwurf fand aber beim Staatsamt für Unterricht keine Billigung.

Nur wenige Monate später hatte sich die Lage völlig verändert: Einziges Ziel war nun eine Regelung, die den deutschnationalen Hochschülern einen Alleinvertretungsanspruch für alle Studenten garantierte, ohne dass sie sich zu Parteien zusammenschließen mussten.[113] Damit sollte den jüdischen Studenten jegliche Mitsprache genommen und damit „dem Antisemitismus eine legale Form [ge]geben"[114] werden.

Die Hochschule für Bodenkultur war zusammen mit der Technischen Hochschule Wien Vorreiter einer neuen Universitätsverfassung. Diese „Verfassung" sah in Anlehnung an mittelalterliche und frühneuzeitliche Vorbilder die Gründung von Studentennationen vor, die nicht an die staatliche Nationalität gebunden waren.

Alle „Nationen", die mehr als fünf Prozent (anfänglich war sogar von einer Sperrklausel von zehn Prozent die Rede) der Studenten auf sich vereinigen konnten, durften sich konstituieren, die „Nationen" konnten, ohne irgendjemandem Rechenschaft ablegen zu müssen, Studenten von der Mitgliedschaft ausschließen. Damit war aber auf Hochschulboden das überall sonst geltende Staatsbürgerrecht aufgehoben. Denn diese Regelung bedeutete de facto, dass nur die „Deutsche Studentenschaft"[115] die Hürde überspringen konnte. Sie nutzte die „Freiheiten" der Verfassung natürlich zum Ausschluss der jüdischen Studenten (über zehn Jahre vor den

110 Archiv der BOKU, Sammelakt 1865/19 („Studentenvertretung").

111 Archiv der BOKU, 862/19. Die Beschlüsse des Allgemeinen Deutschen Studententags in Würzburg (Archiv der BOKU, 1547/19) sind noch stärker von Haß auf die Siegermächte als von Antisemitismus dominiert.

112 ÖSTA, AVA, MCU, Fasz. 1206, 11.368/19. LICHTENBERGER-FENZ (wie Anm. 108), S. 20.

113 Dazu ausführlich: BRIGITTE (LICHTENBERGER-)FENZ, Volksbürgerschaft und Staatsbürgerschaft. Das Studentenrecht in Österreich 1918–1932, Diss. Wien 1977, S. 110–116.

114 LICHTENBERGER-FENZ (wie Anm. 108), S. 3.

115 Zur Geschichte der „Deutschen Studentenschaft" vor ihrer Institutionalisierung vgl. LICHTENBERGER-FENZ (wie Anm. 113), S. 69–98.

Nürnberger Rassengesetzen!). 1924 wurde die entsprechende Regelung an der BOKU eingeführt.[116] Das Rektorat hatte die Verfassung beim Unterrichtsministerium am 21. Juli angezeigt, bis Ende September aber keine Antwort erhalten. Am 30. September

> „beehrt sich das gefertigte Rektorat mitzuteilen, dass es den mit diesem Berichte vorgelegten Entwurf, betreffend die Bestimmungen, durch welche Vertretungen der Studentenschaft anerkannt, sowie Rechte und Pflichten der Vertretungen an der Hochschule für Bodenkultur geregelt werden, als dortamts für genehmigt betrachtet, weil bis heute ein gegenteiliger Erlass nicht eingelangt ist."[117]

Das Rektorat kündigte auch noch an, bei der Inskription müsste jeder Student „für die bzgl. Organisationen" (man hielt die Fiktion aufrecht, dass sich mehrere Nationen konstituieren würden) 10.000 Kronen zahlen. Diese Regelung löste heftige öffentliche Diskussionen aus, das Ministerium begnügte sich mit der Mitteilung, dass es die Rechtsansicht des Rektorats nicht teile, blieb aber sonst untätig.[118] Damit war die nicht auf Staatsbürgerschaft, sondern auf der „Rasse" als Kriterium beruhende Studentenverfassung, deren Recht- und Zweckmäßigkeit immer wieder bezweifelt wurde (unter anderem von Hans Karl Zeßner-Spitzenberg), zwar nicht offiziell anerkannt, aber auch nicht verboten – ein in der Ersten Republik nicht unübliches Verfahren, um mit schwierigen innenpolitischen Problemen fertig zu werden.[119] Der Rektor der BOKU, Karl Hoffmeister, verteidigte die neue Regelung in der Tagespresse und bezeichnete das Vorgehen des Kollegiums sogar indirekt als „liberal und demokratisch".[120]

Die kleine Schar der sozialistischen Studenten blieb der von ihr grundsätzlich abgelehnten „Studentenschaft" fern. Der Verband sozialistischer Studenten und der Verband jüdischer Studenten protestierten gegen die vollendeten Tatsachen[121] und die unhaltbare Situation, dass sie ihren schärfsten politischen Feinden auch noch Beiträge zu leisten hätten. Wenigstens für dieses Problem wurde schließlich doch eine „österreichische" Lösung gefunden (siehe unten). Die Klientel der Deutschen Studentenschaft beschränkte sich zunächst auf die deutschnationalen und katholi-

[116] Archiv der BOKU, 1167/24.

[117] ÖSTA, AVA, MCU, Fasz. 1214, 22.857/24. Schreiben des Rektorats unter 1167/24 (30. 9. 1924).

[118] ÖSTA, AVA, MCU, Fasz. 1214, 22.857/24, Antwort vom 16. 10. 1924.

[119] Der heftige parlamentarische und außerparlamentarische Widerstand der Sozialdemokraten blieb folgenlos. Vgl. ZOITL (wie Anm. 99), S. 391.

[120] „Man kann und darf deshalb, weil heute die Majorität der deutschen Studentenschaft auf ersterem [Ausschluß der Juden aus der Studentenorganisation, P. E.] Standpunkte steht, von den Professorenkollegien nicht verlangen, daß sie deshalb die ganze autonome Studentenorganisation aufheben und zerstören sollten. Diese obrigkeitliche Diktatur wäre vormärzlich. Sie wäre auch nicht liberal und demokratisch." In: Reichspost, 6. 1. 1925. Vgl. LICHTENBERGER-FENZ (wie Anm. 113), S. 117, und DIES., (wie Anm. 108), S. 57–62.

[121] Archiv der BOKU, 1405/24 (25. 10. 1924).

schen Studenten, später wurden auch bulgarische und andere osteuropäische Studierende auf die eine oder andere Weise vertreten.

Wie sahen nun die Machtverhältnisse in der Deutschen Studentenschaft der BOKU aus? Vor 1921 war das Verhältnis zwischen deutschnationalen und katholischen Studentenvertretern 16:1 – ob diese Vertretung allerdings durch eine Wahl bestimmt worden war, konnte nicht eruiert werden. Die Kammerwahl von 1921 brachte dann jenes Ergebnis, das richtungsweisend für alle Studentenschaftswahlen an der BOKU in der Ersten Republik werden sollte: Die deutsch-völkische Liste erhielt 548 Stimmen (8 Mandate), die katholisch-deutsche Liste kam auf 245 (4) und die Liste der akademischen Gemeinschaft und gleichgesinnten Finken auf 227 (3). Die Wahlbeteiligung betrug 73%. In der deutsch-völkischen Liste dominierten die Burschenschafter von „Silvania“ und „Hubertus“, die „Finken“-Liste setzte sich aus Freistudenten, also Nicht-Korporierten, zusammen, die in puncto Deutschnationalismus und Antisemitismus den Burschenschaften zumeist nicht nachstanden.[122]

Bei den nächsten Wahlen 1923 erhielt die Deutsch-völkische Studentenschaft bei einer Wahlbeteiligung von 63% 432 Stimmen und 11 Mandate, die Katholisch-deutsche Studentenschaft 148 Stimmen und 4 Mandate.[123] Bei den Wahlen im WS 1925/26 lautete das Ergebnis: Deutsch-völkische Liste 6, deutsch-katholische Liste 5 und völkisch-soziale Liste 3 Mandate.[124] Von den nichtsozialistischen, nichtjüdi-schen, deutschen (= deutschen und österreichischen) Studenten gehörten an der Hochschule für Bodenkultur also ca. 2/3 der deutschnationalen und 1/3 der katholischen Richtung an. Wer den Ton angab, das zeigen die verwendeten Symbole und die Realpolitik: Als Stempelaufdruck diente der Studentenschaft schon in den frühen zwanziger Jahren das Hakenkreuz, mehr als die Hälfte ihrer Resolutionen vor 1930 war antisemitischen Inhalts. Dabei war der Anteil der jüdischen Studenten an der BOKU weitaus geringer als etwa an der Hochschule für Welthandel oder der Universität.[125]

Am 19. November 1923 sprengten BOKU-Studenten Vorlesungen an der Hochschule für Welthandel, zehn Tage später besetzten sie die Rampe der Universität.[126] Es gehörte zur Taktik, dass die Lehrveranstaltungen von Studenten, die von anderen Hochschulen gekommen waren, gestört wurden: BOKU-Studenten machten den Unterricht an der Hochschule für Welthandel unmöglich, Techniker den an der Universität, Welthandelsstudenten waren an der Technischen Hochschule tätig. Nur an der BOKU blieb es – in diesem Fall – ruhig. Der fast immer mit den Studenten sympathisierende jeweilige Rektor konnte auf diese Weise die Schuld an den Krawallen den notorischen „hochschulfremden Elementen“ zuschieben, die für praktisch alle Unruhen der zwanziger Jahre herhalten mussten.

[122] Zahlen nach: ZOITL (wie Anm. 99), S. 289.

[123] Archiv der BOKU, 364/23.

[124] WITZMANN (wie Anm. 95), S. 134.

[125] WITZMANN (wie Anm. 95), S. 52, hat dafür eine für eine NS-Dissertation einleuchtende Erklärung: Dies erkläre sich daraus, „da sowohl in der landwirtschaftlichen als auch in der forstlichen und kulturtechnischen Studienrichtung der Jude kein zusagendes Studienfach vorfand“.

[126] ZOITL, „Student“, S. 373, S. 377.

Eine der wenigen Aktionen sozialdemokratischer Studenten an der Hochschule für Bodenkultur betraf den Kampf gegen die „Technische Nothilfe". Hinter diesem Namen verbarg sich eine studentische Streikbrechergruppe, die von Großgrundbesitzern engagiert wurde, um Landarbeiterstreiks im Burgenland zu unterlaufen. Laut Aussendung des Fachvereins sozialistischer Studenten und Akademiker hätten „80 hakenkreuzlerische Streikbrecher" „im Dienst der Magyaronen" den vom 24. bis 26. November in Frauenkirchen stattfindenden Landarbeiterstreik gestört.[127]

Die Antwort der Studentenvertretung ließ nicht lange auf sich warten: Im März 1924 wurden drei Wünsche an das Professorenkollegium herangetragen: Zunächst die de facto-Gleichstellung der auslandsdeutschen Studierenden mit den Inländern, dann das Verbot für den sozialistischen Fachverein, unter diesem Titel an der Hochschule zu affichieren, und schließlich die Bitte um zwangsweise Eintreibung der Hochschulkammerbeiträge von allen ordentlichen Hörern, also auch von denjenigen, die ihr gar nicht angehörten oder angehören durften.[128]

In diesem Fall war die Studentenschaft nicht erfolgreich. Die zwangsweise Eintreibung kam nicht zustande[129] und die auslandsdeutschen Studenten richteten im Juni ein Beschwerdeschreiben an das Rektorat, indem sie den Fortbestand ihrer Schlechterstellung bedauerten.[130] Der „Fachverein der sozialdemokratischen Studenten und Akademiker an der Hochschule für Bodenkultur" ging sogar selber in die Offensive und ersuchte das Rektorat im April 1924 um ein Verbot von streikbrecherischen Anschlägen am Schwarzen Brett. Überraschenderweise war der Initiative ein Teilerfolg beschieden. Das Rektorat versprach nur mehr solche Anschläge zuzulassen, die sich auf die „Tierwartung" beziehen würden. Gleichzeitig wurde aber auch eine Warnung ausgesprochen: Die Sozialdemokraten sollten aufpassen, „die Toleranzschwelle nicht zu überschreiten!"[131]

Noch fünf Jahre später äußerte einer der an der Anti-Streikbrecher-Bewegung Beteiligten:

> „Das war es, meine lieben Freunde, was uns an der Hochschule für Bodenkultur zusammenführte. Die brennende Scham über die Niedertracht, daß junge Burschen aus gutsituierten Häusern ergrauten Familienvätern das erkämpfte Stück Brot stehlen halfen."[132]

[127] Archiv der BOKU, 1576/23. Unter „Magyaronen" sind ungarische Großgrundbesitzer zu verstehen.

[128] Archiv der BOKU, 385/24.

[129] Archiv der BOKU, 490/24.

[130] Archiv der BOKU, 875/24. Siehe dazu auch ebd. 116/25, 515/26.

[131] Archiv der BOKU, 402/24 (9. 4. 1924).

[132] Ing. agr. EWALD KLETTENHOFER, Das Fähnlein der sieben Aufrechten, in: Sozialistisch-akademische Rundschau. Monatsschrift des Verbandes der sozialistischen Studenten Österreichs 2 (1929), S. 19. Schon der Titel des Beitrags verweist auf die (selbst im Vergleich zu anderen Hochschulen) sehr schwache Verankerung des VSSt. an der BOKU.

Rektor Hoffmeister wurde 1925 sogar zu einer Delegiertentagung der sozialistischen Studenten eingeladen, lehnte aber höflich ab.[133] Die Jahre 1923/25 waren dann aber auch die einzigen, in denen sozialistischen Hörer und Hörerinnen der BOKU sichtbare Aktivitäten setzten konnten.

In der Frage der Zulassung von ausländischen jüdischen Studenten zum Studium an der BOKU konnte sich die Deutsche Studentenschaft nicht durchsetzen und musste für ihre Streikdrohung hämische Pressekommentare einstecken: „Die nationalsozialistischen Herren Studenten an der Hochschule für Bodenkultur, deren Rassenantisemitismus schon eine gewisse Berühmtheit genießt...". Ihr Motiv zum Streik sei „ein – seien wir höflich! – sehr verstiegener Idealismus"[134] etc.

Nur wenige Tage später führten blutige Zusammenstöße zwischen Nationalsozialisten und Sozialdemokraten in Mödling auch zu schweren Ausschreitungen an der Wiener Universität. So wurde die Vorlesung von Prof. Julius Tandler, Vorstand der Ersten anatomischen Lehrkanzel und sozialdemokratischer Wiener Kommunalpolitiker, von rechtsgerichteten Studenten gesprengt. Der Rektor der Wiener Universität Dr. Hans Sperl (Professor für Zivilprozessrecht) führte daraufhin den Legitimationszwang ein. Die Unruhen griffen wie gewohnt auf andere Hochschulen über. In die auf die Straßen getragenen Prügeleien waren auch Kommunisten involviert. In der Ministerratssitzung vom 28. Mai 1925 konstatierte Bundeskanzler Ramek sogar die Gefahr eines allgemeinen Bürgerkriegs.[135] Die jüdische Kultusgemeinde war tief beunruhigt, die Nationalsozialisten mobilisierten ihre Schlägerbrigaden und die völkische Presse. An der Hochschule für Bodenkultur waren die Studenten schon am 14. Mai wegen der Wiederzulassung von ausländischen jüdischen Studenten in den Streik getreten. Einer der Gründe, warum die „Studentenschaft" so heftig gegen die Zulassung protestierte, war die Angst, dass die jüdischen Studenten die 5%-Hürde überspringen und somit eine Studentennation bilden könnten.[136] Daran schlossen sich antisemitische Umtriebe an der Technischen Hochschule (19. Mai) und an der Universität Wien (26. Mai) an. Am 27. Mai war die BOKU wie ausgestorben, bis zu Mittag ein Demonstrationszug (in Viererreihen!) von der Hochschule für Welthandel eintraf. Der Zug machte „vor der Hauptfront des Hochschulgebäudes Halt und sang das Lied ‚Wenn alle untreu werden'."[137] Tags darauf (28. Mai 1925) schließlich wurde die Universität Wien geschlossen und für die Hochschule für Bodenkultur ein Legitimationszwang verhängt.[138]

[133] Archiv der BOKU, 251/25.

[134] Zit. aus einem ausführlichen Bericht in: Neues Wiener Tagblatt, 16. 5. 1925, S. 8.

[135] Zu den Unruhen in Mödling und zur Ermordung des sozialdemokratischen Gemeinderates vgl. GERHARD BOTZ, Gewalt in der Politik. Attentate, Zusammenstöße, Putschversuche, Unruhen in Österreich 1918 bis 1938, 2. Aufl. München 1983, S. 102 ff. Stenographische Protokolle des Ministerrats, 381. Sitzung (28. 5. 1925), Tagesordnungspunkt 4. Während Ramek die Schuld für die Unruhen eher bei den nationalsozialistischen und deutschnationalen Gruppen bzw. Studenten sah, sprach der zuständige Bundesminister Schneider von der Gefahr sozialistischer Provokationen.

[136] Archiv der BOKU, 117/25.

[137] ÖSTA, AVA, MCU, Fasz. 1214, 13.791/25 (enthält 552/25, BOKU).

[138] Vgl. ebd. Eine genaue Darstellung der Ereignisse gibt ZOITL (wie Anm. 99), S. 422 ff.

Dass die Studenten durchaus Sympathisanten im Ministerrat hatten, belegt unter anderem der Diskussionsbeitrag von Minister Mataja:

„Man muß bedenken, daß die Initiative der Gewalttätigkeit von den Sozialdemokraten ausgegangen ist. Sie bringen in das Ganze den Geist der Unruhe und Unduldsamkeit. Jetzt ist der Same aufgegangen und der beste Teil der Bürgerlichen, die Hochschuljugend, nimmt die Sache jetzt in die Hand. Sie macht aber dabei ungeheure Fehler. Für uns ist es wertvoll, daß wir an den Hochschulen eine starke antijüdische und antisoziale [ein zweiter Stenograph verzeichnet: „antisozialdemokratische"] Bewegung haben. Wir müssen daher Empfindlichkeiten schonen, aber die Leute handeln vielfach töricht. Diese Dummheiten können eine ungeheure Gegenbewegung auslösen, deren Tragweite wir nicht überblicken können. Zwischen der Billigung der Motive und der Verhinderung der Tat müssen wir die richtige Mitte ziehen."[139]

Am 29. Mai 1925 wurden auf Veranlassung der Regierung alle Wiener Hochschulen geschlossen. Am selben Tag empfing Bundeskanzler Ramek eine Delegation der Deutschen Studentenschaft. Dabei dürfte er weit weniger Verständnis für deren Ziele als sein Minister gezeigt haben: Er bot den Vertretern der Studentenschaft nicht einmal Sitzplätze an und forderte sie auf, sich lieber ihrem Studium zu widmen, anstatt Wirbel zu schlagen. Obwohl die Studentenschaft einen Vertreter des CV zum Sprecher – auch Ramek war Mitglied einer CV-Verbindung („Norica") – gemacht hatte, kam es auch noch zu einem Disput zwischen dem Kanzler und dem Studentensprecher über die Frage, ob die Vertreter der jüdischen Studenten bei ihrem Besuch nicht etwa freundlicher behandelt worden waren. Die nationalen und katholischen Studentenvertreter reagierten jedenfalls beleidigt:

„Durch dieses Vorgehen scheinen die deutschen Bürger unseres deutschen Staates die zu den staatstreuen und aufbauenden Elementen gehören, im Verhältnis zu den volksfeindlichen und staatszersetzenden jüdischen Elementen als Bürger 2. Ordnung behandelt zu werden. Ein derartiges Vorgehen ist nicht geeignet Ruhe und Ordnung aufrecht zu erhalten, sondern lediglich dem schleichenden Bolschewismus in unserem Staate zum Durchbruch zu verhelfen."[140]

Die Sperre der Hochschulen dauerte bis 3. bzw. 4. Juni. Die Deutsche Studentenschaft forderte Genugtuung. Eine „Denkschrift des Kulturamtes der Deutschen Studentenschaft" vom Juni 1925 verwehrt sich gegen die „antideutsche Hetze" in der „jüdischen Presse", betont die Rolle Österreichs als deutscher Staat und gerät dann polemisch-aggressiv und sprachlich unbeholfen ins Grundsätzliche:

139 Stenographische Protokolle des Ministerrats 381. Sitzung (28. 5. 1925), Tagesordnungspunkt 4.

140 Brief an die Bundesregierung der Republik Deutsch-Österreich [sic!] vom 30. 5. 1925, in: Archiv der BOKU, 605/25.

„Alle großen deutschen Denker und Dichter haben die jüdische Gefahr erkannt und gewarnt! Alle bedeutenden deutschen Gelehrten warnen das deutsche Volk vor der sittlichen Orientalisierung und rassischen Judaisierung. Die Judenfrage ist ein ernstes wissenschaftliches Problem. Es ist daher nicht nur das Recht, sondern vor allem die Pflicht jedes deutschen Kulturmenschen, offenen und ungescheuten Judenabwehrkampf zu führen, da es eine Kulturnotwendigkeit ist. Philosemitismus führt zum Rassenchaos und zum Kulturtod – ist daher Kulturschande! Die Judengefahr verschweigen hiesse die Wahrheit verhüllen und die Unwahrheit vortäuschen.

Die versammelten Vertreter verwahren sich daher dagegen, dass sie in ihrer aufklärenden Tätigkeit und vaterländischen Erziehungsarbeit durch jüdischen Terror vergewaltigt werden sollen! Sie verwehren sich, dass die Wissenschaft durch eine falsche ‚Objektivitätstendenz' in rein jüdisch-subjektiver Weise missbraucht werden. Sie erheben dagegen schärfstens Einspruch, dass an den deutschen Hochschulen jüdischliberale Parteipolitik betrieben wird, sondern verlangen, dass an deutschen Lehr- und Bildungsstätten, an deutschen Kulturstätten deutsche Kulturpolitik beachtet und geachtet wird! Sie verlangen an freien deutschen Ort, das freie deutsche Wort! Sollte diesem Grundgesetze des Menschenrechtes, sollte das staatsgrundgesetzlich gewährleistete Recht der Selbstbestimmung und Gleichberechtigung von der staatlichen Behörde nicht beachtet werden, so lehnen die Vertreter für alle Folgen die Verantwortung ab."[141]

Dieses für die Denk- und Argumentationsweise der Deutschen Studentenschaft typische Manifest, das jede nicht deutschnationale Handlungsweise in Wissenschaft und Forschung a priori als „jüdisch" bezeichnet, trägt auch die Unterschrift eines Prominenten. Leopold Figl, der als Vertreter der Minderheitsfraktion der katholischen Studenten in der Deutschen Studentenschaft der Hochschule für Bodenkultur aktiv war, hat die „Denkschrift" als BOKU-Vertreter zusammen mit 17 Studentenschaftsfunktionären anderer Wiener Hochschulen unterzeichnet. Diese Kontroverse aus dem Jahr 1925 war keineswegs ein Einzelfall. An der BOKU und den anderen Wiener Hochschulen kam es auch weiterhin zu Protesten, die eindeutig antisemitisch motiviert waren und großes Aufsehen bei Politik und Presse erregten.

Es scheint, um mit Bruce Pauley zu sprechen, „als ob die Studenten an nichts anderem Interesse hätten als an der ‚Judenfrage'."[142] Ende der zwanziger Jahre änderte sich das Bild etwas: Zunächst nur selten, aber doch vergleichsweise häufiger wandte sich die Deutsche Studentenschaft auch Themen außerhalb des antisemitischen Diskurses zu. Die Aktivitäten richteten sich gegen strenge Prüfer und auf die Durchsetzung von Fahrpreisermäßigungen. Sogar Untersuchungen der wirtschaftlichen Lage der Studierenden wurden von der Studentenschaft initiiert.[143]

[141] Archiv der BOKU, 577/1/1925 (16. 6. 1925) (Orthographie und Beistrichsetzung beibehalten).

[142] PAULEY (wie Anm. 96), S. 168.

[143] Vgl. u. a. Archiv der BOKU, 647/28.

Das stillschweigende Übereinstimmen einer Mehrheit der Professoren mit einer Mehrheit der Studentenschaft hatte aber auch sein Grenzen. In Besetzungsfragen konnten die Studenten nicht auf die Unterstützung aus dem Professorenstand hoffen. Als die Deutsche Studentenschaft 1928 gegen die Bestellung von Adolf Staffe (1941–1944 Rektor der BOKU) zum Professor für Molkereiwesen opponierte, teilte sie dies auch dem Ministerium mit, da „an der Hochschule die Gepflogenheit besteht, Eingaben der Studentenschaft lediglich meistens innerhalb des Geschäftsausschusses zu erledigen."[144]

1.3.3. Die Studentenschaft: Das Studentenrecht und der Aufstieg des NSDStB 1929–1932

Ein zentrales Thema blieb aber die Frage des Studentenrechtes, denn daran war die Position als „hochschulbehördlich anerkannte Vereinigung" gebunden. In dieser Frage war das Ministerium zwischen 1925 und 1929 völlig passiv geblieben,[145] dies schien dem zuständigen Minister Richard Schmitz die einzige Möglichkeit, die Ruhe aufrechtzuerhalten.[146] Der Rektor der Wiener Universität, der Jurist Wenzel (Graf von) Gleispach, wenig später als „Erfinder" des Volksgerichtshofs[147] zu trauriger Berühmtheit gelangt, propagierte besonders die rechtliche Anerkennung der Studentenverfassung. Er sah darin den ersten Schritt zu einer völkischen Neuorientierung des Rechtssystems.[148]

Das Ausschlussrecht blieb bei der jeweiligen Studentennation. Damit wurde der „Deutschen Studentenschaft" der lange angestrebte Alleinvertretungsanspruch zugestanden. Die Rechtmäßigkeit wurde 1929 in der schon erwähnten Eingabe von demokratischen Studenten in Frage gestellt:

„Abgesehen davon, daß dieser Verein beziehungsweise die ihm angehörigen Vereinigungen an sämtlichen Ruhestörungen der letzten Jahre nahezu ausschließlich schuldtragend sind, handelt es sich [...] um [...] einen Verein, dessen Mitgliedschaft nach dem wissenschaftlich niemals bewiesenen und gesetzlich nirgends

[144] ÖSTA, AVA, MCU, Fasz. 1207, 19.180/28.

[145] Vgl. LICHTENBERGER-FENZ (wie Anm. 113), S. 151–156.

[146] Dass dabei durchaus auch Sympathien für den Status quo vorhanden waren, vermutet LICHTENBERGER-FENZ; ebd, S. 154: „Für Österreich wollte Unterrichtsminister Schmitz ein gleiches Recht für alle Staatsbürger schaffendes, allgemeines Studentenrecht, wie es an reichsdeutschen Hochschulen in Geltung war und wie es auch der sozialdemokratische Entwurf vorsah, genau so wenig wie die Vorgänger seiner Partei verankert sehen. An eine bewußte Schaffung eines ‚volksbürgerlichen' Studentenrechtes wagte er sich aber doch nicht."

[147] Zu Gleispach und seinem juristisch-politischen Werdegang vom Verfechter eines liberalen Jugendstrafrechts zum NS-Juristen: EDUARD RABOFSKY – GERHARD OBERKOFLER, Verborgene Wurzeln der NS-Justiz. Strafrechtliche Rüstung für zwei Weltkriege, Wien 1985, S. 111–206.

[148] LICHTENBERGER-FENZ (wie Anm. 113), S. 218.

festgelegten Grundsatz der sogenannten ‚Rassezugehörigkeit' nur bestimmten Hochschülern zugänglich ist."[149]

Immer wieder betonte die österreichische „Deutsche Studentenschaft" die Notwendigkeit, nicht nach der Staatsbürgerschaft, sondern nach der „Volksbürgerschaft" vorzugehen: Dabei ging es nicht nur um die Juden, ein Studentenschaftsfunktionär sah 1929 die Wiener Universität auch von „Tschechen und anderen Slawen" bedroht – sein Name lautet übrigens Trnik...[150] Trnik forderte konsequentes Eintreten für den Arierstandpunkt und bat um die Unterstützung der deutschen Studentenschaften. Letztlich setzte sich diese völkische Linie der Studentenschaft und Gleispachs auch durch. Rabofsky/Oberkofler kommentierten diese Regelungen pointiert: „Das NS-Rassenrecht wird 1930 an der Wiener Universität erlassen."[151]

Vergleichsweise „liberaler" liest sich die Studentenordnung der BOKU. Im März 1930 wurden die Richtlinien für die Studentennationen – wie auch an den anderen österreichischen Hochschulen – vom Professorenkollegium der BOKU noch einmal neu definiert: „Voraussetzung für die Bildung einer Studentennation ist, dass die Anzahl der zu einer Studentennation sich vereinigenden Hörer mindestens 2 v. H. aller ord. Hörer der Hochschule erreicht."[152] Alle dadurch ausgeschlossenen Studenten hatten die Möglichkeit, sich zu einer gemeinsamen Minderheitsgruppe zusammenzuschließen. Außerdem war nicht von der „Abstammung" als Kriterium der Zugehörigkeit die Rede.[153] Doch da in Punkt 8 der Studentenschaftsordnung den „Studentennationen" nach wie vor die autonome Entscheidung über die Mitgliedschaft der einzelnen Mitglieder überlassen wurde, hatte dieser Entwurf (abgesehen von der Senkung der Prozenthürde) keine anderen Effekte als die Studentenordnung der Universität Wien.[154] Außerdem hätte die Konstituierung einer eigenen Studentennation durch jüdische Hörer eine indirekte Anerkennung der rassistischen gesetzlichen Vorgaben bedeutet.

Wenigstens wurden an der BOKU den inskribierenden Studenten nicht gleichzeitig mit den Gebühren die Mitgliedsbeiträge für die Studentenschaft abgezogen – der Grundsatz, „daß Dienststellen [nicht] Geld für andere Zwecke einsammeln", blieb aufrecht.[155]

[149] Zu den Hochschulkrawallen (wie Anm. 97), S. 8.

[150] Walter Trnik, Der Volksbürgergrundsatz in Österreich, in: Der Student. Deutsche akademische Rundschau. Organ der Deutschen Studentenschaft 10 (1929), Nr. 2, S. 7–8.

[151] Rabofsky – Oberkofler (wie Anm. 147), S. 131. Gegen das „Studentenrecht" machte die demokratische Öffentlichkeit mobil. Unter anderem traten Arnold und Stefan Zweig, Thomas und Heinrich Mann und Hermann Hesse dagegen au f. Vgl. Lichtenberger-Fenz (wie Anm. 108), S. 100.

[152] Archiv der BOKU, 482/30 (28. 3. 1930).

[153] Lichtenberger-Fenz (wie Anm. 108), S. 109, ortet eine größere Vorsicht „in der rassenbiologischen Abgrenzung".

[154] Archiv der BOKU, 482/30.

[155] Archiv der BOKU, 890/30.

1931 beschäftigte sich endlich der Verfassungsgerichtshof mit dieser Causa. Die sozialdemokratischen Studenten hatten immer wieder gegen das Gesetz protestiert.[156] Das (wie so oft) uneindeutige Ergebnis: Die Studentenordnung wurde zwar aufgehoben, das ihr zugrundeliegende (rassistische) Volksbürgerprinzip jedoch gebilligt.[157] Die Folgen dieses Urteils waren wieder Unruhen an den Wiener Hochschulen, jüdische Studenten waren einige Tage lang Freiwild für deutschnationale Rowdys und den organisierten nationalsozialistischen Mob.[158] Auch die BOKU wurde vom 23. bis 25. Juni 1931 gesperrt.

Welche Strategien verfolgte nun die Deutsche Studentenschaft? Ihr blieben nur zwei Möglichkeiten: entweder die Konstituierung als Verein oder der Weg über die Gesetzgebung. Ein diesbezüglicher Gesetzesentwurf wurde vom christlichsozialen Unterrichtsminister Czermak, einem sogar innerhalb dieser Partei als radikalen Antisemiten[159] zu bezeichnenden Politiker eingebracht und am 29. April 1932 im Parlament behandelt. Die Uneinigkeit der Christlichsozialen über dieses Thema verhinderte jedoch eine Abstimmung.[160]

Inzwischen hatte sich an der BOKU das Betätigungsfeld der Deutschen Studentenschaft verbreitert. Hand in Hand damit lässt sich das Aufkommen des Nationalsozialistischen Deutschen Studentenbundes (NSDStB) beobachten. Interventionen gegen angeblich ungerechte Professoren, eigene Vorschläge zu Veränderungen der Studienpläne und Eintreten für die soziale Absicherung der Studenten lösten die antisemitischen Kampagnen als Hauptbeschäftigung ab, ohne dass diese Geistes-haltung aber auch nur im geringsten modifiziert worden wäre. Sie blieb das Fundament der Arbeit der Deutschen Studentenschaft.

Der erste Versuch, ein nationalsozialistisches Plakat an der Hochschule zu affichieren, war 1928 vom Rektorat noch unterbunden worden. Mit der Begründung der „Unsachlichkeit“ wurde das Plakat eingezogen.

Unter dem Titel „Was sind wir und was wollen wir?“ finden sich hier neun Punkte, die durchaus auch noch den sozialistischen Aspekt hervorheben, also vom so genannten linken Flügel der NSDAP inspiriert sind.[161] Betont wird die soziale Verpflichtung der Wissenschaft gegenüber dem Volkstum, die Unabhängigkeit von

[156] Vgl. Sozialistisch-akademische Rundschau 3 (1930), Nr. 5, S. 1 ff.; Nr. 7, S. 3 f., Nr. 10, S. 3 f.

[157] Die komplizierte Verhandlung wird analysiert bei LICHTENBERGER-FENZ (wie Anm. 113), S. 231–274. LICHTENBERGER-FENZ (wie Anm. 108), S. 103, berichtet, dass Juden und Konfessionslose schließlich von der Beitragszahlung befreit wurden.

[158] LICHTENBERGER-FENZ (wie Anm. 113), S. 266 ff., vgl. auch PAULEY (wie Anm. 96), S. 173, der von den „schwersten Ausschreitungen auf akademischem Boden in der Ersten Republik“ spricht.

[159] Zu Czermaks Antisemitismus vgl. HELMUT WOHNOUT, Die Janusköpfigkeit des autoritären Österreich. Katholischer Antisemitismus in den Jahren vor 1938, in: Geschichte und Gegenwart 13 (1994), S. 8 f.

[160] LICHTENBERGER-FENZ (wie Anm. 113), S. 290–318.

[161] Vgl. dazu ANSELM FAUST, Der Nationalsozialistische Deutsche Studentenbund. Studenten und Nationalsozialismus in der Weimarer Republik, 1. Bd., Düsseldorf 1973, S. 42 ff., der auf die linke Rhetorik der Frühzeit verweist. Dies änderte sich ja erst mit der Bestellung von Baldur v. Schirach zum Führer des NSDStB (ebenfalls 1928).

den Einflüssen des Privatkapitals und die Kameradschaft mit den Handarbeitern. An den Universitäten dürften nur „Deutschblütige" lehren, „für nichtdeutsche, besonders für jüdische Studenten" müsse ein numerus clausus geschaffen werden (einen totalen Ausschluss von Juden von den Hochschulen konnten sich 1928 nicht einmal die Nationalsozialisten vorstellen), die Hochschulgebühren sollten nach dem Einkommen der Eltern gestaffelt werden und die akademische Freiheit sei vor dem Eingriff parteipolitisch agierender Minister zu schützen. Die deutsche Studentenschaft setze sich „nur aus deutschen Volksbürgern zusammen", auch um den Preis des Verzichts auf staatliche Anerkennung, und habe in erster Linie kulturelle, dann erst wirtschaftliche Aufgaben zu erfüllen.[162]

Dieses Manifest der Volksgemeinschaftsideologie blieb 1928 eher unbeachtet, denn die katholischen und deutschnationalen Studenten zeigten zunächst größeres Interesse an einer anderen – österreichischen – Spielform des Faschismus. Die Deutsche Studentenschaft und die deutschnationalen Burschenschaften unterstützten die Aufstellung des Studentenfreikorps im Jahr 1929. Diese partielle Übereinstimmung mit christlichsozialen Interessen ist etwas überraschend, denn 1927 hatten die Deutschen Burschenschaften die Mitgliedschaft in der sozialdemokratischen wie auch in der christlichsozialen Partei verboten.[163] Der Bataillonsführer des Freikorps im Heimatschutzverband Wien erklärte mit entwaffnender Offenheit im „Student", dem Organ der Deutschen Studentenschaft, die Ziele seiner Bewegung:

> „Alle die vielen Akademiker arbeiten in der Überzeugung, daß sie den unausbleiblichen Endkampf mit Liberalismus und Marxismus, mit Österreichs ‚schleichendem Bolschewismus' vorbereiten müssen, die große Abrechnung mit allem, was an Volksfremden sich eingefressen und die Geschicke unserer deutschen Heimat mitbestimmen will und nur zerstören und zersetzen kann, was organisiert aus bodenständigem deutschen Geist heraus gewachsen ist."[164]

Der Bataillonsführer argumentierte also ebenfalls antisemitisch, denn den Lesern des „Student" war schon klar, wer mit den „Volksfremden", die „zerstören und zersetzen", gemeint war. Dass er eine Linie vom Kärntner Abwehrkampf zur Bekämpfung der Linken schlägt, hat seinem Anliegen an der BOKU sicher auch nicht geschadet: Die Bitte des Kommandanten vom 31. Oktober 1929 an Rektor Hellebrand, das Freikorps „hochschulbehördlich zu bestätigen, und seine Werbetätigkeit im weitgehendsten Masse zu fördern", wurde von diesem, einem national eingestellten Professor, sehr wohlwollend aufgenommen. Rektor Hellebrand nahm an der Fahnenweihe dieser Studentenabteilung der Heimwehr teil, die sich

162 Archiv der BOKU, 1389/28.

163 ROBERT RILL, CV und Nationalsozialismus in Österreich, Salzburg 1987, S. 73.

164 PAUL HÜGL, Studentenschaft und Heimwehr in Österreich, in: Der Student. Deutsche akademische Rundschau. Organ der Deutschen Studentenschaft 10 (1929), Nr. 6, S. 4–6.

Abb. 5: Defilée des Akademischen Freikorps am 24. Februar 1929.

nach dem Justizpalastbrand und dem anschließenden Massaker, bei dem 85 Demonstranten und 4 Polizisten[165] starben, konstituiert hatte:

„Erst nach jenen blutigen Julitagen des Jahres 1927 wurde sich die Studentenschaft ihrer Pflicht bewusst, alle Kräfte zum Schutz der Heimat zu organisieren. Im Wintersemester 1927/28 erst wurde an der Hochschule für Bodenkultur von einem Ausschuß der Deutschen Studentenschaft eine Wehrorganisation und zwar als Hundertschaft der auch erst kürzlich gegründeten Akademischen Legion gebildet. [...] Im Frühjahr 1929, als die Führung der Akademischen Legion trotz wiederholter Vorstellungen nicht gewillt oder imstande war sich dem Selbstschutz Wien anzuschließen, ging die Hundertschaft 10 mit fliegenden Fahnen zum Heimatschutzverband Wien über und bildet seither zusammen mit der schon lange im Heimatschutzverbande stehenden Gruppe der Studentenschaft und anderen unzufriedenen Hundertschaften der Akademischen Legion das Studentenfreikorps im Heimatschutzverband Wien.“[166]

165 „Für die Hinterbliebenen der Polizeiorgane, welche bei den Demonstrationen am 15. und 16. Juli 1927 als Opfer treuer Pflichterfüllung gefallen sind, hat das Professorenkollegium eine Sammlung veranstaltet, deren Ergebnis dem Herrn Polizeipräsidenten übermittelt wurde.“ In: Bericht über das Studienjahr 1926/27 erstattet vom Rektor Magnifikus Pro f. Dr. Josef Bauer, Wien 1927, S. 5.

166 Archiv der BOKU, 1368/29.

Die deutschnationalen Studenten wollten mit dieser Aktion die katholisch-klerikale Führung der Akademischen Legion desavouieren.[167] Das Freikorps bestand aus insgesamt 600 Studenten, die in fünf Kompagnien organisiert waren.

Die 4. Kompagnie dieses Freikorps bestand aus 129 Mann, die in drei Züge unterteilt waren: Der erste Zug bestand aus jenen Hörern, die im Heim der Hochschule für Bodenkultur lebten. Den Grundstock bildeten die Mitglieder der Verbindung „Silvania". Der zweite Zug – die restlichen Hörer der BOKU – stand unter Kontrolle der Burschenschaft „Hubertus". Als Kommandant-Stellvertreter fungierte Doz. Robert Herzner, der als Professor auch in der nationalsozialistischen Epoche eine gewisse Rolle spielen sollte. Die beiden Züge boten insgesamt 90 Mann auf. Bedenkt man, dass in diesem Semester nicht einmal 300 männliche inländische Hörer an der Hochschule inskribiert waren, von denen man noch die jüdischen und die sozialistischen Hörer abziehen muss, dann erkennt man die Bedeutung und Größe des Freikorps: Mindestens jeder dritte Student hatte sich ihm angeschlossen.

Ende 1929 hatte der Festkommers der Wiener Burschenschafter noch erklärt: „Wir Burschenschafter begrüßen die Heimatschutzbewegung, wir sprechen aber feierlich aus, dass es Pflicht ist, von der Heimatschutzbewegung alles fernzuhalten, was zu einer monarchischen Restauration führen könnte."[168] Spätestens ab 1931 erlahmte aber die Begeisterung der Studenten für den Heimwehrgedanken; die Richtung, die Starhemberg vertrat, erschien ihnen zu wenig deutschnational. 1932 schließlich kam eine Konferenz von Burschenschaftern zum Schluss, dass eine Mitarbeit beim Heimatschutz niemandem mehr zu empfehlen, aber jedermann freizustellen sei.[169]

Die Ziele der Bewegung waren zunächst so formuliert gewesen, dass vom antidemokratischen Flügel der Christlichsozialen bis zu den Nationalsozialisten alle rechtsorientierten Gruppen daran teilnehmen konnten. Wie bereits angeführt, verstand sich dieses Korps als Kampfeinheit gegen den „Klassenhaß" und als Verteidiger der Freiheit der Hochschulen, wobei unter „Freiheit", die „Freiheit" von „den Einflüssen der bolschewistischen Klassenkampflehre" zu verstehen ist.[170] – Und natürlich die Freiheit zum Anschluss an Deutschland.[171]

Nach dieser für die Beteiligten letztlich unbefriedigenden Episode schien der Weg frei für die Nationalsozialisten, die binnen weniger Monate an praktisch allen deutschen und österreichischen Hochschulen die Führung der Studentenschaft übernahmen. Erst im Oktober 1930 wurde an der Hochschule für Bodenkultur eine NSDStB-Gruppe gegründet, deren Erscheinungsbild und Propaganda sich gegenüber 1928 sehr stark verändert hatten: Der Antikapitalismus als Programm

[167] Zum taktischen Hintergrund s. WITZMANN (wie Anm. 95), S. 129 f.

[168] Zit. nach STIMMER (wie Anm. 24), Bd. 1, S. 508.

[169] WITZMANN (wie Anm. 95), S. 131. Zum Niedergang der Heimwehrbewegung vgl. BOTZ, Gewalt (wie Anm. 135), S. 182 ff.

[170] Ebd.

[171] Vgl. dazu etwa: HEINRICH RITTER VON SRBIK, Österreichs deutsche Vergangenheit und Zukunft, in: Der Student. Deutsche akademische Rundschau. Organ der Deutschen Studentenschaft 10 (1929), Nr. 6, S. 1.

hatte ausgedient, das Arrangement, später die enge Zusammenarbeit mit den korporierten Studenten wurde gesucht.[172] Der völkisch-soziale Block war ohne Reibungsverluste im NSDStB aufgegangen.[173] An der BOKU waren bereits 1930 zwei Nationalsozialisten über die deutsch-völkische Liste gewählt worden.

Am 23. Jänner 1931 berief der NSDStB, inzwischen bereits Alleinerbe dieser Liste, an der Hochschule eine Wählerversammlung zum Thema „Der deutsche Student, der Arbeiter der Stirn" ein. Auch Rektor Wilhelm Olbrich nahm an dieser Veranstaltung teil und bescheinigte, dass diese in „Ruhe und Würde verlaufen" war.[174] Nur wenige Monate nach seiner Gründung gewann der NSDStB (ohne Konkurrenz aus dem nationalen Lager) zwei Drittel der Mandate an der BOKU: Er erhielt 191 Stimmen und zehn Mandate, die katholisch-deutsche Liste kam nur auf 78 Stimmen und fünf Mandate – damit hatte sich das Wahlergebnis von 1930 bei den Mandaten wiederholt. Die Wahlbeteiligung betrug an der BOKU 79,5%.[175]

Einer der sich im Umfeld der BOKU bewegte, machte nach 1938 eine schreckliche „Karriere": Amon Leopold Göth, geboren 1908 als Sohn eines Verlegers in Wien, war schon 1925 der NS-Jugendorganisation beigetreten. Gegen den Willen seiner Eltern begann er, an der BOKU Vorlesungen zu hören.[176] 1930 trat er der SS bei. Daneben arbeitete er im väterlichen Betrieb als Verleger. Die Festschrift „60 Jahre Hochschule für Bodenkultur" wurde im Verlag seines Vaters Amon Franz Göth herausgebracht,[177] obwohl sich dieser Verlag sonst auf die Herausgabe von militärhistorischen Schriften spezialisiert hatte. 1933/34 betätigte er sich als Waffen-, Geld- und Informationsschmuggler für die österreichische NSDAP. Nach dem Nazi-Putsch im Juli 1934 flüchtete Göth nach München und arbeitete nach dem „Anschluss" im Stab von Odilo Globocnik an der bürokratischen Abwicklung von Massendeportationen von Juden im „Generalgouvernement". Zwischen Februar 1943 und September 1944 fungierte Göth als Kommandant des Konzentrationslagers Plaszow und war auch für die Zerstörung des Krakauer Ghettos verantwortlich. Seinen Gewaltexzessen wurde in Steven Spielbergs Film „Schindlers Liste" ein dauerhaftes Denkmal gesetzt, wenn auch die Realität der Göthschen Herrschaft noch weit schlimmer gewesen war, als in diesem Film gezeigt werden

172 Faust (wie Anm. 161), Bd. 1, S. 79 ff. (Kapitel „Kurskorrekturen").

173 Witzmann (wie Anm. 95), S. 136.

174 Archiv der BOKU, 87/31.

175 Stimmenangaben nach: Der Student. Deutsche akademische Rundschau. Organ der Deutschen Studentenschaft 12 (1931), Nr. 4, S. 1.

176 Tom Segev, Die Soldaten des Bösen. Zur Geschichte der KZ-Kommandanten, Reinbek 1992, S. 186 „Sie [die Eltern, P. E.] schickten ihn auf eine höhere Schule, aber zu ihrem Leidwesen entschloß er sich zu einem landwirtschaftlichen Studium. Sie wollten einen Verleger, einen Intellektuellen, keinen Bauern. Göth wusste natürlich, daß er die väterliche Firma eines Tages erben würde. Aus diesem Grund gab er sich auch keine allzu große Mühe, sein Studium zu beenden, und ließ es nach einigen Semestern ganz sein." Göth hatte aber offensichtlich niemals an der BOKU inskribiert. Wenigstens findet sich in den Matrikelbüchern der BOKU im Zeitraum von 1925 bis 1934 kein dementsprechender Eintrag. Dass er in einem Naheverhältnis zur Hochschule stand, scheint aber unbestritten.

177 Vgl. Archiv der BOKU, 213/32 und 196/2/32.

konnte. Göth wurde 1946 von einem polnischen Gericht zum Tode verurteilt und in unmittelbarer Nähe seines Lagers gehängt.[178]

Doch zurück in das Jahr 1931: Die Nazi-Studenten blieben bei den Wahlen zur Deutschen Studentenschaft an allen Wiener Hochschulen erfolgreich.[179] Beim Deutschen Studententag in Graz 1931 wurde erstmals mit Walter Lienau[180] ein Nationalsozialist zum Ersten Vorsitzenden der Deutschen Studentenschaft gewählt, der sein Amt aber nur ein halbes Jahr ausüben konnte und dann „wegen Korporationsfeindlichkeit“[181] zurücktreten musste. Die katholischen Studenten, die anfangs die Forderungen ihrer deutschnationalen Kommilitonen mitgetragen hatten, waren ab 1931/32 nicht mehr bereit, die Politik der Deutschen Studentenschaft zu unterstützen.

Dabei hatten sich Anfang 1932 nationalsozialistische Zellen, die der NSDAP-Ortsgruppe Dorotheergasse unterstanden, auch in CV-Verbindungen festgesetzt, um den „österreichisch-legitimistischen Gedanken von innen heraus zu Fall [zu] bringen.“[182] Es überrascht nicht, dass sich unter den drei infiltrierten Verbindungen der „Pflug“, die CV-Hausverbindung der BOKU, befand. Diese Verbindung war 1921 als Tochterverbindung der „Franco-Bavaria“ gegründet worden und hatte den Wahlspruch: „Für Gott, Ehre, Freiheit, Vaterland!“ 1929/1930 nahm der „Pflug“ deutschnationale Dissidenten der Verbindung „Amelungia“ in seine Reihen auf und verwies auch stolz auf seine Teilnahme an völkischen Veranstaltungen.[183]

Nachdem sich nach den katholischen auch die Heimwehr-Studenten aus der Studentenschaft zurückgezogen hatten, verwandelte sich die Deutsche Studentenschaft in eine rein nationalsozialistische Institution, die danach trachtete, die Studenten nicht nur mit radikaler Rhetorik, sondern auch mit „Service“ zu gewinnen. So wurde bald nach dem Wahlsieg um die Bewilligung zur Führung einer Frühstücksstube angesucht[184] und 1932 sogar der Bau einer Turnhalle geplant.[185]

[178] Dieser biographische Abriss ist gestaltet nach: SEGEV (wie Anm. 176), S. 186 ff. Teile der Prozessakten finden sich unter: http://www.ess.uwe.ac.uk/WCC/goeth.htm.

[179] An der Uni Wien erhielten der NSDStB 15, die Katholisch-Deutschen 14 und die Völkischen 11 Mandate, an der Technik gewannen die Nazis 12, die Völkischen 8 und die Katholiken 5 Sitze. An der Hochschule für Welthandel gewannen wie an der BOKU die Nationalsozialisten mit 13 Mandaten vor den Völkischen mit 6 und den Katholiken mit 4 Mandaten die absolute Mehrheit. Vgl. dazu LICHTENBERGER-FENZ (wie Anm. 113), S. 224. An der Veterinärmedizinischen Hochschule errangen die Nazis 7 von 12 Mandaten. Zu den Wahlen 1931 aus der Perspektive des NSDStB: Studenten im Kampf, S. 66 ff. Das Wiener Gesamtergebnis lautete: 57 NSDStB, 30 Deutsch-Katholisch, 28 Deutsch-Völkisch. Vgl. dazu Sozialistisch-akademische Rundschau 4 (1931), Nr. 2, S. 20.

[180] Biographische Kurznotiz bei FAUST (wie Anm. 161), Bd. 2, S. 160 f.

[181] Vgl. JARAUSCH (wie Anm. 104), S. 161.

[182] WITZMANN (wie Anm. 95), S. 141.

[183] RILL (wie Anm. 163), S. 50. Hier findet sich auch Näheres zur Rolle der „Amelungia“. Vgl. auch: KRAUSE (wie Anm. 77), S. 143.

[184] Archiv der BOKU, 978/31. Zur Frühstücksstube vgl. auch ebd., 770/32, 915/32 (Ansuchen um einen Kellerraum zur Lebensmittellagerung).

[185] Archiv der BOKU, 745/32.

Doch noch im November 1932 (an der Universität waren gerade amerikanische Studenten von Nazis schwer misshandelt worden, was zu diplomatischen Verwicklungen mit den USA geführt hatte) war das Professorenkollegium der BOKU stolz auf den „bisher an der Hochschule für Bodenkultur gegangenen und bewährten Weg, zur Vermeidung irgendwelcher Unruhen mit der Studentenschaft persönlich Fühlung zu nehmen und auf sie einzuwirken“.[186]

Bis Mai 1933 hatte die Deutsche Studentenschaft der BOKU die Zahl ihrer Untergliederungen enorm ausgebaut. Immer deutlicher wurde, dass sie sich nicht länger auf spezifisch studentische Probleme und Anliegen konzentrieren wollte, sondern dass es ihr darum ging, nationalsozialistische Gesellschaftspolitik auf Mikroebene zu betreiben, also eine möglichst attraktive nationalsozialistische Gegenöffentlichkeit aufzuziehen. Neben der Geschäfts- und Kassaführung, den Fachämtern Landwirtschaft, Forstwirtschaft und Kulturtechnik, dem Kulturamt und dem Wirtschaftsamt gab es Arbeitsgruppen für Arbeitsdienst, für Leibesübungen, für Wehrwesen und für Turnen und Sport, eine Tanzgruppe und eine weitere Sportstelle.

Die Ämter waren weiter untergliedert, so etwa das Kulturamt in die Arbeitsgruppen für Kunst, für Rassenkunde und Volkstum, für Grenz- und Auslandsdeutschtum und für Presse. Im Wirtschaftsamt waren die eher praktischen Abteilungen wie die Erfrischungsstelle, Lehrmittelstelle, Fotostelle, Versicherungsstelle sowie ein Haarschneider untergebracht.[187] Dieser organisatorische Aufwand zielte auf nicht einmal 300 Studenten.

Eine bis heute sichtbare Spur der Deutschen Studentenschaft an der BOKU ist das Kriegerdenkmal für die Gefallenen des Ersten Weltkrieges. Bereits kurz nach Beginn des Krieges wurde über Antrag von Professor Cieslar im Professorenkollegium der Beschluss gefasst, den gefallenen Angehörigen der Hochschule ein Denkmal zu errichten. Unmittelbar nach dem Ende des Krieges war es jedoch aus finanziellen Mitteln nicht möglich, dieses Vorhaben in die Tat umzusetzen.[188]

Mitte der zwanziger Jahre begannen die Deutsche Studentenschaft und das Professorenkollegium der Hochschule für Bodenkultur mit einer Spendenaktion, um die nötigen Mittel aufzubringen. 1926 informierten die Studenten den Rektor vom Stand der Dinge:

„Nach dreijähriger Sammlung gelang es uns einen Betrag von 5000 S herein zu bekommen, der in Betracht kommende Entwurf kostet jedoch 7000 S, die Differenz ist in einem Zeitraum von ungefähr zwei Jahren zu erlegen. Der Entwurf stammt von Professor Panholzer, ein uns nahe stehender Künstler, der die Entwürfe und Arbeiten aus Idealismus kostenlos macht, so daß lediglich die Materialkosten ins

[186] ÖSTA, AVA, MCU, Fasz. 1214, 30.596/32, Schreiben der Hochschule 1124/32 (BOKU).

[187] Zusammengestellt nach Archiv der BOKU, 213/33 (Statuten der Deutschen Studentenschaft) und Verdrängte Geschichte (wie Anm. 2), S. 8.

[188] Zu den Gedenktafeln im Hauptgebäude: Paulus Ebner, Die Geschichte zweier Tafeln, in: Die BOKU 6 (1996), S. 9 f.

Gewicht fallen. [...] Augenblicklich stehen wir mit der Gemeinde in Verhandlungen wegen des für die Aufstellung in Betracht kommenden Platzes. (Das Rondeau im Lineepark vor der Hochschule) Da die Gemeinde Andersgesinnten gegenüber bekanntlich eine wenig freundliche Haltung einnimmt, und Prof. Panholzer als gut völkischer Mann bekannt ist müssen wir bitten, den Namen des Künstlers einstweilen nicht in die Öffentlichkeit zu bringen."[189]

1927 beginnen das Kollegium und die Studentenschaft mit der Suche nach den Namen der gefallenen Hochschulangehörigen: In erster Linie wird über Studentenverbindungen[190] und Zeitungen („Reichspost", „Wiener landwirtschaftliche Zeitung") gesucht. Aber auch die Botschaften Ungarns und der Türkei werden eingeschaltet.

Wegen des Todes des für Entwurf und Ausführung verantwortlichen Bildhauers Rudolf Panholzer im November 1928 wurde das Denkmal nicht am „Langemarck"-Tag (11. November), sondern erst am 23. Februar 1929 feierlich enthüllt. Wie die Studentenschaft vermutet hatte, kam es zu keiner Aufstellung im Freien.[191] Die Aufstellung der Gedenktafel im Hochschulgebäude wurde von der Bundesgebäudeverwaltung nicht beanstandet. Dass diese Tafel weniger ein Totengedenken als eine Heldenehrung mit deutlichen politischen Anspielungen leisten sollte, beweist die Koppelung der Enthüllung mit einer Langemarck-Feier.[192] Professor Olbrich hielt die passende Rede:

„Rot färbte ihr Herzblut die Erde, die sie behauen wollten; aufrecht wie die Tannen unserer Wälder waren die, die im grünen Forste, für den sie arbeiten wollten, vom Kriegsbeile gefällt wurden; warmes Herzblut floß auf die Steine, mit denen sie in ihrer Heimat bauen wollten. Aus diesem blutgedüngten Boden ist nun eine neue Saat gesprossen, die sie pflegen und hegen müssen, die heute unsere Alma mater besuchen, bis der Tag kommt, an dem sich wieder neue Blüten öffnen in einem freien, glücklichen Vaterland, der Heimat unserer Helden."[193]

Dass es weniger um die Gefallenen des Weltkrieges, sondern eher um die ideologische Verwertbarkeit ihrer „Abstammung" ging, zeigt der Umstand, dass eine Einladung der Israelitischen Kultusgemeinde zur Eröffnung eines Denkmals für gefallene jüdische Soldaten vom Rektorat wenige Monate später dankend abgelehnt wurde.[194]

[189] Archiv der BOKU, 178/26 (liegt im Sammelakt 195/29), unveränderte Wiedergabe.

[190] Archiv der BOKU, 780/27, die Rücklaufquote war beachtlich.

[191] Eine formelle Ablehnung der Gemeinde Wien wurde im Archiv der BOKU jedoch nicht gefunden.

[192] Diese Feier erinnert an ein deutsches Studenten-Freiwilligenkorps, das 1914 unter ungeheuren Verlusten einen Vorstoß an der Westfront unternommen hatte. Der Langemarck-Mythos war an allen deutschen (und österreichischen) Hochschulen bis 1945 verbreitet. Vgl. dazu JARAUSCH (wie Anm. 104), S. 108 f.

[193] Zitiert nach 60 Jahre (wie Anm. 13), S. 33.

[194] Archiv der BOKU, 1101/29.

1.3.4. Das Frauenstudium

Eine der wenigen emanzipatorischen Auswirkungen des Übergangs von der monarchischen zur republikanischen Staatsform auf die Universitäten und Hochschulen war die Einführung des Frauenstudiums an Hochschulen technischer Richtung.

Schon einige Jahre vor dem Ersten Weltkrieg waren Frauen an der Hochschule für Bodenkultur als außerordentliche Hörerinnen zugelassen worden. In den Jahren 1909 und 1910 wollten einzelne Studentinnen diesen Status verändern und ein ordentliches Studium an der Hochschule abschließen. So richtete etwa Stefanie Vosáklo am 28. Oktober 1909 ein Gesuch an das k. k. Ministerium für Cultus und Unterricht „um Aufnahme als ordentliche Hörerin". Leider blieben die Nachforschungen zu dieser Frage beinahe ergebnislos. Denn Vosáklos Ansuchen wurde – wie praktisch alle Archivalien zum Frauenstudium – skartiert. Somit lässt sich die Existenz dieses (und ähnlicher Ansuchen) nur mehr über das Protokollbuch belegen. Wie die Studentinnen die Ansuchen formuliert und argumentiert haben, lässt sich genauso wenig rekonstruieren wie die Begründungen der Ablehnungen.[195] Denn derartige Anträge wurden ausnahmslos zurückgewiesen, obwohl zur selben Zeit an einigen anderen Universitäten Frauen bereits zugelassen wurden – allerdings zunächst ausschließlich an geisteswissenschaftlichen und medizinischen Fakultäten.[196]

Im Jahr 1919 richteten einige Studentinnen eine Petition an das Rektorat, die die Zulassung als ordentliche Hörerinnen einforderte.[197] Das zuständige Staatsamt unter dem Schulreformer Otto Glöckel befragte daraufhin die Kollegien der technischen Hochschulen und der Hochschule für Bodenkultur. Auf die überwiegend positive Resonanz folgte schließlich am 7. April 1919 ein Erlass, der auch Frauen die Zulassung zum ordentlichen Hochschulstudium ab dem Studienjahr 1919/20 an der Hochschule für Bodenkultur zugestand.[198] Dies betraf jedoch nicht das Studium der Forstwissenschaft.

Im Wintersemester 1919/20 waren 62 Frauen inskribiert, und zwar ausschließlich in der Studienrichtung Landwirtschaft (41 als ordentliche, 21 als außer-

[195] Archiv der BOKU, 1445/09 (skartiert – zum Inhalt vgl. Protokollbuch 1909).

[196] Waltraud Heindl – Marina Tichy (Hg.), „Durch Erkenntnis zu Freiheit und Glück...". Frauen an der Universität Wien (ab 1897), 2. Aufl. Wien 1993. Seit 1897/98 war die Inskription an der Philosophischen Fakultät möglich, 1900/01 öffnete sich auch die medizinische Fakultät für Frauen. Es folgten Jus (1919), evangelische Theologie (1923/24) und katholische Theologie (1946). Die erste Promotion einer Frau an der Universität Wien erfolgte 1900. Zum Frauenstudium an einer Technischen Hochschule Vgl. Juliane Mikoletzky – Ute Georgeacopol-Winischhofer – Margit Pohl, „Dem Zuge der Zeit entsprechend...". Zur Geschichte des Frauenstudiums in Österreich am Beispiel der Technischen Universität Wien, Wien 1997.

[197] Archiv der BOKU, 553/1919. Ebenfalls skartiert, nur mehr über das Protokollbuch aufzulösen: Leider war es in diesem Fall im Archiv der BOKU nicht möglich, die Namen der Antragstellerinnen zu eruieren.

[198] Archiv der BOKU, 778/1919.

ordentliche Hörerinnen). Sie stellten somit einen Anteil von ca. 4% an der Gesamthörerzahl. Im Studienjahr 1926/27 war die Zahl aber auf 13 (9 ordentliche, 4 außerordentliche Hörerinnen) gesunken. Zwischen 1924/25 und 1933/34 waren nie mehr als 19 Frauen inskribiert, ihr Anteil lag immer unter 5%.[199]

Dass mit einer administrativen Entscheidung die jahrhundertelang bestehenden Vorurteile gegen Frauen im technisch-naturwissenschaftlichen Bereich nicht über Nacht verschwunden waren, zeigt eine (nicht publizierte) Umfrage der Deutschen Studentenschaft unter den Professoren aus dem Jahr 1927.

Während einige wenige Professoren (z. B. Haempel) dem Frauenstudium positiv und ohne Vorbehalte gegenüberstanden, lautete der allgemeine Tenor, dass sich unter den Frauen keine besonderen Begabungen (ein Topos besagte etwa, Frauen seien „nur receptiv begabt" etc.) befänden und sie sehr gut geeignet für die wissenschaftlichen Hilfsdienste („Bürodienst") seien. Rektor Bauer fügte noch hinzu: „Die Gründe für die mindere Eignung sind biologischer Natur, also unabänderlich." Zukunftschancen gab es nach Bauer nur in der Landwirtschaft und hier vor allem für Lehrerinnen.

Eine besonders interessante Erklärung für das Frauenstudium hatte Robert Stigler, Professor für Anatomie und Physiologie der Haustiere, der in seinem Statement allen Ernstes meinte:

„Ich halte es für sicher, daß ein großer Teil der studierenden Frauen mehr oder weniger unweiblich ist. Daran ist aber nicht das Studium schuld, sondern umgekehrt: die unweiblichen Frauen drängen sich in unverhältnismäßig großer Zahl zu unweiblichen Berufen und zum Studium. Die Weiblichkeit an sich ist der Ausdruck angeborener Leistungen der Drüsen mit innerer Sekretion und des Nervensystems und vielleicht noch anderer Organe. Meines Erachtens ist eine erfolgreiche Diskussion des Frauenstudiums nur auf sexualphysiologischer Basis möglich."

In einem waren sich alle Professoren einig: Die Studentinnen benahmen sich besser als ihre Kommilitonen. Noch einmal Rektor Bauer:

„Es darf nicht unerwähnt bleiben, dass an der Hochschule für Bodenkultur die Hörerinnen stets ein den akademischen Gesetzen und der Würde der Lehrstätte vollkommen entsprechendes Verhalten an den Tag gelegt haben: zu einer Disziplinar-Verhandlung ist es niemals gekommen."[200]

Die Einstellung der Professoren dürfte sich nicht allzu sehr von jener der Unterbeamten und Diener unterschieden haben: Diese hatten nämlich 1921 die Anstel-

[199] JUDITH VÖLQLMECKE, Österreichische Hochschulstatistik 1829 bis 1979, in: Geschichte und Ergebnisse der zentralen amtlichen Statistik in Österreich 1829–1979, Wien 1979, Bd. 2, S. 89.

[200] Alle Zitate nach: Archiv der BOKU, 201/27 (22. 2 .1927). Die Stellungnahmen der Professoren wurden von der Deutschen Studentenschaft nicht weiter kommentiert. Im Schnitt gab es bis in die siebziger Jahre, als die ÖH sich weigerte, die Disziplinarkommission zu beschicken, pro Jahr rund fünf Disziplinarfälle (Ausnahme: die Zeit zwischen 1933–1938).

lung von Frauen für Reinigungsarbeiten gefordert, und zwar unter anderem mit dem Argument, dass Frauen diese Arbeit besser machen.[201]

1944 wurde die Zulassung von Frauen zum Studium der Forstwissenschaft geregelt, der an die Studentinnen höhere Anforderungen stellte als an ihre Kollegen. Sie hatten die praktische Lehrzeit vor Beginn des Studiums abzuleisten, wobei sie streng auf ihre Tauglichkeit überprüft werden sollten. Eine Zulassung zum Studium war nur möglich, wenn sich das Ausbildungsforstamt und die Höhere Forstbehörde positiv über die Kandidatin äußerten.[202]

Die erste Dissertantin an der BOKU war Annie Kaiser im Studienjahr 1931/32, als erste Lehrbeauftragte ist Mathilde Dutzi („Haushaltsführung" 1943) zu verzeichnen, die erste Dozentin war Else Jahn im Jahr 1944 (Forstentomologie). Es dauerte jedoch weitere 37 Jahre, bis endlich eine Frau mit einer Professur an der BOKU betraut wurde, und zwar Ingeborg Dirmhirn 1981 am Institut für Meteorologie und Physik.

1.4. Die Rolle der Professoren

Die Jahre zwischen 1919 und 1933 waren für Studenten und Professoren durch einschneidende Veränderungen der Rahmenbedingungen gekennzeichnet: Einerseits führte die Verkleinerung des Staatsgebietes und die angespannte wirtschaftliche Situation zu einer deutlichen Verringerung der Hörerzahlen, andererseits nahm die Politisierung der Hochschule (sowohl bei den Professoren als auch bei den Studenten) neue, bisher unbekannte Formen an.

Die Republik erweiterte den Spielraum für die Hochschulen. Daraus ergaben sich im Hochschulbereich scheinbar widersprüchliche Folgen: Die Rechte der Studenten wurden ausgebaut, die umstrittenen (weil ungeregelten) Berufsverhältnisse der Assistenten geklärt und schließlich erhielten die Assistenten und Dozenten eine eigenständige Interessenvertretung. Trotzdem war die Stimmung von Anfang an gereizt: Auf der einen Seite stand das an der BOKU (an anderen Universitäten hatte es gerade in der Monarchie schwere und folgenreiche Zusammenstöße aus nationalen Gründen gegeben) bislang völlig ungewohnte aggressive (wenn auch nicht gegen die Professoren der eigenen Hochschule) Benehmen der Studenten, die sich keineswegs an die überlieferten Verhaltensregeln halten wollten. Auf der anderen Seite waren natürlich auch die Professoren von der neuen Situation (soziale Unsicherheit, veränderte gesellschaftliche Rahmenbedingungen, finanzielle Ausdünnung von Lehre und Forschung, deutlicher Rückgang der Hörerzahlen) betroffen. Ein Beispiel für die Notlage der Professoren ist die Entschuldigung von Professor Hoffmeister für sein Fernbleiben von einer Sitzung des Professorenkollegiums:

[201] ÖSTA, AVA, MCU, Fasz. 1203, 19.291/21.

[202] Archv der BOKU, 889/43 (= 1111/44 K I(a) RMfWEV vom 18. 9. 1944).

„Da ich keinerlei Vorräte an Lebensmitteln besitze und andererseits durch die drohenden Verkehrseinstellungen die Situation noch ungünstiger zu werden droht, habe ich mich, zumal jetzt noch Ferien sind, entschliessen müssen, eine Einladung in die Steiermark anzunehmen."[203]

Prof. Olbrich suchte zwischen 1919 und 1921 mehrmals um finanzielle Hilfe an, da er seine Mutter versorgen musste.[204] Die Wohnverhältnisse von Prof. Grögor werden noch 1928 als „äußerst deprimierend" beschrieben.[205] Die Furcht vor sozialer Deklassierung war also nicht nur auf die Studenten beschränkt und blieb die zwanziger Jahre über präsent.

Auch inhaltlich überwogen die Übereinstimmungen zwischen Unterrichtenden und Hörern. Deutschnationalismus und Antisemitismus beherrschten das Denken von Professoren und Studenten. Dabei bleibt aber zu berücksichtigen, dass, wie es Wolfgang Abendroth formulierte, die Professorenschaft dadurch charakterisiert wurde, „daß sie sich für ‚unpolitisch' hielt und glaubte, strikte ‚wissenschaftliche Objektivität' zu garantieren."[206] Dass die BOKU „durch ihre antirepublikanische und antijüdische Militanz ihrer Studenten und der sie deckenden Professorenschaft"[207] geradezu berüchtigt war, steht, wie schon gezeigt wurde, jedenfalls fest.

Naturgemäß unterschieden sich aber die Formulierungen und Aktionen von Professoren und Studenten doch deutlich: Trotz des Autoritätsverlustes, den das zuständige Staatsamt (zumal es zunächst unter der Leitung eines Sozialdemokraten stand) bei den Professoren erfahren hatte, wäre eine Teilnahme an Studentendemonstrationen, wie es in den achtziger und neunziger Jahren des 20. Jahrhunderts gang und gäbe war, für einen Hochschulprofessor der zwanziger Jahre undenkbar gewesen. Das Autoritätsverhältnis der Lehrenden gegenüber den Studenten war für das Hochschulleben dieser Zeit noch eine unantastbare Konstante, das lässt sich aus dem Schriftverkehr zwischen Studenten und Professoren eindeutig herauslesen. Umso schwerer wiegt die stille Sympathie der Professorenschaft für Übergriffe ihrer Studenten gegen Juden und Linke, ja teilweise sogar gegen Katholiken.

Das Professorenkollegium der BOKU plante am 21. November 1918 eine Denkschrift an den Staatsrat, die drei wichtige Forderungen enthalten sollte. Rektor Bauer referierte zunächst über die „Rückwirkungen der staatlichen Umbildung auf

[203] Archiv der BOKU, 135/20. Hoffmeister entschuldigte sich mit diesem Brief vom 16. 1. 1920 für sein Fernbleiben von der Kollegiumssitzung vom 19. 1. 1920.

[204] ÖSTA, AVA, MCU, Fasz. 1209, 10.775/20, 13.560/20, Archiv der BOKU, 509/21.

[205] ÖSTA, AVA, MCU, Fasz. 1208, 9.938/28 (enthält das Ansuchen der BOKU, 391/28, um Unterstützung für Prof. Grögor. Ähnliche Probleme hatte auch Prof. Staffe: ÖSTA, AVA, MCU, Fasz. 1209, 23.489/29.

[206] Wolfgang Abendroth, Die deutschen Professoren und die Weimarer Republik, in: Jörg Tröger (Hg.), Hochschule und Wissenschaft im Dritten Reich, Frankfurt a. M./New York 1984, S. 11.

[207] Sebastian Meissl, Wiener Universität und Hochschulen, in: Wien 1938 – Katalog einer Ausstellung des Historischen Museums der Stadt Wien, Wien 1988, S. 198.

die österreichischen Hochschulen", dann wurden folgende Anregungen beschlossen:

1. Die Erweiterung und Vertiefung gewisser Fächer, um der „territorialen und wirtschaftlichen Verkleinerung des Staates zu begegnen".

2. Eine Erweiterung der Selbstverwaltung bei gleichzeitiger Ausschaltung „entbehrlicher Zwischeninstanzen".

3. Die „nationale Reinigung des Lehr- und Beamtenkörpers" und die Unterstützung der deutschen Hochschulen, die im fremdsprachigen Ausland (Prag, Brünn) liegen.[208]

Gerade der letzte Punkt sollte Auswirkungen auf die Aufnahmepolitik der Hochschule haben, er stellt aber keine Besonderheit der BOKU dar. Davon betroffen war Prof. Liznar, der seit 1899 als ordentlicher Professor für Meteorologie und Klimatologie gelehrt hatte, und 1919 in die neugegründete CSR übersiedelte.

Dieser Forderungskatalog wurde ein Monat später, am 20. Dezember 1918, durch ein besonderes professorales Anliegen ergänzt: Das Professorenkollegium protestierte gegen die Pensionierung der Hochschullehrer mit 70 Jahren, und zwar mit Argumenten, die heute wohl eher von der staatlichen Arbeitgeberseite eingesetzt werden würden: Das Potential würde nicht ausgenützt, die meisten Professoren seien in diesem Alter noch arbeitsfähig, diese Pensionierungswelle komme dem Staat zu teuer. Ideologische Ziele verrät der Zusatz, dass mit späteren Pensionierungen auch der „geistige Vorrang der Deutschen für die nächste Zeit" gesichert würde.[209]

Doch nicht nur von der neuen Unterrichtsverwaltung, sondern auch von der sehr selbstbewusst auftretenden Studentenschaft sah sich das Professorenkollegium in seiner Machtstellung bedroht. So kam es in der Kollegiumssitzung vom 28. Februar 1919 zu schweren Auseinandersetzungen über die Frage der Weiterbeschäftigung des Privatdozenten Till, für die auch die Studenten eingetreten waren. Die Diskussion im Kollegium hatte nun aber nicht diese Frage zum Thema, sondern sollte grundsätzlich klären, ob solche Eingaben von Studenten überhaupt zulässig waren. Dafür sprachen sich die Professoren Zeisel, Wilhelm und Liebenberg aus, dagegen traten die Professoren Bauer, Ostermayer und Hoffmeister auf. Dabei kam es zwischen Zeisel und Hoffmeister zu einem überaus heftigen Wortwechsel, der schließlich zwei Disziplinarverfahren zur Folge hatte.[210]

Bis auf wenige Ausnahmen vermied das Professorenkollegium aber deutliche politische Stellungnahmen. In fast allen Inaugurationsreden finden sich wenigstens Spuren von deutschnationaler Metaphorik. Nur selten aber sprach ein Rektor Klartext. Die Rede von Rektor Adolf Ostermayer zum Thema „Hochschulleben und Hochschulziele nach dem Kriege", gehalten am 23. Oktober 1919, kennt dies-

[208] Archiv der BOKU, 1728/18 (Sitzung des Professorenkollegiums vom 21. 11. 1918).

[209] Archiv der BOKU, 1751/18 (20. 12. 1918).

[210] ÖSTA, AVA, MCU, Fasz. 1207, 8.555/19. Die Disziplinarangelegenheit endete übrigens mit der völligen Rehabilitierung Zeisels und mit einer Ordnungsstrafe für seinen Opponenten (ebd., 24.031/21).

bezüglich keine Zurückhaltung: Ostermayer beschwört die nicht offen deklarierte Gefahr aus dem Osten, und zwar sowohl die bolschewistische („Tyrannei und Schrecken“[211]) wie auch die jüdische („Die Überflutung unserer hohen Schulen mit Fremden aus dem Osten vergiftet aber auch die Atmosphäre dieser Bildungsstätten mit jenem Umsturzgeist, der, ohne aufzubauen, nur vernichtet“[212]). Die hohen Schulen Österreichs seien „infolge Überwucherung durch fremde Elemente bedroht“,[213] unsere Zeit schmachte „in der Tyrannei politischer Parteien“,[214] die akademische Jugend sei als „Edelgarde“[215] berufen, Anschläge auf die Freiheit abzuwenden. Das mythisch-pathetische Ende dieser aufschlussreichen Ansprache lautet:

„Man hat den Deutschen in der Ostmark, weil sie Deutsche sind, das Recht der Selbstbestimmung durch rohe Macht geraubt, das Recht der Selbstverantwortung jedoch, die uns zum Gipfel der Kultur emporträgt, konnte man auch uns nicht rauben. Wir dienen Deutschland, wenn wir nach diesem Gipfel streben. Denn Deutschland ist der Boden, auf dem Deutsche wohnen und deutscher Geist auf unseren hohen Schulen wird das heilige Feuer schüren, das unserem Volke wieder Licht und Wärme bringt. Noch ziehen dichte Nebel in die Tiefe! Doch auf den Höhen strahlt die Sonne unserer akademischen Ideale. Man gebe ihnen freie Bahn zum Segen aller Völker. Ist auch heute das deutsche Volk in schwerer Not, die deutsche Kraft und deutscher Idealismus werden diese Not besiegen, das Dichterwort zur Wahrheit machen: An deutschem Wesen wird die Welt genesen!“[216]

Wer war nun dieser Rektor, der hier anlässlich einer Inaugurationsrede in zeitgenössische deutschnationale, ja völkische Schwärmerei verfallen war? Weil sein Lebenslauf sehr typisch für den Lehrkörper der BOKU in der Ersten Republik ist, kurz zur Vita von Adolf Ostermayer: Er wurde 1867 in Wien geboren und schloss 1889 seine Studien an der BOKU (Landwirtschaft) ab. Danach arbeitete er in einer Zuckerfabrik, dann bei der Tabakregie. 1898 wurde er Wanderlehrer der deutschen Sektion des mährischen Landeskulturrates, betätigte sich als Förderer des Genossenschaftswesens und richtete auch eine Buch- und Betriebsabteilung beim mährischen Landeskulturrat ein. Erst im Alter von mehr als 40 Jahren entschied sich Ostermayer für die wissenschaftliche Laufbahn: 1910 erwarb er das Doktorat,

[211] Bericht über die feierliche Inauguration des für das Studienjahr 1920/21 wiedergewählten Rektors Adolf Ostermayer, Wien 1921, S. 13.

[212] Ebd. Zur ständig wiederkehrenden Metaphorik der „Flut“ vgl. Klaus Theweleit, Männerphantasien 1: Frauen, Fluten, Körper, Geschichte, S. 236–242. Ostermayers Rede in ihrer defensiven, aber gewalttätigen Metaphorik gegen den Osten, gegen das Fremde ist überhaupt ein Musterbeispiel für die von Theweleit untersuchte Bildsprache, die unmittelbar nach dem Ersten Weltkrieg in nationalen Publikationen verwendet wurde.

[213] Ostermayer (wie Anm. 211), S. 12.

[214] Ebd., S. 19.

[215] Ebd., S. 21.

[216] Ebd., S. 23.

Abb. 6: Adolf Ostermayer – einer der radikalsten deutschnationalen Professoren an der BOKU.

ein Jahr später habilitierte er sich an der Deutschen Technischen Franz-Josephs-Hochschule in Brünn. 1913 folgte der Ruf als außerordentlicher Professor an die BOKU; hier avancierte er 1918 zum ordentlichen Professor.

In Ostermayers wissenschaftlichen Arbeiten überwogen die praktischen Aspekte der Führung von landwirtschaftlichen Betrieben. Ostermayer war auf seinem Gebiet angesehen und leitete beispielsweise den wissenschaftlichen Rat des Internationalen Landwirtschaftlichen Instituts in Rom (1931–1933). Ostermayers wissenschaftliche Karriere endete 1932 mit einem Skandal: Der Professor für landwirtschaftliche Buchführung, Handelskunde und Taxation wurde wegen dubioser Geldforderungen an die Industrie im Zusammenhang mit der Bekanntgabe von Forschungsergebnissen zunächst suspendiert, dann in den dauernden Ruhestand versetzt und verlor 1933 auch seine Lehraufträge.[217] Er starb 1935 in Wien.[218]

Vom Inhalt unterschieden sich Ostermayers Ausführungen nicht so sehr von Äußerungen, die von Rektoren der Universität Wien stammten. Insbesondere die Rektoren Becke, Schwind und Dienst haben sich in diesem Zusammenhang ebenfalls hervorgetan.[219]

Die Studienerleichterungen für ehemalige Soldaten bescherten der Hochschule nach dem Ersten Weltkrieg einen bis in die 1980er Jahren bestehenden Rekord an Hörern und Absolventen. Das Staatsamt für Inneres und Unterricht sah sich daher 1919 gezwungen, Inskriptionsrichtlinien zu erlassen, um den Ansturm auf die Hochschule halbwegs unter Kontrolle zu bekommen:

Die ersten fünf Tage durften ausschließlich „Deutschösterreicher" inskribieren. Nach Maßgabe der noch vorhandenen Plätze folgten Österreicher „nichtdeutscher Nationalität" und schließlich Studierende, die nicht die deutschösterreichische Staatsangehörigkeit hatten. Dabei wurden bevorzugt Deutsche aus dem Deutschen Reich bzw. aus den Nachfolgestaaten der Monarchie aufgenommen.[220]

In der Frage der jüdischen Studenten kam es 1920 zu einem regen Aktenlauf: Die Inskriptionsbestimmungen des Jahres 1919 hatten zu einem de-facto-Ausschluss ausländischer jüdischer Studenten geführt. Das war der im Hochschulausschuss organisierten „arischen" (ein selbstgewählter Begriff) Hörerschaft aber nicht genug. In einem bei drei Gegenstimmen angenommenen Beschluss forderte sie:[221]

1. keine Anstellung von Juden (gilt vom Professor bis zum Hausdiener)

[217] Vgl. ÖSTA, AVA, MCU, Fasz. 1208, 25.520/32, 28.403/32 (Disziplinarverfahren), 34.384/32 (Versetzung in den dauernden Ruhestand), 2476/33. Das Disziplinarverfahren wurde 1934 endgültig eingestellt.

[218] Österreichisches Bibliographisches Lexikon, Bd. Mus-Pet, Wien 1978, S. 261 f.

[219] Zitate bei: Brigitte Lichtenberger-Fenz, Österreichs Universitäten und Hochschulen – Opfer oder Wegbereiter der nationalsozialistischen Gewaltherrschaft? (Am Beispiel der Universität Wien) In: Gernot Heiss u.a. (wie Anm. 8), S. 4.

[220] Archiv der BOKU, 774/19 (Inskriptionsrichtlinien vom 20. 9. 1919 aus dem Staatsamt).

[221] Archiv der BOKU, 370/20 (18. 3. 1920).

2. keine akademischen Würden für bereits tätige jüdische Professoren (damit konnte nur Professor Zeisel gemeint sein, der, wie oben erwähnt, zu dieser Zeit in eine heftige Auseinandersetzung mit Professor Hoffmeister verstrickt war[222])

3. Schaffung eines numerus clausus für jüdische inländische Hörer gemäß dem Bevölkerungsanteil.

Diese Resolution wurde vom Professorenkollegium kommentarlos zur Kenntnis genommen. Daraufhin wollte das Staatsamt für Unterricht vom Rektorat wissen, ob das Professorenkollegium die Studenten auf das „Ungesetzliche ihrer Forderung" aufmerksam gemacht habe.[223]

Was nun folgt, zeigt deutlich, dass eine Mehrheit im Professorenkollegium die antisemitische Einstellung der Hörer teilt, ja sogar bereit war, dafür einen Konflikt mit den staatlichen Behörden in Kauf zu nehmen. Rektor Bauer weigert sich nämlich, diese Mitteilung an die Studenten weiterzuleiten. Vor dem Kollegium erklärt er, dass die Studenten sehr wohl das Recht hätten, die Hochschulverfassung abzuändern. Außerdem würde die Feststellung des Staatsamtes, dass nämlich in einem Kulturstaat die freie Berufswahl für alle Religionen möglich sein muss, auf die Studenten „aufreizend" wirken – und überhaupt bedrohe das „überwuchernde Judentum" die „Substanz der deutschen Hochschule."[224]

Seitens der Unterrichtsbehörde dürfte der Fall nicht mehr aufgegriffen worden sein. Man liegt wohl nicht falsch, wenn man diesen Rückzieher mit dem Bruch der Großen Koalition und dem Austritt der Sozialdemokraten aus der Regierung im Juni 1920 in Verbindung bringt.

In puncto Antisemitismus war es für das Kollegium aber mitunter schwer, die Studenten zufrieden zu stellen. Diese beanspruchten für sich die Rolle einer Avantgarde und ließen es sich nicht nehmen, in diesem Punkt die professorale Autorität direkt anzugreifen: Ein Beispiel unter vielen ist die Note des „Deutsch-arischen Hochschulausschusses der Hochschule für Bodenkultur" an das Rektorat vom 4. April 1921. Der nationale Kurs der Professoren wurde ausdrücklich gewürdigt: Die „Verfremdung des deutschen Volkes infolge Durchmischung mit rassefremden Elementen" drohe allerorten, dabei müssten die „Deutschen Hochschulen Bollwerke des deutschen Geistes sein, da in ihnen die künftigen Führer des deutschen Volkes herausgebildet werden." Dann folgte aber scharfe Kritik an der Verleihung zweier Ehrendoktorate, bei denen sich das Kollegium „von den wissenschaftlichen Voraussetzungen alleine leiten ließ", ohne zu berücksichtigen, dass die „Geehrten der jüdischen Rasse angehören". Die Studenten forderten, dass in der Zukunft auf

222 ÖSTA, AVA, MCU, Fasz. 1207, 8555/19 (25. 4. 1919).

223 Archiv der BOKU, 823/20 (30. 4. 1920).

224 Ebd., vgl. auch Archiv der BOKU, 897/20. Auch Ignaz Seipel machte sich 1920 für einen numerus clausus gegen ostjüdische Studenten stark: ELISABETH KLAMPER, „Sie sollen sie nicht haben, des Ostens deutsche Mark, so lang noch deutsche Knaben sie schirmen waffenstark.", in: Wien 1938 – Katalog einer Ausstellung des Historischen Museums der Stadt Wien, Wien 1988, S. 182.

ihre „Empfindungen“ und die „Interessen des deutschen Volkes Rücksicht genommen wird.“[225]

Einmal wagte sich das Kollegium aus der Deckung – und dieses Manifest des universitären Antisemitismus fand in der Öffentlichkeit stärkere Beachtung als jede andere Äußerung der Hochschule vor 1933: Nachdem die Studentenschaft (und zwar sowohl die deutschnationale wie auch die katholische Fraktion) wieder einmal einen numerus clausus für inländische jüdische Studenten gefordert hatte, antwortete das Professorenkollegium mit einer am Schwarzen Brett angeschlagenen Erklärung:

„Das Professorenkollegium der Hochschule für Bodenkultur ist auf Grund der bestehenden gesetzlichen Bestimmungen und mangels eines Forums zur Feststellung der rassischen Herkunft der Aufnahmewerber zur Anschauung gelangt, daß die Einführung des Numerus clausus für Angehörige der jüdischen Rasse derzeit kein durchführbares Mittel zu der nach Auffassung des Professorenkollegiums notwendigen Bekämpfung der sittlich und wirtschaftlich unverkennbar schädigenden Auswüchse des Judentums auf die kulturelle Entwicklung der Menschheit wäre. Das Professorenkollegium wird aber im Sinne der Beschlüsse des Hochschultages vom 21. Jänner 1923 nach wie vor die Gefahr der Schädigung des deutschen Charakters an der Hochschule für Bodenkultur unentwegt im Auge behalten und auch bei der Bestellung von Professoren und Dozenten sowie bei der Verleihung akademischer Würden auf die Wertung der wissenschaftlichen Verdienste und auf die moralische Eignung der Anwärter zu geistigen Führern der deutschen Studentenschaft strengstens Bedacht nehmen.“[226]

Diese Erklärung, die mit Mehrheit angenommen wurde, löste heftige publizistische Reaktionen aus: Das Professorenkollegium sah sich zum ersten Mal in der Geschichte der Hochschule in den Mittelpunkt des öffentlichen Interesses gerückt. Mindestens fünf Tageszeitungen rückten die Meldung auf Seite 1 (darunter die „Neue Freie Presse“ und die „Arbeiter-Zeitung“).[227] Die Pressereaktionen waren überwiegend negativ. Am 5. Oktober sah sich das Bundesministerium für Unterricht nach Interventionen von jüdischen Vereinen und der Israelitischen Kultusgemeinde gezwungen,[228] eine Stellungnahme der Hochschule zu verlangen.[229] Der Brief der „Österreichisch-Israelitischen Union“ argumentiert betont rational, ver-

[225] Archiv der BOKU, 935/21. Welche Ehrendoktoren gemeint sind, ist nicht vermerkt, 1921 wurden nur zwei mährische Industrielle (Friedrich Redlich, Gustav Skutezky) mit dieser Würde ausgezeichnet, 1922 aber gleich neun Wissenschafter und Industrielle.

[226] Archiv der BOKU, 1037/23. Protokoll der Sitzung des Professoren-Kollegiums vom 12. 7. 1923. Die Bedeutung dieser Proklamation hebt auch WITZMANN (wie Anm. 95), S. 55, hervor. Damit sei die Unterstützung der Professoren für die Studenten bekräftigt worden (S. 52).

[227] Zeitungsausschnittsammlung im Archiv der BOKU, 1368/23.

[228] ÖSTA, AVA, MCU, Fasz. 1214, 16.783/23 (Protestbrief der Union Deutsch-Oesterreichischer Juden/Oesterreichisch-Israelitische Union vom 5. 10. 1923) und 18.617/23 (Intervention des Präsidiums der Israelitischen Kultusgemeinde).

[229] Ebd., 18.617-I/4/23.

weist auf die Unwissenschaftlichkeit des Rassebegriffs und sieht im Aushang eine „nach unseren Gesetzen nicht gestattete Aufreizung zu feindseligen Parteiungen und zu Feindseligkeiten gegen einzelne Klassen“.

Das Professorenkollegium versuchte daraufhin einen halben Rückzieher und unterstrich damit noch einmal die eigene Position. Die am Schwarzen Brett veröffentlichte Erklärung wollte „einerseits Einzelgestalten, wie Bela Kuhn [sic!], Kurt Eysler [sic!], Rosa Luxemburg u. dgl. und andererseits jene typische Massenerscheinung, die uns in den sogenannten polnischen Juden (Ostjuden) begegnet,“[230] gemeint haben. Das Ministerium gab sich schließlich mit dieser erneut eindeutig antisemitischen Erklärung (Ostjuden wird pauschal „moralischer und kultureller Tiefstand“ bescheinigt) zufrieden: Der Aufruf sei zwar „nicht glücklich stilisiert“, aber verstoße nicht gegen Gesetze. Außerdem sei die „schwierige Stellung des Prof. Koll. gegenüber der Studentenschaft“ zu berücksichtigen.[231] Dass die Hochschulverwaltung in diesen Jahren ein eigenes Evidenzblatt benutzte, das die „Scheidung deutscher Arier vom Rest der Welt ermöglichte“,[232] passt ins Bild.

Die affirmative Wirkung auf den antisemitischen Ungeist der studierenden Jugend war aber nicht zu leugnen. Sie konnte sich auf das stillschweigende Wohlwollen der Mehrheit der Professoren bei antisemitischen Aktivitäten verlassen. Eine von den Deutschen Studentenschaften der Universität Wien, der Technischen Hochschule und der Tierärztlichen Hochschule, der Hochschule für Welthandel, der Kunstakademie und der Hochschule für Bodenkultur (letztere zeichnete mit Hakenkreuzstempel) abgegebene Solidaritätsadresse an das Professorenkollegium der Hochschule für Bodenkultur spricht denn auch von den

> „unerhörtesten und kulturlosesten Hetz- und Lügenartikel der Wiener jüdischen Tagespresse. Tag aus, Tag ein beschimpft jüdischer Geist mittels der deutschen Sprache deutschen Geist, deutsche Kultur, deutsche Hochschulen, deutsche Professoren, deutsche Studenten.“[233]

Folgerichtig schließt die Adresse mit einem Aufruf an die Professoren zum gemeinsamen Kampf gegen die „Judenpresse“.

Mit der ab 1924/25 spürbaren wirtschaftlichen Konsolidierung scheint die Lust der Professoren abgenommen zu haben, öffentlich zu heiklen Fragen Stellung zu nehmen oder die Studenten bei ihren antisemitischen Anliegen zu unterstützen. So wird dem Professorenkollegium am 14. Mai 1925 für den 18. Mai ein Studenten-

230 In ebd. und Archiv der BOKU, 1259/23 (9. 11. 1923) (Schreibweise beibehalten).

231 ÖSTA, AVA, MCU, Fasz. 1214, 18.617/I/4/23.

232 Walter Höflechner, Die Baumeister des künftigen Glücks. Fragment einer Geschichte des Hochschulwesens in Österreich vom Ausgang des 19. Jahrhunderts bis in das Jahr 1938, Graz 1988 (Publikationen aus dem Archiv der Universität Graz 23), S. 369. Neben der Rubrik „Staatsbürgerschaft und Nationalität“ musste auch die „Volkszugehörigkeit des Vaters und der Mutter“ bekanntgegeben werden. (Wird kritisiert in: Neues Wiener Tagblatt 16. 5. 1925, S. 8).

233 Archiv der BOKU, 1368/23 (1. 11. 1923).

streik angekündigt, falls ein Beschluss des Professorenkollegiums vom 28. März 1925 betreffend die Aufnahme ausländischer jüdischer Studenten nicht zurückgezogen wurde.[234] Das Professorenkollegium erlaubte nun in Einzelfällen die Inskription ausländischer jüdischer Studenten. Begründet wurde diese Maßnahme mit dem Umstand, dass jüdische Studenten aus den Nachfolgestaaten in der Vergangenheit einen „wesentlichen Teil der Hörerschaft“ gebildet hätten und die BOKU nach wie vor die „Arbeitswilligen der Oststaaten“ ausbilden wollte.[235] Außerdem lag in diesem Fall eine klare Stellungnahme des Unterrichtsministers vor: Dr. Schneider betonte, dass die inländischen Studenten auf jeden Fall bevorzugt behandelt werden müssten und für die weitere Zulassung der Lehrkörper der BOKU verantwortlich sei: „In Frage können aber nur stehen Inländer und Ausländer, nie aber Konfession und Nation der Studierenden, weil diese Unterscheidung nach dem Gesetz nicht zulässig ist.“[236] Der Anteil der davon betroffenen jüdischen Studenten betrug übrigens 1,61%, in ganzen Zahlen 13 Studenten.[237] Doch auf einen Konflikt mit der Studentenschaft wollten es die Professoren nicht ankommen lassen: Die Lehrveranstaltungen, die in die Streikzeit gefallen wären, wurden vorsorglich abgesagt.[238]

Diese Haltungsänderung der Professoren wurde offensichtlich auch durch den drastischen Rückgang der Hörerzahlen ermöglicht. Rektor Bauer sah sich im Oktober 1926 zu einer Intervention im Ministerium veranlasst. Er führte die geschwundene Attraktivität auf Gerüchte zurück, die BOKU könnte mit der Tierärztlichen Hochschule fusioniert werden. Er erreichte die Veröffentlichung eines ministeriellen Kommuniqués, das nicht zum ersten und nicht zum letzten Mal in der Geschichte der BOKU die Selbständigkeit bestätigen sollte:

> „Wie wir von zuständiger Stelle erfahren haben, entbehren die Gerüchte über eine beabsichtigte Auflassung der Hochschule für Bodenkultur oder andere Maßnahmen, welche den Fortbestand dieser Hochschule an ihrem jetzigen Standort und deren völlige Selbständigkeit berühren würde, jeder Grundlage.“[239]

Im November 1927 machte sich das Rektorat erneut Sorgen über den Rückgang der Frequenz, vor allem seitens der ausländischen Hörer: Angeführt werden zwei Gründe: Erstens der Umstand, dass die Prüfungen österreichischer Hochschulen in der CSR nicht mehr anerkannt würden und zweitens die Tatsache, dass Studenten aus Südosteuropa lieber nach Frankreich oder Italien gingen, wo ihnen ein kostenloser Hochschulzugang angeboten würde. Rektor Bauer setzte sich

[234] Archiv der BOKU, 490/25.

[235] Neues Wiener Abendblatt, 15. 5. 1925, S. 2.

[236] Ebd.

[237] PAULEY (wie Anm. 96), S. 139.

[238] Neues Wiener Tagblatt, 16. 5. 1925, S. 8.

[239] ÖSTA, AVA, MCU, Fasz. 1207, 26.662/26. Rektor Bauers Inaugurationsrede 1926/27 trug den programmatischen Titel: „Aufgaben und Ziele der Hochschule für Bodenkultur unter den gegenwärtigen politischen und wirtschaftlichen Verhältnissen“.

insbesondere „schon aus politischen Gründen“ für die Aufnahme bulgarischer Studenten ein.[240]

Die Versuche, die BOKU auch wieder für ausländische Studenten populärer zu machen, blieben nicht ohne Erfolg: Im Studienjahr 1928/29 waren 36% der BOKU-Studenten Ausländer, darunter 4,2% Reichsdeutsche und 7,4% sonstige deutschsprachige. Insgesamt lag der Anteil der jüdischen Studierenden bei 14,5%.[241] Dem Ansehen der Hochschule war sicher auch die 1927 erfolgte Verleihung der Ehrendoktorwürde an den Bundespräsidenten Michael Hainisch förderlich.

Nach den Studentenunruhen von 1929, Anlass waren – laut Deutscher Studentenschaft – provozierende sozialistische Flugblätter und Plakate, dankte Rektor Hellebrand seinen Studenten für ihre „tadellose Haltung“ und ersuchte sie, „auch in Zukunft alles zu unterlassen, was der Erreichung unseres gemeinsamen Zieles, d. i. die Schaffung einer wahren Volksgemeinschaft, hindernd im Wege stehen könnte.“[242]

1930 nahm Rektor Olbrich bei seiner Inaugurationsrede (in Anwesenheit des Bundespräsidenten und einer Reihe von Bundesministern) dann eine alte Tradition wieder auf. Er definierte, wie es für die Rektoren vor 1914 üblich gewesen war, sein Amtsziel in drei Worten: „Einen neuen Zubau“.[243] Davon konnte natürlich nicht die Rede sein, das Bundesministerium für Finanzen lehnte diesen Vorschlag (es handelte sich um ein Beamtenwohnhaus) ab.[244] Ganz im Gegenteil, in den folgenden Jahren war die Gefahr einer Auflösung oder Fusion der Hochschule größer als je zuvor und danach: So tauchten 1931 Einsparungspläne auf, nach denen die BOKU mit der Technischen Hochschule fusioniert werden sollte.[245]

Außerdem verschärften sich die Spannungen innerhalb des Kollegiums – und zwar zumeist in der Frage der Haltung zur NS-dominierten Deutschen Studentenschaft: Der von ihr geplante Bau einer Turnhalle wurde von Rektor Porsch prinzipiell genehmigt, stieß aber im Kollegium auf den erbitterten Widerstand der Professoren Tschermak-Seysenegg, Kaserer, Zederbauer und Köck.[246] Auch die Förderung eines Sommerlagers des NSDStB, bei dem auch ideologische Schulung

[240] ÖSTA, AVA, MCU, Fasz. 1211, 32.454/27 (enthält 960/27, BOKU).

[241] Zahlen nach: STIMMER (wie Anm. 24), Bd. 1, S. 584 ff.

[242] Archiv der BOKU, 1300/29. Im beiliegenden Communiqué der Studentenschaft werden die „Entladungen“ der nationalen Studenten unter anderem mit der Verhöhnung von Bundeskanzler Schober in den sozialistischen Flugblättern begründet. Aus Hellebrands Inaugurationsrede vom 7. 11. 1929 zum Thema „Österreichs Anteil an den Fortschritten des Vermessungswesens in den letzten 50 Jahren“: „Ihr gesundes Denken, Ihr volkstreues Empfinden wird Ihnen den richtigen Weg weisen, auf dem Sie das neue Geschlecht aus den Niederungen des Hasses und der Zersplitterung wieder hinaufführen werden in die Höhe sittlicher Freiheit und völkischer Einheit.“

[243] Antrittsrede des Rektors WILHELM OLBRICH, in: Die feierliche Inauguration des Rektors der Hochschule für Bodenkultur für das Studienjahr 1930/31, Wien 1933, S. 32.

[244] ÖSTA, AVA, MCU, Fasz. 1197, 3064/31.

[245] HÖFLECHNER (wie Anm. 232), S. 390 f.

[246] Archiv der BOKU, 745/32.

betrieben wurde, mit öS 100,– war nicht unumstritten.[247] Unmittelbar nach den 60-Jahr-Feiern musste sich das Professorenkollegium mit Einsparungsüberlegungen beschäftigen. Im Zuge der Wirtschaftskrise wurden den Hochschulen im Oktober 1932 neuerliche Kürzungsmaßnahmen auferlegt. An der BOKU erfolgte die Zusammenlegung der Lehrkanzeln für Chemie, die Lehrkanzel für Genossenschaftswesen wurde in eine Honorardozentur umgewandelt, Assistenten eingespart und Suppliergelder gekürzt. Die Einschränkung des Lehrangebotes wurde mit der Notwendigkeit von Einsparungen begründet.[248] Widerstand gegen die Kürzung der Remunerationen für Supplenten leisteten die Dozentenvertreter der Hochschule.[249] Weitgehend unangetastet bleiben sollten nach den Vorstellungen des Kollegiums die praktischen Fächer und die Position der Hochschullehrer (mit dem Argument der Freiheit der Forschung. Das Kollegium bedauerte besonders die Kürzung von Exkursionen im nächsten Semester.[250]

Mit rein ideologischen Aussagen hielt sich das Kollegium in dieser Phase zurück, wohl auch um dem Unterrichtsministerium so wenig Angriffsfläche wie möglich zu bieten. Diese Zurückhaltung legte der eben emeritierte Adolf Ostermayer nicht an den Tag. In der völkisch-national orientierten Kulturzeitschrift „Der getreue Eckart" ergründete er 1933 „Das Wesen des deutschen Bauern" und kam dabei zu folgenden Erkenntnissen, die in der Diktion eindeutig auf die unmittelbare Zukunft verweisen:

„Dem deutschen Bauern ist im völkischen Leben eine besondere Aufgabe zugefallen: Bluterneuerungsquelle des deutschen Volkes zu sein. Besonders ist diese Aufgabe deshalb, weil das deutsche Volk, auf sich selbst gestellt, der rassischen Kraft und Eigenart bedarf, welche die Grundlage seines Bestandes und seine Zukunft ist. Jene Bluterneuerungsquelle, welche im Bauerntume liegt, hat mit Wirtschaft nichts zu tun. Sie kann als Problem nur gelöst werden, wenn die Weltanschauung des Blutes und der Rasse sieghaft bleibt."[251]

247 Archiv der BOKU, 767/32. Zum Vergleich: Das gleichzeitig stattfindende (eventuell idente) Lager der Deutschen Studentenschaft wurde mit öS 80,– unterstützt (ebd.).

248 ÖSTA, AVA, MCU, Fasz. 1208, 2476/33.

249 ÖSTA, AVA, MCU, Fasz. 1208, 13.981/33.

250 ÖSTA, AVA, MCU, Fasz. 1197, 31.638/31. Vgl. auch ebd., 30.611/31 (früherer Telefon- und Torschluss).

251 ADOLF OSTERMAYER, Das Wesen des deutschen Bauern, in: Der getreue Eckart 10 (1932/33), 2. Halbbd., S. 744.

2. Die BOKU wird nationalsozialistisch (1933–1945)

2.1. Schwere Krise und mühsame Befriedung 1933/37

Im Dezember 1932 zerbrach das Bündnis zwischen NSDStB und katholisch-deutschen Studenten endgültig.[252] Dass die Studentenschaftswahlen 1932 nicht mehr durchgeführt wurden, war den österreichischen Nazistudenten nicht ganz unrecht, denn die Ergebnisse in Deutschland brachten dem erfolgsgewohnten NSDStB zum ersten Mal viele Niederlagen und nur einige wenige Siege.[253]

An der BOKU hatte sich das Angebot der Deutschen Studentenschaft für die Hörerschaft jedoch beachtlich erweitert. Neben dem Kulturamt und dem Grenz- und Auslandsamt[254] wurden auch eine Lehrmittelstelle, eine Erfrischungsstube und eine Frisierstube eingerichtet.[255] Der militärische Aspekt wurde immer wichtiger. Neben der Forderung nach dem Bau eines Turnsaals, sollte im Keller des Hauptgebäudes ein Schießstand errichtet werden,[256] ein Sprengsachverständiger bot Kurse für Kultursprengungen[257] an. Die Nationalsozialisten in der Studentenschaft und ihre Sympathisanten im Professorenkollegium förderten mit allen Mitteln die Wehrerziehung an der Hochschule.[258]

Die Rektorenkonferenz versuchte dieser Form der Politisierung mit untauglichen Mitteln gegenzusteuern: Im Februar 1933 wurde das Tragen von Uniformen und großen Parteiabzeichen auf Hochschulboden untersagt, kleine Abzeichen blieben erlaubt.[259]

Nimmt man das letzte Wahlergebnis zur Studentenschaft und berücksichtigt die Tatsache, dass es auch unter den katholischen Studenten (unter Berücksichtigung der politischen Orientierung des „Pflug") nicht wenige NS-Sympathisanten

[252] Vgl. dazu: Sozialistisch-akademische Rundschau 6 (1932), Nr. 12, S. 143. Anlass waren wieder einmal Übergriffe von Waffenstudenten und Nationalsozialisten in Wien, Graz und Innsbruck.

[253] Die Ergebnisse und Wahlbeteiligungsraten bei FAUST (wie Anm. 161), Bd. 2, S. 111 ff. Faust (ebd., S. 139) führt den Rückgang der NS-Stimmen in Deutschland auf eine gezielte Jugendförderungspolitik durch Papen und Schleicher zurück, der „der NSDStB denkbar unvorbereitet gegenüber[stand]".

[254] Diese Ämter waren für die „volkspolitische Erziehung der Studentenschaft" zuständig, in: 60 Jahre, (Anm. 13), S. 73.

[255] Ebd., S. 73 f.

[256] Aus einem Bericht von Rektor Porsch an das Ministerium für Unterricht (Archiv der BOKU, 270/1/33) vom 28. Juni 1933: Seitens der Deutschen Studentenschaft sei zwar um die Errichtung einer Schießstätte angesucht worden, „doch wurde bisher die diesbezügliche Eingabe noch nicht erledigt". Porsch fügt jedoch hinzu, dass „einer Ausbildung im Schießwesen gerade an unserer Hochschule besondere Bedeutung zu[kommt], da sie für den Forstberuf (insbesondere bei der Bekämpfung des Wildererunwesens) unabweisbar erscheint."

[257] Archiv der BOKU, 1235/32. Gegen diesen Vorschlag wird seitens der Hochschule „kein Einwand erhoben".

[258] Zur Bedeutung des Wehrsports innerhalb des NSDStB siehe FAUST (wie Anm. 161), Bd. 2, S. 98 ff.

[259] Archiv der BOKU, 192/33. Dieser Entscheidung war eine vertrauliche Zusammenkunft der Rektoren der österreichischen Hochschulen am 22. 12. 1932 vorangegangen.

gab, kann man davon ausgehen, dass weit mehr als 80% der BOKU-Hörer die politischen Ereignisse in Deutschland zwischen 30. Jänner und 5. März 1933 mit Sympathie betrachteten. Deshalb fand sich eine große Zahl von Studenten zu einer von der Deutschen Studentenschaft organisierten „Anschlusskundgebung“ am 7. März 1933 im Festsaal des Hauptgebäudes ein. Unmittelbarer Anlass war der Wahlsieg der NSDAP bei den unter terroristischen Bedingungen abgehaltenen deutschen Reichstagswahlen, doch hatten ähnliche Veranstaltungen an anderen Universitäten (z. B. an der Universität Wien) bereits stattgefunden.

Bereits die Anmeldung der Anschlusskundgebung hatte die Fronten innerhalb des Professorenkollegiums sichtbar gemacht. In der Sitzung vom 2. März 1933, als es um die Genehmigung der Veranstaltung ging, hatten Zeßner-Spitzenberg und Zederbauer gegen die Erlaubnis zur Abhaltung opponiert und tags darauf ein Separatvotum eingebracht. Ihre Argumente waren:

1. Eine Anschlusskundgebung richte sich gegen die Souveränität und Eigenstaatlichkeit Österreichs,
2. handle es sich um eine politische Kundgebung auf Hochschulboden,
3. sei es sogar eine parteipolitische Veranstaltung der NSDAP und „daher nicht frei von Taktlosigkeiten gegen parteipolitisch andersdenkende Teilnehmer“,
4. würde sich damit die Hochschule als Ganzes für den Anschluss aussprechen,
5. würde die Anwesenheit des Rektors seine Unparteilichkeit in Frage stellen.

Außerdem sei dieses Votum ein Akt der Selbstachtung.[260]

Der Ablauf der Veranstaltung sowie die Reaktion der Behörden bestätigten schließlich diese Bedenken vollinhaltlich: Ein beachtlicher Teil der Studenten war in Parteiuniformen erschienen. Dabei wurden nationalsozialistische Reden geschwungen und auf akademischem Boden verbotene Symbole getragen. Der Student Helmut Riedl, in kompletter Parteiuniform angetreten, soll unter anderem gesagt haben: „Österreich lebt seit 14 Jahren in Knechtschaft!“ oder: „Wir müssen es als Österreicher ertragen, dass wir von [...] Hottentotten und Zulukaffern regiert werden.“ Unter diesen Umständen könne „nur Hitler der Kanzler der Deutschen Nation in Österreich sein“.[261] In einem vom Ministerium angeforderten Bericht lieferten Rektor und Professorenkollegium eine verharmlosende Darstellung der Veranstaltung.[262] Für Prof. Zeßner-Spitzenberg war dies Anlass zur Abfassung eines

260 Vgl. ÖSTA, AVA, MCU, Fasz. 1214, 13.849/33 (3. 3. 1933).

261 Vgl. ÖSTA, AVA, MCU, Fasz. 1214, 13.849/33. Rektor Porsch bestritt in seiner Darstellung (BOKU, 270/3/1933), daß diese Zitate gefallen seien. Auch sonst weichen die Erinnerungsprotokolle über diesen Auftritt stark ab, Riedl hatte sich – nach den Aussagen mehrerer Beobachter – jedenfalls in Rage geredet.

262 In: Ebd. 270/1/33 (BOKU). Anlass für die Stellungnahme war das Separatvotum von Zeßner-Spitzenberg und Zederbauer gegen die Abhaltung der Veranstaltung.

eigenen Berichts an das Unterrichtsministerium: Er bezeichnete darin die Rede des Studenten als „aggressiv, geschmacklos, unpatriotisch und unsachlich“.[263] Der Forststudent Helmut (sehr oft auch „Hellmut“) Riedl gehörte zum engsten Führungskreis des NSDStB und war an fast allen illegalen Aktionen, die in den Jahren 1933/34 noch folgen sollten, beteiligt. Helmut Riedl blieb auch nach 1945 in der rechtsextremen Szene aktiv und war Angeklagter in einem Südtirolprozess.[264]

Was aber für Zeßner-Spitzenberg weit schwerer wog als die Ausführungen des „Silvanen“ und Nationalsozialisten Riedl, war der Umstand, dass diese

> „vaterlandsfeindlichen Ausführungen [...] in einem vom österreichischen Bundesstaat aus seinen Mitteln erhaltenen Amtsgebäude im Beisein von akademischen Lehrern vorgebracht [wurden], ohne dass auch nur ein Vorsitzender oder Lehrer als österreichischer Beamter im Sinne der dienstlichen Verantwortlichkeit oder des Diensteides Miene gemacht hätte, gegen dieses unerhörte Vorgehen Protest einzulegen.“[265]

Die Veranstaltung wurde auch von einer Abordnung des Professorenkollegiums (Kaserer, Hellebrand, Vogel, Kölbl, Adametz) besucht, ja Prorektor Olbrich, selber als Nationalsozialist bekannt, ergriff bei dieser Veranstaltung in Vertretung des erkrankten Rektors Porsch das Wort, hielt sich aber mit politischen Aussagen zurück.[266]

Die Situation der Hochschule gegenüber den staatlichen Behörden wurde durch diese Demonstration einerseits weiter geschwächt, die Studenten fühlten sich andererseits zu weiteren Aktionen geradezu ermutigt.

So überrascht es nicht, dass in den Wochen nach der Veranstaltung Werbeplakate für die SS angebracht wurden[267] und nur drei Tage nach der Anschlusskundgebung ein Vortrag zum Thema „Der Einfluß der Juden auf die Kultur“ (veranstaltet vom Kulturamt) auf Hochschulboden stattfinden konnte.[268] Am 5. Mai 1933 konnten „unbekannte Täter“ (Rektor Porsch schlug als Sprachregelung einen „Studentenulk“ oder die allseits beliebten „hochschulfremden Personen“[269] vor) eine Hakenkreuzfahne am Turm anbringen. Nach der Tat wurden die Schlös-

[263] Archiv der BOKU, 270/33.

[264] Willi Weinert, Rechtsextremismus an den Hochschulen, in: Rechtsextremismus in Österreich nach 1945, hg. vom Dokumentationsarchiv des österreichischen Widerstandes, 5. Aufl. Wien 1981, S. 297.

[265] Archiv der BOKU, 270/33.

[266] Zederbauer, „[I]nhaltlich kann man gegen sie [die Rede, P. E.] keinen Einwand erheben“ (Ebd.).

[267] Archiv der BOKU, 333/33. Die Plakate wurden von Unbekannten entfernt, worauf die Deutsche Studentenschaft mit der „Gefahr eines Plakatkrieges“ drohte. Weiters wird gebeten, Plakate, die an anderen Hochschulen schon genehmigt wurden, ohne weitere Begutachtung durch das Rektorat affichieren zu dürfen. Seitens des Rektors wurde darauf aufmerksam gemacht, dass „eigenmächtiges Entfernen von Plakaten keinesfalls zulässig ist“. (In: Ebd. 333/1/33).

[268] Archiv der BOKU, 289/33 (10. 3. 1933).

[269] ÖSTA, AVA, MCU, Fasz. 1214, Beilage zu 17.548-I-2 (680/33 BOKU).

ser an den Bodentüren gebrauchsunfähig gemacht, so dass es ziemlich lange dauerte, bis die Fahne entfernt werden konnte. Ein christlichsozialer Informant machte für die NS-Umtriebe namentlich die Professoren Olbrich und Kölbl verantwortlich. Nach den Angaben des vermutlich aus der Beamtenschaft der BOKU stammenden Informanten zeichnete sich vor allem Prof. Kölbl „dadurch aus, daß er Amtsräume für politische Agitation zur Verfügung stellte". Im Keller sei eine Schießstätte eingerichtet worden,

„die in Wirklichkeit eine Instruktionseinrichtung für die nationalsozialistischen Hörer auf Staatskosten [ist]; unter dem Titel ‚Turnübungen' wird exerziert und verschiedenartige Propaganda getrieben. Es hat sich ein unerhörter nationalsozialistischer Terror herausgebildet; der regierungstreue Teil der Beamtenschaft wird unter starken Druck gestellt, man tut, als wenn diese Menschen auf der Hochschule nichts mehr zu reden hätten und in diesem Institut die ‚Gleichschaltung' bereits vollzogen wäre."[270]

Doch welche BOKU-Studenten sollten den Nationalsozialisten entgegentreten? Die einzige größere Gruppe von nicht per definitionem nationalsozialistischen Hörern, die Gruppe der Katholiken war in sich gespalten: Am 19. Mai 1933 gestattete die „berüchtigte Nazi-CV-Verbindung ‚Pflug'" ihren Mitgliedern ausdrücklich die Mitgliedschaft in der NSDAP, nur der Beitritt zu SA und SS wurde untersagt.[271]

2.1.1. Der 20. Juni 1933 – Zwei Sichtweisen eines großen Nazirummels an der BOKU

Ab 29. Mai 1933 waren die Wiener Hochschulen wieder einmal wegen gewalttätiger Ausschreitungen an der Universität geschlossen. Nach der Öffnung am 13. Juni wurden erstmals neue Sicherheitsmaßnahmen durchgesetzt: Es herrschte Legitimationszwang, ein Tordienst wurde installiert. Eine Ordnertruppe, bestehend aus „18 verlässlichen ordentlichen Hörern" (in den Berichten katholischer Beobachter als „Naziordner" bezeichnet) sollte die Gänge kontrollieren.[272] Wie nicht anders zu erwarten, blieben diese Maßnahmen völlig wirkungslos. Für den

[270] Anonyme Information an die Christlichsoziale Partei, weitergeleitet an das Ministerium für Unterricht. in: ÖSTA, AVA, MCU, Fasz. 1214, 17.548/1933.

[271] WITZMANN (wie Anm. 95), S. 140. Selbst nach dem Verbot der NSDAP konnte sich diese Verbindung nicht zu einer klaren Stellungnahme durchringen: Man stellte sich auf den Standpunkt, daß sich jetzt die Frage der Parteimitgliedschaft nicht mehr stelle. Der Terminus „berüchtigte CV-Nazi-Verbindung" ist bei Witzmann natürlich positiv, wenn auch etwas ironisch (aus der Sicht eines Waffenstudenten) gemeint. Vgl. auch RILL (wie Anm. 163), S. 50.

[272] ÖSTA, AVA, MCU, Fasz. 1214, 16.979/33, Archiv der BOKU, 616/33.

12. Juni 1933 waren Pläne von Übergriffen auf Studenten bekannt geworden. Die große allgemeine Unruhe veranlasste die Verantwortlichen zur Sperre der Hochschule von acht bis zehn Uhr.[273]

Am 20. Juni 1933 kam es nach dem Bekanntwerden des Verbots der NSDAP (welches am Abend des 19. Juni erfolgt war) zu gröberen Ausschreitungen in der Aula, die eine Sperre der eben wieder geöffneten Hochschule zur Folge hatten.[274] Was war geschehen? Zwischen zehn und elf Uhr fand in der Aula eine Versammlung der Deutschen Studentenschaft statt. Redner waren die Studenten Gallent, Mocker, Keller[275] und Studentenschaftsführer Waschek. Um die politischen Gegner zu demütigen, wurde beschlossen, dass „CV-er, Heimatschützer und andere österreichische Menschen"[276] das Gebäude nur mehr durch die Nebenausgänge verlassen dürften. Rektor Porsch versuchte einerseits kalmierend auf die versammelte Menge einzuwirken, forderte andererseits aber die „Minderheit" (vor allem die katholischen Studenten) auf, den Anweisungen der „Mehrheit" (Nazi-Studenten) Folge zu leisten, und das Haus über den Seitenausgang zu verlassen. Ein katholischer Student, der den Hauptausgang nahm, wurde verprügelt. Zum Abschluss der Versammlung, bei der wiederholt „Heil Hitler" und „Dollfuß verrecke" gerufen wurde, sangen die Anwesenden das Horst-Wessel-Lied[277] und das Deutschlandlied, wobei angeblich auch Rektor Porsch die Hand zum Hitlergruß erhoben haben soll.[278]

Unter dem Titel „Was geht an der Hochschule für Bodenkultur vor?" bezeichnete die christlichsoziale „Reichspost" am 21. Juni 1933 Porsch als einen „merkwürdigen Rektor" und zielte mit einem für diese Zeitung sehr typischen antisemitischen Einwurf auf ihn.

„Während der Versammlung, bei der ‚Heil Hitler!' und ‚Dollfuß verrecke!' geschrieen und Spottlieder auf die Regierung gesungen wurden, tat der Rektor fröhlich mit und hob – ohne durch seine Abstammung dazu Veranlassung zu haben – schließlich beim Horst-Wessel-Lied zum Hitlergruß die Hand.

Dem Herrn Rektor wird einiges kräftig verständlich zu machen sein: Solche Trauergestalten gehören nicht in dieses Amt. Die katholischen Verbände haben

[273] ÖSTA, AVA, MCU, Fasz. 1214, 16.979/33.

[274] Vgl. ÖSTA, AVA, MCU, Fasz. 1214, Sammelakt 19.687/33 (mit Vernehmungsprotokollen) bzw. 3938/34 (Verhörprotokolle der Studenten).

[275] Josef Keller beteiligte sich am Naziputsch im Juli 1934. Er war am 25. und 26. Juli als „Rädelsführer des bewaffneten Aufruhrs in Irdning" aktiv und hatte sich dem Hochverratsverfahren durch Flucht entzogen. (Archiv der BOKU, 350/35).

[276] ÖSTA, AVA, MCU, Fasz. 1214, 17.625/33 (aus einer nicht namentlich gezeichneten Schilderung der Vorkommnisse).

[277] Dies wurde von Porsch heftig bestritten, zum Deutschlandlied meinte er, dass dies „an unseren Hochschulen auch bei offiziellen Anlässen üblich" sei, in: Ebd., Sammelakt 19.687/33 (Waldstein-Untersuchung W38/7) (enthält auch BOKU 581/5/33).

[278] Aus den zitierten Verhörprotokollen ergibt sich kein eindeutiges Bild über die Vorkommnisse. Von den NS-Sympathisanten und -Aktivisten wurden beispielsweise die Schmährufe und das Singen des Horst-Wessel-Liedes abgestritten.

Abb. 7: Ein „merkwürdiger Rektor"? – Otto Porsch.

heute gegen die ihnen widerfahrenen Unbill Einsprache erhoben und erklärt, künftig ähnlichen Diktaten sich nicht mehr zu fügen."[279]

Nicht nur die „Reichspost", sondern auch der Bauernbund nahm gegen Porsch Stellung. Der niederösterreichische Landeshauptmann und spätere Ehrensenator[280] der BOKU, Josef Reither, stellte am 7. Juli 1933 fest:

„Es ist untragbar und unverständlich, dass der Rektor der Hochschule für Bodenkultur und die ihm gleichgesinnten Professoren offen und eindeutig bei den Demonstrationen an der Hochschule offen und eindeutig zur nationalsozialistischen Partei sich bekannt haben. Wir dulden keine Stunde mehr, dass dieser Rektor die Hochschule wieder betritt und verlangen von der Regierung, dass er sofort entlassen wird."[281]

Dazu kam noch der Druck der katholischen Verbände und des österreichischen Heimatschutzes, deren Studentenvertreter in einem Brief vom 21. Juni schärfsten Protest gegen die Vorkommnisse einlegten: Was für sie am schwersten wog, war jedoch nicht der politische, sondern der symbolische Gehalt der Veranstaltung: Die Schande, die Hochschule über Seitenausgänge verlassen zu müssen, während die Nationalsozialisten den Haupteingang kontrollierten, werde sich nicht mehr wiederholen. Die Verbände „geben bekannt, dass sie in Zukunft das Hauptgebäude nur mehr durch den rechtmässigen Haupteingang betreten und verlassen werden."[282]

Porsch nahm zu diesem Vorwurf am 4. Juli noch einmal Stellung: Er erklärte, dass für ihn „eine mindere Behandlung einer Gruppe, ob schwarz oder rot oder grün, nicht in Frage käme", sondern dass es ihm nur um den gefahrlosen Abzug der Minderheiten gegangen sei. Zum „Reichspost"-Artikel stellte Porsch fest, dass er sich „bisher niemals aktiv politisch betätigt habe. Man ist sogar auf Grund der Tatsache, dass ich niemals einer schlagenden nationalen Studentenverbindung angehörte, so weit gegangen, mich als jüdisch-liberal zu verdächtigen und – wie in dem angezogenen Artikel – meine arische Abstammung anzuzweifeln."[283] Am 5. Juli trat Porsch in Beantwortung der Vorwürfe eines anonymen christlichsozialen Informanten vehement für seine Kollegen Olbrich und Kölbl (der auf Wunsch des Kol-

[279] Reichspost, 22. 6. 1933. Porsch war im Juni 1932 im zweiten Wahlgang zum Rektor gewählt worden, nachdem Prof. Leiningen-Westerburg aus gesundheitlichen Gründen verzichtet hatte. Vgl. ÖSTA, AVA, MCU, Fasz. 1199 (Rektorwahlprotokolle 1932).

[280] Reither hätte bereits 1938 mit dem Titel eines „Ehrensenators" ausgezeichnet werden sollen. Wegen des „Anschlusses" konnte die Ehrung im März 1938 aber nicht mehr durchgeführt werden. Sie wurde 1946 nachgeholt.

[281] Rede Reithers vor der n.ö. Landes Landwirtschaftskammer vom 7. 7. 1933. Nach der Rede wurde eine Resolution unter dem Titel „Die Bauernschaft gegen den Rektor der Hochschule für Bodenkultur" beschlossen. In: ÖSTA, AVA, MCU, Fasz. 1214, 19.687/33.

[282] ÖSTA, AVA, MCU, Fasz. 1214, 17.625/33.

[283] Ebd., 19.447/33 (676/33 BOKU).

legiums als jüngerer Professor engen Kontakt mit den Studenten halte) ein und bemerkte schließlich leicht resigniert: „Es scheint ein wenig anziehender Zug der Zeit zu sein, dass auch das sachlichste Vorgehen und bestes Wollen nicht vor politischen Mißdeutungen und Verdächtigungen noch dazu von anonymen Denunzianten geschützt sind."[284]

Für das Ministerium war die Angelegenheit immerhin so gravierend, dass Ministerialrat Waldstein am 11. Juli die Hochschule informierte, dass er mit der Untersuchung der Vorfälle beauftragt wurde. Rektor Porsch, der offensichtlich Schlimmes befürchtete, wandte sich daraufhin unverzüglich an den Rektor der Universität Wien, Othenio Abel, um eine Sitzung der Rektorenkonferenz für den 13. Juli anzuregen.[285] Die Hochschule entschloss sich postwendend zur Durchführung einer eigenen Untersuchung.

Waldstein befragte in den folgenden Monaten Professoren, Bedienstete und Studenten, während sich Emanuel Hugo Vogel, Prärektor der BOKU, auf Studenten, und hier auf die Funktionäre der Deutschen Studentenschaft konzentrierte, dazu kamen einige wenige Assistenten.

Zunächst zur Waldstein-Untersuchung, die sich unter anderem auf die Rolle des Rektors konzentrierte: Die Professoren Kaserer und Zeßner-Spitzenberg entlasteten in ihren Aussagen Rektor Porsch. Für Kaserer hat der Rektor immerhin das Ziel erreicht, dass sich die Studentendemonstration doch noch friedlich aufgelöst hatte, dabei sollten gewisse „Äußerungen" oder eine bestimmte „Haltung" nicht auf die Goldwaage gelegt werden.

Für Zeßner-Spitzenberg trägt die seiner Meinung nach ungesetzliche Deutsche Studentenschaft die alleinige Verantwortung an den Vorfällen. Sie sei nach dem Auszug der katholischen Gruppe eine reine NS-Zweigorganisation geworden und somit auch streng dem Führerprinzip verpflichtet. Mit dieser Orientierung sei die Deutsche Studentenschaft ein verfassungswidriger Verein, dem auch jegliche hochschulrechtliche und vereinsrechtliche Grundlage fehle. Die Demonstration sei eindeutig nationalsozialistisch gewesen. Er selber habe keinen nationalsozialistischen Gruß des Rektors gesehen, und „wenn es zutrifft, so halte ich es für einen Akt der Schwäche vor dem studentischen Terror"[286].

Prof. Zederbauer konnte keine Aussagen zum 20. Juni machen, er war an diesem Tag nicht an der Hochschule, sehr wohl habe er aber militärische Übungen im Hof des Hauptgebäudes beobachtet, an denen Studenten in Uniform mit Hakenkreuzbinden teilgenommen hätten. Weiters habe er gesehen, dass Rektor Porsch

[284] Ebd., 19.687/33 (680/33 BOKU).

[285] HÖFLECHNER (wie Anm. 232), S. 454. Das Protokoll dieser Sitzung ist nicht überliefert. Eine Zusammenfassung der Sitzung vom 14. 7. 1933 findet sich bei WALTER HÖFLECHNER, Die Österreichische Rektorenkonferenz, Wien 1993, S. 119.

[286] ÖSTA, AVA, MCU, Fasz. 1214, 19.687/33, Untersuchungsbericht Waldstein. Aussage Zeßner-Spitzenberg (ohne Datum). Enthält eine ausführliche Analyse der Rolle und rechtlichen Situation der Deutschen Studentenschaft. Zeßner-Spitzenbergs erster Konflikt mit dieser Einrichtung datiert ins Jahr 1929. Damals hatte er aufgedeckt, daß zwei Spendensammler für die Dt. Studentenschaft gar nicht mehr inskribiert waren. Vgl. dazu: Archiv der BOKU, 664/29.

und Prof. Stigler am 14. Juni mit zum Hitlergruß erhobenen Händen das Deutschlandlied gesungen hätten. Eine weitere Demonstration dieser Art habe am 29. Mai in der Aula mit Deutschlandlied, Horst-Wessel-Lied und Hitlergruß von Rektor, Prorektor und Prof. Hellebrand stattgefunden. Als Hauptpropagandist im nationalsozialistischen Sinne betätige sich Prof. Kölbl.[287]

Geradezu mutig war die Aussage von Prof. Stigler, der sich nicht um das seit Juni bestehende Verbot der NSDAP kümmerte und zu Protokoll gab, dass er der „nationalsoz. Bewegung sympathisch gegenüber[stehe]", wenn er auch keine Mitgliedskarte besitze. Weiters gab Stigler an, erst seit der Machtergreifung Hitlers für einen Zusammenschluss mit Deutschland einzutreten. Am 20. Juni sei er krank gewesen, Ausdrücke wie „Dollfuß verrecke!" wären aber „Lausbübereien". Das Horst-Wessel-Lied hätte er an der Hochschule nie gehört, dagegen gab Stigler zu, am 14. Juni 1933 beim Deutschlandlied mit erhobener Hand mitgesungen zu haben. Auch dies wollte er als Sympathiekundgebung für den Anschluss verstanden wissen. Ob das ein Hitler-Gruß gewesen wäre, ließ er offen. Seiner Definition nach wäre ein Hitlergruß ein „Gruß mit um 45° erhobenem gestreckten Arm".[288]

Die meisten anderen Befragten kamen aus dem Bereich der Beamtenschaft. Ihre Aussagen belasteten den Rektor zwar nicht, stimmten aber im Detail sehr oft nicht mit dem Vogel-Bericht überein. Sehr oft enthielten sich die Beamten einer klaren Aussage („ich kenne die Lieder nicht", „konnte den Redner nicht verstehen", „konnte die Studenten nicht erkennen" etc.).

In einem undatierten Entwurf des Berichtes konzedierte Waldstein dem Rektor, dass „er nicht von einer bösen Absicht geleitet war", jedoch hätte er sich nicht eindeutig genug von den Studenten distanziert. Waldstein betonte besonders, dass Mitglieder des Lehrkörpers „bei einigen Demonstrationen der Studenten eine Haltung eingenommen haben, die als ein Sympathisieren mit politischen Kundgebungen der Studierenden gedeutet werden mussten."[289] Ankündigungen politischer Natur dürften ab nun in den Hochschulräumlichkeiten nicht mehr erscheinen, die Untersuchungen bei der Hakenkreuzfahnenhissung wären nicht mit dem nötigen Nachdruck geführt worden, am gravierendsten sei jedoch die Causa „Waffenfund in den Räumen der Hochschule".[290] Am 19. April 1933 war im Spind des Studenten Gallent ein Mannlicherstutzen, eine Parabellumpistole und eine Anzahl Patronen gefunden worden. Gegen den bzw. die betroffenen Studierenden sollte „mit den schärfsten Disziplinarmaßnahmen vorgegangen" werden. Der Bericht bedauerte das laxe Vorgehen der akademischen Behörden in der Waffenfrage, denn Gallent war

[287] ÖSTA, AVA, MCU, Fasz. 1214, 19.687/33, Untersuchungsbericht Waldstein, Aussage Zederbauer (14. 7. 1933).

[288] Ebd., Untersuchungsbericht Waldstein, Aussage Stigler (19. 7. 1933).

[289] ÖSTA, AVA, MCU, Fasz. 1214, 19687/33, Untersuchungsbericht Waldstein.

[290] Ebd. Sicher ist, dass nationalsozialistische Studenten Waffen im Gebäude der Hochschule gelagert hatten, andererseits gab es dort auch legale Waffen, die schließlich im Juni 1934 durch Gewehre mit Baujahr 1860 bzw. 1872 ersetzt wurden. (Archiv der BOKU, 217/34).

zunächst mit einem „schweren Verweis“ davongekommen. Waldsteins Bericht schloss mit dem Eindruck,

„als würden derartige Vorfälle seitens der akademischen Behörde mit übergrosser Nachsicht hingenommen, wie denn überhaupt der Eindruck nicht von der Hand zu weisen ist, dass die Studierenden an der Hochschule für Bodenkultur sich in manchen Belangen an der Hochschule ein Verhalten herausgenommen haben, als ob den Studierenden an der Hochschule eine massgebende Einflussnahme zustünde, die weder in den bestehenden Vorschriften vorgesehen ist, noch auch vom Gesichtspunkte eines geordneten Studienbetriebes und der gebotenen Disziplin geduldet werden könnte.“[291]

Als Rädelsführer werden namentlich die Studenten Gallent, Keller, Maschek, Mocker, Anderle, Madinger und Obendorf bezeichnet. Beim Verdacht einer strafbaren Handlung müsse die Hochschule unverzüglich die Polizeidirektion und die Staatsanwaltschaft Wien einschalten.

Erst im WS 1933/34 begann auch das Rektorat der BOKU – inzwischen hatte Emanuel H. Vogel diese Position inne – mit einer eigenen Untersuchung. Die Recherchen Vogels führten, wie nicht anders zu erwarten, zu einem anderen Ergebnis: Mit beachtlicher Verspätung (die eher schwach begründet wird) schickte Rektor Emanuel Hugo Vogel am 3. Februar 1934 seinen Abschlussbericht über die Vorfälle vom 20. Juni 1933 an das Ministerium.

Der politische Charakter der Versammlung wird heruntergespielt; die an und für sich harmlose Studentenansammlung kam nach Vogels Darstellung ohne „Horst-Wessel-Lied“, ohne „Heil Hitler“-Rufe und ohne Drohungen und Tätlichkeiten gegen katholische Studenten aus. Und sollte es doch zu Übergriffen gekommen sein, so waren dafür natürlich wieder einmal Personen von „ausserhalb der Hochschule“ verantwortlich. Tätlichkeiten schließt der Vogel-Bericht dezidiert aus. Das Ganze hätte 10 bis 15 Minuten gedauert, niemand hätte ob des herrschenden Stimmengewirrs auch nur ein Wort verstanden. Demnach wäre die Veranstaltung ein Tohuwabohu gewesen, ohne Redner, ohne Lieder, ohne verbotene Symbole und ohne Organisatoren. Die Vertreter der Deutschen Studentenschaft hätten beruhigend auf ihre Kollegen eingewirkt.

Dieses Ergebnis überrascht insofern nicht, als es sich fast ausschließlich auf die Aussagen von Studenten, und hier wieder ausschließlich auf solche von nationalsozialistischer Gesinnung, stützt. Einziges Zugeständnis Vogels: Er gab zu, dass es für die Kundgebung zwei Gründe gegeben habe: Das Verbot der NSDAP und die Auflösung der Deutschen Studentenschaft. Zu den Vorwürfen wegen des Waffenfundes an der Hochschule konnte der Rektor nichts Neues mitteilen, das wäre eine Angelegenheit der Polizei.

[291] Entwurf eines Berichts (tw. handschriftlich), in: ÖSTA, AVA, MCU, Fasz. 1214, 19.687/1933.

„[S]o stellt das Rektorat die Bitte, in Rücksicht auf die Tatsache, dass seit Beginn des laufenden Studienjahres unter der Studentenschaft der Hochschule für Bodenkultur musterhafte Disziplin und Ordnung besteht und dass an dieser Hochschule allein unter sämtlichen anderen Hochschulen Österreichs Ausschreitungen (Tränengas, Papierböller) nicht vorkamen, die gepflogenen Untersuchungen als abgeschlossen betrachten zu dürfen."[292]

Interessanterweise entsprechen einige der beigefügten Aussagen der Studenten auch ziemlich genau dem, was die Waldstein-Kommission zu Tage gefördert hat. So sagte Wilhelm Gallent aus, dass er sich vom Rektor von seinem Ehrenwort, nämlich für Ruhe zu sorgen, entbinden hatte lassen. Weiters wurde das Absingen des Deutschlandlieds zugegeben, mit dem wohl nur als Ironie zu verstehenden Zusatz „ohne, daß wir es verhindern konnten".[293] In der Aussage von Kurt Waschek ist auch die Rede von anderen Liedern und Rufen. Allerdings sei er da gerade beim Rektor gewesen und wisse nichts darüber.[294] Zu den eigenen Ansprachen an die Kommilitonen, die ja in allen Berichten vorkommen, wurden die Funktionäre der aufgelösten Studentenschaft nicht befragt.

2.1.2. Mit Böllern und Stinkbomben

Neben dem schon angesprochenen Verbot der NSDAP in Österreich und der Auflösung der Deutschen Studentenschaft (Erlass vom 26. Juli 1933, durchgeführt am 21. September 1933) erregte im Wintersemester 1933/34 die Ausgliederung des I. Jahrganges großen Unmut unter den Studenten: Mit einer Verordnung der Bundesregierung vom 28. September 1933 wurde die Ausbildung des ersten Jahrgangs in allen drei Studienrichtungen (ausgenommen: Chemie) an die Technische und an die Tierärztliche Hochschule verlegt.

Diese Maßnahme brachte nicht nur keinen Einsparungseffekt außer der zeitlichen Beurlaubung von Prof. Olbrich,[295] sie führte vielmehr zu großer Verwirrung unter den Studenten und förderte die ohnehin schon vorhandene Unruhe. Die Vorlesungen an der Technischen Hochschule hatten ganz andere Lehrziele, dort gab es andere Semester- und Ferienzeiten, Überschneidungen waren unumgänglich, die zeitliche und finanzielle Belastung durch die Anreisewege war für die Studenten kaum zu bewältigen.[296] Wegen ihrer offensichtlichen Sinn- und

[292] Archiv der BOKU, 163/34 (3. 2. 1934). Liegt in: ÖSTA, AVA, MCU, Fasz. 1214, 3938/34.

[293] Protokoll der Aussage von Wilhelm Gallent vom 30. 1. 1934, in ÖSTA, AVA, MCU, Fasz. 1214, 3938/34.

[294] Protokoll der Aussage von Kurt Waschek vom 18. 1. 1934, in: Ebd. Fast gleichlautend die Aussage von Josef Keller vom 9. 12. 1933. Hellmut [sic!] Riedl und Michael Madinger, die sich in der fraglichen Zeit nicht beim Rektor befanden, erinnerten sich nicht mehr, welche Lieder gesungen wurden (ebd.).

[295] ÖSTA, AVA, MCU, Fasz. 1208, 30.884/32.

[296] Zu den Erfahrungen der Studenten mit der Verlegung siehe die Niederschrift, die Rektor Vogel anlegen ließ. Archiv der BOKU, 1055/33.

Wirkungslosigkeit wurde diese Maßnahme nach einem Semester wieder außer Kraft gesetzt.[297]

Sonst verlief das Wintersemester, abgesehen von den ersten Relegierungen nationalsozialistischer Hörer, ziemlich ruhig. Erwähnt sei aber die Störung der Vorlesung von Prof. Zeßner-Spitzenberg durch ständiges Türenzuschlagen am 30. Jänner 1934. Am 6. Februar wurde an seiner Tür ein Hakenkreuz angebracht.[298]

Für die Inskription des Sommersemesters 1934 wurden allen Studenten Erklärungen abverlangt, dass sie über das Verbot der KPÖ, der NSDAP, des steirischen Heimatschutzes (Richtung Kammerhofer) und der SDAP Bescheid wüssten.[299] Das Verteilen von Flugblättern wurde mit Beginn des Sommersemesters 1934 grundsätzlich untersagt,[300] im März 1934 wurde zum ersten Mal einem Absolventen der BOKU der akademische Titel aus politischen Gründen entzogen.[301]

Das von Vogel als „musterhaft" bezeichnete Benehmen der BOKU-Studenten hielt im Sommersemester 1934 nicht an, und das Professorenkollegium sah sich gezwungen, in einer Denkschrift die „Existenznotwendigkeit" der Hochschule zu betonen. Die „schweren Angriffe" auf die BOKU seien „vielfach nicht sachlichen, sondern tendenziösen, speziell gegen diese Hochschule gerichteten Motiven entsprungen".[302] Insbesondere wird auf den hohen Anteil ausländischer Studenten verwiesen, die höhere Studiengebühren bezahlen und auch das internationale Ansehen Österreichs heben würden.[303] Doch alle Appelle nutzten nichts. Die Bundesverwaltung erhöhte den Druck und beklagte insbesondere die Milde gegenüber nationalsozialistischen Studenten. So wurde Gilbert Mocker wegen nationalsozialistischer Betätigung zu vier Monaten Arrest verurteilt, aber nur für ein Semester von der Hochschule ausgeschlossen.[304]

Durch eine Verordnung des Bundesministeriums für Unterricht im Einvernehmen mit dem Bundesministerium für Land- und Forstwirtschaft vom 26. April 1934 verlor die Hochschule ihre „Autonomie". Denn mit 3. Mai 1934 wurde ein Bundeskommissär in Person von Hofrat Skrbensky[305] „im Interesse einer

297 Vgl. dazu Archiv der BOKU, Sammelakt „Verlegung des I. Jahrganges" 936/33.

298 Archiv der BOKU, 160/34. Das Anbringen von Hakenkreuzen an der Tür von Prof. Zeßner-Spitzenberg wiederholte sich in den nächsten Monaten einige Male (z. B. am 14. 5. 1934, Archiv der BOKU, 551/34).

299 Archiv der BOKU, 223/1/34.

300 Archiv der BOKU, 230/34 – nach einem Erlass von Schuschnigg vom 28. 2. 1934.

301 Archiv der BOKU, 296/34.

302 Die Existenznotwendigkeit der Hochschule für Bodenkultur in ihrer heutigen Organisation für die Land- und Forstwirtschaft Österreichs. Herausgegeben vom Professorenkollegium der Hochschule für Bodenkultur in Wien (Denkschrift), Wien 1934, S. 1.

303 Ebd., S. 5 f.

304 ÖSTA, AVA, MCU, Fasz. 1214, 13.067/34.

305 Otto (Baron) Skrbensky (1887–1952) arbeitete seit 1921 im Staatsamt für Inneres und Unterricht. 1934 wurde der Ministerialrat zunächst zum Kommissär für die BOKU bestellt. Nachdem sich erste Erfolge eingestellt hatten, avancierte er im September zum „Regierungskommissär für die

notwendigen Beschleunigung der Geschäftsführung" eingesetzt.[306] Ihm war von nun an der Rektor unterstellt.

In einem Schreiben an das Rektorat vom 25. April 1934 versuchte Unterrichtsminister Schuschnigg die BOKU zu beruhigen: Diese Maßnahme sei wirklich nur wegen der Studienplanänderungen getroffen worden, ihr liege „kein anderes Motiv zugrunde".[307]

> „Eine solche zeitlich befristete Modifikation der Geschäftsführung der Hochschule für Bodenkultur ist unvermeidlich geworden, denn die seitens der Hochschule für Bodenkultur beantragte und bereits in probeweiser Durchführung begriffene, bisher jedoch nicht genehmigte Studienreform erweist sich in ihrer gegenwärtigen Gestaltung als minder zweckmäßig. Eine geeignete Abänderung des Reformplanes war bisher jedoch trotz wiederholter Verhandlungen unmöglich."[308]

Wie schon oben ausgeführt, war die Hochschulautonomie in der Ersten Republik eines der wichtigsten Machtsymbole des akademischen Deutschnationalismus: Wenigstens an der Universität hatte man noch straflos gegen unerwünschte Elemente wie Juden, Sozialisten oder Liberale vorgehen können. Dass der autoritäre österreichische Staat mit diesem „Privileg" Schluss machen würde, hatten wohl auch Pessimisten nicht erwartet.

Überdies betraf die Maßnahme ausschließlich die BOKU. Rektor Vogel amtierte zwar weiterhin, doch waren ihm die wichtigsten Kompetenzen zugunsten des Kommissärs Hofrat Skrbensky vom Unterrichtsministerium entzogen worden. Artikel 1 der diesbezüglichen Verordnung besagte, dass die Funktionen des Professorenkollegiums, seiner Ausschüsse und des Rektors vorläufig ruhen (außer bei Habilitierungen, gewissen Disziplinarangelegenheiten und der Erstattung von Besetzungsvorschlägen). Artikel 2 übergab alle sonstigen „Befugnisse und Obliegenheiten" an den weisungsgebundenen Bundeskommissär, der auch den Vorsitz im Kollegium führen sollte. Mit Artikel 3 wurde ihm auch das nichtwissenschaftliche Personal unterstellt.

Rektor Vogel, der im nächsten Semester wegen seiner Nähe zur NSDAP enthoben werden sollte, dankte zum „Abschied" von der Position des Rektors noch einmal dem Kollegium und den Dozentenvertretern und bat sie, Journalistenfragen nicht zu beantworten.[309]

Aufrechterhaltung der Disziplin an den österreichischen Hochschulen" (Archiv der BOKU, 891/34). Im Juni 1938 wurde er vom Dienst enthoben. Gleich nach Kriegsende leitete er die Angestelltensammelstelle und die Hochschulsektion des Unterrichtsministeriums. Skrbensky war unter Staatssekretär Ernst Fischer für das österreichische Hochschulwesen in der wiedererrichteten demokratischen Republik verantwortlich.

306 ÖSTA, AVA, MCU, Fasz. 1199, 13.696/34.

307 Ebd.

308 Ebd.

309 Archiv der BOKU, 523/34 (3. 5. 1934).

Die überwiegend nationalsozialistische, in ihrer Bewegungsfreiheit schon eingeschränkte Studentenschaft, die sich bis in den Mai 1934 relativ ruhig verhalten hatte, wollte diese Maßnahme nicht mehr hinnehmen, sie vermutete hinter der Entmachtung von Rektor und Kollegium (wohl nicht zu Unrecht) rein politische Motive und reagierte darauf zuerst mit Flugzetteln[310] und wenig später, am 16. Mai 1934, erstmals mit Bomben: Nach dem üblichen Stehkonvent der Hochschulverbindungen explodierten im Linné-Park vor der Hochschule zwei Papierböller, danach zwei Böller vor den Eingängen, schließlich eine Stinkbombe vor dem Rektorat, dann wurde der Unterricht im Hauptgebäude mittels Stinkbomben verhindert. Davon betroffen waren die Professoren Till und Staffe – es sollte also offensichtlich der Unterricht ohne Ansehen der politischen Einstellung des jeweiligen Professors gestört werden. Insgesamt explodierten an diesem Tag acht Böller und eine unbekannte Zahl von Stinkbomben.[311] Außerdem wurden verschiedene Flugblätter in Umlauf gebracht, so unter anderem die Erklärung der großdeutschen Abgeordneten zum Nationalrat vom 30. April 1934,[312] ein antisemitisches Pamphlet („Jagt sie zum Teufel, die Judenknechte" etc.) und der folgende Text, der die Hochschulautonomie zurückfordert:

„Studenten –

Unter dem Vorwand wirtschaftlicher Ersparnisse wurde an der Hochschule für Bodenkultur ein Regierungskommissär eingesetzt. Der Rektor und das Professorenkollegium wurden ihrer Rechte und Befugnisse beraubt, mit anderen Worten: Die Autonomie der Hochschule wurde gänzlich vernichtet! Der Regierungskommissär kann an der Hochschule schalten und walten wie er will und diktatorisch den Willen einer korrupten Minderheit durchsetzen!

Kameraden! Man hat die Deutsche Studentenschaft zerschlagen, ihre Einrichtungen enteignet und eine unfähige Sachwalterschaft auf die Hochschule gesetzt; wir haben Disziplin gewahrt. Man hat uns für die Besoldung der Sachwalterschaft eine Steuer abgepresst, man hat jeden Kameraden, der – unschuldig oder nicht – länger als acht Tage in Untersuchungshaft war, des Semesters für verlustig erklärt. Und schließlich hat die Regierung verdiente Professoren von den Hochschulen verdrängt, weil wir es wagten, nicht nur deutsch zu denken, sondern auch deutsch zu handeln. Wir ballten die Fäuste, aber noch immer hielten wir Disziplin. Dem Regierungskommissär auf der Hochschule für Bodenkultur werden solche auf allen anderen Hochschulen folgen. Die gänzliche Aufhebung der Selbstverwaltung auf der Hochschule für Bodenkultur ist der Beginn der vollständigen Zertrümmerung der Hochschulautonomie in Österreich überhaupt.

310 Gesammelt in ÖSTA, AVA, MCU, Fasz. 1214, 13.067/34 (9. 5. 1934). Skrbensky drohte für das Verteilen von Flugzetteln mit einem Verweis von der Hochschule in der Dauer von mindestens drei Semestern (Archiv der BOKU, 551/34).

311 Archiv der BOKU, 551/1/1934 (16. 5. 1934).

312 ÖSTA, AVA, MCU, Fasz. 1214, 19.983/34 (Erklärung der großdeutschen Nationalräte).

Kameraden! Dieses Mal geht es ums Ganze und wir setzen das Ganze ein. Wir haben nichts mehr zu verlieren. Wir nicht, und alles, was an den Hochschulen deutsch fühlt und deutsch denkt. Jetzt schliessen wir uns fest und enge zusammen und zeigen der Welt, dass Oesterreichs Hochschulen noch deutsch sind!

Wir wolln die verlorne Rotte sein und harren der Sturmsignale“[313]

In einem Bekennerschreiben zu diesem „Aktionstag“ heißt es:

„Falls der Regierungskommissär an der Hochschule für Bodenkultur nicht innerhalb kurzer Zeit verschwindet, sind wir bereit, dieser verhältnismässig harmlosen Warnung Taten folgen zu lassen. [...] Gewalt gegen Gewalt.“[314]

Und die Taten folgten in den nächsten Tagen. In der Nacht vom 24. zum 25. Mai detonierte eine Bombe im Festsaal, die nach den polizeilichen Erkenntnissen zwischen 0.40 und 0.45 Uhr gezündet worden war.[315] Regierungskommissär Skrbensky reagierte mit harten Maßnahmen: Die Hochschule wurde erneut gesperrt, die Polizeipräsenz im Haus verstärkt. Nach der Wiederaufnahme der Lehrtätigkeit ordnete Skrbensky an, die Hörsäle erst fünf Minuten vor Vorlesungsbeginn zu öffnen und sie davor und danach genau zu inspizieren.[316] Doch die BOKU kam nicht zur Ruhe. Am 4. Juni meldete der Honorardozent für technische Mathematik Dr. Gebauer, dass sich eine wissenschaftliche Hilfskraft nach Deutschland abgesetzt habe.[317] Tags darauf forderte Skrbensky – eine Weisung Schuschniggs weitergebend – alle Lehrkanzelvorstände auf, die Verteilung von gegen die Regierung gerichteten Flugzettel zu unterbinden, Agitatoren der Wache zu übergeben und eine genaue Kontrolle großer Pakete und Aktentaschen durchzuführen.[318]

Doch alle Maßnahmen blieben erfolglos, denn am 8. Juni kam es – wieder in der Nacht – zu den nächsten Explosionen, ja zu einer richtigen Anschlagsserie,[319] die auch bei der Presse für beträchtliches Aufsehen sorgte. Dabei wurde u. a. die Inneneinrichtung des Turmzimmers durch eine mit Sprengstoff gefüllte Metallflasche fast zur Gänze zerstört.[320] Der Leiter des Chemischen Laboratoriums protestierte heftig gegen eine Karikatur im „Morgen“, die einen BOKU-Studenten (mit deutlich erkennbaren Schmissen) dabei zeigt, wie er die im Chemieunterricht gelernten Erkenntnisse mittels des Baues von Bomben in die Tat umsetzt. Darüber

313 Ebd., 15.759/34.

314 ÖSTA, AVA, MCU, Fasz. 1214, 16.805/34.

315 Archiv der BOKU, 551/2/34

316 Archiv der BOKU, 609/34.

317 Archiv der BOKU, 629/34.

318 Archiv der BOKU, 639/34 (5. 6. 1934).

319 Vgl. Archiv der BOKU, 681/34, 691/34, 698/34, 699/34, 702/34.

320 Reichspost, 9. 6. 1934, S. 3.

findet sich noch die Aufschrift „Hochschule für bodenlose Kultur“ und darunter der Reim:

„Wer beweist mit Böllern nur
seine Boden Unkultur
Wird es statt zum Sämann höchstens
zum SA-Mann bringen nächstens“[321]

Bei beiden Anschlagserien entstand jeweils beträchtlicher Sachschaden. Die Reaktion der Behörden ließ nicht lange auf sich warten. Skrbenskys Antwort fiel dieses Mal aber noch härter aus. Dieses Mal sollten seine Maßnahmen auch zum gewünschten Resultat führen. Er ließ die Hochschule bis 25. Juni sperren, verhängte finanzielle Sühnemaßnahmen und beseitigte die letzten studentischen Freiheiten.[322]

Nach den Plänen des Kommissärs sollten die Studenten die Schäden, die die Bombenanschläge vom 25. Mai und 9. Juni verursacht hatten, aus eigener Tasche begleichen, und zwar unabhängig vom Nachweis der Beteiligung. Der Gesamtschaden betrug über 9.000 Schilling. Am 9. Juni 1934, noch unter dem Eindruck der beiden ersten Anschläge, erließ Skrbensky folgende Kundmachung:

„Für die Schäden vom 25. Mai und 8. Juni [...] schreibe ich sohin jedem Studenten eine Schadenersatzzahlung von 20 (zwanzig) Schilling vor. [...] Befreiungen von den Schadenersatzzahlungen kommen nur für solche inländische Studierende in Betracht, deren Vaterlandstreue hochschulbekannt ist. Die betreffenden Herren [sic!] Studierenden wollen sohin ihr Meldungsbuch hochschulangehörigen Führern vaterländischer Organisationen übergeben, welche wegen Beisetzung der Zahlungsbefreiungsklausel im Rektorate das Erforderliche veranlassen werden.“[323]

Ausländische Studenten konnten „auf Grund ihrer Studienerfolge oder sonstiger maßgebender Momente von Amts wegen von der Zahlung“[324] befreit werden. Alle Versuche, diese Bestimmung zu bekämpfen, wurden mit der Aussperrung von Prüfungen, Seminaren und Inskription beantwortet. Die Opposition hielt sich angesichts der angedrohten Maßnahmen in engen Grenzen, der bereits erwähnte Helmut Riedl war einer von wenigen, der sich im propagandistischen Kampf gegen die Zahlung betätigte.[325] Erschwert wurde der Kampf durch die Tatsache, dass selbst der Zutritt zur Hochschule ab 25. Juni 1934 von der Bezahlung der Taxe abhängig war.

[321] Archiv der BOKU, 726/34: „[Was] in normalen Zeiten vielleicht ein schlechter Witz wäre, heutzutage aber als gewissenlose Verdächtigung schlimmster Art gebrandmarkt und bestraft werden sollte.“

[322] Vgl. ÖSTA, AVA, MCU, Fasz. 1214, 16.171/34 (19. 5. 1934)

[323] Archiv der BOKU, 660/34 (9. 6. 1934). – Im übrigen waren auch die Hörerinnen von den Sühnezahlungen betroffen.

[324] Ebd.

[325] Archiv der BOKU, 661/34.

Diese Maßnahme löste sogar diplomatische Interventionen aus: So bedankte sich die rumänische Botschaft für eine rasche Intervention Skrbenskys zugunsten eines rumänischen Studenten.[326] Die tschechische Botschaft protestierte am 28. Juni dagegen, dass acht ihrer Staatsbürger nicht von der Sühneleistung befreit wurden. Sechs von ihnen wurde daraufhin wenigstens die Bezahlung der noch ausstehenden Raten erlassen. Nach weiteren Einsprüchen seitens Bulgariens und Litauens wurden die meisten Bürger nichtdeutschsprachiger Staaten von der Zahlung befreit.[327]

Als das Gerücht aufkam, dass Juden grundsätzlich von der Taxe befreit seien, reagierte der Hochschulkommissär. Skrbenskys Antwort bezog sich unter anderem auf den Studenten Andreas Kondor und lässt Rückschlüsse auf den an der Hochschule nach wie vor herrschenden Antisemitismus zu:

„Kondor ist Jude. Ich habe selbstverständlich auch eine Reihe Angehöriger des israelitischen Glaubensbekenntnisses von der Zahlung befreit, weitere Befreiungen jüdischer Hörer jedoch eingestellt, nachdem ein jüd. Student seine Bitte um Befreiung mit dem Hinweis begleitet hatte, er sei informiert worden, daß in erster Linie Juden befreit werden.“[328]

Noch am Ende des Jahres 1934 konnte die Aktion erfolgreich beendet werden: Der Gesamtschaden hatte öS 9.305 betragen: öS 5.620 waren als Strafgeld eingegangen, öS 1.100 hatte der Unterstützungsverein für dürftige und würdige Hörer beigesteuert, der Rest wurde aus Bundesmitteln zur Verfügung gestellt.[329]

Nach den langen Sperren, die fast schon den Verlust des Semesters bedeutet hätten, konnte das Studium nur mehr unter quasi polizeistaatlichen Bedingungen fortgeführt werden. Im Hauptgebäude war seit 1933 eine Polizeistation untergebracht. Diese provisorische Station wurde 1934 sogar in ein ständiges Wachzimmer umgewandelt.[330] Nach der Wiedereröffnung der Hochschule am 25. Juni 1934 galten folgende Bedingungen für das Betreten des Gebäudes: Bezahlung der Taxe, Vorweisen eines Eintrittsscheins (der ausschließlich an Studenten, Lehrende oder Hochschulbedienstete vergeben wurde) und eines Lichtbildausweises. Zusätzlich wurden noch rigorose Leibesvisitationen durchgeführt. Der Zutritt war nur über das Haupttor möglich, alle Schlösser waren ausgewechselt worden, die Erzeugung von Duplikatsschlüsseln wurde unter strenge Strafandrohung gestellt. Beim Eingang wurde eine konsequente Aktentaschenkontrolle vorgenommen. Diese Untersuchungen betrafen (auf eigenen Wunsch!) auch die Professoren.[331] Die Hörsäle

[326] Archiv der BOKU, 734/34 (2. 7. 1934), Vgl. auch ÖSTA, AVA, MCU, Fasz. 1215, 20.812/34 und 21.212/34.

[327] Archiv der BOKU, 766/34 (16. 7. 1934). Der gesammelte Schriftverkehr in dieser Causa befindet sich in ÖSTA, AVA, MCU, Fasz. 1197.

[328] Ebd.

[329] Archiv der BOKU, 1236/34 (13. 12. 1934).

[330] ÖSTA, AVA, MCU Fasz. 1197, 24.227/34 und 28.815/35.

[331] Archiv der BOKU, 699/34.

wurden nur für die Lehrveranstaltungen geöffnet und blieben ansonsten geschlossen, um die Verbreitung von Flugzetteln und das Anbringen von Parolen zu verhindern.

Die Kontrolle der Studenten erstreckte sich auch auf den für die Ferien vorgeschriebenen Arbeitsdienst, Förderungen sollten nur nach vorheriger politischer Untersuchung der Forstwirtschaftshörer erteilt werden.[332] Auch in den Ferien wurde die Hochschule regelmäßigen Polizeikontrollen unterzogen. Bei einer Durchsuchung des Chemiegebäudes fanden die Beamten beispielsweise im Fach eines Studenten NS-Propagandamaterial.[333]

Im November 1934 wurden die ehemaligen Funktionäre der Deutschen Studentenschaft davon unterrichtet, dass sie im Falle weiterer Anschläge auch ohne Schuldnachweis sofort relegiert werden würden. Die Begründung: „Da Sie der früheren verbotenen politischen Betätigung überwiesen sind, besteht der begründete Verdacht, daß Sie die Begehung staatsfeindlicher Handlungen begünstigen."[334]

Eine weitere Maßnahme gegen unliebsame Studenten war die Nichtaufnahme politisch vorbestrafter Mittelschüler an den Hochschulen:

„Absolvierte Mittelschüler, deren Reifezeugnis die Sittennote ‚nicht entsprechend' mit einem Zusatze, aus dem sich ergibt, daß diese Sittennote in Zusammenhange mit einer verbotenen politischen Parteibetätigung des Schülers oder wegen eines diffamierenden Verhaltens desselben gegeben wurde, dürfen im Studienjahr 1934/35 zum Hochschulstudium nicht zugelassen werden."[335]

Auch die Zulassung zum außerordentlichen Studium wurde untersagt, ausnahmsweise Bewilligungen durften nur vom Ministerium erteilt werden. Alle Hochschulen wurden zur Abhaltung von vaterländischen Pflichtvorlesungen veranlasst. Ab 1935 waren die Hochschüler „verpflichtet, in zwei der ersten vier an einer österreichischen Hochschule verbrachten Semester je eine Vorlesung ‚zur weltanschaulichen und staatsbürgerlichen Erziehung' und ‚über die ideellen und geschichtlichen Grundlagen des österreichischen Staates'"[336] zu absolvieren. An der BOKU wurden diese jeweils zweistündigen Veranstaltungen unter anderem von Prof. Arnold Winkler gelesen. Er berichtete 1936 von einem „großen Erfolg", von einer „mustergültigen Disziplin und dem durchschnittlichen Prüfungsergebnis von ‚sehr gut'".[337]

[332] Archiv der BOKU, 714/34. Unter den „Untersuchten" befand sich auch der ehemalige Leiter der Deutschen Studentenschaft Kurt Waschek, dem im Gegensatz zu anderen Antragstellern ein relativ positives Verhalten attestiert wurde.

[333] Archiv der BOKU, 832/34.

[334] Archiv der BOKU, 1134/34, 1184/34.

[335] Archiv der BOKU, 853/34 (1. 9. 1934).

[336] Zit. nach Vorlesungsverzeichnis und Studienordnung der Hochschule für Bodenkultur, Wien 1935, S. 17.

[337] ÖSTA, AVA, MCU, Fasz. 1193, 24.465/1936.

Weiters wurden die Hörer verpflichtet, während der Studienzeit an einem Hochschullager teilzunehmen, außer wenn sie geistlichen Standes oder bei Studienbeginn älter als 30 Jahre alt waren.[338] Die Zeitschrift des NSDStB kommentierte dieses „Hochschulerziehungsgesetz" nach dem „Anschluss": „Die Hochschule sollte mit Gewalt zu einem Brennpunkt einer neuen Ideologie werden, die mit ihrem Bekenntnis zu einem angeblich freien Österreich überall von der Studentenschaft abgelehnt wurde."[339]

2.1.3. „Befriedung" 1934–1937

Die strengen Maßnahmen und Kontrollen und wohl auch die Ernüchterung über den missglückten nationalsozialistischen Putschversuch im Juli 1934 führten zu einer spürbaren Beruhigung der Situation. Eine Ruhe, die aber nur die sichtbare Oberfläche betraf, denn die Nationalsozialisten blieben auch weiterhin (vor allem in den Burschenschaften) tätig.

Immerhin hatte die Auflösung der Deutschen Studentenschaft gemäß Erlass vom 26. Juli 1933 die nationalsozialistischen Studenten ihrer wichtigsten organisatorischen Stütze beraubt. Im Erlass wurde der Studentenschaft bestätigt, „in einigen Belangen anerkennenswerte Leistungen vollbracht" zu haben. Weiters wird aber ausgeführt: „Sie hat ihre Existenzgrundlage durchaus verwirkt. Schon die Bezeichnung Kreis VIII der Deutschen Studentenschaft verweist auf die gegen die österreichische Unabhängigkeit gerichtete Betätigung."[340] Damit bestanden an der Hochschule noch die drei „unpolitischen" Fachvereine (Fachverein deutscher Landwirte, Fachverein deutscher Forstwirte, Fachverein deutscher Kulturtechniker) und die „Hausverbindungen" („Silvania" und „Hubertus"[341]) sowie die CV-Studentenverbindung „Pflug". Die Fachvereine waren jedoch nur vorläufig und beschränkt erlaubt, das heißt die Benutzung der Anschlagkästen und -plätze wurde ihnen untersagt. Ein Zeichen des Misstrauens, das angesichts der in den Verbänden vertretenen Personen nicht unberechigt war.

Staatlicherseits wurde nun eine neue Organisation der Studenten, die „Hochschülerschaft Österreichs" ins Leben gerufen. An der BOKU wurden ihr zwar Räumlichkeiten der aufgelösten Studentenschaft übergeben,[342] doch waren diese Anfang 1934 immer noch versiegelt.[343] Der Wirkungskreis der „Hochschülerschaft Österreichs" blieb in jeder Hinsicht beschränkt. Im Juni 1934 gab die neu

338 Vorlesungsverzeichnis 1935, S. 17.

339 Die Bewegung 6 (1938), Nr.13, S. 1 „Geschichte des NSD-Studentenbundes: Kampf in Österreich".

340 Vgl. Archiv der BOKU, 767/33.

341 Nach KRAUSE (wie Anm. 77), S. 157, erfolgte 1936 eine Fusion mit der „Alemannia".

342 ÖSTA, AVA, MCU, Fasz. 1197, 33.640/33. Die ehemaligen Funktionäre der Studentenschaft dürften an den Umständen der Übernahme Kritik geübt haben. Vgl. ebd., 3126/34.

343 Archiv der BOKU, 5/34.

gegründete Dachorganisation ihre Pläne bekannt. Im Fürsorgewesen und in Fragen der Leibesübungen sollte direkt an die „Deutsche Studentenschaft" angeknüpft werden. Bei „Abgabe einer Erklärung loyaler Einstellung"[344] konnten Institutionen und sogar Personen in das neue System überwechseln. Dringend gefordert wurde die Verhinderung aller politischen Betätigung in den immer noch zugelassenen Fachvereinen.[345]

BOKU-Sachwalter Wilhelm Niederle konnte sich gegen die Konkurrenz der Fachvereine nur schwer behaupten. Der Einfluss der Hochschülerschaft Österreichs scheint sich in den Jahren 1933/34 auf die Vergabe von Heimplätzen beschränkt zu haben; andere Aktivitäten oder gar Aktionen sind nicht überliefert. Außerdem waren die verantwortlichen Stellen bei der Übergabe der Räumlichkeiten und Mobilien der Deutschen Studentenschaft an die Hochschülerschaft Österreichs auch nicht besonders schnell, das Bundesministerium äußerte sich im Februar 1934 in diesem Sinn.[346] Die Angelegenheit wurde erst im Jänner 1937, also dreieinhalb Jahre nach Auflösung der Deutschen Studentenschaft abgeschlossen.[347]

Die Fachvereine versuchten, die Arbeit der Deutschen Studentenschaft fortzusetzen: Die „deutschen Kulturtechniker" planten die Errichtung einer Lehrmittelstelle,[348] alle drei Vereine wollten die Erfrischungsstube wiederbeleben.[349] Doch nach der Anschlagserie im Mai und Juni setzte Skrbensky auch ihrem Wirken am 13. Juni 1934 ein Ende. Sie wurden aufgelöst, weil sie „ihre Tätigkeit vorwiegend auf das Gebiet vaterlandsfeindlicher Propaganda verlegt hatten". In den Räumlichkeiten der Fachvereine waren Dollfuß-Karikaturen und Stinkbombenphiolen gefunden worden.[350] Somit verblieben den nationalsozialistischen Studenten als letztes Rückzugsgebiet die Burschenschaften.[351] Im März 1938 sollte sich herausstellen, dass sie sich beinahe ausschließlich aus Nationalsozialisten zusammensetzten.

Doch mit den Sühnezahlungen und dem verschärften Polizeieinsatz war die politische „Befriedung" noch nicht abgeschlossen: Eine große Anzahl von Studenten wurden von der Hochschule verwiesen, die meisten befristet, einige wenige auf Dauer. Eine genaue Zahlenbestimmung ist schwierig, da nicht mehr alle Akten, die Relegierungen betreffen, vorhanden sind und damals keine Gesamtstatistik erstellt

344 Der Morgen, 4. 6. 1934, S. 2.

345 Ebd.

346 Archiv der BOKU, 76/2/34 (3216-I-1 BMU).

347 Archiv der BOKU, 185/37.

348 Archiv der BOKU, 871/33.

349 Archiv der BOKU, 918/33. Im Februar 1934 erklärte Doz. Donat namens des Vereins Deutscher Kulturtechniker, dass kein Interesse mehr an der Weiterführung der Erfrischungsstube besteht (In: ebd. 76/2/34).

350 Archiv der BOKU, 661/1934. Schon am 23. 5. 1934 sollte die „Silvania" entfernt werden. Dieses Vorhaben dürfte – wenigstens legen die Vorlesungsverzeichnisse 1935 bis 1938 diesen Schluss nahe – nicht in die Tat umgesetzt worden sein.

351 Leider gibt es keine Unterlagen über diese Untergrundarbeit an der BOKU. Über die Arbeit der illegalen Nationalsozialisten in den Verbindungen allgemein: Vgl. WITZMANN (wie Anm. 95), S. 147 f.

wurde. Mindestens 30 Studenten waren von dieser strengsten Form des universitären Disziplinarrechts betroffen.[352] Bis auf eine Ausnahme handelte es sich dabei ausschließlich um nationalsozialistische Hörer.

Ludwig Kittel (manchmal auch „Kittl“) war im revolutionär-sozialistischen Widerstand tätig (Verbreitung der illegalen „Arbeiter-Zeitung“, konspirative Treffen etc.) und wurde deswegen für immer von allen Hochschulen und Universitäten verwiesen.[353] Er war am 12. Mai 1934 bei einer illegalen Zusammenkunft, die den Schmuggel der „Arbeiter-Zeitung“ organisieren sollte, verhaftet worden.[354] Kittel, der aus einer armen Arbeiterfamilie (Vater Kriegsinvalide) stammte, gab aber nicht auf: Er trat der Vaterländischen Front bei, wandte sich an die Prominenz des Ständestaates und konnte schließlich die Frau des Bundespräsidenten Miklas als Fürsprecherin gewinnen. 1936 wurde sein Berufungsschreiben positiv erledigt und er durfte mit dem WS 1936/37 das Studium wieder aufnehmen.[355]

Ein weiterer Fall aus dem an der BOKU raren sozialistischen Umfeld betraf den Arbeiter Rudolf Brand: Brand war ausgebildeter Tischler, hatte sechs Jahre beim Bundesheer gedient und gehörte von 1921 bis 1934 der SDAPÖ an. 1928 war er dem Schutzbund beigetreten. Anfang März 1934 war Brand (seine Konfessionslosigkeit wird im Akt hervorgehoben) nach einer Denunziation verhaftet worden. Während ihm sein Vorgesetzter, Prof. Kaserer, das beste Zeugnis ausstellte („äußerst ruhiger, fleißiger und pflichteifriger Mensch“) und einige Fakten zu Brands Gunsten zurechtrückte (1932 aus Partei und Schutzbund ausgetreten, 1933 wieder in die Kirche eingetreten), sprach die Bundespolizeidirektion von einem „radikalen Sozialdemokraten“, der vermutlich an der „Schutzbundrevolte“ aktiv mitgewirkt hatte.[356] Nach seiner Freilassung am 12. Mai 1934 war Prof. Szilvinyi von einer Wiederaufnahme Brands nicht begeistert:

> „[Es] schiene mir, dass die Aufnahme eines Kandidaten, der im Februar für das Vaterland gekämpft hat, der Aufnahme eines Kandidaten der unter Aufruhrverdacht durch zehn Wochen gefanglich festgehalten wurde, vorzuziehen wäre.“[357]

[352] Die folgenden Aktenzahlen behandeln nicht immer einen einzigen Fall, einige der angegebenen Verfahren endeten auch mit Freisprüchen bzw. einer Revision des Urteils. Archiv der BOKU, 326/34 (6 Fälle), 191, 515, 574, 581, 634, 666, 681, 714, 777, 832, 872, 929, 946, 1031, 1032, 1055, 1135, 1169, 1184, 1258/34 (für 1934); 20, 114, 158, 159, 276, 350, 367, 368/35 (für 1935); 21/36 (für 1936); 278, 772, 797/37 (für 1937).

[353] Vgl. Archiv der BOKU, 326/34.

[354] ÖSTA, AVA, MCU, Fasz. 1214, 17.806/34.

[355] ÖSTA, AVA, MCU, Fasz. 1214, 23.365/35, 37.518/36 (Wiederzulassung).

[356] ÖSTA, AVA, MCU, Fasz. 1205, Sammelakt Rudolf Brand, Kaserers Stellungnahme 274/34 (BOKU) bzw. 9387/34 (Unterrichtsministerium). In den Vorlesungsverzeichnissen wird konsequent die Schreibung „Brandt“ verwendet.

[357] Archiv der BOKU, 274/2/34. Dass Heimwehrkämpfer, die im Februar 1934 das Dollfuß-Regime mit der Waffe verteidigt hatten, bevorzugt wurden, beweist die Aufnahme des Nachtwächters Anton Rauch (ÖSTA, AVA, MCU, Fasz. 1205, 22.683/34).

Brand wurde im Dezember 1934 nach Intervention des Bundespräsidenten trotzdem wieder in den Bundesdienst aufgenommen.

Sehr kompliziert stellt sich der Fall des Wilhelm Gallent dar: In „Verdrängte Geschichte?“ wird er dem linken Widerstand zugerechnet.[358] Gallent war 1933 auf jeden Fall Nationalsozialist und an allen wichtigen Aktivitäten der „Deutschen Studentenschaft“ und des NSDStB führend beteiligt. Verhaftet wurde er allerdings bei einem konspirativen Treffen mit Schutzbundführern, bei dem es darum ging, Dynamit für Anschläge zu besorgen. Am 20. September 1934 wurde er von einem Schnellgericht in Wiener Neustadt zu sechs Jahren Gefängnis verurteilt. Er wurde 1935 „für immer“ von der Hochschule verwiesen.[359] Der Spruch wurde ihm in der Strafanstalt Stein zur Kenntnis gebracht.[360] Dieser Spruch wurde bei der Schuschniggschen Generalamnestie im Februar 1938, die die Nationalsozialisten erzwungen hatten, aufgehoben. Gallent stellte das Ansuchen am 26. Februar 1938, es wurde aber erst am 8. April 1938 behandelt. Auch der zuständige Ministerialbeamte hielt Gallent offensichtlich für einen „Marxisten“.[361]

Besonders interessant ist der Fall des 1909 geborenen Gustav Anderle, der am 6. Oktober 1934 „für immer“ von der Hochschule relegiert wurde. Im Gegensatz zu den meisten anderen Relegierten schickte der ehemalige Vorsitzende der Deutschen Studentenschaft einen ausführlichen Rechtfertigung- und Verteidigungsbrief direkt an den kommissarischen Verwalter Skrbensky. Dieser Brief erlaubt somit einen Einblick in das Agieren und Denken eines führenden nationalsozialistischen Studenten. Da derartige Zeugnisse für die BOKU sehr selten sind, und der Betroffene noch dazu zur Führung der größten Studentenpartei gehörte, sei es hier ausführlicher zitiert. Gustav Anderle stand nämlich schon bei der Gründung (Oktober 1930) an der Spitze des NSDStB der Hochschule für Bodenkultur. Als im Februar 1931 die Nazi-Studenten zehn von 15 Sitzen in der Deutschen Studentenschaft gewannen, wurde Anderle zum Vorsitzenden gewählt. Er deklarierte sich in seinem Schreiben nach wie vor ausdrücklich als Nationalsozialist, verwies aber auf die gute Zusammenarbeit mit den katholischen Studenten während seiner Funktionsperiode (1931/32), in der er „große Leistungen auf wirtschaftlichem und kulturellem Gebiet“ erreicht habe. 1932 habe er die Führung des NSDStB aufgegeben, um sein Studium zu beenden. Auch in den nächsten Jahren hatte er aber keinen „angemessenen Studienerfolg“ zu verzeichnen. Das Mandat in der Deutschen Studentenschaft behielt er jedoch bis zu deren Auflösung. Im November 1933 sei er nach Böllerexplosionen in Gersthof „infolge unglückseliger Zufälligkeiten zu mehreren Wochen Arrest verurteilt“ (es waren dreieinhalb Monate in Kaiserstein-

358 Verdrängte Geschichte (wie Anm. 2), S. 19 ff.

359 Vgl. Protokoll der Disziplinarkommission der Hochschule für Bodenkultur in: ÖSTA, AVA, MCU, Fasz. 1214, 15.435/35.

360 Archiv der BOKU, 20/36.

361 ÖSTA, AVA, MCU, Fasz. 1214, 7319/38. Der Akt trägt den handschriftlichen Vermerk: „Da weisungsgemäss solche Bescheinigungen über individuelles Ersuchen noch weiterhin auszustellen sind, kann der Akt laufen, obwohl es sich um einen Marxisten handelt.“

bruch) worden: Die Relegation erfolgte, nachdem sich herausgestellt hatte, dass Anderle einen Aufruf an seine SA-Kameraden auf der Schreibmaschine des Fachvereins deutscher Kulturtechniker verfasst hatte. In dem Schreiben an Skrbensky beruft er sich auf das Recht der Jugend, Veränderungen anzustreben, distanziert sich aber (persönlich) von Gewalttaten, die er im WS 1933/34 trotz schlechter Stimmung der Studentenschaft zu verhindern gewusst habe. Die momentane Repressionspolitik der Regierung Dollfuß würde keinen Erfolg haben: „Nein, Herr Bundeskommissär, der Schluss war falsch, wir lassen uns nicht ändern, was auch immer noch alles geschehen mag."[362] Diesen „heroischen" Gestus hatte Anderle nicht immer an den Tag gelegt. Ende 1933 versuchte er, einem sofortigen Strafantritt für die Böllerexplosionen mittels eines psychiatrischen Gutachtens aus dem Weg zu gehen.[363] Anderle, der 1934 in Kaisersteinbruch festgehalten wurde, war indirekt für die Relegierung einer Studentin verantwortlich. Eine achtzehnjährige Studienanfängerin schrieb ihm einen derart flammenden nationalsozialistischen Durchhaltebrief ins Gefängnis, dass sie von allen Hochschulen Österreichs relegiert wurde.[364]

1934/35 hatten der Disziplinaranwalt Professor Zeßner-Spitzenberg[365] und die Disziplinarkommission noch einige Arbeit mit nationalsozialistisch orientierten Studenten. Dass sich der Disziplinaranwalt in etlichen Fällen gegen die Wiederzulassung der Studenten aussprach, förderte den Hass der NS-Studenten gegen diesen Professor noch einmal. Die Urteile fielen aber sehr unterschiedlich aus. So verhandelte die Disziplinarkommission in ihrer Sitzung vom 16. Oktober 1934 gegen sieben Studenten. Dabei wurde Anderle mit Stimmenmehrheit für immer relegiert, und zwar auch deshalb, weil er sein Studium „vollständig vernachlässigt hatte. Gallent wurde zunächst (noch ohne Kenntnis der Gerichtsakten) zu zwei Jahren Ausschluss verurteilt. Zwei Studenten, die einige Wochen Gefängnis abzusitzen hatten, kamen mit einer Rüge davon, einer wurde freigesprochen, ein Fall wurde vertagt und ein Student (Helmut Riedl) war „unbekannten Aufenthalts".

Die meisten Disziplinarfälle aus 1935 betrafen Vorkommnisse, die ihren Ursprung nicht an der BOKU hatten. Der Student Adalbert Piller hatte sich am 1. März 1935 an einem nationalsozialistischen Demonstrationsbummel beteiligt und wurde für zwei Semester relegiert. Obwohl er als radikaler Nationalsozialist bekannt war, unterstützte das Kollegium sein Gnadenansuchen.[366]

Ab Juli 1936 (Hitler-Schuschnigg-Abkommen) dürfte sich die politische Betätigung wieder im (nun weiter gefassten) Rahmen abgespielt haben, jedenfalls finden

[362] Brief von Gustav Anderle, Archiv der BOKU, 574/34.

[363] Archiv der BOKU, 1169/33 (2. 12. 1933). Ein Strafverfahren gegen Anderle wird Anfang 1935 eingestellt (Archiv der BOKU, 581/34).

[364] ÖSTA, AVA, MCU, Fasz. 1214, 8801/35.

[365] An der Hochschule für Welthandel war Zeßner-Spitzenberg auch 1936 immer noch mit studentischer Opposition konfrontiert. Nachdem seine Vorlesung mehrmals gestört worden war, erschien er am 27. März 1936 mit zwei Kriminalbeamten zur Lehrveranstaltung. ÖSTA, AVA, MCU, Fasz. 1193, 10.669/36.

[366] ÖSTA, AVA, MCU, Fasz. 1214, 17.054/35.

sich fast keine Hinweise auf illegale Aktivitäten der Studenten und die Relegierungen gingen fast schlagartig zurück. Anträge von ausländischen Studenten um Räumlichkeiten oder Möglichkeiten zur Affichierung von Plakaten wurden abgelehnt,[367] denn damit wäre wohl der nationalsozialistischen Propaganda durch deutsche Studenten Tür und Tor geöffnet worden. Auch die Gültigkeit des Abzeichenverbots auf akademischem Boden für „Inländer ebenso wie für Reichsdeutsche" wurde – auch nach dem Juliabkommen – noch einmal bestätigt.[368]

Es gibt keine Hinweise darauf, dass die nationalsozialistische Praxis in Deutschland die österreichischen Studenten beunruhigt hätte: Etwa die rigorosen Studienzugangsbeschränkungen („Gesetz gegen die Überfüllung deutscher Schulen und Hochschulen" vom 25. April 1933), die 1934 dazu führte, dass nur mehr die Hälfte der 30.000 Abiturienten ein Studium beginnen durfte. 1938 hatte die Zahl der Studenten in Deutschland den Tiefststand von 57.500 erreicht – 1931/32 waren es noch 128.000 gewesen.[369] Auch die Aufhebung der studentischen Selbstverwaltung mittels Dekret vom 12. April 1933 scheint hierzulande weitgehend unbeachtet geblieben zu sein. Der deutsche „Studienalltag zwischen Aktionismus und Niveauverfall" führte jedenfalls knapp vor Kriegsbeginn zu einem regelrechten Akademikermangel.[370]

Die neu geschaffene „Hochschülerschaft Österreichs" konnte organisatorisch nicht in die Fußstapfen der Deutschen Studentenschaft treten. Ihre Politik war natürlich eng an die Vorgaben des Schuschnigg-Regimes gebunden. Immer wieder versuchte sie, Signale an die Mehrheit der Studenten, die nun einmal nationalsozialistisch gesinnt waren, zu senden. Doch der Widerspruch zwischen dem vorgegebenen Anspruch, eine Vertretung für alle Studierenden zu sein, und der Ablehnung, die ihnen von der Mehrheit entgegenschlug, konnte nicht aufgelöst werden.[371]

So versuchte sich die Hochschülerschaft als Serviceorganisation zu positionieren: Das Vorlesungsverzeichnis für 1935 wurde erstmals von der Verlagsstelle der Hochschülerschaft Österreichs herausgegeben. Der Bericht des Sachwalters der Studentenschaft der BOKU beginnt mit dem Satz: „Nach dem vergangenen, etwas unruhigen Studienjahr kehrte heuer wieder Ruhe und Ordnung in unsere Hochschule ein."[372] Der Tätigkeitsbericht enthält einen Vortrag von Minister a. D. Mataja über die weltpolitische Entwicklung seit 1918. Weiters existierten drei Fachschaften, die auf den Beständen der verbotenen Vorgängerorganisationen aufbauten, aber offensichtlich nicht in der Lage waren, größere Veranstaltungen oder Aktivitäten zu organisieren.

Daneben gehörten auch noch der Unterstützungsverein, das Amt für Leibesübungen und das Wehrreferat in den Bereich der Hochschülerschaft. Das

[367] Vgl. Archiv der BOKU, 707/36 und 825/36.

[368] Archiv der BOKU, 791/36.

[369] Zahlen nach JARAUSCH (wie Anm. 104), S. 177.

[370] Ebd., S. 188 bzw. 184.

[371] Zur studentischen Repräsentation im Ständestaat vgl. STIMMER (wie Anm. 24), Bd. 1, S. 577 ff.

[372] Vorlesungsverzeichnis und Studienordnung der Hochschule für Bodenkultur, Wien 1935, S. 33.

„Amt für Leibesübungen“ regte im Jänner 1935 eine Verschärfung der Wehrerziehung in den ersten Semestern an, was durchaus als Konzession, wenn nicht als Signal an die NS-Studenten verstanden werden kann.[373] Im Mai 1937 löste Hugo Pultar Wilhelm Niederle als Sachwalter an der Hochschule für Bodenkultur ab.[374]

Die „Hochschülerschaft Österreichs“ unter der Leitung des späteren Unterrichtsministers Dr. Heinz Drimmel versuchte vergeblich an den studentischen Schulterschluss von 1918/19 zu erinnern. In seinem letzten Leitartikel für das „Jahrbuch der Hochschülerschaft Österreichs“ berief sich Drimmel (neben einer Abbildung des Siegfriedkopfes aus der Aula der Wiener Universität) auf die „großen Taten der akademischen Jugend der Jahre 1914–1918“,[375] um dann auf den „Schiffbruch, den eine Form studentischer Selbst-verwaltung“[376] 1933 erlitten hatte, einzugehen. Drimmel argumentiert dabei gegenüber den NS-Studenten mit dem gemeinsamen Fronterlebnis im Ersten Weltkrieg. Doch in dieser Frage stand er ideologisch auf verlorenem Posten.[377] Denn, wie es die Zeitung des NSDStB „Die Bewegung“ wohl sehr realistisch beurteilte: „Die studentische Jugend Österreichs ist heute in ihrem deutschblütigen Teil von marxistischen Gedankengängen nahezu frei.“ Weiters sei sie zum gemeinsamen Kampf gegen „Marxismus, Liberalismus und römische[m] Katholizismus“ bereit.[378] Folgerichtig wurde auch Dr. Hubert Freisleben, NSDStB-Landesführer für Österreich, noch wenige Tage vor dem „Anschluss“ in den Beirat der Sachwalterschaft berufen.[379]

2.2. Das Professorenkollegium im Ständestaat

Am 17. Juni 1934 forderte Schuschnigg Skrbensky auf, auch das Professorenkollegium im Kampf gegen die Anschläge in die Pflicht zu nehmen. Vier Tage später ging ein Rundschreiben an alle Lehrkanzelvorstände und Honorardozenten, das die Lehrveranstaltungsleiter zu energischem Einschreiten gegen „vom Ausland beauftragte subversive Tätigkeiten“ verpflichtete. Sollte diese Pflicht vernachlässigt

[373] Archiv der BOKU, 79/35.

[374] Archiv der BOKU, 193/37. Das Kollegium war mit dieser Bestellung zunächst nicht einverstanden, weil Pultar „nicht einmal die Erste Staatsprüfung“ abgelegt hatte.

[375] Heinz Drimmel, Das Werden einer neuen Form studentischer Gemeinschaft an den österreichischen Hochschulen, in: Jahrbuch der Hochschülerschaft Österreichs 1937/38 (Ausgabe Hochschule für Bodenkultur), Wien 1937, S. 8.

[376] Ebd., S. 10.

[377] Nicht nur über „Krieg“, auch über die ständige Verwendung der Begriffe „Arbeit“, „Blut“, „Rasse“ und „Volk“ wurde an die nationalsozialistischen Studenten appelliert. Vgl. dazu ausführlich: Andrea Maria Hofbauer, Die verführte Universität? Die „Jahrbücher der Hochschülerschaft Österreichs“ 1934–1938, Diplomarbeit Wien 1996, S. 81 ff.

[378] Die Bewegung 8 (1938), Nr. 2, S. 1.

[379] Ebd., Nr. 13, S. 2.

werden, so sei mit „allen zu Gebote stehenden dienstrechtlichen Mitteln“ vorzugehen.[380]

In der (zu diesem Zeitpunkt nicht mehr freien) Presse wurde nun heftig Stimmung gemacht. „Der Morgen“ beispielsweise thematisierte in einem Leitartikel von Rudolf Kalmar die Mitschuld der Professorenschaft an der gespannten Lage an den Hochschulen: Die Deutsche Studentenschaft „wurde von den akademischen Behörden gefördert und gehätschelt, verlangte Privilegien für sich, bekam sie auch, inszenierte alle paar Monate blutige Prügeleien“ – und sei für ihr Handeln von niemandem zur Rechenschaft gezogen worden.[381] Eigentlich ein heftiger Vorwurf gegen die bisherigen christlichsozialen (Unterrichts-)Minister, die dem Treiben nicht nur nicht Einhalt geboten hatten, sondern es von Mataja bis Czermak auch noch angeheizt und gefördert hatten! Trotzdem griff die Zensur nicht ein und ließ den Artikel unbeanstandet. Kalmars Artikel richtete sich in erster Linie nicht gegen die Politik, sondern gegen die Professorenschaft, die „fehlenden Applaus [für die Anschläge, P.E.] für Loyalität genug“[382] mit dem österreichischen Staat hielt.

Das durch den Bundeskommissär geknebelte Professorenkollegium wandte sich postwendend am 22. Juni 1934 in einem Aufruf an die Studenten. Darin traten die Professoren zwar entschieden gegen die Anschläge auf, die Motive dafür scheinen aber eher taktischer Natur zu sein, denn die Urheber der Anschläge werden auch dieses Mal nicht beim Namen genannt:

> „Das Professorenkollegium verurteilt auf's schärfste jene gewalttätigen Anschläge, welche seit einigen Monaten, sei es von studentischer, sei es von nichtstudentischer Seite an der Hochschule für Bodenkultur verübt wurden. Es missbilligt nachdrücklichst diese verbrecherischen Anschläge, welche sich in sinnloser Weise gegen diese hohe Bildungs- und Forschungsstätte richten, umsomehr, als sie deren Autonomie dauernd zu gefährden drohen. Wir akademischen Lehrer rufen die gesamte Studentenschaft zur energischen Abwehr auf.“[383]

Diese Pflichtübung war offensichtlich zu wenig. Während der Sommerferien 1934 schuf sich das Schuschnigg-Regime eine rechtliche Handhabe gegen politisch unzuverlässige Universitätsprofessoren. Anfang August wurde in einem Bundesgesetzblatt die Überprüfung aller Lehrkräfte der BOKU angeordnet und die Einschränkung der Hochschulautonomie genau geregelt. Das Ungewöhnliche dieser Maßnahme: Sie richtete sich ausschließlich gegen die Hochschule für Bodenkultur und die Leobener Montanistik.[384] An der BOKU wurden nämlich alle Vortragen-

[380] Archiv der BOKU, 698/34.

[381] Dr. RUDOLF KALMAR, Sprengstoff gegen die Wissenschaft. in: Der Morgen 18. 6. 1934 (Leitartikel), S. 1.

[382] Ebd.

[383] Archiv der BOKU, 707/34 (22. 6. 1934).

[384] Bundesgesetzblatt 208 (7. 8. 1934), in Bundesgesetzblatt 334 (24. 10. 1934) wurde der Umgang mit politisch verdächtigen Lehrkräften an allen österreichischen Hochschulen geregelt. Vgl. dazu ausführlich HÖFLECHNER (wie Anm. 232), S. 503 f.

den auf ihre politische Zuverlässigkeit überprüft. Fiel die Prüfung negativ aus, blieb also die Bestätigung durch das Ministerium aus, wurden die ordentlichen oder außerordentlichen Professoren ohne besondere Verfahren in den Ruhestand versetzt.[385] Im Vergleich zu allen anderen österreichischen Hochschulen wurden an der BOKU die Überprüfungen strenger durchgeführt und betrafen alle Lehrbeauftragten: Ein knappes Drittel der Professoren, ein Fünftel der Privatdozenten und ein Drittel der Honorardozenten mit nationaler bzw. nationalsozialistischer Gesinnung verloren ihre Stellung.[386]

Die Überprüfung nach den neuen Richtlinien brachte zunächst nur für elf von 23 Professoren die sofortige Bestätigung im Lehramt (Sedlmayer, Tschermak-Seysenegg, Leiningen-Westerburg, Zederbauer, Hauska, Köck, Zeßner-Spitzenberg, Fischer,[387] Neubauer, Till und Schreiber), sechs weitere (Tischendorf, Staffe, Grögor, Stritar, Kaserer, Olbrich) wurden erst am vorletzten Tag der Untersuchungen (24. September 1934) im Amt bestätigt – wobei allerdings einer (Tischendorf) schon vorher enthoben worden war. Tischendorfs Enthebung war unmittelbare Folge von nationalsozialistischen Manifestationen seitens der Studentenschaft bei einer von ihm geleiteten Exkursion, die von Skrbensky untersucht wurden. Diese Forststudenten des IV. Jahrganges waren in ihrer überwiegenden Mehrzahl „recht extrem eingestellt",[388] nur drei von 20 seien vaterländisch gesinnt und die hätten sich ruhig verhalten, weil auch sie bei Tischendorf die Staatsprüfung ablegen müssten. Der Rest hätte nationalsozialistische Lieder gesungen und Hakenkreuze in die Bäume geschnitzt. Als Belastungszeuge trat ein Prominenter an: „Der Hörer Prinz Liechtenstein [meinte], dass Tischendorf den Gesamteindruck erweckt habe, als stünde er den nationalsozialistischen Hörern nahe."[389] Skrbenskys abschließender Bericht in der Causa Tischendorf weist auf ein grundlegendes Dilemma hin:

> „Was ein feinfühlender Österreicher als heute selbstverständlich ablehnt, kann man nicht ahnden, solange sich vaterlandsfeindliche Elemente hinter gesamtdeutsches Denken und hinter gesamtdeutsche Lieder verschanzend sich solche Verspottungen des Oesterreichertums ungestraft erlauben können."[390]

Als Entlastungszeugen konnte Tischendorf nur seinen Assistenten Hudeck aufbieten. Hudeck äußerte zu seiner Rechtfertigung unter anderem, dass er aus den von Studenten in die Baumstämme geritzten Hakenkreuze Krukenkreuze gemacht

[385] Vgl. dazu WITZMANN (wie Anm. 95), S. 149.

[386] Vgl. zu den Zahlen: Verdrängte Geschichte (wie Anm. 2), S. 15 ff.

[387] In Fischer hat sich das Ministerium offenkundig geirrt, denn bei seiner Pensionierung im Jahr 1939 schreibt Sekera: „Fischer gehörte der illegalen Kampfstelle der Hochschule für Bodenkultur an. Seine persönliche Haltung fand insbesondere während der Verbotszeit der NSDAP in Österreich immer wieder Mittel und Wege, um den Studenten über ihre Hochschulzeit hinaus Lehrer und stets einsatzbereiter Kamerad zu sein." (ÖSTA, AVA, MCU, Fasz. 1207, 349.566/39).

[388] ÖSTA, AVA, MCU, Fasz. 1214, 22.794/34 („Tischendorf-Untersuchung").

[389] Ebd.

[390] Ebd.

Abb. 8: Wilhelm Tischendorf hörte bei Naziliedern weg.

habe und gegen jene Lieder eingeschritten sei, von denen Prof. Tischendorf nichts gehört haben wollte. In seinem Bericht über die Vorfälle merkte Prof. Zeßner-Spitzenberg mit erkennbarer Resignation (und in Anlehnung an den Skrbensky-Bericht) an:

„Die sonst bei Ausgängen [...] gesungenen Lieder seien sämmtlich Marsch-, Landsknecht-, Studenten- und Kriegslieder gewesen, wie allgemein üblich. Dass bei diesen nationalen Liedern die Hakenkreuzler immer ihren Teil denken, ist klar. Aber solange deutsch nicht als Gegensatz zu heimattreu österreichisch gilt, ist es wirklich kaum möglich, eine Grenze in diesem Liedkreis zu ziehen."[391]

In diesem Sinn sprach er von „kleineren Entgleisungen", wenn etwa aus der Textzeile „wenn Blut vom Messer spritzt" plötzlich „wenn Judenblut vom Messer spritzt" geworden war.[392]

Sechs Professoren wurden im Zuge der Untersuchung 1934 enthoben. Es waren dies in alphabetischer Reihenfolge[393]:

* Dr. Oskar **Haempel**, Prof. für Hydrobiologie und Fischereiwirtschaftslehre

* Dr. Emil **Hellebrand**, Prof. für Darstellende Geometrie

* Dr. Leopold **Kölbl** (siehe unten)

* Dr. Otto **Porsch**, Prof. für Botanik: Porsch, der umstrittene Rektor des Sommersemesters 1933 wurde bereits am 28. September 1933 gegen Wartegeld beurlaubt[394] und mit Beginn des Sommersemesters 1934 außer Dienst gestellt. Ausgerechnet der wenig später selbst enthobene Rektor Vogel musste ihm dies mitteilen:

„[...] habe ich die Verpflichtung, Sie formell von der Leitung dieser Lehrkanzel und der mit ihr verbundenen Lehr- und Forschungseinrichtungen zu entbinden. Ich möchte aber nicht unterlassen, im Namen der Hochschule und des Kollegiums, welches sich dessen bewußt war, in Ihnen einem in seinem Fache anerkannten, hochstehenden Forscher und in der Studentenschaft beliebten Lehrer zu besitzen, den wärmsten Dank für Ihre wissenschaftliche Tätigkeit an der Hochschule mit dem Wunsche einer erfolgreichen Zukunft auszusprechen und in der Hoffnung,

391 Vgl. ÖSTA, AVA, MCU, Fasz. 1208, 20.502/34 (25. 6. 1934).

392 Ebd.

393 Die folgenden Daten stammen, wenn nicht anders angegeben, aus: ÖSTA, AVA, ebd., 24.356/38 und Archiv der BOKU, 523/1/38 (18 Anträge von nationalsozialistischen Professoren und Dozenten auf „Wiedergutmachung" für im Austrofaschismus erlittene Nachteile).

394 ÖSTA, AVA, MCU, Fasz. 1211, 6867/33, 9166/33, 9780/33.

dass vielleicht späterhin Ihre schätzenswerte Kraft der Hochschule wieder dienstbar gemacht werden kann."[395]

* Dr. med. Robert **Stigler**, Prof. für Anatomie und Physiologie der Haustiere: Robert Stigler bewarb sich noch 1934 um eine Privatdozentur für Physiologie an der Medizinischen Fakultät der Universität Wien. In seinem Bewerbungssschreiben erörterte er ausführlich seine eigene Haltung zum Nationalsozialismus. Er interessiere sich für die Bewegung und habe ein differenziertes Urteil, so sei er nicht für den unbedingten Anschluss Österreichs. Die Anschläge der Nazis seien „teilweise kindisch und lächerlich, teilweise verbrecherisch" und Manifestationen „einer von Haus aus vorhandenen paranoiden Veranlagung". Andererseits betonte Stigler seine Sympathie für die Begeisterung der akademischen Jugend, für die Rassenhygiene und für die Überbrückung der Klassengegensätze. Bei diesen offenen pro-nazistischen Äußerungen konnte nicht einmal die Hilfe des Görzer Theologen Dr. Dino Anton Spiteri helfen, der in einer Reihe von sehr eigentümlichen Gutachten ausgerechnet Stigler heftig verteidigte und ihn sogar als „Kleinod der österreichischen Katholiken" bezeichnete.[396]

* Dr. Emanuel Hugo **Vogel**, Prof. für Volkswirtschaftslehre

Im Vorlesungsverzeichnis für das Studienjahr 1935/36 finden sich alle diese Namen in der Rubrik „Professoren des Ruhestandes".[397] Vergleicht man dies mit anderen Hochschulen, dann lässt sich jedenfalls feststellen, dass die Säuberungen an der BOKU durchaus überdurchschnittlich streng durchgeführt wurden.[398] Dies hatte ohne Zweifel mit der Funktion der BOKU als „Hauptwiderstandsnest"[399] gegen den Ständestaat zu tun, konnte aber die neuerliche Ausbildung von nationalsozialistischen Zellen unter Dozenten und Professoren nicht verhindern.

2.2.1 Enthebung als Sprungbrett für eine Karriere: Leopold Kölbl

* Dr. Leopold **Kölbl**, Prof. für Geognosie, stellt einen Sonderfall dar: Kölbl, Jahrgang 1895, wurde bereits 1928 bei der Besetzung des Lehrstuhls für Geognosie erstgereiht. Er wäre „trotz seines verhältnismäßig jungen Alters ein hervorragend geeigneter Anwärter" und „als Lehrer nicht minder zu empfehlen, denn als Forscher".[400] Allerdings traf er von vornherein an der BOKU nicht nur auf Freunde.

[395] Archiv der BOKU, 329/IV/34 (liegt bei 936/33).

[396] ÖSTA, AVA, MCU, Fasz. 1208, 32.200/34, vgl. auch 23.840/34.

[397] Vorlesungsverzeichnis und Studienordnung der Hochschule für Bodenkultur, Wien 1935, S. 6.

[398] Für Innsbruck nennt GEHLER (wie Anm. 10), S. 323 einige wenige Namen. WEINGAND (wie Anm. 7) konnte an der TH Graz, einer besonders nationalsozialistisch geprägten Hochschule, keine einzige Enthebung feststellen. (S. 19).

[399] Bei WITZMANN (wie Anm. 95), S. 149, als höchstes Lob zu verstehen.

[400] ÖSTA, AVA, MCU, Fasz. 1208, 17.710/28.

Seine Reihung kam nur mit dem knappen Votum von 12:8 zustande. Gegen Kölbl traten 1928 z. B. die Professoren Zederbauer, Tschermak-Seysenegg, aber auch der ihm ideologisch näher stehende Porsch auf.[401] Kölbl, als Kopf der nationalsozialistischen Bewegung an der BOKU bekannt, wurde bereits im November 1933 enthoben, behielt allerdings provisorisch die Leitung der Lehrkanzel. Am 27. Februar 1934 fand an der Hochschule in Kölbls Zimmer eine Hausdurchsuchung statt. Kölbls Kommentare zu den dabei erhobenen Verdachtsmomenten und Vorwürfen entstammen einem Brief (eingelangt am 7. März 1934) an das Bundesministerium für Unterricht. Ein weiterer Brief an Dr. Johann Presser, den Chef der Österreichischen Staatspolizei folgte Ende März 1934. Kölbl nahm darin gegen die Vorwürfe Stellung und verlangte für sich ein „ordentliches und öffentliches" Gerichtsverfahren. Er äußerte in dem Brief auch den Verdacht der Denunziation gegen Prof. Till. Die wichtigsten Punkte:

1. „Hochschulfremde Elemente" würden bei ihm verkehren. Kölbl erklärte dies mit seiner Dozententätigkeit an der Universität Wien.

2. Seine Studenten wären in der Mehrzahl ehemalige Nationalsozialisten. Kölbls Kommentar: Er hätte eben ein „weites Herz für alle".

3. Es würden bei diesen Treffen Karten gezeichnet.

4. Kölbl reise häufig nach Deutschland. Dies wurde vom Professor nicht bestritten.

5. Übungen mit Waffen an der Lehrkanzel würden stattfinden. Kölbls Kommentar: „niederträchtige Verleumdung".

6. Kölbl wäre in der Wohnung eines Studenten angetroffen worden, der als Nationalsozialist verhaftet wurde.

7. Kölbl wäre früher Nationalsozialist gewesen. Dazu betonte der Professor, dass er sich nach dem Verbot der NSDAP in Österreich nicht mehr politisch betätigt habe, er machte aber aus seiner „gesamtdeutschen Einstellung" kein Hehl.[402]

Da alle Indizien auf ihn als Leiter einer nationalsozialistischen Zelle hinwiesen, war der seit 1932 der NSDAP und der SA angehörende[403] Kölbl nicht mehr zu halten. Am 20. April 1934 verabschiedete er sich von der Studentenschaft (die Fachvereine für die einzelnen Studienrichtungen waren noch zugelassen, hier dominierten – wie oben angeführt – die illegalen Nationalsozialisten). Er wolle

„jedem einzelnen für das mir immer entgegengebrachte Vertrauen [...] von Herzen danken. Der Geist einer echten deutschen Hochschulgemeinde hat unsere

[401] ÖSTA, AVA, MCU, Fasz. 1208, ebd.

[402] ÖSTA, AVA, MCU, Fasz. 1208, 6870/34.

[403] Helmut Böhm, Von der Selbstverwaltung zum Führerprinzip. Die Universität München in den ersten Jahren des Dritten Reiches (1933–1936); Berlin 1995 (Ludovico Maximilianea, Forschungen 15), S. 610.

Arbeit immer durchdrungen und geleitet und gerade als akademischer Lehrer weiß ich, was ich in diesem Sinne der Studentenschaft zu danken habe. Möge dieser Geist an unserer Hochschule auch weiterhin erhalten bleiben!"[404]

Dieser Abgang, dessen „Wortlaut bei den vaterlandstreuen Kreisen der Hochschule großes Ärgernis erregte",[405] erfolgte übrigens unmittelbar vor dem Verlust der Hochschulautonomie.

Kölbl wurde im September 1934 in den zeitlichen Ruhestand versetzt, war zu diesem Zeitpunkt aber schon längst dem Ruf an das Institut für Geologie der Universität München gefolgt. Dieser Ruf war von Kultusminister Schemm ohne weitere Aussprachen mit Fakultät und Rektor erfolgt und galt – obwohl erst am 25. Mai 1934 ausgesprochen – bereits für das Sommersemester 1934. Am 25. Juli 1934 erhielt Kölbl eine ordentliche Professur.[406] Hier avancierte er mit dem Bonus des verfolgten ostmarkdeutschen Wisssenschafters sehr schnell zum Dekan (Juli 1935) der philosophischen Fakultät und schon im Dezember 1935 zum Rektor der Universität München.

Prof. Kölbl wurde somit zum „ersten nationalsozialistischen Rektor" dieser Universität. Persönlich galt er als „freundlich und liebenswürdig" und in seiner Amtsführung als „relativ moderat und ‚liberal'".[407] Angesichts der politischen Umstände muss folgende Formulierung aus dem Nachruf aber stark bezweifelt werden: „Seine Kunst der Menschenführung, seine Hilfsbereitschaft und Güte wurden in dieser schwierigen Zeit nur durch seinen bedingungslosen Einsatz für die Freiheit der Lehre und Forschung übertroffen."[408]

Besonderen Anklang fand Kölbl bei den Studenten. Die Zeitschrift des NSDStB „Die Bewegung" schwärmte geradezu vom neuen Rektor: Er wird mit den Attributen „jung", „spannkräftig und beweglich" und „hilfsbereit" versehen, der sich wie „ein Kamerad der jungen Mannschaft" und „ohne das absolutistische Gehabe mancher Dozenten" benehme: „In Kölbl haben wir einen Mann gefunden, der uneigennützig und selbstlos das schwere Amt voll und ganz erfüllt, Rektor zu sein an der Universität der Hauptstadt der Bewegung."[409]

Wenig später wurde der Geologe auch noch Präsident der Deutschen Akademie, und zwar auf Vorschlag seines Vorgängers Karl Haushofer.[410] Zum jähen Ende seiner wissenschaftlichen Karriere siehe unten (S. 201).

[404] ÖSTA, AVA, MCU, Fasz. 1208, 16.682/34 (20. 4. 1934).

[405] Archiv der BOKU, 595/34.

[406] Böhm (wie Anm. 403), S. 465.

[407] Ebd., S. 540.

[408] Hans Wieseneder, Leopold Kölbl (Nachruf), in: Mitteilungen der Geologischen Gesellschaft in Wien 63 (1970), S. 218. Hans Wieseneder war Kölbls Assistent, seit der Gründung im NS-Lehrerbund der BOKU tätig, illegales Parteimitglied und Sturmführer der SA. Er wurde am 30. 9. 1934 entlassen. Aus: ÖSTA, AVA, Fasz. 1208, 2138b/40 (unterschriebener Lebenslauf Wieseneders aus 1938).

[409] Die Bewegung. Zentralorgan des Nationalsozialistischen Deutschen Studentenbundes 4 (1936), Nr. 28, S. 2. Hier wird auch Kölbls österreichische Vergangenheit im NS-Sinn glorifiziert und mit Mythen versehen.

[410] Archiv der BOKU, 354/38 (12. 4. 1938), Wieseneder (wie Anm. 408), S. 218.

Abb. 9: Leopold Kölbl – schnelle Karriere, jäher Fall.

2.2.2. *Das Ende des Rektorats Zederbauer*

Im März 1937 verfassten die Professoren der forstlichen Abteilung wieder eine Denkschrift, die die „Notlage der forstlichen Lehrkanzeln“ zum Thema machte. An der Abfassung waren die Professoren bzw. Dozenten Leiningen-Westerburg, Neubauer, Hauska, Tischendorf, Schreiber und Flatscher beteiligt.[411]

Derartige Äußerungen waren aber Ausnahmen, denn die politische Situation blieb instabil und behinderte die fachliche Arbeit. Die feierliche Ernennung von Dr. Steden zum o. Prof. und von Dr. Westphalen zum ao. Prof., beide galten als Männer des Schuschnigg-Regimes, im WS 1937/38 wurden vom Auditorium durch demonstrative Unaufmerksamkeit gestört.[412] Am 17. Februar 1938 erließ das Unterrichtsministerium eine Amnestierung für politische Disziplinarvergehen.[413] In den darauf folgenden Tagen sah sich das Ministerium immer wieder gezwungen, das Verbot des Tragens von politischen Abzeichen auf Hochschulboden zu erneuern.[414] Vier Tage später ließ Rektor Zederbauer eine Kundmachung verlautbaren, in welcher der „Legitimationszwang zur Abhaltung hochschulfremder Elemente“[415] wieder eingeführt wurde.

Am 25. Februar 1938 formulierte das Professorenkollegium in einer ad hoc einberufenen Sitzung eine Solidaritätsadresse an Bundeskanzler Schuschnigg. Sie wurde einstimmig beschlossen – also auch von jenen Professoren, die sich zwei Wochen später als Sympathisanten des Anschlusses entpuppten. Sie lautet:

> „Das Professorenkollegium der Hochschule für Bodenkultur hat in seiner heutigen Sitzung das unerschütterliche Vertrauen in die Führung der Geschicke Österreichs durch Eure Exzellenz zum Ausdruck gebracht und bittet Dank und Glückwunsch für Ihre erhebende Rede vom 24. d. M. entgegennehmen zu wollen.“[416]

Fast verzweifelt wies Rektor Zederbauer die Universitätsangehörigen noch am 10. März 1938 darauf hin, dass „das Tragen von Hakenkreuzarmbinden sowie das Anbringen von Hakenkreuzfahnen auf Grund der schon zitierten Vorschrift auch fernerhin verboten“[417] sei. Die nationalsozialistische Machtergreifung im Bereich der BOKU war durch diese Maßnahmen nicht mehr aufzuhalten.

[411] Archiv der BOKU, 278/37.

[412] ANTON STEDEN, Bericht von Prorektor Steden über die Hochschule für Bodenkultur vom 1. Oktober 1937 bis 30. September 1945, in: Feierliche Inauguration des für das Studienjahr 1945/46 zum Rector magnificus gewählten ord. Professor der Geologie und Bodenkunde Dr. Alfred Till, Wien 1946, S. 3 f.

[413] Bundesministerium für Unterricht 5567-I/1 (17. 2. 1938), in: Archiv der BOKU, 187/38.

[414] Bundesministerium für Unterricht 6418-I/1 (23. 2. 1938) (Archiv der BOKU, 210/38) und 6706-I/1 (8. 3. 1938) (= Archiv der BOKU, 243/38).

[415] Archiv der BOKU, Sammelakt 398/38 (21. 2. 1938).

[416] Archiv der BOKU, 215/38.

[417] Archiv der BOKU, Sammelakt 248/38 („Kundmachungen des Rektors“).

2.3. NS-Herrschaft an der BOKU

Die Methoden der nationalsozialistischen Machtergreifung an den österreichischen Hochschulen waren sehr verschieden.[418] Meist boten sie einen Vorgeschmack auf die Politik der nächsten sieben Jahre. An der BOKU war der verhältnismäßig deutliche Machtverlust der Professorenschaft mit einem in diesem Ausmaß nirgendwo in Österreich feststellbaren Machtgewinn der Dozentenschaft verbunden. Auch die Studentenschaft konnte zunächst eine ziemlich starke Position einnehmen.

Der Prozess der Nazifizierung der Hochschulen lief nach dem gleichen Schema wie im Deutschen Reich des Jahres 1933 ab. Hans Maiers 1966 aus den deutschen Erfahrungen entwickeltes Modell für die Gleichschaltung der Universitäten ist mutatis mutandis auch auf die österreichische Entwicklung anwendbar:

1. Inneruniversitäre Revolution (zumeist durch die Studenten) gegen missliebige Professoren,
2. Kontrolle und Reglementierung des Hochschulwesens durch den Staat,
3. planmäßige Säuberung der missliebigen Vortragenden und Studenten, Auslösen einer Emigrationswelle und
4. die Durchsetzung der NS-Ideologie an der Hochschule.

In Deutschland waren diese ineinander verschlungenen Vorgänge, die mit der Machtübernahme Hitlers begonnen haben, im Wesentlichen im Mai 1934 abgeschlossen.[419]

An den österreichischen Hochschulen dauerte der Gleichschaltungsprozess nur wenige Wochen, die bürokratische Abwicklung der Säuberungsmaßnahmen zog sich in einzelnen Fällen bis in das Wintersemester 1938/39.[420] Brigitte Lichtenberger-Fenz spricht von drei Phasen:

1. Machtergreifung im März (Vereidigung der Gefolgschaft, Liquidierung der Hochschülerschaft, erste Säuberungen)
2. Konsolidierung im April und Mai (Wiedereröffnung der Hochschulen, sys tematische Säuberung unter den Lehrenden, Einschränkung des Anteils jüdischer Studenten)

[418] Vgl. dazu für die Hochschule für Welthandel: BERGER (wie Anm. 31), S. 22 ff., für die Technische Hochschule Wien: MIKOLETZKY (wie Anm. 31), S. 56, für die TH Graz: WEINGAND (wie Anm. 7), S. 22 ff. Allgemein zur NS-Machtübernahme in Wien: GERHARD BOTZ, Nationalsozialismus in Wien. Machtübernahme und Herrschaftssicherung 1938/39, 3. Aufl. Wien 1988, und für Österreich: GERHARD BOTZ, Die Eingliederung Österreichs in das Deutsche Reich. Planung und Verwirklichung des politisch-administrativen Anschlusses (1938–1940), 3. Aufl. Wien 1988.

[419] HANS MAIER, Nationalsozialistische Hochschulpolitik, in: Die deutsche Universität im Dritten Reich. Eine Vorlesungsreihe der Universität München, München 1966, S. 76 f.

[420] Auch BRIGITTE LICHTENBERGER-FENZ, Österreichs Hochschulen und Universitäten und das NS-Regime, in: EMMERICH TALOS – ERNST HANISCH – WOLFGANG NEUGEBAUER (Hg.), NS-Herrschaft in Österreich, Wien 1988, S. 272, betrachtet die „Gleichschaltung" mit den antijüdischen Maßnahmen von Ende Mai 1938 als vollzogen.

3. Aufbau der nationalsozialistischen Hochschule von Mai bis ins WS 1938/39 (Ausschluss aller Juden, Umstrukturierungen, Legalisierung der bisher durchgeführten Maßnahmen).[421]

Die nationalsozialistische Machtergreifung an der Hochschule barg neben tragischen und euphorischen Aspekten auch noch das Element einer Farce in sich: Ein Assistent für Pflanzenernährung und Bodenkunde konnte mit einer einfachen Bevollmächtigung einer NS-Teilorganisation eines Wiener Gemeindebezirkes und aus Eigeninitiative zum kommissarischen Verwalter aufsteigen. In dieser Funktion verfügte er zunächst über fast unbegrenzte, ja quasi diktatorische Vollmachten. Unter anderem gingen die sofortigen Enthebungen einzelner Professoren und die willkürlichen Lohnkürzungen für missliebige Personen auf den „kommissarischen Leiter" zurück. Erst nach einigen Monaten griffen Partei- und Staatsverwaltung ein und stellten die nationalsozialistische Gleichschaltung der Hochschule wieder auf die vorgesehene gesetzliche Basis.

Da auf den nächsten Seiten vorwiegend von hochschulinternen Angelegenheiten die Rede sein wird, sollen an dieser Stelle auch zwei Absolventen der Hochschule für Bodenkultur erwähnt werden: Bei der nationalsozialistischen Machtübernahme spielten sie als Täter und als Opfer eine Rolle:

Hermann Neubacher (1893–1960), wurde nicht zuletzt wegen seines guten Verhältnisses zu sozialdemokratischen Kreisen im März 1938 zum Bürgermeister Wiens ernannt, wo er vor der so genannten Volksabstimmung vom 10. April 1938 mit großem propagandistischen Aufwand und nicht ohne Erfolg um die Arbeiterschaft warb. Nach 1940 war Neubacher am Balkan tätig, wofür er 1951 zu 20 Jahren Kerker verurteilt wurde. Er wurde bereits 1952 entlassen, arbeitete einige Jahre in Äthiopien und bewarb sich 1958 erfolglos um die FPÖ-Parteiobmannschaft. Gewählt wurde Friedrich Peter.

Hans Sylvester (1897–1939) hatte das Landwirtschaftsstudium 1923 abgeschlossen, gehörte schon in jungen Jahren als christlichsozialer Abgeordneter dem burgenländischen Landtag und dem Nationalrat an und war von 1934–1938 Landeshauptmann des Burgenlands. Nach der NS-Machtübernahme war er unter den ersten Verhafteten und wurde im Jänner 1939 in Dachau umgebracht.

2.3.1. Der kommissarische Leiter Franz Sekera

„Dr. Franz Sekera war Mitglied der illegalen Betriebszelle der Hochschule für Bodenkultur in Wien und wurde mit dem Amte des kommissarischen Leiters gelegentlich seiner Teilnahme an einer fachwissenschaftlichen Tagung in Berlin im Jahre 1937 betraut; gleichzeitig wurde ihm zur Autorisation für diese Funktion die Mitgliedschaft der NSDAP verliehen. Er hatte die Aufgabe, mit seinem Stabe von

[421] Brigitte Lichtenberger-Fenz, Österreichs Universitäten unter dem nationalsozialistischen Regime, in: Grenzfeste deutscher Wissenschaft. Über Faschismus und Vergangenheitsbewältigung an der Universität Graz, Graz 1985, S. 7 f.

Abb. 10: Franz Sekera – ein Assistent als kommissarischer Leiter der Hochschule für Bodenkultur.

Mitarbeitern den nationalsozialistischen Umsturz vorzubereiten und im gegebenen Augenblick das Steuer in die Hand zu nehmen. Er verfügte oder veranlaßte eine Reihe von Enthebungen aus politischen Gründen."[422]

Sekera war eigentlich ein „Spätberufener", der der NSDAP erst am 1. November 1937 (Mitgliedsnummer 6.305.165) beigetreten war.[423] Die einst im NS-Lehrerbund organisierten illegalen Nationalsozialisten[424] unter den Assistenten und Dozenten formierten sich nach der Machtübernahme im Nationalsozialistischen Deutschen Dozentenbund (NSDDB). Die aktiven Mitglieder setzten sich fast ausschließlich aus Vertretern der Dozenten zusammen, die Professoren hatten sich bei der illegalen Betätigung (nicht zuletzt wegen der Erfahrungen des Jahres 1934) offensichtlich zurückgehalten. Sekera, der 1932 mit dem Plan des Abschlusses einer Habilitation von der Technischen Hochschule an die BOKU gewechselt war, trat nach der oben erwähnten Deutschlandreise die Nachfolge von Holecek-Holleschowitz als Leiter der nicht mehr besonders aktiven illegalen Zelle an der Hochschule für Bodenkultur an und arbeitete an der Reorganisation.[425]

An der Spitze des NSDDB der BOKU stand ab 10. Mai 1938 Dr. Franz Sekera. Der Dozent für Bauerngeschichte Oskar Hausmann war im NSDDB für Organisations- und Personalfragen, ao. Prof. (für Geodäsie) Franz Ackerl für Presse und Propaganda, der Dozent für Tierzucht Karl Holecek-Holleschowitz für die Nachwuchsförderung zuständig. Die Studienrichtungen wurden durch Doz. (Prof. ab 1939) Ludwig Löhr (Landwirtschaft), Doz. Franz Hartmann (Forstwirtschaft) und Doz. (Prof. ab 1943) Franz Donat (Kulturtechnik) vertreten.[426]

Am 12. März 1938, es war ein Samstag, traf Rektor Emmerich Zederbauer um acht Uhr in seinem Amt ein. Prorektor Kaserer bewog ihn dazu, nach Hause zu gehen. Zederbauer leistete dieser Aufforderung Folge, wurde jedoch, zu Hause angelangt, prompt verhaftet. An der Hochschule versammelten sich indes die Professoren, Dozenten, Assistenten, Beamten, Angestellten und Studenten um zehn Uhr zu einer Flaggenhissung. Daran schloss sich eine Kundgebung, bei der sich Dr. Franz Sekera der Belegschaft als kommissarischer Leiter der Hochschule für Bo-

422 STEDEN, Bericht (wie Anm. 412), S. 4.

423 ÖSTA, AdR, Gauakt 59.330, Dr. Franz Sekera: Enthält weitere Informationen zur Person in einem von Sekera am 22. 5. 1938 selbst ausgefüllten Fragebogen. Er hielt sich seit 1934 öfter in Deutschland auf: z. B. Archiv der BOKU, 1245/34. Diese Reisen waren, wenigstens bis 1936, nur möglich, weil seitens des Rektorats ein Bedarf deutlich angemeldet worden war.

424 Bei BOTZ, Nationalsozialismus in Wien (wie Anm. 418), S. 210 f., findet sich eine übersichtliche Begriffsdefinition. Unter „alten Kämpfern" sind die Mitglieder zu verstehen, die schon vor dem Verbot der NSDAP beigetreten und bis 1938 für ihre Ideologie eingetreten sind. „Illegale"sind jene, die in der so genannten „Verbotszeit" zur Partei gestoßen waren. Für sie wurden die Parteimitgliedsnummern 6,100.000 bis 6,600.000 und das Eintrittsdatum Mai 1938 reserviert.

425 Urteil des Volksgerichtes Wien gegen Dr. Franz Sekera (Vg lh Vr 2296/45). Kopie im DÖW.

426 Verdrängte Geschichte (wie Anm. 2), S. 24.

denkultur präsentierte. Sekera war als Zellenleiter der Betriebszelle der Nationalsozialistischen Betriebs-Organisation (NSBO) an der BOKU aktiv gewesen.[427] Inwieweit es sich bei diesem Handstreich um eine eigenmächtige Aktion gehandelt hat, sollte später auch die NS-Bürokratie beschäftigen.

Am 14. März enthob Sekera jedenfalls Rektor Zederbauer, die Professoren Zeßner-Spitzenberg und Till sowie Oberrevident Leo Butzenlechner[428] ihrer Ämter und kürzte ohne rechtliche Deckung die Gehälter von Till und Prof. Amschler.[429] In den folgenden Tagen der „Machtergreifung" wurden insgesamt acht Professoren gemaßregelt oder von ihren Lehrstühlen entfernt (näheres unten). In den meisten Fällen fielen sie an jene Lehrenden zurück, die sie 1934 – als Nationalsozialisten – verloren hatten. Das Kollegium begrüßte am 27. April die Enthebungen von Zederbauer, Zeßner-Spitzenberg, Till, Amschler und Werner und erklärte, dass eine „Zusammenarbeit irgendwelcher Art mit ihnen für alle Zeit abzulehnen" sei.[430]

Neben Rektor Zederbauer wurde auch Prof. Zeßner-Spitzenberg, der den nationalsozialistischen Studenten ganz besonders verhasst war, weil er für die disziplinären Maßnahmen gegen Studenten verantwortlich war, bald nach dem deutschen Einmarsch verhaftet.

Bei den nun folgenden Säuberungen war auch an der BOKU der Dozentenbund die „treibende Kraft",[431] Rektor Zederbauer[432] wurde durch Prof. Kaserer ersetzt. In diesem Vorgang zeigt sich die Janusköpfigkeit des nationalsozialistischen Staates, jenes „Doppelstaates" zwischen formalisiertem Recht und reiner Parteiwillkür, wie er von Ernst Fraenkel[433] beschrieben wurde. Während die Durchführung der Machtübernahme im Vergleich mit anderen Universitäten als „ruppig"[434] bezeichnet werden kann, so wurde bei der Rektorsbestellung der Anschein strikter Legalität, ja von Hochschulautonomie gewahrt. Das Professorenkollegium trat am 17. März 1938 zusammen und wählte einstimmig Prorektor Hermann Kaserer zum neuen Rektor. Damit wurde ausgerechnet auf der BOKU, wo der Machtwechsel besonders chaotisch verlaufen war, mit formaljuristischer Begründung ein Nicht-Parteimitglied zum Rektor gewählt – eine Ausnahme im nationalsozialistischen Österreich.

427 ÖSTA, Archiv der Republik (AdR), Gauakt 59.330, Dr. Franz Sekera.

428 Butzenlechner war schon im Jänner 1934 als „ehrenamtlicher Vorarbeiter" der Vaterländischen Front tätig (vgl. Archiv der BOKU, 77/34) und wurde deshalb 1938 „aus politischen Gründen zur Eidesleistung nicht zugelassen und seiner Dienstleistung enthoben." (ÖSTA, AVA, MCU, Fasz. 1201, 19.704/38) Er wurde schließlich an eine Schule in St. Pölten versetzt.

429 Bericht von Rektor Kaserer an das Österreichische Unterrichtsministerium vom 17. 3. 1938, in: ÖSTA, AVA, MCU, Fasz. 1208, 9208/38.

430 Archiv der BOKU, 440/38.

431 Meissl (wie Anm. 207), S. 202.

432 Zederbauers Rücktrittsschreiben ist mit 16. 3. 1938 datiert.

433 Ernst Fraenkel, Der Doppelstaat, Frankfurt a. M./Köln 1974.

434 Willi Weinert, Die Maßnahmen der reichsdeutschen Hochschulverwaltung im Bereich des österreichischen Hochschulwesens nach der Annexion 1938, in: Konrad – Neugebauer (Hg.) (wie Anm. 28), S. 130.

Natürlich war Kaserers (der bei einer parteiinternen Untersuchung knapp vor Kriegsende als Parteianwärter vermerkt ist) Handlungsspielraum begrenzt, der Rektor wurde durch den Dozentenführer parteiamtlich kontrolliert. Wichtige Verordnungen und Rundschreiben tragen sowohl seinen als auch Sekeras Namen. Dies zeigt deutlich, wie sehr an der BOKU der politische Umbruch mit einem schweren Autoritätsverlust der Professoren gegenüber den straff organisierten Dozenten (NSDDB) und Studenten (NSDStB) verbunden war.[435] Im Jänner 1946 erinnerte sich Kaserer an die NS-Machtübernahme und seine eigene Rolle:

„Ich habe meine Macht auch während der Besetzung Österreichs niemals missbraucht. Da ich im Studienjahr 1936/37 Rektor der Hochschule für Bodenkultur war (meine objektive Geschäftsführung fand damals allgemeine Anerkennung), so war ich im März 1938 Prorektor und habe daher die Geschäftsführung des Rektorates wieder übernommen, als der Rektor zurücktrat, bezw. bald danach seitens des Organes der NSDAP abgesetzt wurde. Ich wollte zwar die Rektoratsführung nicht behalten, fand mich hiezu erst bereit, nachdem das Collegium durch meine einstimmige Wahl zum Rektor mir Vertrauen und Zustimmung ausgesprochen hatte. Ich glaubte trotz der schweren Arbeit, die diese Stelle mitsichbrachte, mich nicht entziehen zu können [...]. Dass ich als Rektor und später immer mit Toleranz, Milde, Wohlwollen und doch gerecht meine Amtspflichten erfüllte, dafür sind die Beilagen Beweis. [Liegen dem Akt leider nicht bei, P.E.]. Meine Stellung als Rektor brachte es mit sich, dass ich, der ich niemals früher einer politischen Partei angehört hatte, zum Eintritt in die NSDAP aufgefordert wurde. Ich reichte meinen Antrag etwa im Juni 1938 ein, er wurde jedoch erst am 2. September 1943 durch Unterzeichnung einer provisorischen rosa Mitgliedskarte Nr. 9,027.982 erledigt; wie ich später erfuhr stand sogar meine Ablehnung ernstlich zur Diskussion, u.zw. wegen meiner allzugrossen religiösen Toleranz (ich war in der r. kath. Kirche verblieben) und wegen meiner den radikalen Richtungen stets nicht genehmen vermittelnden Gesinnung. [...] Während der ganzen Zeit der Herrschaft des Nationalsozialismus in Österreich war ich stets bemüht, die spezifisch österreichische Note der Hochschule aufrechtzuerhalten, ich bemühte mich von Anfang an das Ingenieurstudium neben dem Diplomlandwirtstudium zu erhalten und ich trachtete bei allen Berufungen Oesterreicher hereinzunehmen und machte Ausnahmen soweit es mein Einfluss ermöglichte, nur dann wenn sie sachlich im Interesse der österr. Landwirtschaft erforderlich waren. So wirkte ich denn über die ganze Zeit im Sinne einer möglichen Freihaltung Oesterreichs vom Einflusse des preussischen Geistes; zu positiven Befreiungstaten konnte ich aus meiner übergrossen Legalität heraus mich nicht bereitfinden. [...] Den Anschluss 1938 hielt ich für eine streng legale Sache, wäre dies nicht so gewesen, so hätte ich nicht blos das Rektorat 1938 nicht

[435] So legt das 6. Rundschreiben vom 3. 5. 1938 etwa fest, dass die Professoren Ansuchen um Studien- und Prüfungserleichterungen nicht mehr einzeln behandeln sollen, „sondern solche Gesuchssteller an die Fachgruppenleiter der Nationalsozialistischen Deutschen Studentenschaft zu verweisen [sind], von wo die Ansuchen gesammelt und geprüft dem Rektorate bzw. dem zuständigen Professor vorgelegt werden." (Archiv der BOKU, 437/38).

Abb. 11: Hermann Kaserer – ein machtloser Rektor.

wieder übernommen, sondern ich hätte bei meiner Veranlagung wahrscheinlich mich gegen den Anschluß gewendet."[436]

Am 23. März 1938 wurde die gesamte „Gefolgschaft" (unter diesem Begriff wurden ab nun alle Beschäftigten von Betrieben zusammengefasst) der Hochschule für Bodenkultur „auf den Führer des deutschen Reiches Adolf Hitler" vereidigt. Nicht zugelassen waren jüdische Beamte.[437] Eine Verweigerung der Eidesleistung hätte die sofortige Entlassung zur Folge gehabt.[438]

Die Auswirkungen der Herrschaft, die der „kommissarische Leiter" ausübte, waren für Juden und Nichtnationalsozialisten furchtbar. Denn neben den schon erwähnten Übergriffen und der lückenlosen Umsetzung der Befehle der neuen Herrscher in Österreich, war Sekera noch bemüht, Fleißaufgaben zu machen.

Besonders in der „Judenfrage" wollte er sich von Anfang an hervortun.[439] Zum Zeitpunkt des „Anschlusses" waren in Österreich 75,7 % der Studierenden katholisch, 10,9% evangelisch, 10,7% israelitisch, 0,7% altkatholisch, 1,6% gehörten einer anderen Religionsgemeinschaft an, 0,7% waren konfessionslos.[440] Im März und April 1938 wurde die Senkung des Anteils der jüdischen Studenten von den Nationalsozialisten vorbereitet.

Schon am 31. März beschäftigte sich das dritte Rundschreiben der neuen Herrscher mit den jüdischen Kommilitonen: „Bis zur Erlassung weiterer Weisungen dürfen inländische Juden zu Prüfungen nicht zugelassen werden."[441] Für ausländische Juden traten noch keine Veränderungen der Studienbedingungen ein. Sie sollten über das Religionsbekenntnis ausfindig gemacht werden. Am 23. April 1938 bestimmte das „Österreichische Unterrichtsministerium", dass jeder jüdische Student um Genehmigung zur Inskription anzusuchen habe. Diese Genehmigungen sollten bis zu „einer Verhältniszahl von 2% erteilt werden".[442] Am 25. April 1938 wurde folgende Kundmachung am Schwarzen Brett angebracht:

[436] Archiv der BOKU, Antrag von Prof. Kaserer um die Versetzung in den dauernden Ruhestand, 105/46 (11. 1. 1946) (Schreibweise unverändert).

[437] Vgl. dazu WEINERT, Maßnahmen (wie Anm. 434), S. 128.

[438] Archiv der BOKU, 325/38.

[439] Zur Behandlung jüdischer Studenten vgl. BRIGITTE LICHTENBERGER-FENZ, Österreichs Hochschulen und Universitäten und das NS-Regime, in: TALOS – HANISCH – NEUGEBAUER (Hg.) (wie Anm. 420), S. 270 ff.

[440] Zahlen nach: „Der Hochschulbesuch in der Ostmark" In: Der Altherrenbund 1 (1938), Folge 1–2, S. 84.

[441] Archiv der BOKU, 325/38 (31. 3. 1938). Dieses Rundschreiben folgt einer Verfügung des Österreichischen Unterrichtsministeriums mit Erlass 10.039-I/1 (29. 3. 1938). Allgemeines zur Vertreibung der „nichtarischen Studenten" bei GRÜTTNER (wie Anm. 103), S. 212–227.

[442] Österreichisches Unterrichtsministerium 12.976-I-1 (23. 4. 1938), in: Archiv der BOKU, 398/1938. Vgl. dazu auch: Die Bewegung 6 (1938), Nr.18, S. 2, wo sich die NS-Studenten sogar noch zu einer Erklärung für die den Anteil der Juden an der Gesamtbevölkerung unterschreitenden Prozentsatz bemüßigt fühlten. Dies sei nur ein „Ausgleich" für eine „Entwicklung von Jahrzehnten".

„Alle inländischen Hörer, welche im Sinne des Gesetzes Juden sind, haben, insoferne sie das Studium an der Hochschule für Bodenkultur fortzusetzen wünschen, gestempelte Gesuche im Rektorate einzureichen und zwar längstens bis 30. April d. J. In diesen Gesuchen ist ausser Namen und Alter die Studienrichtung anzuführen, ferner eine eventuelle Militärdienstleistung und insbesondere der Beruf und die Vermögensverhältnisse der Eltern, und endlich die Tatsache, ob der Vater im Weltkriege Kriegsdienst (vor allem Frontdienst) geleistet hat oder nicht. Die bereits inskribierten Hörer, welche innerhalb der Fallfrist keine Gesuche einbringen, gelten als ausgeschieden. Hiebei wird darauf aufmerksam gemacht, daß im Sinne der Nürnberger Gesetze auch getaufte Personen unter Umständen zu den Juden gerechnet werden können und diese ebenfalls Gesuche einzubringen haben."[443]

An der BOKU waren von Anfang an vergleichsweise wenige jüdische Hörer inskribiert gewesen. Ein jüdisches Vereinswesen an der Hochschule existierte seit 1927 nicht mehr.[444] Im März 1938 zählte die Hochschule 23 inländische und ausländische jüdische (im Sinne der „Nürnberger Gesetze") Studenten zu ihren Hörern.[445] Von den 16 Inländern gingen sechs freiwillig ab, neun reichten Gesuche ein, einer zahlte zwar die Inskriptionsgebühr, stellte aber kein Ansuchen. Von den sieben Nicht-Österreichern waren drei abgegangen, vier wollten weiterstudieren.

Die Bittgesuche der jüdischen Studenten[446] um Fortsetzung ihrer Studien sind erschütternde Zeugnisse von Menschen, die völlig in die Enge getrieben worden waren. Die meisten gaben übrigens an, sofort nach Abschluss des Studiums nach Palästina auswandern zu wollen. Aus dem Ansuchen des Hörers Otto Gawer aus Wien:

„Gefertigter, Otto Gawer, sucht um die Erlaubnis an sein Studium an der hiesigen Hochschule vollenden zu können und begründet sein Ansuchen wie folgt: Bin 23 Jahre alt, befinde mich im letzten Semester der landwirtschaftlichen Studienrichtung und habe die vorgeschriebenen Prüfungen bisher immer rechtzeitig und

443 Archiv der BOKU, 398/1938 (25. 4. 1938). Es folgen noch Spezifikationen zum Begriff „Jude" nach den so genannten „Nürnberger Gesetzen". Dieser Aufruf war natürlich nicht auf die Hochschule beschränkt, trug aber interessanterweise nur die Unterschrift Kaserers.

444 Archiv der BOKU, 577/27: Auflösung des „Akademischen Vereins jüdischer Hörer an der Hochschule für Bodenkultur".

445 In dem zwischen 1933 und 1938 erscheinenden Mitteilungsblatt „Der jüdische Student" taucht die BOKU kein einziges Mal auf. Auch unter den Trägervereinen (Jüdischer Hochschulausschuß, Jüdisch-akademischer Juristenverein, Philosophenverein, Technikerverband, Verein „Theologia", Akademischer Verein jüdischer Mediziner, Vereinigung jüdischer Hörer an der Hochschule für Welthandel, Freie Sektion der zionistischen Verbindungen und Vereine; ab Nr. 2–3 „Mitteilungsblatt des Gesamtverbandes Jüdischer Hochschüler Österreichs ‚Judäa'") findet sich kein Hinweis auf jüdische BOKU-Studenten.

446 Alleine der Begriff „jüdisch" ist in diesem Zusammenhang problematisch, weil er in diesen Fällen einzig und allein von den Nürnberger Gesetzen bestimmt wird. Unter den ausgeschlossenen Studenten befanden sich auch Katholiken.

mit Erfolg abgelegt. Beabsichtige sofort nach Abschließung meines Studiums nach Palästina auszuwandern, woselbst ich die Möglichkeit habe mir eine Existenz zu schaffen. Mein Vater hat eine kleine Fahrradverleihung und betrug dessen Einkommen für das Jahr 1936 S 2400,–. [...] Mein Vater hat nicht aktiven Frontdienst geleistet."[447]

Dr. Otto Feldmann (Jg. 1902), ein Jurist, bittet um die Möglichkeit, sein zweites Studium an der BOKU abschließen zu dürfen:

„Mein Studium gerade an der hiesigen Hochschule fortzusetzen, habe ich, abgesehen von den wirtschaftlichen Vorteilen eines gemeinsamen Haushalts für meine Mutter und mich, schon deshalb ein großes Interesse, weil ich meine durch Schlaganfall fast völlig gelähmte Mutter, solange und soweit mich kein zwingender Grund davon abhält, nicht gerne im Stich lassen möchte."[448]

Obwohl es bei einer Gesamtstudentenzahl von ca. 300 möglich gewesen wäre, die Ansuchen positiv zu bescheiden, wurden sie mittels Vordruck (der die Unterschriften von Rektor Kaserer und NS-Dozentenbundführer Sekera trug) samt und sonders abgewiesen. In sieben der neun Bescheide vom 12. Mai 1938 scheint auch noch folgender Nachsatz auf:

„Die für das Sommersemester 1938 von Ihnen eingezahlten Studiengebühren werden auf Verlangen bis längstens 25. Mai d. J. an der ho. Rektoratskasse zurückgezahlt. Binnen vierzehn Tagen haben Sie auch etwa benützte Arbeitsplätze im Bereich der Hochschule zu räumen."[449]

Damit waren an der Hochschule zwar keine jüdischen Studenten verblieben, doch die Administration wollte jede theoretisch denkbare Möglichkeit eines „Judenstudiums" verhindern: Sekera verlangte in einem Schreiben an Gauleiter Bürckel die „totale Judenfreiheit" der BOKU. Er stellte gegen die aktuell bestehenden Vorgaben den Antrag, jüdische Studenten zur Gänze auszuschließen, weil die BOKU doch „Blut und Boden" verteidige. Zunächst scheiterte dieser Versuch an Bürckel, der nicht bereit war, der BOKU einen Sonderstatus zuzuerkennen.[450] Dies stieß im Ministerium für innere und kulturelle Angelegenheiten auf wenig Sympathie. Eine Sonderregelung für die BOKU sei nicht möglich.[451] Sekera war seiner Zeit aber nur

[447] Alle Ansuchen in: Archiv der BOKU, 398/1938.

[448] Ebd.

[449] Ebd.

[450] Kundmachung und Brief an Bürckel in: Archiv der BOKU, 398/38 (25.4.). Ebenfalls unter dieser Zahl (Sammelakt) findet sich die geharnischte Antwort des Ministeriums für innere und kulturelle Angelegenheiten, Abteilung IV: Erziehung, Kultus und Volksbildung (15.699-II/5), die auf einer genaue Befolgung ihrer Vorgaben und die Einhaltung des Dienstwegs durch Sekera bestand (455/2/1938 vom 18. Juni 1938).

[451] ÖSTA, AVA, MCU, Fasz. 1211, 15.699/38.

ein paar Monate voraus. Im Zuge der allgemeinen, rapiden Verschärfung der antisemitischen Gesetze konnte er sein Anliegen schließlich durchsetzen und als eigenen Erfolg verkaufen:

> „Gegen den vom Reichskommissar Gauleiter Bürckel veröffentlichten Numerus clausus, wonach 2% Juden an den Hochschulen verbleiben könnten, habe ich die Bestimmungen des Reichserbhofgesetzes geltend gemacht. Der Herr Reichskommissar hat darauf geantwortet, dass für die Hochschule für Bodenkultur die Grundlage des Erbhofgesetzes geltend gemacht werden soll, so dass unsere Hochschule vollständig judenfrei bleibt."[452]

Im Oktober 1938 war nicht nur die BOKU „judenfrei", sondern im ganzen „Großdeutschen Reich" war Juden im Sinne der „Nürnberger Gesetze" das Studieren verboten.[453]

Im Vergleich dazu waren die Stellungnahmen über „Juden oder jüdische Mischlinge" unter den Angestellten etwas pragmatischer: Während der Quästurassistent Oskar Jünger suspendiert und in den zeitlichen Ruhestand versetzt wurde,[454] sollte der Laborant Ludwig Schmidt nach dem Willen der Hochschule weiterbeschäftigt werden. Dabei fiel Schmidt eigentlich unter jene („jüdische Beamte, Beamte, die jüdische Mischlinge sind, und Beamte, die mit einer Jüdin oder mit einem Mischling ersten Grades verheiratet sind"),[455] die in den zeitlichen Ruhestand hätten versetzt werden müssen. Schmidt, dessen Frau nach den „Nürnberger Gesetzen" als „Mischling ersten Grades" galt, wurde als „zuverlässiger treuer Diener" bezeichnet, der politisch nicht auffällig wäre. Eine Weiterbeschäftigung sei – laut eines Gesuches der BOKU – auch deshalb möglich, weil er an seinem Posten nur mit „Dingen, fast nie aber mit Personen und insbesondere nicht mit Studierenden in Berührung kommt."[456] Schmidt blieb tatsächlich bis 1945 an der Hochschule.

Weiters versuchte die Hochschule, sich auch an den laufenden „Arisierungen" zu beteiligen: Rektor Porsch, er hatte Kaserer mit Beginn des Studienjahres 1939/40 abgelöst, konnte am 3. Oktober 1939 dem Ministerium für Wirtschaft und Arbeit mitteilen, dass der „Kauf" der Gärtnerei der Hanni „Sara" Strauss über ihren Abwickler (Ariseur) Hauptmann a. D. Messany, in Wien XIX, Krottenbachstraße, unmittelbar bevorstehe. Den viel zu niedrig angesetzten Kaufpreis von nicht ganz 100.000 RM für den Grund von 13.236 m² konnte und wollte Porsch nicht sofort entrichten.

[452] Abgedruckt in Verdrängte Geschichte (wie Anm. 2), S. 39. Von mir im Original nicht aufgefunden.

[453] Vgl dazu: „Das Ziel ist erreicht. Kein Jude mehr auf der deutschen Hochschule." In: Die Bewegung 8 (1938), Nr. 47, S. 2.

[454] ÖSTA, AVA, MCU, Fasz. 1201, 25.777/38.

[455] Lichtenberger-Fenz, Hochschulen und NS-Regime (wie Anm. 420), S. 272.

[456] ÖSTA, AVA, MCU, Fasz. 1201, IV-32.612/b/38. Ansuchen um Weiterbeschäftigung 743/38 (BOKU).

„Sollte es etwa infolge der derzeitigen Sparmaßnahmen nicht möglich sein, das Geld für die Ablösung an die jüdischen Besitzer sofort zu zahlen, so wird sich zweifellos ein anderer Weg finden lassen, um die Zahlung dieses Betrages bis zu einem gegebenen Zeitpunkt aufzuschieben, in welchen diese möglich erscheint. Eine Rückgängigmachung des Bescheides nur deshalb, weil derzeit das Geld nicht flüssig gemacht werden kann, würde der Hochschule für Bodenkultur einen nie wiedergutmachenden [sic!] Schaden zufügen und die Bemühungen, welche alle maßgebenden Kräfte an der Hochschule seit Jahren geleistet haben, zunichte machen. Diese einzigartige Gelegenheit einer Erweiterung unserer Versuchsfläche kann und darf nicht ungenutzt vorübergehen.“[457]

Erst Ende 1941 kam ein „Kaufvertrag“ zwischen Oskar „Israel“ und Hanni „Sara“ Strauss, vertreten durch den Treuhänder Dr. Othmar Hlavac, und dem Reichsfiskus, vertreten durch den Kurator der wissenschaftlichen Hochschulen Walther von Boeckmann, für die BOKU zustande.[458]

Die Besitzerin des Grundes war die Gattin des Operettenkomponisten Oscar Straus. 1947 erkundigte er sich bei der Hochschule über die weitere Vorgangsweise:

„Ich habe erfahren, dass sie die meiner Frau Hanny Strauss [sic!] und mir gehoerenden Gruende in der Krottenbachstrasse (frueher Staudengaertnerei Hanny Strauss) als einen Versuchsgarten für Obst und Gemüsebau benuetzen. Ich bleibe, ihre geschaetzte Mitteilung erwartend, seit wann sie diese Gruende benuetzen und was fuer einen Pachtschilling Sie fuer die Vergangenheit und die zukuenftige Benuetzung dieser Gruende zahlen wollen.“[459]

Weitere Arisierungen betrafen das Gebäude Peter-Jordan-Straße 66, Grundstücke in der Krottenbachstraße[460] und ein Areal im 22. Bezirk.[461]

Nationalsozialistische Studenten, Assistenten und Professoren, die im Ständestaat Nachteile erlitten hatten, wurden entschädigt. Alleine aus dem Lehrkörper trafen 18 Anträge auf Wiedergutmachung ein. Neben den Professoren Porsch, Hellebrand (hatte zunächst kein Interesse an einer Rückkehr in den aktiven Dienst, supplierte dann aber für den zum Wehrdienst eingezogenen Ackerl[462]), Stigler, Vogel, Haempel, Olbrich, Grögor, Tischendorf und Staffe suchten die Dozenten

457 An das Ministerium für Wirtschaft und Arbeit, an den Minister für innere und kulturelle Angelegenheiten, Abteilung IV, an das Reichsministerium für Wissenschaft, Erziehung und Volksbildung in Berlin übermittelt. Archiv der BOKU, Beilage zu 333/40 (3. 10. 1939).

458 Archiv der BOKU, 246/3/41.

459 Brief vom 8.5.1947, in: Archiv der BOKU, 467/47. Leider ist die restliche Korrespondenz nicht überliefert. Vgl. dazu ebd. 972/45 („Kaufverträge“).

460 Archiv der BOKU, 223/41.

461 Verdrängte Geschichte (wie Anm. 2), S. 39 ff.

462 100 Jahre (wie Anm. 1), Bd. 1, S. 170.

August Jentsch (Hochbau), Hans Dock (Photogrammetrie und Stereophotogrammetrie), Anton Schedler (Hon.-Doz. für Wetter- und Klimalehre), Paul Winter (Hon.-Doz. für Wildbach- und Lawinenverbauung), Friedrich Steiner (Hon.-Doz. für Erd-, Straßen- und Bahnbau) und Josef Kozeny (Hydraulik und Gewässerkunde) und die Lehrbeauftragten Leopold Huber (Elektrotechnik, Gastdozent der Technischen Hochschule Wien) und Franz Gebauer (Technische Mechanik, Baustoffe, Baustatik) um Entschädigung an.[463] Die 1934 von ihren Lehrkanzeln vertriebenen Professoren kehrten (wie noch ausgeführt wird) wieder zurück. Die finanzielle „Wiedergutmachung" sollte nach den Vorstellungen Sekeras unter anderem über jene Beträge gespeist werden, die aus den Differenzen der Gehälter der Prof. Zederbauer, Zeßner-Spitzenberg, Amschler und Till zum Existenzminimum von 140 RM/Monat lukriert wurden.[464]

Schon Anfang April 1938 – also noch vor der Volksabstimmung – wurden die Begriffe „Großbeflaggung", „Großausschmückung", „Anlässe", „Hoheitszeichen" etc. genau definiert.[465] Das Professorenkollegium beschloss bereits in seiner Sitzung vom 28. März 1938 den Ankauf einer Porträtbüste Adolf Hitlers (incl. Sockel und Hoheitszeichen) für den Festsaal sowie von 80 Führerbildern für Amtsräume und Hörsäle.[466] Im nationalen Überschwang versuchten Sekera und seine Mannschaft, auch gleich die Kontrolle über den Sternwartepark und die angrenzenden Villen zu gewinnen, scheiterten aber damit.[467]

Neben den großen politischen Umwälzungen veränderte sich auch der Alltag im Kleinen. Zwischen dem Einmarsch der Wehrmacht und der Volksabstimmung vom 10. April 1938 fand kein Unterricht statt. Der Feiertagskalender wurde umgestellt: Neue Festtage wurden geschaffen (30. Jänner: Tag der Machtergreifung in Deutschland, 9. November: Gedenktag für die Gefallenen der Bewegung, 11. November: Langemarck-Gedenktag etc.). Die Machtergreifung der Nazis in Österreich brachte eine Häufung von Reglementierungen im Beamtenbereich. Beamte durften ihre Kinder nicht mehr in Privatschulen (konfessionelle Schulen) schicken (September 1938), weiters wurde ihnen die Mitgliedschaft in berufsständischen konfessionellen Vereinigungen (November 1938) untersagt.[468]

Jene Studenten, die den Nazis suspekt waren, mussten mit der Relegierung rechnen, ab dem Wintersemester 1938/39 nahmen auch die Einberufungen zur Wehrmacht zu. Das Regime bereitete sich offen auf den Krieg vor.

Sekera (und – wenigstens nominell – Kaserer) regierten die Hochschule mittels Rundschreiben. Diese Rundschreiben sind selbstverständlich keinesfalls als auto-

463 Archiv der BOKU, 532/1938.

464 ÖSTA, AVA, MCU, Fasz. 1208, 17.142/38.

465 Archiv der BOKU, 341/38.

466 Archiv der BOKU, 324/38 (6. 4. 1938). Um die Dotation (1.200 RM) wird übrigens das Öster-reichische Unterrichtministerium ersucht.

467 STEDEN, Bericht (wie Anm. 412), S. 6.

468 20. Rundschreiben, Archiv der BOKU, 425/38 (30. 11.).

nome Äußerungen von Rektor und Dozentenbundführer misszuverstehen. In den allermeisten Fällen gaben sie nur Befehle aus den zuständigen Ministerien (1938: Österreichisches Unterrichtsministerium, 1939: Ministerium für innere und kulturelle Angelegenheiten, Abteilung IV: Erziehung, Kultus und Volksbildung bzw. Reichsministerium für Wissenschaft, Erziehung und Volksbildung) an die Gefolgschaft weiter.

Das 7. Rundschreiben erläuterte etwa die Studienerleichterungen für illegale Nationalsozialisten bzw. Angehörige von NS-Verbänden,[469] das 14. Rundschreiben verkündete u. a., dass eine größere Anzahl von Hochschülern mit 7. November 1938 eingezogen werden würde und vorher noch Prüfungen ablegen könnte, und dass weiters der Ariernachweis bis Ende des Jahres abgegeben werden müsse.[470]

Die Unkenntnis der Anschläge am Schwarzen Brett konnte teuer zu stehen kommen. In einem von Rektor Kaserer, Sekera und dem Betriebsobmann der Deutschen Arbeitsfront (DAF) Hausmann unterschriebenen Aufruf an die Gefolgschaft unter dem Titel „Disziplin macht Freude" hieß es:

„Wer die Verlautbarungen des Rektors und des Betriebsobmannes der DAF nicht kennt, weil er die Anschläge in der Aula und im Rektorsgang nicht liesst [sic!], zahlt ab sofort als Bussgeld 5% seines Monatseinkommens an unsere Kasse für ‚Kraft durch Freude'."[471]

2.3.2. Säuberungen im Professorenkollegium

Neben den schon erwähnten Fällen von Rektor Zederbauer und Prof. Zeßner-Spitzenberg fielen weitere acht Professoren den nationalsozialistischen Säuberungen in der Sekera-Ära zum Opfer – und zwar aus sehr unterschiedlichen Gründen: Während es bei Zederbauer, Zeßner-Spitzenberg und einigen anderen wie Till und Amschler eindeutig politische Motive waren, kam bei Anton Steden, Professor für landwirtschaftliche Betriebswirtschaftslehre, noch der „Verdacht auf eine jüdische Herkunft" der (getauften) Großmutter seiner Frau hinzu. Prof. Werner wurde wegen seiner jüdischen Herkunft am 18. März enthoben und verlor seine venia legendi am 6. April 1938.[472] Verhältnismäßig lange zog sich die Entlassung von Prof. Ferdinand Westphalen hin,[473] der als Vertreter ständestaatlicher Theorien, Anhänger von Othmar Spann und als strenggläubiger Katholik abgelehnt wurde.[474] Auch Prof.

[469] 7. Rundschreiben, Archiv der BOKU, 425/1/38.

[470] 14. Rundschreiben, Archiv der BOKU, Sammelakt 425/38 (24. 9. 1938). Zum Ariernachweis vgl. auch 17. Rundschreiben, ebd., (17. 11. 1938).

[471] Aufruf vom 6. 10. 1938 in: Archiv der BOKU, Sammelakt 92/39.

[472] ÖSTA, AVA, MCU, Fasz 1201, 23.324/38 (enthält 599/38 BOKU).

[473] In ÖSTA, AVA, MCU, Fasz. 1208, 9500/38 wird die letztendlich doch erfolgte Entlassung mit der tschechischen Staatsbürgerschaft Westphalens begründet.

[474] Zu Westphalen vgl. auch: ERIKA WEINZIERL, Universität und Politik in Österreich. Antrittsvorlesung an der Universität Salzburg, Wien/München 1969, S. 10.

Leiningen-Westerburg konnte sich noch einige Zeit halten, bevor der Druck zu groß wurde.

Die dabei erstellten Akten (besonders aus dem März 1938) machen die Erstellung einer übersichtlichen Chronologie der Ereignisse schwierig. Feststehen dürfte, dass Sekera am 14. März 1938 Zederbauer, Zessner-Spitzenberg, Till sowie den führenden Beamten Butzenlechner „persönlich enthoben" hat. Tags darauf folgte die persönliche Enthebung von Amschler. Am 21. März kam es schließlich zur „kommissarischen Enthebung" von Zederbauer, Zessner-Spitzenberg, Till, Amschler und Werner.[475]

Hier die Liste der von den Nationalsozialisten entfernten Professoren:[476]

* Rektor Dr. Emmerich **Zederbauer**, Professor für Obst- und Gartenbau: kommissarisch enthoben am 14. März 1938, in den dauernden Ruhestand versetzt mit Ende Mai 1938. Nach seiner Verhaftung wurde Zederbauer am 16. März 1938 zur Resignation gezwungen. Der zynische Text, den er im Gefängnis unterschreiben musste, lautet: „Der Gefertigte leidet seit Jahren an einem Kehlkopfleiden, welches ihm das Sprechen und somit den Lehrberuf sehr erschwert." Deshalb bitte er um die „Versetzung in den dauernden Ruhestand".[477] Zederbauer gehörte dem ersten Transport von österreichischen Prominenten vom 1. April 1938 nach Dachau an.[478]

„Rektor o. Prof. Dr. Emmerich Zederbauer, der am Vormittag des 12. März 1938 noch ungehindert die Hochschule verlassen konnte, wurde, zu Hause angelangt, verhaftet, in das Konzentrationslager Dachau zu schwerer Zwangsarbeit gebracht und erst nach einem halben Jahr als körperlich und seelisch gebrochener Mann entlassen. Prof. Zederbauer leidet heute noch so schwer an den Folgen dieser Behandlung, daß er seine Lehrtätigkeit nach menschlichem Ermessen nie mehr aufnehmen kann."[479]

[475] ÖSTA, AVA, MCU, Fasz. 1208, 9506/38 (enthält den entsprechenden Bericht der BOKU mit der Zahl 254/38).

[476] ÖSTA, AVA, MCU, Fasz. 1208, 23.798/38 („An das Ministerium für innere und kulturelle Angelegenheiten" vom 2. 7. 1938). Vgl. auch Archiv der BOKU, 599/2/38.

[477] ÖSTA, AVA, MCU, Fasz. 1208, 9208/38.

[478] Die Liste des 1. „Österreichertransports" (Gestapo-Titel für die Aktion) nach Dachau, aufgestellt von der Geheimen Staatspolizei, Staatspolizeileitstelle Wien, findet sich im DÖW Nr. 532, Zederbauers Transportnummer ist 147. Aus dem ebd. abgelegten Bericht der Kriminalpolizei Wien (1. 4. 1938): Die Zusammenstellung des Zuges hatte durch das Gefangenenhaus zu erfolgen und erforderte – da keine Erfahrungen diesbezüglich vorhanden waren – einiges Kopfzerbrechen und Arbeit. [...] Der Abtransport erfolgte mit 9 Zellenwagen im Abstande von 5–6 Minuten. Er erfolgte anstandslos in der Zeit zwischen 19 und 21 Uhr. Der Abtransport hinterliess bei allen SWB. [= Sicherheitswachebeamten, P. E.] einen gewissen psychischen Eindruck, hervorgerufen durch das Dabeisein der eigenen ehemaligen hohen und höchsten Vorgesetzten."

[479] STEDEN, Bericht (wie Anm. 412), S. 3 f.

Zederbauers Familie wurde mit dem Existenzminimum von 140 Reichsmark „versorgt“. In einem Brief an den kommissarischen Leiter der Hochschule Sekera ersuchte Henriette Zederbauer, die Gattin des Rektors, um Hilfe. Sekeras Reaktion: Er schrieb auf den Bittbrief den Satz: „Für Verräter des Deutschtums sind 140 RM zu viel!“[480] Gerade diese Aktion sollte im Volksgerichtsprozess gegen Sekera 1946/47 eine wichtige Rolle spielen.

Trotz dieser zynischen Behandlung bemühte sich Henriette Zederbauer sofort um die Freilassung ihres Mannes. Zusammen mit einem Anwalt sammelte sie Ehrenerklärungen für ihren Mann von Studenten, Absolventen und illegalen Nationalsozialisten aus dem Bekanntenkreis. Am 31. Juli 1938 brachte sie ein Gesuch um Haftentlassung ein, das einen ausführlichen Lebenslauf Zederbauers enthielt. Seine Gattin beteuert darin, dass ihr Mann sich niemals für Politik interessiert und niemals dem CV angehört habe, immer ein überzeugter Antisemit gewesen sei und alle Studenten gleich behandelt habe.[481] Sogar Sekera erklärte am 10. August 1938 in einem Schreiben an den Generalstaatsanwalt Welsch: „Ich befürworte hiermit eine Beurlaubung Prof. Dr. Emmerich Zederbauer [sic!] aus der Haft, um ihm die Möglichkeit zu geben, seine schwer erkrankte Frau in Wien zu besuchen.“[482]

Zederbauer arbeitete in Dachau in der so genannten „Plantage“, wo sehr viele österreichische Gefangene tätig waren. Bei der Entsumpfung dieses Terrains im KZ waren viele jüdische Häftlinge durch die schwere Arbeit umgekommen. Danach galt die Plantage als relativ sicherer Ort im Konzentrationslager, wo es praktisch keine Morde und deutlich weniger Übergriffe durch die SS gab. Im Sommer arbeiteten hier nach Aussagen von Pater Lenz ca. 1.300 Häftlinge, im Winter ungefähr 400. Ein Augenzeuge berichtete über Zederbauers Arbeit:

> „Im Juni 1938 war die Plantage bereits eine österreichische Kolonie. – Wie kam es dazu? Im April hatte der Wiener Hochschulrektor Prof. Dr. Emmerich Zederbauer schon die erste Anlage entworfen. Die ruhig-vornehme Art des Gelehrten und das staunenswerte Wissen des Gefangenen hielt sogar die SS in Bann. Er aber sorgte eifrig dafür, daß recht viele seiner Landsleute in die Plantage kamen.“[483]

Als sich schließlich auch Studenten der Hochschule für Zederbauer einsetzten, wurde er, der trotz der obigen Schilderung durch Zwangsarbeit und Misshandlungen schwer gezeichnet war, entlassen und kehrte nach Wien zurück.[484]

480 Im Faksimile abgedruckt in: Verdrängte Geschichte (wie Anm. 2), S. 28.

481 Archiv der Republik, Gauakt Emmerich Zederbauer, I E 2 Nr. 493, Schreiben an den Herrn Reichskommissar für die Wiedervereinigung Oesterreichs mit dem Deutschen Reich (ohne Datum, auf jeden Fall nach dem 31. 7. 1938).

482 Ebd.

483 Pater [Johann Maria] Lenz, Christus in Dachau. Ein religiöses Volksbuch und ein kirchengeschichtliches Zeugnis, 2. Aufl. Wien 1956, S. 41.

484 Archiv der BOKU, Personalabteilung Personalakt Emmerich Zederbauer. Aus dem Antrag auf Verleihung der Ehrendoktorwürde (2. 6. 1945): „Sein Aufenthalt im Konzentrationslager Dachau wäre

Zederbauers Entlassungspapiere sind mit 30. September 1938 datiert. Seine „Freiheit“ wurde streng überwacht: Er musste sich einmal in der Woche bei der Polizei melden, von nationalsozialistischen Funktionären wie dem Ortsgruppenleiter wurde er genau beobachtet: In den Spitzelberichten wurde festgehalten, welche Zeitung er kaufte und wie er sich in der Öffentlichkeit verhielt, etwa was die Spendenbereitschaft für das Winterhilfswerk betraf. 1939 wurde Zederbauer mit einer weiteren Schikane konfrontiert: Mit 23. März wurde ihm der Ruhegenuss aberkannt.

Erst am 18. Juli 1939 erfolgte die erste regelrechte Einvernahme des ehemaligen KZ Häftlings: Zu sieben Punkten musste Zederbauer Stellung nehmen. Diese Vernehmung sei hier ausführlich zitiert, weil sie eines der seltenen Beispiele für einen (im Rahmen des Möglichen) günstigen Ausgang eines Gestapo-Verhörs ist. Zederbauer wurde zu sieben Themenkreisen befragt:

1. Zu Legitimismus und Zeßner-Spitzenberg: Zeßner sei ein Amtskollege gewesen, der ihn auch zu einem legitimistischen Verein bringen wollte. Er habe aber die monarchistische Bewegung nicht für zeitgemäß gehalten.
2. Zum scharfen Vorgehen gegen die Attentäter des Jahres 1934: Zederbauer erklärte seine Reaktion mit der Sorge um das Leben seiner Mitarbeiter. Seine halbe Lehrkanzel sei zerstört gewesen, sein Assistent fast ums Leben gekommen. Er habe der Polizei daraufhin jene Studenten genannt, die sich vor seinem Zimmer verdächtig benommen hatten.
3. Zur Vorschreibung der Wiedergutmachungsbeiträge 1934: Für die Vorschreibung der Wiedergutmachungsbeiträge trage er keinerlei Verantwortung, er habe sogar für mittellose Studenten – egal welcher politischen Richtung – erfolgreich interveniert.
4. Zur Kontrolle der Einstellung seiner Kollegen: Als beauftragter Dienststellenleiter der Vaterländischen Front sei er um die Aufrechterhaltung von Ruhe und Ordnung besorgt gewesen, da sonst der Bestand der Hochschule gefährdet gewesen sei. Bespitzelung oder Bevormundung habe er sich nicht vorzuwerfen. Niemand sei zu vaterländischen Veranstaltungen gezwungen worden, Nichterscheinen wurde nicht vermerkt.
5. Zu seiner Aussage, die Deutschen seien unfähig, sich selbst zu regieren: Diesen Ausspruch habe er nie getätigt, er habe die Deutschen wegen ihres Organisations-talents und wegen ihrer Erfolge in Kunst, Technik und Wissenschaft immer bewundert.
6. Zu seiner Aussage, Hitler sei ein Mörder: Das habe er nie gesagt; er habe nie mit Studenten politisiert und wünsche eine Gegenüberstellung mit dem Studenten, der das ausgesagt habe.

vielleicht von viel längerer Dauer gewesen, wenn nicht seine ehemaligen Studenten an der Hochschule für Bodenkultur sich in Verehrung ihres grossen Lehrers erinnert hätten und durch eine von politischer Erwägung unbeeinflußten Aktion für den schwer vom Schicksal Geprüften eingesetzt hätten.“

7. Zu seiner Rolle bei der von Schuschnigg angestrebten Volksabstimmung: In dieser Causa erklärte Zederbauer, dass er nur den Anordnungen des Ministeriums Folge geleistet habe.[485]

Etwas überraschend sind dann seine Vermutungen über die Hintergründe seiner Verhaftung: Seiner Meinung nach seien dafür zwei ehemalige Kollegen verantwortlich gewesen, und zwar die Professoren Stigler und Kölbl. Ihre Gründe würden weniger im politischen als im persönlichen Bereich liegen: Zederbauer habe in einer Disziplinarangelegenheit „wegen Dirnenbesuchen" in Stiglers Wohnung Anfang der dreißiger Jahre ausgesagt, worauf Stigler versprochen habe, ihm dies eines Tages heimzuzahlen. Kölbl wieder wurde nachgesagt, „widernatürlichen Verkehr mit Studenten" zu haben. Seine Flucht nach München 1934 sei weniger aus politischen als aus diesen Gründen erfolgt.[486]

Unmittelbar nach dem Verhör wurde die strikte Überwachung (durch die Aufhebung der Meldepflicht am 20. Juli 1939) etwas gelockert, an eine Rückkehr an die Hochschule war aber – trotz eines diesbezüglichen Versuchs – nicht mehr zu denken. Immerhin wurde ihm aber mit Entscheid des Reichsstatthalters vom 6. November 1939 ein Unterhaltsbeitrag im Ausmaß von 45% des Ruhegenusses genehmigt. Ab 29. Februar 1940 verfügte Zederbauer dann wieder über 75% der üblichen Pension.[487]

* DDr. Hans Karl (Freiherr von) **Zeßner-Spitzenberg**, Professor für Verfassungs- und Verwaltungsrecht: kommissarisch enthoben am 14. März 1938, in den dauernden Ruhestand versetzt mit Ende Mai 1938, ermordet am 1. August 1938 im KZ Dachau.

Zeßner-Spitzenberg (geb. 1885) entstammte einer adeligen böhmischen Gutsbesitzerfamilie. 1909 promovierte er zum Dr. iur. in Prag, 1912 in Berlin zum Dr. phil. (Nationalökonomie). Schon während des 1. Weltkrieges war er in der Christlichsozialen Partei tätig. 1919 wurde er von Karl Renner – obwohl als führender Legitimist bekannt – in die Staatskanzlei (später Bundeskanzleramt) berufen, wo er bis 1931 im Verfassungsdienst tätig war. 1926 beteiligte er sich mit Ernst Karl Winter, Alfred Missong, August Maria Knoll und anderen prominenten katholischen Intellektuellen an der Gründung der monarchistisch orientierten „Österreichischen Aktion". Weiters war er in einer Vielzahl katholischer Vereine und Verbände tätig. 1931 wurde Zeßner-Spitzenberg zum Professor für Verfassungs- und Verwaltungsrecht an der BOKU bestellt. Unter anderem war Zeßner seit 1934 im Bundeskulturrat (und zwar als Vorsitzender des Verbandes der katholischen Lehr- und Erziehungsanstalten) tätig.

[485] Aeusserung des Hochschulprofessors Dr. E. Zederbauer zum Vorhalte vom 18. Juli 1939, in: Archiv der Republik, Gauakt Emmerich Zederbauer, I E 2 Nr. 493. Zederbauer unterzeichnete das Protokoll am 22. 7. 1939.

[486] Ebd.

[487] Archiv der BOKU, Personalabteilung, Personalakt Emmerich Zederbauer (Beilage 1 zu 770/45 BOKU).

Er wirkte seit 1935 auch an der Hochschule für Welthandel und ab 1937 an der Technischen Hochschule als Vortragender für die verpflichtend eingeführten Vorlesungen über weltanschauliche und vaterländische Erziehung.

Immer wieder nahm er im „Christlichen Ständestaat“, einer Art Theorieorgan des Regimes mit verhältnismäßig liberaler,[488] strikt antinazistischer Blattlinie, Stellung zur Frage der österreichischen Selbständigkeit. Zeßner-Spitzenberg vertrat in einigen Aufsätzen im Jahr 1936 eine (auch in dieser Zeitschrift nicht unumstrittene) österreichisch-nationale Linie und wandte sich gegen Versuche, in Österreich den „besseren deutschen Staat“ zu schaffen: „Es gilt Vollösterreicher ohne inneren Zwiespalt zu schaffen.“[489]

Zeßner-Spitzenberg wusste schon in der Nacht vom 11. zum 12. März 1938, dass er verhaftet werden würde und verfasste eine Art politisches Testament unter dem Titel „Bericht an die Gestapo – Mein Leben und Streben“. Zeßner führt darin aus:

„Dem Nationalsozialismus stand ich von jeher ablehnend gegenüber: 1. aus weltanschaulichen und philosophischen Gründen, 2. da ich von jeher jeden Nationalismus, welcher Art immer, für eine Quelle unablässigen Kampfes und Streites hielt, und 3. da dessen politische Grundthese ‚Ein Volk-Ein Reich‘ mir auf die Dauer mit der Souveränität, Staatlichkeit und Selbständigkeit meines angeborenen, österreichischen Vaterlandes und Heimatstaates unvereinbar schien, dem ich als Staatsbürger und eidlich verpflichteter Staatsbeamter Treue und Hingabe schuldig war.“[490]

Nach seiner Enthebung von der Hochschule für Bodenkultur und der Verhaftung seines Freundes Zederbauer tauchte Zeßner-Spitzenberg für einige Tage unter. Doch gab er einen ursprünglich gefassten Fluchtplan wieder auf und kehrte nach Hause zurück. Am 18. März wurde Hans Karl Zeßner-Spitzenberg während der Hl. Messe in der Pfarrkirche Maria Schmerzen im Kaasgraben (19. Bezirk) verhaftet. Wann die mit 16. März 1938 datierte Bitte um die Versetzung in den dauernden Ruhestand wirklich abgefasst wurde, lässt sich nicht sagen, doch die Diktion verweist auf die Gestapo und übertrifft die des „Rücktrittsgesuchs“ von Zederbauer noch an Zynismus:

„Mit Rücksicht auf ein ihn schon seit Jahren quälendes häufig mit Krämpfen verbundenes ihn oft tagelang arbeitsunfähig machendes Darmleiden und seine

[488] In: Der christliche Ständestaat. Österreichisches Wochenheft 3 (1936), Nr. 25, S. 593 f., findet sich etwa ein Nachruf von Ernst Krenek auf Karl Kraus.

[489] Hans-Karl Zessner-Spitzenberg, Der andere deutsche Staat und das österreichische Volkstum, in: Ebd., Nr. 29, S. 681. Ihm widersprach Ex-Minister Mataja, „Dennoch gibt es keine österreichische Nation. Wir sind wesenhaft deutsch, wie irgendein anderer deutscher Stamm.“ (Ebd., Nr. 42, S. 994).

[490] Zit. nach Manfried Welan, Ein Preis in memoriam Hans-Karl Zessner-Spitzenberg, in: Helmuth Gatterbauer (Hg.), Kontinuität und Wandel im Agrarrecht, Wien 1979, S. 4–13, hier S. 10.

durch dieses Leiden hervorgerufene Zustände großer Nervosität ersucht der Gefertigte um Versetzung in den dauernden Ruhestand. Unterschrift“[491]

Nach sechs Wochen Gefangenschaft im Polizeigefängnis Elisabethpromenade wurde der Legitimist ins Landesgericht überstellt. Am 15. Juli 1938 erfolgte mit dem letzten großen „Österreichertransport“ die Einweisung ins KZ Dachau. Während des Transports wurde Zeßner von einem Wachposten derart misshandelt, dass er am 1. August 1938 an seinen inneren Verletzungen im Krankenrevier des KZ starb.[492] Der Jurist gilt somit als einer der ersten Österreicher, die in Dachau ermordet wurden. Er hinterließ eine Witwe und sechs Kinder.

Mit 1. September 1938 wurde Zeßners Gattin die Witwenpension zuerkannt. Deshalb kann es nur eine bürokratische Perfidie sein, dass erst mit 12. September 1938, also zwei Wochen nach der Pensionszuerkennung und sechs Wochen nach Zeßner-Spitzenbergs Tod in Dachau die formelle Entlassung ausgesprochen wurde.[493]

* Dr. Alfred **Till**, Professor für Bodenkunde: kommissarisch enthoben am 14. März 1938

* Dr. Anton **Steden**, Professor für landwirtschaftliche Betriebswirtschaftslehre, Handelskunde und Buchführung: Rücktrittserklärung am 4. April 1938[494]

Aus einer Mitteilung von Landesbauernführer Reinthaller an SS-Standartenführer Univ.-Prof. Dr. Friedrich Plattner, den Staatskommissar für Erziehung, Kultus und Volksbildung, werden die Gründe für Stedens Entlassung deutlich:

„Die Angelegenheit des Professors Dr. Steden [wird] in Bälde mit der Abberufung von seinem Lehrstuhl enden. Steden ist ja nicht nur durch seine teilweise jüdische Gattin belastet, sondern auch dadurch, daß er in der Systemzeit zusammen mit Strobl zum engeren Freundeskreis von Dollfuß gehörte und schließlich lediglich gestützt auf diese Protektion, an der Hochschule für Bodenkultur überhaupt Fuß fassen konnte.“ [495]

491 ÖSTA, AVA, MCU, Fasz. 1208, 8991/38. Es existiert in ebd. 9208/38 ein zweites Resignationsschreiben.

492 Nach Helmut Wohnout, Hans Karl Zeßner-Spitzenberg, in: Academia. Zeitschrift für Politik und Kultur 39 (1988), H. 4, S. 6–9, und Gertrude Enderle-Burcel – Johannes Kraus, Christlich-Ständisch-Autoritär. Mandatare im Ständestaat, Wien 1991, S. 269–271. Beide berufen sich auf das unpublizierte Manuskript von Maria Zacherl, Hochschulprofessor DDr. Hans-Karl Zeßner-Spitzenberg. Versuch einer Biographie (1968).

493 ÖSTA, AVA, MCU, Fasz. 1208, 34.648-2b (Entlassung), 12.602/38 (Witwenpension).

494 ÖSTA, AVA, MCU, Fasz. 1208, 11.759/38. Steden sollte in der Landesbauernschaft Österreich beschäftigt werden.

495 ÖSTA, AVA, MCU, Fasz. 1208, 48.983/b/38.

Reinthaller wünschte eine schnelle Entscheidung, damit Prof. Löhr sofort nachrücken könne.

Stedens Familie, auch die jüdischen Verwandten seiner Frau, überlebte unter schwierigen Bedingungen in einem Haus in unmittelbarer Nähe der BOKU, bedroht von Deportation und den alltäglichen NS-Schikanen (wie etwa dem Verbot, bei Fliegerangriffen den Luftschutzkeller aufzusuchen).[496]

* Dr. Wolfgang **Amschler**, Professor für Tierzucht, Fütterungslehre und Alpwirtschaft: in den zeitlichen Ruhestand versetzt mit Ende Mai 1938. Amschler, der über viele internationale Kontakte verfügte, konnte noch rechtzeitig emigrieren, lehrte an verschiedenen Hochschulen in den USA und kehrte 1946 an die BOKU zurück.

* Dr. Josef **Kisser**, Professor für Botanik: in den zeitlichen Ruhestand versetzt mit Ende Mai 1938

* Dr. Ferdinand **Westphalen**, Professor für Volkswirtschaftslehre: in den zeitlichen Ruhestand versetzt mit Ende Mai 1938. Westphalen war als tschechoslowakischer Bürger nicht zur Vereidigung auf Adolf Hitler zugelassen worden.

„Abgesehen davon wurde auch in der Kollegiumssitzung der Meinung Ausdruck gegeben, daß die Volkswirtschaftslehre in einem nationalsozialistischen Staate nur von einem Dozenten vorgetragen werden kann, der weltanschaulich dem Nationalsozialismus nahesteht. Auch dies ist bei Prof. Westphalen keineswegs der Fall.“[497]

* Dr. Max **Schreiber**, Professor für Waldbau und Forstbenutzung: Schreiber wurde nach seiner Enthebung 1938 an die Forstliche Versuchsanstalt in Mariabrunn überstellt.

* Dr. Othmar **Werner**, tit. ao. Prof. für Botanik: Er wurde am 18. März 1938 kommissarisch enthoben. Werner hatte einen Ruf an die Universität Wellington (Neuseeland) erhalten, dem er aber wegen des Kriegsbeginns nicht mehr folgen konnte.[498]

* Dr. Wilhelm **Leiningen-Westerburg**, Prof. für forstliche Standortslehre und forstlich-chemische Technologie:

Leiningen-Westerburg wurde letztlich die Tätigkeit im Bundeskulturrat (BKR) des Ständestaates zum Verhängnis. Doch er kämpfte verzweifelt um seine Professur: Die Berufung in den Kulturrat nannte er ein „Missverständnis“, verwies

[496] Information von Dr. Brigitte Rigele, der Enkelin von Professor Steden, und Dr. Georg Rigele.

[497] ÖSTA, AVA, MCU, Fasz. 1209, 10.063/38 (enthält auch BOKU 262/1/38).

[498] 100 Jahre (wie Anm. 1), Bd. 1, S. 223

dann aber auf die Autonomie dieser Institution. Genauso widersprüchlich (in den Augen der NS-Behörde) waren dann seine Erklärungen zur Heimwehr. Er leugnete zwar jeden Kontakt mit Starhemberg, bestätigte aber, die „Heimwehr" (wie auch die illegalen Nationalsozialisten) gegen die „Roten" unterstützt zu haben. Doch Leiningen-Westerburg hatte sogar eine führende Positionen im BKR als 1. stellvertretender Vorsitzender sowie als Obmannstellvertreter des Ausschusses für Wissenschaft und Hochschulwesen inne, und zwar von der Installierung (1. November 1934) bis zur Auflösung (12. März 1938).[499]

Zwar konzedierte ihm die nationalsozialistische Hochschulverwaltung einen „häufigen Gegensatz" zu Zederbauer, Zeßner-Spitzenberg und Till und eine gelegentliche Unterstützung der nationalen Gruppe. Aber:

„Eine tatsächliche Aufnahme von Vorlesungen durch ihn käme allerdings aus politischen Gründen nicht in Frage, da nicht zu erwarten wäre, daß Prof. Leiningen seine wiederholt geäußerte Auffassung zu den Ideen des dritten Reiches zwischendurch verlieren könnte."[500]

Leiningen wurde schließlich im September 1938 unter Kürzung der Bezüge pensioniert.[501]

Weiters wurde zehn Dozenten (je fünf Privat- und Honorardozenten) die venia legendi entzogen, und zwar den Privatdozenten Felix Reach[502] (Physiologie des tierischen Stoffwechsels), Karl Naehr[503] (Technische Mechanik), Gustav Kühnel (Verwaltungslehre), Wilfried Kirsch (Verwaltungsrecht) und Ladislaus Kopetz (Pflanzenbau) sowie den Honorardozenten Adolf Cerny[504] (Fischereiwirtschaft), Josef Michalka[505] (Tierheilkunde), Emil Planckh[506] (Bienenzucht), Rudolf Sandner (Agrarische Operationen) und Armin Schobel (Genossenschaftswesen).

499 Enderle-Burcel – Kraus (wie Anm. 492), S. 142.

500 Alle Zitate: Archiv der BOKU, 360/38 (14. 4. 1938).

501 Die Formulierung, er habe „sich 1938 krankheitshalber pensionieren" lassen, ist verharmlosend. In: 100 Jahre (wie Anm. 1), Bd. 1, S. 260.

502 Reach war auch als Privatdozent an der Universität Wien tätig und wurde wegen seiner jüdischen Herkunft aus dem Hochschuldienst gedrängt.

503 Naehr wurde bereits 1921 von der „Deutschen Studentenschaft" heftig attackiert und musste die Hochschule 1922 zum ersten Mal verlassen (Archiv der BOKU, 1337/21).

504 Cerny war am 30. 3. 1938 „freiwillig zurückgetreten". Er taucht als einziger Dozent auf einer Liste der BOKU auf, die die Enthebungen und Rücktritte der Professoren zusammenfasst (BOKU 599/2/1938).

505 Michalka wurde als CVer entlassen. Er selbst gab aber zu Protokoll, er sei bereits 1933 aus dem CV ausgetreten und habe „ab 1934 nur mehr in illegalen Kreisen in Mödling verkehrt." Ein auf persönlicher Ebene argumentierendes, äußerst negatives Gutachten des Studentenführers gab schließlich den Ausschlag. Vgl. ÖSTA, AVA, MCU, Fasz. 1208, 327.299/39.

506 ÖSTA, AVA, MCU, Fasz. 1208, 313.922/39: Als „Systembürgermeister" von Klosterneuburg war er für Kaserer nicht mehr tragbar.

Abb. 12: Wilhelm Leiningen-Westerburg – enthoben 1938.

Wie schon erwähnt, griff Sekera auch in Besoldungsfragen ein, und zwar auf eine selbst in den Umsturztagen einmalige Weise. Seine Vorgangsweise bestärkt die These, dass der Umsturz an der BOKU durchaus auch gegen die Professorenkaste als solche gerichtet war:

„Auf parteiamtlichen Auftrag hat der komm. Leiter der Hochschule für Bodenkultur zu Zwecken der Wiedergutmachung an den durch die Systemregierung geschädigten Honorardozenten die Verfügung getroffen, dass den Prof. Zederbauer, Zessner-Spitzenberg, Till und Amschler die schon anlässlich ihrer kommissarischen Enthebung um ein Drittel gekürzten Bezüge bis auf ein Existenzminimum von 140 RM beschlagnahmt werden, insolange, bis die geschädigten Honorardozenten befriedigt sind.“[507]

Insgesamt achtzehn Lehrbeauftragte der BOKU stellten – wie bereits oben erwähnt – 1938 einen Antrag auf Wiedergutmachung wegen der in der so genannten Systemzeit erlittenen Nachteile.[508] Die Dozenten wurden mit unterschiedlichen Geldbeträgen abgefunden, Staffe, Tischendorf und Grögor wurde konzediert, dass sie aus politischen Gründen nicht zu ordentlichen Professoren bestellt worden waren. Die Dozenten Gebauer und Jentsch stellten Anträge auf die Verleihung von außerordentlichen Professuren.

Die Verluste im Lehrkörper, die durch die Enthebungen von 1938 eingetreten waren, wurden zu einem großen Teil aus dem Pool der Geschädigten des Jahres 1934 nachbesetzt. An der BOKU scheint der von Weinert beschriebene Typus des akademischen „Konjunkturritters“[509] insofern weniger ausgeprägt gewesen zu sein, als die meisten der 1938/39 bestellten Lehrkräfte tatsächlich „verdiente“ Nationalsozialisten waren bzw. 1934 als Nationale enthoben worden waren: So kehrten etwa Otto Porsch, Emanuel Hugo Vogel (wenn auch nur für kurze Zeit, siehe unten), Oskar Haempel und Robert Stigler an die Hochschule zurück. Somit konnten die so genannten Märzveilchen an dieser Hochschule mit keiner bevorzugten Behandlung rechnen.

Diese Rückholaktion wurde durchaus als Wiedergutmachung verstanden. So wird beispielsweise die Reihung von Josef Donat als primo et unico loco (Lehrkanzel für kulturtechnischen Wasserbau) wie folgt begründet:

„[Donat hätte] während der Kampfzeit wiederholt Gelegenheit gehabt, einen grösseren und vorteilhafteren Wirkungskreis zu beziehen, aus seiner kämpferischen Haltung heraus aber seinen bescheidenen Posten an der Hochschule für Bodenkultur behalten und uns damit verpflichtet für ihn einen primo et unico loco-Vorschlag zu machen.“[510]

[507] ÖSTA, AVA, MCU, Fasz. 1208, 17.142/38. Von einem „parteiamtlichen Auftrag“ war jedoch keine Rede. Sekera hatte diese Aktion allein zu verantworten.

[508] Anträge und Bescheide in ÖSTA, AVA, MCU, Fasz. 1208, 24.356/38.

[509] WEINERT, Maßnahmen (wie Anm. 434), S. 133.

Ähnliches gilt für Ludwig Löhr, dessen politische und universitäre Karriere folgenden Verlauf genommen hatte: 1929 bis 1931: Tätigkeit im Österreichischen Landbund, Mitglied der NSDAP seit Februar 1933 (Partei-Nr. 1,518.171), SS-Anwärter, trotzdem Beitritt zur Vaterländischen Front. Im Sommer 1934 wurde Löhr aus politischen Gründen als Assistent enthoben, die venia legendi wurde aberkannt; die Rückkehr an die Hochschule erfolgte im März 1938, und er erhielt schließlich Anfang 1939 die ordentliche Professur.[511]

Doch mit der ordentlichen Übernahme des Lehrstuhles von Steden dauerte es in diesem Fall ziemlich lange, auch wenn Sekera auf dem Briefpapier der Gauleitung Wien die Ernennung aus „fachlichen und politischen Gründen [für] sehr dringend" hielt.[512]

Auf dem Lehrstuhl, den Amschler innegehabt hatte, supplierten Staffe bzw. Liebscher, später ging der Lehrstuhl an Liebscher.[513] Für Till wurde Kubiena berufen.[514] An der Lehrkanzel für Waldbau sollte auf Prof. Schreiber Leo Tschermak folgen.[515] Nachdem Leo Tschermak 1934 die venia entzogen worden war, war er zunächst 1937 an die Universität Istanbul und 1938 nach Freiburg gegangen.[516]

Nicht ganz so glatt verlief die Karriere eines anderen nationalsozialistischen Wissenschafters. Rektor Kaserer unterstützte Adolf Staffes Antrag auf die Übertragung des Lehrstuhles für Tierzucht und Molkereiwesen auch mit politischen Argumenten: Staffe sei immer ein Nationaler gewesen, habe insbesondere die sozialdemokratische Herrschaft nie ertragen und sei deswegen 1919 in seinem Wahlkreis im Sudetenland gegen einen sozialdemokratischen Kandidaten angetreten und habe diesen auch aus dem Feld geschlagen.[517]

Wichtiger als diese Intervention war aber die genaue parteiinterne Überprüfung Staffes. Denn Sekera, der Staffe zunächst als „Postenjäger" (Brief vom 22. September 1938) eingeschätzt hatte, trat schließlich für Staffe ein. In einem Gutachten vom 28. November 1938 an die NSDAP-Gauleitung Wien betonte er:

„Als Tierzüchter hat Staffe besonderes Verständnis für rassische Fragen, so dass er besonders in dieser Richtung weltanschaulich uns wertvoll ist. Die un-

[510] Archiv der BOKU, 896/1/38.

[511] ÖSTA, AVA, MCU, Fasz. 1208, 48.993/b/38, Anfang 1939 Ernennung zum Professor: ÖSTA, AVA, ebd., 306.170/b.

[512] ÖSTA, AVA, MCU, Fasz. 1210, Sekera-Brief: Antrag auf kommissarische Besetzung des Lehrstuhls.

[513] Liebscher wurde 1940 im Dreiervorschlag auf Platz 1 gesetzt und 1942 berufen (Archiv der BOKU, 114/40).

[514] ÖSTA, AVA, MCU, Fasz. 1210, Sammlung der diesbezüglichen Professorenaustauschaktionen 38.828/38.

[515] Max Schreiber wurde an die Forstliche Versuchsanstalt Mariabrunn versetzt werden, um den Platz für Tschermak freizumachen. Vgl. auch ÖSTA, AVA, MCU, Fasz. 1208, 305.219/39.

[516] „In der Verbotszeit bezahlte er die Mitgliedsbeiträge auch während seines Aufenthalts in Konstantinopel bei der dortigen Ortsgruppe der AO der NSDAP" ÖSTA, AdR, Gauakt 88.846, Dr. Leo Tschermak.

[517] ÖSTA, AVA, MCU, Fasz. 1210, IV-2b/335.071/39.

gerechtfertigte Zurücksetzung Professor Staffes in der Systemzeit hat zu einer verständlichen Verbitterung geführt, [...].“[518]

Die enthobenen Professoren waren also durch politisch zuverlässige Wissenschafter ersetzt worden. Auf der Ebene der Dozenten spielten sich ähnliche Vorgänge ab. An dieser Stelle soll aber nur auf ein Fach eingegangen werden. So forderte Prorektor Olbrich in seiner Übersicht über die Anforderungen der BOKU, „daß die in der Ära Skrbensky verfügte Abschaffung der Zoologie ehestens behoben werden muß“. Damit beauftragt werden sollten Dr. Otto Pesta[519] (allgemeine Zoologie) und Dr. Otto Antonius (Zoologie der Säugetiere), „welch letztere Vorlesung hauptsächlich am lebenden Material in Schönbrunn (Antonius ist Direktor des Tiergartens) abgehalten werden soll“.[520] Mit diesen und einer Reihe von weiteren Lehrauftragsvergaben sollten die Einsparungs- und Reglementierungsmaßnahmen der Jahre 1933/34 endgültig rückgängig gemacht werden.

Wissenschafter, die sich gerade habilitieren wollten, bekamen Schwierigkeiten, wenn sie nicht ins ideologische Konzept passten: Herbert Franz’ Habilitation wurde trotz seines Beitritts zur NSDAP am 15. März 1938 ausdrücklich wegen seiner katholischen Gesinnung (er wurde von den nationalsozialistischen akademischen Behörden am rechten „Neuland“-Flügel geortet) abgelehnt.[521] Auch ein zweiter späterer Rektor der BOKU, nämlich Ladislaus Kopetz, bekam wegen seiner Vergangenheit Schwierigkeiten. Ihm wurde noch 1944 die Professur mit dem ausdrücklichen Hinweis verweigert, er sei früher CVer gewesen.[522]

Die von Reichserziehungsminister Rust ausgegebene Warnung, nicht alle freiwerdenden Lehrstühle mit Österreichern zu besetzen, um die „Gefahr einer Inzucht von vornherein auszuschließen“,[523] wurde an der BOKU in den Jahren 1938/39 nicht berücksichtigt: Und wenn es zu Berufungen von deutschen Hochschulen an die Alma mater viridis kam, betrafen sie österreichische Wissenschafter, die nach 1933 nach Hitler-Deutschland gegangen waren. Erst ab 1941 tauchen vereinzelt „reichsdeutsche“ Professoren an der BOKU auf.

[518] ÖSTA, AdR, Gauakt 12.734, Dr. Adolf Staffe. Da spielte sogar Staffes „ausgeprägt religiöse Haltung“ (ebd.) keine Rolle. Die Bespitzelung durch die Parteifreunde ging auch in diesem Fall ziemlich weit: So wurden sogar Staffes Zeitungsabonnements überprüft.

[519] Zu Pestas wissenschaftlichen Schwerpunkten: GERHARD OBERKOFLER – PETER GOLLER, Materialien zur Geschichte der naturhistorischen Disziplinen in Österreich. Die Botanik an der Universität Innsbruck (1860–1945), Innsbruck 1991 (Forschungen zur Innsbrucker Universitätsgeschichte 17), S. 167 f.

[520] ÖSTA, AVA, MCU, Fasz. 1210, 38.828/38 (BOKU 1210/38). Antonius war ein renommierter Wissenschafter, aber auch bekennender Nationalsozialist und hatte im Ständestaat seinen Direktorenposten in Schönbrunn verloren. Zu Antonius’ Lehrveranstaltungen siehe auch ÖSTA, AVA, MCU, Fasz. 1208, 20.502/34.

[521] Archiv der BOKU, 187/38.

[522] Archiv der BOKU, 123/44.

[523] Zit. nach WEINERT, Maßnahmen (wie Anm. 434), S. 133.

2.3.2.1. Fallbeispiel 1: Schutz durch Prominenz – Erich Tschermak-Seysenegg

Auch der bedeutendste Wissenschafter der BOKU, Erich Tschermak-Seysenegg, bekam Probleme: Seine Mitgliedschaft in dem Komitee, das dem niederösterreichischen Bauernführer Reither die Ehrenbürgerwürde zuerkennen wollte, wurde ihm nach dem Umsturz zum Vorwurf gemacht. Tschermak-Seysenegg widerrief und benannte Rektor Zederbauer als den Schuldigen. Dieser habe unbedingt seinen Schulfreund auszeichnen wollen. Ihm sei die „Unehrenhaftigkeit" Reithers und dessen Gegnerschaft zur BOKU nicht bekannt gewesen.[524]

Tschermak-Seysenegg war ohne Zweifel durch seine Prominenz geschützt, doch stand er wie kaum ein Professor der BOKU unter ständiger Beobachtung durch die Partei. Sein umfangreicher Gauakt gibt davon Zeugnis.

Die Gauleitung Wien bezeichnete noch 1939 den Professor für Pflanzenzüchtung als „politisch untragbar". Tschermak-Seysenegg selbst baute (wohl nicht zu Unrecht) auf die Rückendeckung durch Reichsminister Darré, mit dem er 1938 zusammengetroffen war. Dabei war sein „Sündenregister" im Sinne der Nationalsozialisten lang: Er sei

- ein ausgesprochener Anhänger des Dollfuß-Schuschnigg-Systems,
- Mitarbeiter der monarchistischen Vereinigung „Friends of Austria",
- zum Zeitpunkt der Wiederentdeckung der Mendelschen Gesetze mit einer Jüdin verheiratet gewesen,
- der NSDAP ablehnend gegenübergestanden und 1937 von den Ständestaatsbehörden als „politisch vollkommen einwandfrei und staatstreu" eingestuft worden.[525]

Weiters habe er

- sich 1936 beim Pan-Europakongress „im Interesse jüdischer Getreidehändler gegen den Getreideanbau der Bergbauern" ausgesprochen, um sie damit von den jüdischen Händlern abhängig zu machen,
- zwei Tage vor der so genannten „Schuschniggwahl" aus eigener Initiative ein Telegramm an den Bundeskanzler geschickt, um ihn der Treue der ganzen Hochschule zu versichern.[526]

Bei anderen Professoren hätte schon einer dieser Vorwürfe für die sofortige Enthebung ausgereicht, Tschermak-Seysenegg blieb jedoch im Amt. Als er sich aber

[524] Archiv der BOKU, 162/38 (undatierte Beilage).

[525] ÖSTA, AdR, Gauakt 46.777, Dr. Erich von Tschermak-Seysenegg, Gaupersonalamtsleiter an Reichsleiter Baldur v. Schirach, Zentralbüro, 15. 7. 1941. Tschermak wird in dem Schreiben durchgehend als „Tschermag" bezeichnet.

[526] Ebd.

Abb. 13: Erich Tschermak-Seysenegg, o. Prof. für Pflanzenzüchtung.

für seinen Diener und Gärtner Butzenlechner[527] einsetzen wollte, stieß er an die Grenzen seiner Möglichkeiten. Sekera schätzte 1941 sein Verhalten so ein: Tschermak-Seysenegg bemühe sich gegenwärtig, „als Anhänger der NSDAP zu erscheinen. Seine Haltung entspringt aber lediglich dem Bestreben unter dem jeweils herrschenden Regime eine Rolle zu spielen.“[528]

Als Tschermak-Seysenegg 1941 den Telschow-Preis erhalten sollte, riet Sekera jedenfalls, den Forscher „wissenschaftlich unangetastet“ zu lassen, von Ehrungen oder Herausstellungen aber aus politischen Gründen Abstand zu nehmen. Doch Sekera setzte sich nicht durch: Reinthaller und einige Abordnungen von Minister Darré ehrten den Wissenschafter. Der Kurator der Wiener Hochschulen Boeckmann überreichte ihm zum 70. Geburtstag die Goethe-Medaille.[529] Nach Tschermak-Seyseneggs Emeritierung (1941) ließ das Interesse der parteiamtlichen Beobachter an seiner Person schlagartig nach, eine von ihm forcierte Gründung eines Kaiser-Wilhelm-Institutes für Kulturpflanzenforschung kam 1943 nicht mehr zustande.

Tschermak-Seyseneggs Autobiographie erlaubt keinerlei Rückschlüsse auf seine politischen und weltanschaulichen Positionen. Sie handelt ausschließlich von den wissenschaftlichen Lehrern, eigenen Forschungen, seinen Reisen, den Mitarbeitern und schließlich den Ehrungen. Die beiden Weltkriege, der fünfmalige Wechsel der Regierungsform in Österreich zwischen 1918 und 1945, die Erfahrung des Nationalsozialismus: All das bleibt konsequent ausgespart in den Erinnerungen des 87 Jahre alten Wissenschafters.

2.3.2.2. Fallbeispiel 2: Emanuel Hugo Vogel – Ein nationaler Professor im Fadenkreuz Sekeras

Wer an der BOKU 1938/39 wirklich an den Schalthebeln der Macht saß, das wurde durch den Verlauf der „Affäre Vogel“ endgültig klargestellt. In dieser Angelegenheit spielten Rektor und Professorenkollegium – wenigstens nach Sichtung der Quellen – keine Rolle, die ganze Affäre verdankt sich allein Sekeras Fanatismus, der in diesem Fall nicht einmal vor einem altgedienten Förderer der NSDAP halt machte: Der Volkswirtschafter Emanuel Hugo Vogel hatte 1934 seine Professur verloren und war als „Wiedergutmachung“ 1938 wieder an die Hochschule für Bodenkultur berufen worden.[530]

[527] Butzenlechner war von Sekera als Funktionär der VF sofort nach der Machtübernahme entlassen worden. Er wird in Tschermak-Seyseneggs Autobiographie wiederholt hervorgehoben, so vor allem in: TSCHERMAK-SEYSENEGG (wie Anm. 71), S. 103, während die Gegner aus dieser Zeit in dem Buch mit keinem Wort erwähnt werden.

[528] ÖSTA, AdR, Gauakt 46.777, Dr. Erich von Tschermak-Seysenegg.

[529] TSCHERMAK-SEYSENEGG (wie Anm. 71), S. 165.

[530] ÖSTA, AdR, Gauakt 422, Dr. Emanuel Vogel. Nicht einmal der Gauakt liefert letzte Klarheit in der Frage, wann Vogel nun der NSDAP beigetreten ist. Am 26. 2. 1943 wird als Beitrittsdatum der 1. 7. 1938 genannt, am 24. 3. 1943 dann der 1. 10. 1940. Im Zuge des Entnazifizierungsverfahrens taucht auch noch ein drittes Beitrittsdatum – 1. 5. 1939 – auf. Als Parteimitglieds-Nr. scheint 8,469.922 unbestritten.

Nach seiner Rückkehr an die BOKU erfuhr er aber nur wenig Dankbarkeit. In der Phase der größten nationalsozialistischen Euphorie genügte schon eine geringe Abweichung von der Norm, um in schwere Kalamitäten zu geraten. Oder, um es mit Sebastian Meissl zu sagen: „[I]m unberechenbaren Sozialverhalten der Hatz bekamen auch die ideologischen Treiber etwas ab.“[531] So sah sich Vogel aus einem an und für sich nichtigen Anlass plötzlich als Zielscheibe heftiger Angriffe Sekeras. Er hatte am 5. Oktober 1938 bei einer NS-Spendenaktion für die Sudetendeutschen nur fünf Reichsmark gespendet.

Viel zu wenig, wie Sekera fand. Der daraus resultierende Konflikt war jedoch nicht aus heiterem Himmel entstanden. Der kommissarische Leiter der BOKU hatte sich schon früher für Vogels Vergangenheit interessiert und war auch fündig geworden: Wie aus einem Bericht des Reichsamtsleiters des NSD-Dozentenbundes an das Österreichische Unterrichtsministerium hervorgeht, war nach der NS-Machtübernahme ursprünglich die Wiedereinsetzung Vogels, als des „letzten nationalen Rektors“ von 1934, geplant. Das Kollegium war aber mit diesem Plan aus „persönlichen und sachlichen“ Gründen nicht einverstanden. Vogel wurde vorgehalten, dass er 1934 mit seiner ungeschickten Taktik die „Hochschule als einzige der Ostmark einem schwarzen Regierungskommissär [auslieferte], der die Dozentenschaft und Studentenschaft in unbeschreiblicher Weise schädigte“.[532]

Zu „Führers Geburtstag“, am 20. April, hätte Vogel den Festvortrag zum Thema „Blut und Boden“ halten sollen. – In diesem Fall opponierten die Studenten, die „jede innere Verbindung zum Vortragsthema“ bei Vogel vermissten.

Weiters wurde ihm vorgeworfen, dass er „mit großem Nachdruck die Wiedergutmachung der während der Systemzeit erlittenen Abzüge“ einforderte, wie übrigens auch 17 andere BOKU-Professoren und Dozenten. Sekera spricht von asozialem Verhalten: Es sei „abstoßend“ gewesen, „wenn ein wohlbestallter Ordinarius sich besorgt um seine zukünftigen Bezüge erkundigt“.[533]

Dann sah sich Vogel auch noch mit Gerüchten konfrontiert, er sei mit einer Jüdin verheiratet.[534] Es stellte sich heraus, dass Vogels Frau in erster Ehe mit einem „Volljuden“ verheiratet gewesen war. „[W]ie man von diesem Mann in der Vorlesung das nötige Verständnis für die rassischen Grundlagen der Agrarpolitik erwarten könne“,[535] das bezweifelte der Dozentenbundführer. Sekera waren alle diese Vorwürfe bereits bekannt, als die „Sudetenspendenaffäre“ ins Rollen kam.

Am 6. Oktober 1938 wurde Vogel im parteiamtlichen Anschlagkasten des NSDDB an der BOKU wegen seiner geringen Sudeten-Spende heftig kritisiert. Dem folgte eine Aussprache, in der Vogel die geringe Höhe der Gabe mit einem Missverständnis erklärte und seine Spende von fünf auf 40 RM aufstockte. Sekera

[531] MEISSL (wie Anm. 207), S. 204.

[532] ÖSTA, AVA, MCU, Fasz. 1199, IV-2-312.752-b/39.

[533] Ebd.

[534] Ebd.

[535] Ebd.

bestätigte danach tags darauf, dass Vogel „in voller kameradschaftlicher Verbundenheit zu unserer Gemeinschaft und ihrer parteiamtlichen Führung"[536] stehe.

Am 24. Oktober nahm Sekera die eigene Richtigstellung zurück und verschärfte die Angriffe auf seinen ursprünglichen Gesinnungsgenossen. Offensichtlich hatte er inzwischen von der Existenz von zwei Aufsätzen Vogels aus dem Jahr 1935 erfahren. Auf offiziellem Parteipapier bezichtigte der Dozentenbundführer den Professor und ehemaligen Rektor der Lüge, was dessen Erklärungen zur „Spendenaffäre" betraf. Noch schwerer wog der zweite Vorwurf: Vogel wäre 1934 und 1938 zwar als Nationalsozialist, 1935 jedoch als Parteigänger des Ständestaates aufgetreten. Als Beweis dafür wurden seine Schriften zwischen 1934 und 1938 genommen, die Sekera als Propagandaarbeiten für das Schuschnigg-Regime und seine Österreich-Ideologie deutete. Sekera fasste seine Vorwürfe so zusammen:

> „Es ergibt sich die Tatsache, dass sie
> 1934 als Nationalsozialist galten,
> 1935 sich gegen die nationalsozialistischen Grundsätze aussprachen und
> 1938 aus begreiflichen Gründen, [sic!] wieder als Nationalsozialist gelten wollen. [...]
> Ich füge dem hinzu, dass ich nach den gemachten Erfahrungen zu einer persönlichen Aussprache mit ihnen nicht mehr bereit bin."[537]

Die Titel der inkriminierten Aufsätze aus dem Jahr 1935 lauten „Österreichs Selbständigkeit als Weg einer gesamtdeutschen Lösung des Donauraumproblems" und „Ständeverfassung und Demokratie". Sie sind es in der Tat wert, einer näheren Betrachtung unterzogen zu werden, denn sie können als besonders gelungene Beispiele für die Manifestation deutschnationalen oder zum Teil sogar deutschliberalen Gedankengutes in Zeiten der „Österreich"-Ideologie gelten. Neben Arbeiten von Zeßner-Spitzenberg gab es ja keine wesentlichen Beiträge von BOKU-Professoren zum politischen Diskurs der Jahre 1934 bis 1938. Vogel musste – ein Jahr nach seiner Enthebung – selbstverständlich vorsichtig sein. Unter den gegebenen Bedingungen können beide Aufsätze durchaus als mutig bezeichnet werden, wobei dieser „Mut" sowohl einen großdeutschen wie auch einen prodemokratischen Aspekt aufweist.

Zur Illustration für Vogels der Zensur geschuldeten gewundenen Sprache:

> „Es mag unter den heutigen Verhältnissen, welche darauf abgestellt sind, eine ‚Totalität' der Geister und Meinungen mehr oder weniger zwangsläufig herzustellen als Kühnheit oder Ketzerei erscheinen, von ausgegebenen Parolen abweichende Meinungen überhaupt frei und öffentlich zu erörtern, ja, Anschauungen zu vertreten, welche Interessenten an den heutigen Zuständen als überholt und

[536] ÖSTA, AVA, MCU, Fasz. 1207, 45.507-2b/38.
[537] ÖSTA, AVA, MCU, Fasz. 1199, IV-2-48.962-b/38.

angeblich unmodern lieber endgültig über Bord geworfen wissen möchten. Dennoch, es scheint mir im Interesse der Zukunft des deutschen Volkes in Mitteleuropa unbedingt geboten."[538]

Wenig später folgen jene Passagen, die ihm 1938 zum Vorwurf gemacht werden: „[Ich] trete voll und ganz für die Unabhängigkeit Österreichs als eines selbständigen Staates ein", wobei seine nationalsozialistischen Kritiker im Jahr 1938 den Nachsatz „aber im Sinne gleichzeitiger voller Einstellung auf eine rein nationale gesamtdeutsche Außenpolitik in Mitteleuropa"[539] geflissentlich übersahen. Bei aller Sympathie für faschistische korporative Modelle trat der Volkswirtschafter für die „Beibehaltung eines gewissen Maßes von Demokratie [...] für den gesamten kulturellen und nationalpolitischen Aufgabenbereich des deutschen Volkes in beiden Staatswesen"[540] ein.

Vogel forderte im ersten Aufsatz nicht weniger als eine Abkehr von der Italienorientierung und die totale Unterordnung Österreich unter die deutsche, also nationalsozialistische Außenpolitik, vor allem in Wirtschaftsfragen.[541] Doch das half ihm 1938 wenig.

Vielleicht noch weiter außerhalb der nationalsozialistischen Diktion bewegte sich Vogel im zweiten Aufsatz. In „Ständeverfassung und Demokratie" äußert er sich vorsichtig kritisch zu den totalitären Verfassungen in Deutschland und in Österreich, wenn er auch die zeitweilige Notwendigkeit von Diktaturen anerkennt. Selbst dabei müssten drei Bereiche aber immer völlig frei bleiben: Das Unternehmertum, das Geistesleben und die Wissenschaften.[542] Natürlich war Vogel kein Anhänger der liberalen parlamentarischen Demokratie, er betätigte sich gerade in dieser Zeit – nach eigener Aussage – als illegaler Nationalsozialist; seine Forderung nach Freiheit der Wissenschaft ist also sicher nicht auf liberale oder marxistische Ansätze, die auch mit keinem Wort erwähnt werden, gemünzt.

Besonders deutlich wird Vogel in der Ablehnung von staatlichen Eingriffen gegen die Autonomie der Hochschulen, die er ja selbst als „nationaler Rektor" der BOKU 1934 zu spüren bekommen hatte: „Die Hochschulen als die Stätten der wissenschaftlichen Forschung und Lehre sind vorweg kein geeignetes Objekt autoritärer Führung." Er plädiert für das „althergebrachte Maß von Selbstbestimmung", um die Hochschulen „als reine Stätten der Wissenschaft"[543] erhalten zu können. Die autoritäre Führung von Hochschulen – und da konnte sich Sekera sehr wohl angesprochen fühlen – wäre dazu ein grundlegender Widerspruch,

[538] Emanuel Hugo Vogel, Österreichs Selbständigkeit als Weg einer gesamtdeutschen Lösung des Donauraumproblems/Ständeverfassung und Demokratie. Zwei unzeitgemäße Aufsätze, Wien 1935, S. 5.

[539] Ebd.

[540] Ebd., S. 6.

[541] Ebd., S. 7–16.

[542] Ebd., S. 46.

[543] Ebd., S. 42.

„da es im Bereiche der Wissenschaft ein ‚Führerprinzip' nicht geben kann und nur freie Wahl der akademischen Organe sowie Selbstverwaltung der Hochschulangelegenheiten im Rahmen der Staatsgesetzgebung die höchste Leistungsfähigkeit der Hochschulen im Interesse des Volks- und Staatsganzen verbürgt."[544]

Es ist eine ganz besondere Ironie, dass Vogel 1938, als seine Partei die Macht in Österreich an sich gerissen hatte, zum zweiten Mal den Verlust der Hochschulautonomie am eigenen Leib zu spüren bekam.

Denn in Kenntnis dieser Schriften war für Sekera die nationalsozialistische Hochschule in Gefahr. Die folgenden Ereignisse zeigen deutlich die Ohnmacht des Rektors und des Kollegiums und die Machtstellung von NSD-Dozentenbund und Studentenschaft. Ein von Sekera unterschriebenes Pamphlet ermunterte die Studenten auf dem „Schwarzen Brett" zum Lehrveranstaltungsboykott gegen Vogel.[545] Am 22. November forderte Sekera Rektor Kaserer auf, Vogel zur Resignation zu zwingen. Dieser folgte wie immer prompt den Anweisungen des Dozentenbundführers und ersuchte am nächsten Tag den ehemaligen Rektor, „sich bis auf weiteres von der Lehrtätigkeit und Prüfungstätigkeit an der Hochschule für Bodenkultur zu enthalten".[546] Diese parteiintern zunächst kritisierte Haltung erfuhr schließlich vom Reichsamtsleiter des NSD-Dozentenbundes eine eindeutige Unterstützung: „Prof. Vogel hat zwar ungehinderten Zutritt zu seinem Hörsaal – aber er ist leer und wird bei der gesunden Einstellung unserer Studenten leer bleiben."[547]

Vogel antwortete mit einem Brief vom 25. November, in dem er ein Disziplinarverfahren gegen sich forderte und seine nationalsozialistische Gesinnung herausstrich.[548] Der so sehr bedrängte Prof. Vogel konnte in den nächsten Monaten seine (nationalsozialistische) Ehre zwar wieder herstellen, indem er in die Offensive ging und auf seine Tätigkeit in der Illegalität verwies, Ehrenerklärungen von hochkarätigen Parteifunktionären und eine rein nationalsozialistische Interpretation seiner Aufsätze vorlegte. Am 5. Dezember forderte er in einem Brief an den Rektor, in dem er auf alle Höflichkeitfloskeln verzichtete, die sofortige Wiederaufnahme.[549] Bereits am nächsten Tag kam es zum Rückzieher: Sekera sah sich gezwungen, die Vorwürfe zurückzuziehen, Gaudozentenbundführer Marchet gab für Vogel eine (NS-)Ehrenerklärung ab. Trotzdem verließ Prof. Vogel die BOKU ein zweites Mal. Dieses Mal ging das Ordinariat an einen Parteigenossen, nämlich an Prof. Grö-

544 Ebd., S. 43.

545 ÖSTA, AVA, MCU, Fasz. 1208, 45.507/38.

546 Ebd., Z. 45.507/2b/38 (23. 11. 1938).

547 ÖSTA, AVA, MCU, Fasz. 1199, IV-2-312.752-b/39.

548 AVA; MCU, Fasz. 1208, 45.507/38: „Wenn an dieser meiner nat.soz. Geisteseinstellung und Haltung trotz der gerade von mir im Kampfe mit der Systemregierung gebrachten Opfer nun plötzlich und ohne zureichenden Grund gezweifelt wird, so widerspricht dies einfach den Tatsachen und bitte ich auch in dieser Hinsicht um volles, unter Parteigenossen als Recht und Pflicht anzusehendes Gehör in diesen für mich lebenswichtigen Fragen, unabhängig von der die persönlichen Gründe betreffenden Disziplinaruntersuchung. Heil Hitler Vogel".

549 ÖSTA, AVA, MCU, Fasz. 1208, 45.507/38.

gor.[550] Im Unterschied zu 1934 konnte Vogel jedoch, gewissermaßen zur Entschädigung, auf seine Professur an der Universität Wien zurückgreifen.

Diese Erfahrungen dürften bei Vogel eine innere Abkehr vom Nationalsozialismus eingeleitet haben, dies legt zumindest sein Gauakt nahe. Trat im Oktober 1938 noch Leopold Tavs, Gauleiter von Wien 1937/38, für Vogel ein, so klingen die Berichte aus späteren Jahren nach großer Verbitterung. 1943 schreibt Vogels Ortsgruppenleiter in seinem Bericht, dass der Professor „Mitarbeit strikte" ablehne, „keine Einsatzbereitschaft" zeige, gegenüber Parteifunktionären „jede Zuvorkommenheit" vermissen lasse und zudem noch sehr wenig spende.[551]

2.3.3. Sekeras Eigenmächtigkeiten

Für Sekera war die Sache noch nicht beendet. Der mit dem Verlauf der Angelegenheit höchst unzufriedene Gaudozentenführer Marchet schrieb in einem Brief an das Ministerium:

> „Dr. Sekera, der die Angelegenheit verbrochen hat, sieht ein, daß er das Ganze – selbst wenn er in manchem vielleicht auch nicht unrecht hat – sehr ungeschickt gemacht hat. Er hat mich gebeten, zu erwirken, daß der Herr Staatskommissar mit ihm persönlich spricht, damit er Gelegenheit hat, sich selbst zu rechtfertigen."[552]

Das war jedoch nicht die einzige Aktion Sekeras, die die NS-Bürokratie an den Fähigkeiten des Dozentenbundführers zweifeln ließ: Bereits in der Frage des generellen Verbots des Studiums von Juden war er aufgefallen. Eine weitere gescheiterte Idee Sekeras war die Auszeichnung von hochrangigen Nazi-Führern mit Ehrendoktoraten: Neben Prof. Kölbl (1934 von der BOKU enthoben und nach Deutschland emigriert) und dem Berliner Professor für Ackerbau und Landbaupolitik Dr. Konrad Mayer finden sich da so illustre Namen wie Reichsbauernführer und Reichsernährungsminister Richard Walther Darré, der Erfinder des Schlagwortes „Blut und Boden", und Reichsforstmeister (in dieser Eigenschaft sollte er ausgezeichnet werden) Hermann Göring.[553] Die Nazigrößen legten aber keinen gesteigerten Wert auf akademische Würden und das Ministerium für innere und kulturelle Angelegenheiten schickte als Antwort anstatt einer formellen Absage nur die strengen Richtlinien für Ehrendoktorate, die unter anderem eine Aufhebung der Hochschulautonomie in Promotionsfragen enthielt, verbunden mit der Weisung, dass pro Jahr nur eine Ehrenpromotion zulässig sei.[554]

[550] ÖSTA, AVA, MCU, Fasz. 1176, Akt Dr. Ludwig Grögor.

[551] ÖSTA, AdR, Gauakt 422, Dr. Emanuel Vogel. Bericht vom 26. 2. 1943.

[552] Ebd. (20. 1. 1939).

[553] Archiv der BOKU, 354/38 (12. 4.) Hier finden sich auch die Begründungen für die geplante Verleihung der Ehrendoktorate.

[554] Archiv der BOKU, 454/38.

Auch als Sekera im April und Mai 1938 versuchte, einen ihm passend erscheinenden Lehrkörper zusammenzustellen, ging er einen Schritt zu weit. Er wollte unbedingt den Münchner Landwirtschaftspolitikwissenschafter Heinz Haushofer als Professor für die Hochschule gewinnen. Vorbei am zuständigen Minister telegraphierte er in dieser Sache an Reichsbauernführer Darré und an Rudolf Heß.

„Berufung Haushofers als Professor für Agrarpolitik an Hochschule für Bodenkultur sehr dringend. Da von hier aus in kurzer Zeit nicht möglich, erbitte ich Intervention bei Minister Rust.

Der kommissarische Leiter der Hochschule für Bodenkultur Sekera".[555]

Heß leitete das Telegramm umgehend an Erziehungs- und Wissenschaftsminister Bernhard Rust weiter: Der war ob der Umgehung des Dienstweges verstimmt und richtete daraufhin ein indigniertes Schreiben an den Reichsstatthalter Bürckel, in dem er sich darüber beschwerte, dass Sekera sich gleich direkt an Heß gewandt habe. Er bat um Nachforschungen im Fall Sekera und mahnte eine genaue Befolgung des Dienstweges ein. Aus Rusts Telegramm vom 1. Juli 1938:

„Ich bitte, die Hochschule für Bodenkultur zu veranlassen, ob sie beabsichtigt, die Besetzung eines Lehrstuhls mit einem Agrarpolitiker zu beantragen. Gegebenenfalls ist anzugeben, um welchen Lehrstuhl es sich handelt. Ich gebe anheim, dann auch zur Person Dr. Haushofers Stellung zu nehmen. Ich bitte dafür Sorge zu tragen, daß der Dienstweg über das von Ihnen geführte Ministerium für innere und kulturelle Angelegenheiten eingehalten wird. [...] Schließlich bitte ich zu klären, wie weit Dr. Sekera berechtigt ist, sich als ‚kommissarischer Leiter der Hochschule für Bodenkultur' zu bezeichnen."[556]

In grenzenloser Selbstüberschätzung ersuchte Sekera am 18. Mai „im Einvernehmen mit dem Herrn Reichsminister für Ernährung, dem Herrn Reichsminister für Erziehung und dem Herrn Reichsdozentenbundführer" um die Durchführung des Berufungsverfahrens.[557] Heß informierte Rust am 25. Mai 1938 über die Person des so dringend geforderten Professors. Danach besitze Haushofer „zu einem Viertel nichtarisches Blut", er „genießt nach Entscheidung des Führers die Rechte eines Vollariers, zufolge seiner Teilnahme am Zuge zur Feldherrenhalle".[558] Der Wunsch des sich im März 1938 als rabiaten Antisemiten gerierenden Sekera nach einer Professur für den „Ehrenarier" Haushofer wurde erst ein Jahr später,

[555] Telegramm vom 30. 4. 1938: ÖSTA, AVA, MCU, Fasz. 1208, 24.967-2/b/1938.

[556] Schreiben von Minister Rust an Reichsstatthalter Bürckel, in: ebd.

[557] Archiv der BOKU, 488/38.

[558] Schreiben von Heß an Rust in: ÖSTA, AVA, MCU, Fasz. 1207, 24.967-2/b/1938. Heinz Haushofer trat 1986 als einer der wenigen damals noch Lebenden in der deutschen Fernsehdokumentation „Hitlerputsch 1923: Augenzeugen berichten" vor die Kamera.

und dann auch nur zum Teil erfüllt. Haushofer wurde zwar an die BOKU berufen, allerdings zunächst nur als Lehrbeauftragter, dann als „Dozent neuer Ordnung".[559]

Obwohl er mit seinen Aktionen schon des Öfteren negativ aufgefallen war, schien Sekeras Selbstbewusstsein unerschütterlich. Dies zeigt sich in einem Schreiben an das Ministerium für innere und kulturelle Angelegenheiten vom August 1938. Er war wegen der eigenmächtigen Herabsetzung der Bezüge missliebiger (zum Teil verhafteter) Professoren getadelt worden. Sekeras Reaktion:

„Grundsätzlich bitte ich folgendes zu bedenken: Es gibt in unserem Amtskreis genügend Leute, denen auch nur der Anschein einer Differenz zwischen Staat und Partei willkommen ist. Im Interesse unserer nationalsozialistischen Zusammenarbeit bitte ich daher, mich zu einer persönlichen Verständigung zu rufen, falls eine von mir gezeichnete parteiamtliche Verfügung der letzten Monate für die Verwaltung untragbar oder unzweckmäßig erscheint. Es wird sich dann immer ein Einvernehmen erzielen lassen, zumal ich künftighin aus eigenem fallweise darum ersuchen werde."[560]

Bürckel wollte nach Rusts Schreiben vom Österreichischen Unterrichtsministerium wissen, wer denn nun eigentlich Sekera zum kommissarischen Leiter der Hochschule bestellt hätte. Die Nachforschungen förderten Erstaunliches zutage: Sekera war zwar der Leiter der illegalen NS-Zelle an der BOKU gewesen, doch seine Stellung als kommissarischen Leiter der Hochschule verdankte er lediglich dem Bezirksleiter Pg. Stanek von der NSBO (Nationalsozialistische Betriebs-Organisation) des 14. Bezirks, der ihn in den chaotischen Märztagen mit dieser Funktion beauftragt und mit den parteiinternen Legitimationen ausgerüstet hatte! Der Leiter der Rektoratskanzlei der Hochschule Swoboda gab am 16. August 1938 an, dass für ihn Sekeras Legitimation deswegen Gültigkeit hatte, weil sie vom Unterrichtsministerium de facto anerkannt worden war. Das Unterrichtsministerium akzeptierte Sekera vorläufig in dieser Funktion, wenn auch nicht ohne Reserven:

„Es handelt sich jedoch dabei, wie Amtsrat Mayerhofer des Ministeriums für innere und kulturelle Angelegenheiten, Abt. IV, mitgeteilt hat, um keine aktenmäßige Bestätigung der Funktion Sekeras seitens der zuletzt genannten Abteilung."[561]

Im August wurden auch Sekeras Bestimmungen über die Kürzung der Bezüge der enthobenen Professoren rückgängig gemacht. Ein Wiedergutmachungsfonds sei nicht vorgesehen, die „zurückbehaltenen Bezüge" seien „den Perzipienten un-

559 Zu Haushofers Bestellung vgl. ÖSTA, AVA, ebd., 335.075/39 (5. 10. 1939).

560 Sekera an das Ministerium für innere und kulturelle Angelegenheiten (auf dem Briefpapier der NSDAP-Gauleitung Wien), in: ÖSTA, AVA, ebd., 29.476/1938 (12. 8. 1938).

561 ÖSTA, AVA, ebd., 17142/38.

verzüglich zu erfolgen".[562] Sekera sah diese Entscheidung nicht ein und stellte fest, dass nicht das Ministerium, sondern nur die Gauleitung (deren Briefpapier er wieder benutzte) die Bestimmung aufheben könne.[563]

Mit seiner Vorgangsweise im Fall Vogel hatte Sekera den Bogen offensichtlich überspannt: Für das Ministerium war das Maß voll: „Die [...] Vorgangsweise des Dozentenschaftsleiters Franz Sekera an der Hochschule für Bodenkultur in Wien macht seine Enthebung als Dozentenschaftsleiter notwendig."[564] Für seine Eigenmächtigkeiten wurde er am 16. März 1939 „mit sofortiger Wirkung" als Dozentenschaftsführer enthoben, weil er „für ein derartiges Amt nicht die erforderliche Eignung besitzt"[565]. Bürckel persönlich, der auch in anderen Fällen mit Sekera unliebsame Erfahrungen gemacht hatte, konzedierte ihm „nicht die erforderliche Eignung" und gab bekannt, dass er Sekeras „Verhalten in seiner Eigenschaft als Leiter der Dozentenschaft aufs schärfste mißbillige".[566]

Doch diese Enthebung hatte kaum praktische Folgen. Der NSDDB der BOKU schlug Sekera im Sommer 1939 erneut als Dozentenschaftsleiter vor. Dieses Ansinnen wurde abgelehnt und für das Österreichische Unterrichtsministerium avancierte Tischendorf zum Dozentenvertreter. Praktische Auswirkungen dürfte diese Entscheidung aber nicht gehabt haben, denn sowohl in den Vorlesungsverzeichnissen als auch im Schriftverkehr fungierte Sekera bis 1941/42 als Dozentenbundführer. Er wurde also letztlich im Amt belassen,[567] vielleicht auch deshalb, um die parteiinternen Streitigkeiten auf keinen Fall publik zu machen Dass er dabei Unterstützung von maßgeblichen Parteistellen hatte, ist wohl anzunehmen, findet aber keinen Niederschlag in den Akten.

Sekeras Aufstieg wurde nicht einmal durch die Interventionen Bürckels gefährdet: Der Titel eines kommissarischen Leiters verschwindet zwar, doch nimmt der Dozentenbundführer der Hochschule am 31. Juli 1939 den nächste Schritt auf der Karriereleiter: Er wird „unter gleichmässiger Berücksichtigung seiner Leistungen als Forscher und akademischer Lehrer sowie seiner politischen Haltung zur Ernennung zum Dozenten neuer Ordnung vorgeschlagen."[568] Als er dann wirklich als Dozentenbundführer abtrat, war dieser „Fall" ein weicher: Sekera wurde 1942 zum ordentlichen Professor ernannt.

Die Konflikte Sekeras mit der zentralen Wiener Verwaltung und den Ministerialbürokratien können durchaus als Teil der Auseinandersetzungen zwischen den radikalen Wiener Parteistellen (nicht umsonst bemüht sich Sekera immer wieder um

562 ÖSTA, AVA, ebd.

563 ÖSTA, AVA, MCU, Fasz. 1208, 29.476/38.

564 ÖSTA, AVA, MCU, Fasz. 1199, 48.962-b/39.

565 ÖSTA, AVA, MCU, Fasz. 1199, 315.877/39, vgl. auch 317.271/39 und 335.064/39.

566 ÖSTA, AVA, MCU, Fasz. 1199, IV-2-312.752-b/39 (Bürckels Enthebungsschreiben vom 16. 3. 1939).

567 ÖSTA, AVA, MCU, Fasz. 1199, besonders IV-2-48.962-b (Enthebung) und IV-2-312.752-b/39 (Gutachten für Sekera von Min. Dir Prof. Dr. Schultze, Reichsamtsleiter des NSD-Dozentenbundes) und IV-2b-338.931/39 (erneute Enthebung).

568 ÖSTA, AVA, MCU, Fasz. 1199, 226.179/39 (31. 7. 1939).

den Nachweis, dass er im Einvernehmen mit der Wiener Gauleitung der NSDAP handle) und dem Stab des „Reichskommissars für die Wiedervereinigung Österreichs mit dem Deutschen Reich", wie Bürckels Titel seit dem 23. April 1938 lautete, gesehen werden.[569] In diesem Konflikt spielt das geschwächte Professorenkollegium so gut wie keine Rolle. Die Hochschule als Institution macht 1938 den Eindruck einer mehr oder weniger willigen Manövriermasse zwischen radikalen örtlichen Nationalsozialisten und jenen Staats- und Parteistellen, die die Gleichschaltung auf eine so genannte legale Basis stellen wollten. Auch wenn es Sekera gelungen ist, seine Position wenigstens an der BOKU zu halten, so konnten er und seinesgleichen nur kurz die offizielle Hochschulpolitik mitgestalten.

2.3.4. Studieren im „Dritten Reich"

Nach dem „Anschluss" galten für die Studenten völlig andere Bedingungen: Zwar konnte keine Rede davon sein, dass die „studentische Selbstverwaltung, seit vielen Jahren stete Forderung und Sehnsucht der besten deutschen Studenten [...] heute im nationalsozialistischen Reich Wirklichkeit geworden ist",[570] wie es der Reichsstudentenführer Gustav Adolf Scheel 1936 formuliert hatte. Ganz im Gegenteil, vor allem die soziale Kontrolle über die Studenten wurde sogar ausgebaut.

Andererseits lässt sich nicht leugnen, dass die Bedeutung der Studentenführung innerhalb des universitären Apparats eindeutig gewachsen war. Gemeinsame Aufrufe mit dem Rektor hat es vor 1938 jedenfalls nicht gegeben, und die direkte Einbindung der Studierenden in Entscheidungsprozesse wäre ebenfalls unmöglich gewesen. Die Deutsche Studentenschaft wurde unmittelbar nach dem „Anschluss" – natürlich ohne den vor 1933 noch existierenden formaldemokratischen Aspekt – wieder eingerichtet, die Korporationen lösten sich entweder freiwillig auf oder wurden aufgelöst. Einige Aspekte des Verbindungswesens wurden von den NS-Studenten übernommen: Die Ehrenordnung sah zum Beispiel einen Zweikampf vor, denn die „verletzte Ehre kann nur durch Blut wieder hergestellt werden."[571]

Eine Studie der Reichsstudentenführung aus dem Frühjahr 1939 sollte den status quo der österreichischen Studentenschaft analysieren. Einige der interessantesten Ergebnisse: Im Vergleich mit dem „Altreich" war an den „ostmarkdeutschen" Hochschulen eine Überalterung zu konstatieren, und zwar besonders in den nur an der BOKU beheimateten Studienrichtungen Landwirtschaft und Forstwirtschaft.[572] 61,7% der Studenten stammten aus den drei Großstädten Wien, Graz und Linz, die zusammen nur 31,6% der Gesamtbevölkerung stellten.[573] Was

[569] Vgl. BOTZ, Nationalsozialismus in Wien (wie Anm. 418), S. 193 ff.

[570] WILHELM KAFFL (Hg.), Wille und Weg der nationalsozialistischen Studenten, Marburg 1937, S. 19.

[571] Zit. nach ebd., S. 25.

[572] Nachwuchs und Auslese, hg. im Auftrage des Reichsstudentenführers von Dr. Heinz Franz und Dr. Hanns Streit, Großenhain 1939 (Schriftenreihe der Zeitschrift „Der Altherrenbund", 2. F.), S. 11.

[573] Ebd., S. 26 ff. Die Studie nennt dieses Verhältnis „ungesund" (S. 26).

die Konfessionen betrifft, so betrug der Anteil der protestantischen Studenten mit 11,2% ein Vielfaches des Anteils von Protestanten an der Gesamtbevölkerung (4,4%). Auch die überwältigende Mehrheit der NS-Studenten hatte die traditionellen Glaubensgemeinschaften (noch) nicht verlassen, der Anteil der „Gottgläubigen" (diese Bezeichnung verwies praktisch immer auf NS-Nähe) lag bei 2,2%, der der Konfessionslosen bei 0,7%.[574]

Insgesamt gehörten 1939 6.310 Studierende, deutlich mehr als 50% der in der „Ostmark" Studierenden, einer Gliederung der NSDAP an, davon war aber fast die Hälfte erst nach dem März 1938 in der Staatspartei aktiv geworden. Was den Organisierungsgrad betraf, lag die BOKU zusammen mit den Montan- und Technikstudenten eindeutig an der Spitze. Hier waren 70% der Studenten Parteiaktivisten.[575] Ein Blick auf die Art der Betätigung verrät, dass die meisten Studenten der SA und dem NSDStB angehörten. Dahinter folgte schon die SS. Jeder zehnte „ostmärkische" Studierende war im „Schwarzen Orden" aktiv.

Die Untergrundarbeit der Jahre 1933 bis 1938 machte sich für nationalsozialistische Studentenpolitiker durchaus bezahlt und wurde von Anfang an mit der Gloriole des Heldentums versehen:

„Die neue Gemeinschaft der deutschen studentischen Jugend an den Hochschulen Österreichs entstand nicht in den organisatorischen Einrichtungen der Sachwalterschaft, sondern sie entstand in den Kellern, in den Wäldern und auf den Bergen, in den illegalen Lagern des Studentenbundes. Dort wurde um die Formung unseres studentischen Lebens gerungen, dort wurde der Grundstein gelegt zum Neuaufbau der Deutschen Studentenschaft in Österreich, dort wurde auch das Fundament für die neue deutsche Hochschule gelegt."[576]

Aus diesen Worten des „Reichsstudentenführers Südost" Hubert Freisleben spricht ein jugendbewegter Impetus, der weniger Wert auf wissenschaftliche als auf ideologische Ausbildung legt. Freislebens Text schließt auch mit der Parole: „Wir wollen sein die junge Front der kämpfenden Wissenschaft, die kämpft für Führer, Volk und Reich!"[577]

Auch die Ziele des Studiums hatten sich verschoben: Der Student sollte weniger Wert auf seine wissenschaftliche Ausbildung legen, sondern auch an den Hochschulen soldatisch erzogen werden.

[574] Ebd., S. 24.

[575] Ebd., S. 31 ff. Laut der Tabelle auf S. 33 waren 59,3% der Landwirte, 79,7% der Forstwirte und 85,3% der Kulturtechniker „Mitglieder der nationalsozialistischen Bewegung". Gemessen nach Studienrichtungen lagen Kulturtechniker und Forstwirte damit auf den Rängen zwei und drei, übertroffen nur von den Bergbau-Studenten, die einen Organisierungsgrad von 86% aufzuweisen hatten.

[576] Reichsstudentenführer Südost Dr. Hubert Freisleben in: Jahrbuch der Deutschen Studentenschaft an den Ostmarkdeutschen Hochschulen für 1938/39 (Ausgabe Hochschule für Bodenkultur), Wien 1938, S. 13.

[577] Ebd., S. 15.

„In diese neue Hochschule paßt dann auch nicht mehr der Testuren und Zeugnisse sammelnde Student vergangener Zeit, noch weniger jener Typus des ‚unpolitischen Studenten', der sich von jedem persönlichen Einsatz drückt, um mehr ‚vorzüglich' zu erobern als der SA.- und SS.-Mann seines Semesters."[578]

Oder wie es der stellvertretende Studentenführer Morawetz in radikaler Abkehr von der Autonomie- und Freiheitsrhetorik der Jahre 1933/34 formulierte:

„Weil wir Studenten heute den Ehrgeiz haben, mit zu den besten Nationalsozialisten zu gehören, darum bejahen wir auch die Notwendigkeit der Erziehung unter der Zucht der Idee. Diese studentische Erziehung aus dem Geist des Nationalsozialismus heraus durchzuführen, wird die Aufgabe der neuen studentischen Kameradschaft sein. [...] Alle wahre Erziehung fängt mit dem genauen Gegenteil der sogenannten akademischen Freiheit an, nämlich mit Gehorsam und Unterordnung, mit Zucht und Dienst; denn nicht Zügellosigkeit, sondern allein der höhere Gehorsam macht wahrhaft frei!"[579]

Ein weiterer wesentlicher Aspekt der nationalsozialistischen Studentenpolitik lag in der körperlichen Ausbildung: Die BOKU-Studenten mussten drei Semester auf dem Hochschulinstitut für Leibesübungen nicht nur belegen, sondern auch mit einer Prüfung abschließen. Dazu wieder Josef Morawetz:

„Wir können unter den Studenten keine Büchereulen brauchen, die nur ihre Vorlesungen und ihr Studium kennen und dabei körperlich nicht leistungsfähig sind. Deutschland braucht heute mehr denn je kräftige, junge Männer, auch unter den Studenten. Aus unseren Reihen sollen einmal führende Männer hervorgehen."[580]

Heftige Attacken wurden gegen verderbliche ausländische Kultureinflüsse geritten. So beschäftigte sich eine komplette Ausgabe des NSDStB-Magazins „Die Bewegung" mit den „Niggertänzen" und dem Jazz. Diese seien „kulturelles Gangstertum" und hätten „volkstumszersetzenden Einfluß".[581]

Nach der freiwilligen Auflösung der waffenstudentischen Verbände in Österreich wurden in den meisten Fällen die aktiven Korporationen in Kameradschaften umfunktioniert.[582] Die innerhalb des NSDStB neu gebildeten Kameradschaften

[578] O. PORSCH – F. SEKERA – O. HOPFNER, Aufgaben und Ziele der Hochschule für Bodenkultur in Wien, in: Hochschule für Bodenkultur in Wien. Studienführer, Vorlesungsverzeichnis, Personalstand, Wien 1940, S. 5.

[579] JOSEF MORAWETZ, Wir rufen den deutschen Studenten!, in: Hochschule für Bodenkultur. Studienführer, Vorlesungsverzeichnis, Wien 1940, S. 11 f.

[580] Ebd., S. 13.

[581] Die Bewegung 6 (1938), Nr. 49, passim (Zitate: S. 3).

[582] Vgl. dazu „Einheit des Studententums", in: Die Bewegung 6 (1938), Nr. 12, S. 1.

sollten durchaus die Funktion der aufgelösten Korporationen, also an der BOKU von „Silvania“, „Hubertus“ (bzw. nach der Fusion „Alemannia“) und der CV-Verbindung „Pflug“ übernehmen.

Den Korporationen wurde von den Nationalsozialisten zwar ein ehrender Nachruf gehalten, die in ihnen gepflegte Lebensform jedoch als antiquiert bezeichnet:

> „In der Zeit des Niedergangs, der Abschwächung aller Erziehungseinrichtungen waren an den deutschen Hochschulen die studentischen Korporationen die Träger des Erziehungsprinzips gewesen. Ihr Verdienst sei nicht geschmälert, manche ihrer Grundsätze können vom deutschen Studententum niemals preisgegeben werden. Die Frage nach der Lebensform aber wurde für die Kameradschaft, die Lebens- und Erziehungsgemeinschaft des Nationalsozialistischen Deutschen Studenten-Bundes entschieden. Denn als Lebensform der deutschen Studenten konnte sich die Korporation, die vielfach das Erbe einer überwundenen Zeit nicht überwunden hatte, heute nicht mehr behaupten.“[583]

Die „Kameradschaft“ diente der politischen Erziehung der Studenten, aber auch der organisierten Geselligkeit. Außerdem hatte sie Erntehilfe, Landdienst und Fabriksdienst der Studenten zu organisieren.[584] Bezweckt wurde die größtmögliche Hintanhaltung von jeglicher nicht von der Partei kontrollierter Ablenkung. Außerdem war dem NSDStB die Idee von freien Studenten ganz besonders verdächtig: Wer sich nicht anschließen wollte, dem wurde „hemmungsloser Individualismus aus mangelndem Gemeinschaftssinn“[585] attestiert.

Dass damit der Faktor Freizeit total ausgeschaltet werden sollte, versteht sich von selbst. Gemeinschaftsfördernde Tätigkeiten wie Sport[586] und Singen[587] wurden verpflichtend. Im Organ des NSDStB „Die Bewegung“ wurde 1940 die Arbeit einer Kameradschaft wie folgt beschrieben:

> „Der Kameradschaftsdienst gestaltet sich wöchentlich: In zwei Politische Abende, in eine Erziehungsstunde, in einen Sportnachmittag, in die Pflichtsportstunde des Reichserziehungsministeriums, in ein bis zwei Fechtstunden, in zwei halbe Stunden Singen und in mindestens zwei gemeinsame Mittagessen. 14tägig findet eine Gemeinschaftsstunde statt.“[588]

[583] RUDOLF WIHAN, Der Nationalsozialistische Deutsche Studenten-Bund, in: Jahrbuch der Deutschen Studentenschaft an den Ostmarkdeutschen Hochschulen für 1938/39 (Ausgabe Hochschule für Bodenkultur), Wien 1938, S. 22 f.

[584] KAFFL (wie Anm. 570), S. 23.

[585] „Die freien Studenten müssen verschwinden!“, in: Die Bewegung 6 (1938), Nr. 6, S. 1.

[586] KAFFL (wie Anm. 570), S. 125 ff.

[587] Ebd., S. 122. Gesungen wurde nach einem „studentischen Liederbuch ohne Sauflieder“.

[588] „Die Kameradschaften arbeiten“, in: Die Bewegung 8 (1940), Nr. 18, S. 6.

Wie weit diese Vorgaben an der BOKU in die Tat umgesetzt wurden, lässt sich mangels Quellen leider nicht feststellen. Spätestens ab 1940/41, so wenigstens die Berichte von anderen Hochschulen, kam das Kameradschaftswesen (nicht zuletzt aus Mangel an Studenten, denn Studentinnen waren in diesen von Männlichkeitsritualen geprägten Gesellschaften nicht zugelassen) mehr oder weniger zum Erliegen, oder es traten die korporativen Wurzeln (von Trinkhorn bis Mensur[589]) wieder stärker zutage.[590]

Mit dem Verfall des Kameradschaftswesens häuften sich auch die Klagen über das unpassende Benehmen der Studenten an den Hochschulen und in der Öffentlichkeit, was von der NS-Presse auch aufgenommen wurde.[591]

Als Nachfolger der drei aufgelösten Verbindungen wurden im Studienjahr 1938/39 drei Kameradschaften ins Leben gerufen.

Die Kameradschaft „Ludwig Maitzen" entstand direkt aus dem illegalen NS-Studentenbund. Sie wurde im Herbst 1939 neu gegründet und stand davor unter der Leitung von Studentenführer Luis Schipfer. Mit 56 Mitgliedern war sie die mit Abstand größte BOKU-Kameradschaft. Aus der Vergangenheit ihrer Mitglieder war „Ludwig Maitzen" die am stärksten politisch orientierte Kameradschaft. Auch die Wahl des Namenspatrons erinnert an die „illegale" Kampfzeit: Benannt wurde sie nach einem österreichischen Polizeibeamten, der, ebenfalls einer Korporation angehörend, an der Dollfuß-Ermordung beteiligt gewesen und deshalb hingerichtet worden war. „[Maitzen] verkehrte im Kreise unserer jetzigen Alten Herren und der Bruder ist heute Mitglied unserer Altherrenschaft."[592]

„Mit größter Begeisterung nahmen alle Kameraden an den politischen Abenden, Erziehungsstudien und Sportabenden teil. Lebhafte Aussprachen ließen die Kameradschaft noch lange nach Dienstschluß zusammen sein, denn es ging um Fragen des Volksganzen wie des Einzelnen im Ganzen, und solche Fragen beschäftigen den Studenten von heute am meisten."[593]

Neben sportlichen und kulturellen Aktivitäten standen auch so genannte Landdienste, Arbeitseinsätze in Wiener Fabriken und Auslandsreisen, „um den Volkstumskampf unserer Brüder im Ausland in der Tat kennenzulernen",[594] auf dem Programm.

[589] Zum Thema Mensur meinte KAFFL (wie Anm. 570): „Uns sind die zerschundenen Hände eines Landdienstkameraden in weit höherem Maße ein Zeichen männlicher Haltung." (S. 23).

[590] Vgl. dazu GRÜTTNER (wie Anm. 103), S. 402 ff. Bei zwei der drei an der Hochschule tätigen Kameradschaften liegt diese Vermutung ziemlich nahe.

[591] Die Fachgruppe 1 (1940), S. 40 f.

[592] Handbuch der Deutschen Studentenschaft der ostmarkdeutschen Hochschulen 1939/40. Ausgabe Bodenkultur, Wien 1939, S. 55.

[593] Ebd., S. 54

[594] Ebd., S. 55.

„Ludwig Maitzen" wurde wie jeder anderen Kameradschaft eine Altherrenschaft, gebildet aus den aufgelösten Korporationen, zur Seite gestellt. Die Altherrenschaft setzte sich aus Mitgliedern der Verbindungen „Saxo-Cheruscia", „Turold", „Waltharia", „Wartburg" und „Herulia Baden" zusammen. Die „Alten Herren" der Studentenverbindungen waren mit der schon vor 1938 verfügten Auflösung der alten Strukturen zunächst sehr unzufrieden gewesen. Wenigstens im privaten Bereich konnten sie sich aber genauso verhalten wie früher in der Verbindung: „In finanzielle Nöte geraten, sprangen uns die Alten Herren immer gerne bei."[595]

28 Mitglieder zählte die Kameradschaft „Hinterecker"[596] (benannt nach dem Kameradschaftsführer). Sie war im Herbst 1938 eingerichtet worden, hatte aber erst Mitte des Semesters eine (gemischte) Altherrenschaft zugeteilt bekommen. Das Fehlen eines „Grundstocks" bei der Einrichtung wird auch noch 1940 besonders betont.[597] Offensichtlich stand diese Kameradschaft der SA sehr nahe, so ist von der Erwerbung des „SA.-Wehrabzeichens" die Rede. Auch die Wortwahl weist in diese Richtung:

> „Wir wollen nationalsozialistische Studenten sein, die ihre Bewährung im Einsatz bewiesen haben und Achtung im Volke besitzen und sich stolz zu den revolutionären Kämpfern des Führers zählen dürfen!"[598]

Dieser politische Einsatz wurde von der Hochschulverwaltung 1940 schließlich mit der Zuerkennung des Namens Kameradschaft „Horst Wessel" belohnt.[599] Diese Namensgebung war wieder historisch begründet. Denn Horst Wessel war bei seinem Wiener Aufenthalt in der „Alemannia" aktiv, und die „Alemannia" wiederum stellte – neben „Hilaritas" und „Saxonia" – einen Teil der Alten Herren dieser Kameradschaft.[600] 1942 bestand sie aus 172 Mitgliedern.[601]

Im November 1938 wurde schließlich die Kameradschaft „Meinhart" gegründet. 19 der 21 Gründungsmitglieder hatten der „Silvania" (und gleichzeitig dem illegalen NS-Studentenbund) angehört, also ist in diesem Fall von einer direkten Nachfolgeorganisation der Verbindung zu sprechen. Die Tätigkeit unterschied sich nicht von den anderen Kameradschaften: Landdienst, Fabriksdienst, Auslandseinsatz und Schilager gehörten auch hier zum Programm. Als einzige Kameradschaft ließ sich

595 Ebd.

596 Nach dem Vorlesungsverzeichnis für das 2. und 3. Trimester 1940, Wien 1940, S. 12, lautet die Schreibweise „Hinteregger".

597 Ebd.

598 Ebd., S. 56.

599 Die Bewegung 8 (1940), Nr. 46, S. 2.

600 Vgl. zu Horst Wessels Wien-Aufenthalt: Witzmann (wie Anm. 95), S. 134.

601 Vgl. Der Altherrenbund 4 (1941/42), Nr. 10/11/12, S. 72 (Nachrichtenbeilage).

hier eine Aufgliederung der Mitglieder nach Studienrichtung feststellen, die aber nicht sehr aufschlussreich erscheint. Von den 36 Mitgliedern am 1. Juli 1939 waren 16 Landwirte, 14 Forstwirte und sechs Kulturtechniker.[602]

Auch diese Kameradschaft erhielt 1940 einen neuen Namen: Mit der Benennung „Adolf Ritter von Guttenberg" wurde der Traditionszusammenhang mit der Burschenschaft „Silvania" auch im Namen ersichtlich.[603] Als Altherrenführer amtierte Prof. Leo Tschermak, die Altherrenschaft wurde ausschließlich von Mitgliedern der „Silvania" gestellt. An der Spitze stand 1940 der stv. Studentenführer Josef Morawetz. Für die aus der „Silvania" kommenden Altherrenschaft gibt es eine Parteimitgliedschaftsstatistik: Von 122 „Alten Herren" gehörten 1940 84 der NSDAP an. Gegliedert nach dem Zeitpunkt des Beitritts ergibt sich folgendes Bild: Ein „Alter Herr" war seit 1921, zwölf seit spätestens 1931, 39 seit spätestens 1933, 84 seit spätestens 1938 Mitglieder der NSDAP.[604]

Neben der Kameradschaftsstruktur agierte die Studentenführung, die in zehn Ämter eingeteilt war: Unter dem Studentenführer arbeiteten das Führungsamt, das Außenamt, das sozialpolitische Amt, das Kulturamt, das Referat für Studentinnen sowie die Ämter für Presse und Propaganda, für körperliche Ertüchtigung, für politische Erziehung, für Kasse und Verwaltung und das Amt für Wissenschaft und Facherziehung, das nach den drei Studienrichtungen aufgeteilt war.

Eingebunden in die „Volksgemeinschafts"-Ideologie organisierte die Studentenführung auch Veranstaltungen zugunsten des Kriegswinterhilfswerks. Zum ersten Mal wurden 1940 Laienspiele, Stegreifspiele, humoristische Vorträge, Volkslieder und Volkstänze zur Aufführung gebracht.[605]

Im sozialen Bereich hatten sich die Parameter verändert. Die Wirtschafts- und Sozialstelle richtete sich explizit nicht mehr an alle bedürftigen Studenten, sondern bekannte sich ausdrücklich zur „Förderung der körperlich und geistig Tüchtigen", um „ihnen den Platz an der Sonne erobern zu helfen." Dank „des wirtschaftlichen Aufschwungs in der Ostmark" sei die Zahl der Anträge um Unterstützung zurückgegangen.[606]

Die Studentinnen waren in der ANSt (Arbeitsgemeinschaft nationalsozialistischer Studentinnen) organisiert und wurden zunächst als eine Art Hilfstruppe für hausfrauliche Angelegenheiten (Kinderbetreuung, Haushaltsführung) betrachtet, der keine eigene Gestaltungskraft zuerkannt wurde. Analog zum „Altherrenbund"

[602] Handbuch 1939/40, S. 57 f.

[603] Zu den 84 neuen Kameradschaftsnamen: Die Bewegung 8 (1940), Nr. 46, S. 2.

[604] Zahlen nach STIMMER (wie Anm. 24), Bd. 1, S. 510. Stimmer weist noch darauf hin, dass der Wert von 67% Parteimitgliedern unter dem von Gehler erhobenen Zahlen für Innsbruck liegt. GEHLER (wie Anm. 10), S. 400 ff. ermittelte Werte von 68% bis 85%. Ende 1942 bestand die Altherrenschaft bereits aus 173 Mitgliedern. Altherrenschaftsführer war Dr. Franz Müller, in: Der Altherrenbund 4 (1941/42), Nr. 10/11/12, S. 72 (Nachrichtenbeilage).

[605] Die Bewegung 8 (1940), Nr. 52, S. 7 „Kriegswinterhilfswerk-Veranstaltungen in Wien".

[606] Vorlesungsverzeichnis 1940/41, S. 20 f.

wurde der ANSt die „Hochschulgemeinschaft deutscher Frauen“ zur Seite gestellt.[607] Reichsstudentenführer Gustav Adolf Scheel hatte 1938 die ANSt in erster Linie als „Erziehungsgemeinschaft“ bezeichnet, um die „Studentin so in die Arbeit der Hochschule einzugliedern, wie es ihrer Art als Frau entspricht“.[608]

Aus den Worten des BOKU-Studentenführers Schipfer spricht die Verachtung für das Frauenstudium und das Misstrauen gegen das Großstadtleben gleichermaßen:

> „Von diesem Standpunkt betrachtet ist das Frauenstudium an der Hochschule für Bodenkultur durchaus zu begrüßen, weil ja sonst der Frau der Drang nach der Stadt am meisten innewohnt. Die Absolventin unserer Hochschule aber muß Vorkämpferin für die Parole ‚Heim aufs Land‘ werden. Ich warne jedoch vor einer falschen Romantik, die im Studium der Landwirtschaft die Erfüllung der Träume von Schönheit und Natur sieht. Nein! Es wird auch von der Frau mehr verlangt. Sie soll ihrem Manne einmal sachkundig zur Seite stehen und ihren Kindern einmal eine ebenso gute Mutter sein, wie jede Bäuerin.“[609]

Je länger der Krieg dauerte, je höher also der Frauenanteil an den Hochschulen stieg, desto wichtiger wurde die Arbeitsgemeinschaft,[610] während der NSDStB an Bedeutung verlor. Grüttner spricht sogar von einer Position der Schwäche des NSDStB an den Hochschulen.[611] An der BOKU, die in der Ersten Republik nie über 5% Frauenanteil an der Hörerschaft gekommen war, waren in den letzten Kriegssemestern jeweils über 40% Studentinnen zu verzeichnen, so z. B. 1943/44 154 Studentinnen bei einer Gesamthörerzahl von 321 Inskribierten.[612] Im gesamten Deutschen Reich war der Anteil der Studentinnen von 1933 bis 1939 von 18,2% auf 14,2% gesunken. 1933/34 war sogar ein numerus clausus für Studentinnen von 10% festgelegt worden.[613] In Österreich lag der Anteil der Studentinnen 1938 bei 19%.[614] Kriegsbedingt stieg der Frauenanteil an den Universitäten kontinuierlich an, um schließlich 1944 fast die 50%-Marke zu erreichen.[615] Damit waren die ursprüngliche Intention von der Zurückdrängung des Frauenstudiums ins Gegenteil verkehrt worden.

607 Vgl. dazu: Dr. ANNA KOLLENHOFF, Die Hochschulgemeinschaft deutscher Frauen, in: Der Altherrenbund 4 (1941/42), Nr. 5/6, S. 107 f.

608 GUSTAV ADOLF SCHEEL, Die Reichsstudentenführung. Arbeit und Organisation des deutschen Studententums, Berlin 1938, S. 28.

609 LUIS SCHIPFER, Studenten der Hochschule für Bodenkultur!, in: Jahrbuch der Deutschen Studentenschaft an den Ostmarkdeutschen Hochschulen für 1939/40 (Ausgabe Hochschule für Bodenkultur), Wien 1939, S. 51.

610 GRÜTTNER (wie Anm. 103), S. 413.

611 Ebd., S. 407.

612 Vgl. VÖLLMECKE (wie Anm. 199), Bd. 2, S. 89.

613 ARAUSCH (wie Anm. 104), S. 202.

614 „Der Hochschulbesuch in der Ostmark“ In: Der Altherrenschaft 1 (1938), Folge 1–2, S. 84.

615 GRÜTTNER (wie Anm. 103), S. 477.

2.3.5. Nationalsozialistische Wissenschaft an der BOKU

An der BOKU lassen sich zwei Zugänge zu den Themen Wissenschaft und Wissensvermittlung feststellen: auf der einen Seite die vermeintlich „wertfreie" Wissenschaft, die für Kriegswirtschaft und Rüstung einsetzbar erschien, auf der anderen Seite die „völkische" Wissenschaft, die in erster Linie der Ideologieproduktion diente.[616]

An der BOKU dominierte zunächst (ca. 1938–1940) der ideologische Aspekt. Der revolutionäre Charakter des Nationalsozialismus wurde betont, weniger was die Veränderung der wissenschaftlichen Inhalte betraf (die wurden manchmal offen, etwa bei der Betonung des politischen Gehaltes von Berufungen, als eher zweitrangig eingestuft). Zunächst sollten gerade in den ideologisch wichtigen Fächern deutsche Lehrveranstaltungsleiter bestellt werden. Der von Sekera so stark forcierte Heinz Haushofer sollte „Politische Geschichte", „Volk und Staat", „Landwirtschaftspolitik", „Deutsche Ernährungswirtschaft" und „Deutsche Bauerngeschichte" lesen.[617] Für die Forstwirte war das Engagement von Heinrich Eberts für „Forstpolitik" und „Forstgeschichte" vorgesehen,[618] doch zu einer Berufung kam es nicht. Um ihre Gefährlichkeit in Taten umzusetzen, benötigten die Ideologie-Produzenten die so genannten „Fachleute", die Technokraten (Demographen, Kartographen, Wirtschaftswissenschafter, Ärzte etc.).[619]

In der zweiten Phase (ca. ab 1941/42) lässt die NS-Rhetorik im Wissenschaftsbetrieb der BOKU eindeutig nach. Dafür wird die Hochschule viel stärker in die Kriegsanstrengungen eingebunden, das bloße Beschwören von nationalsozialistischen Ideologemen war, wenigstens für eine praktisch orientierte Hochschule wie die BOKU, nicht mehr ausreichend. Dass diese Wissenschafter nach wie vor in die NS-Strukturen fest eingebunden blieben, beweisen die Beispiele von Erwin Schimetschek, Franz Sekera oder Walter Kubiena. Die Arbeiten von Kubiena werden als „kriegswichtig" eingestuft, sein Institut erhielt wegen der bodenkartographischen Arbeit, die sich auf die Erfassung des südosteuropäischen Raums konzentrierte, sogar den Status eines Rüstungsbetriebs. Selbst Franz Sekera, der 1938/39 noch als „Chefideologe" aufgetreten war, arbeitete als Professor sehr pragmatisch und sorgte sich um die bestmögliche Ausstattung seines Instituts.[620]

Doch zunächst (1938/39) galt es noch, die Begeisterung für die nationalsozialistische Weltanschauung und Wissenschaft in Worte zu fassen:

[616] Vgl. dazu PREGLAU-HÄMMERLE (wie Anm. 14), S. 167.

[617] ÖSTA, AVA, MCU, Fasz. 1208, 37.932/b/39.

[618] ÖSTA, AVA, MCU, Fasz. 1208, 307.145/b/39.

[619] Über dieses interdisziplinäre Zusammenspiel bei der brutalen Kolonisierung des eroberten Ostens vgl. die beispielhafte Studie von GÖTZ ALY – SUSANNE HEIM, Vordenker der Vernichtung. Auschwitz und die deutschen Pläne für eine neue europäische Ordnung, Frankfurt a. M. 1993.

[620] 100 Jahre (wie Anm. 1), S. 184 f. Hier wird auch betont, dass Sekera besonderen Wert darauf legte, „die Ergebnisse der bodenkundlichen Forschung der bodenwirtschaftlichen Praxis zugänglich zu machen."

„Wir wollen keinen wissenschaftlichen Nationalsozialismus, sondern eine nationalsozialistische Wissenschaft! Diese nationalsozialistische Wissenschaft wird getragen sein müssen von der weltanschaulichen Grundhaltung ihrer Vertretung, und diese Grundhaltung zu schaffen, wird eine der wichtigsten Aufgaben unserer Kameradschaftserziehung werden.“[621]

Soweit der stellvertretende Studentenführer der BOKU. Doch die Rhetorik von Rektor und Dozentenbundführer unterschied sich nicht wesentlich von diesen vom Gefühlsüberschwang diktierten Bekenntnissen:

„Diese Wandlung läßt sich aber nicht verwirklichen, in dem man den alten Studienplan einfach durch einen neuen ersetzt. Dieser Umbruch unserer Auffassung der Hochschule muß vielmehr jede einzelne Vorlesungs- und Unterrichtsstunde durchdringen, und muß dort zu einem Erlebnis erzieherischer Arbeit werden. Jedes Vorlesungsfach hat eine nationalsozialistische Zielsetzung.“[622]

Innerhalb der nationalsozialistischen Führungsspitze war das Verhältnis zu den Universitäten sehr gespannt: Hitlers Aversion gegen die Hochschulen war besonders ausgeprägt, beim zuständigen Reichserziehungsminister Rust mischten sich Lippenbekenntnisse zur Universität im Humboldtschen Sinn[623] mit zentralistischen Eingriffen in die Autonomie der (ohnehin nationalsozialistischen) Hochschulen, etwa durch die Bestellung von Hochschulkuratoren in der Ostmark.[624]

Das Bekenntnis zur universitären Bildung widersprach eklatant den misstrauischen bis feindseligen Gefühlen, die führende Nationalsozialisten Intellektuellen im Allgemeinen entgegenbrachten. Am deutlichsten hatte diese Ablehnung der „Stürmer“-Herausgeber Julius Streicher formuliert, der im Jahr 1938 bei einem öffentlichen Auftritt folgende Frage stellte: „Wenn man die Gehirne sämtlicher Universitäts-Professoren in die eine Waagschale legte und das Gehirn des Führers in die andere, welche Waagschale glauben Sie, wird sich senken?“[625] Ernst Nolte hat den hochschulfernen, ja -feindlichen Charakter des frühen Nationalsozialismus besonders hervorgehoben[626] und dabei wohl die gemeinsamen Wurzeln von NSDAP und der Ideologie der Mehrheit der Universitätsangehörigen, nämlich den Deutschnationalismus, etwas zu kurz kommen lassen.

[621] MORAWETZ (wie Anm. 579), S. 12.

[622] OTTO PORSCH – FRANZ SEKERA, Aufgaben und Ziele der Hochschule für Bodenkultur in Wien. Studienführer 1939/40, S. 5.

[623] Vgl. KAFFL (wie Anm. 570), S. 27 f., und PREGLAU-HÄMMERLE (wie Anm. 14), S. 175 ff.

[624] BERGER (wie Anm. 31), S. 32. Zur rechtlichen Situation vgl. HELFRIED PFEIFER, Die Ostmark. Eingliederung und Neugestaltung. Historisch-systematische Gesetzessammlung, Wien 1941, S. 641 f.

[625] Zit. nach MAIER (wie Anm. 419), S. 89.

[626] ERNST NOLTE, Zur Typologie des Verhaltens der Hochschullehrer im Dritten Reich, in: DERS., Marxismus, Faschismus, Kalter Krieg. Vorträge und Aufsätze 1964–1976, Stuttgart 1977, S. 138. Nolte stuft die nationalsozialistische Bewegung unter allen faschistischen Bewegungen der Zwischenkriegszeit als „eine der hochschulfernsten“ ein.

Als Musterbeispiel für die Arbeit von Universität und Wissenschaft im Nationalsozialismus, die zwischen den Polen von Ideologieproduktion und -verfestigung und der praktischen Verwertbarkeit für die (Kriegs-)Wirtschaft pendelte, kann Karl Holecek-Holleschowitz, Dozent für Tierzucht und Funktionär des NSDDB an der BOKU, mit seinem Hauptwerk „Angewandte Tierzucht auf rassenbiologischer Grundlage" dienen. In dieser Untersuchung analysierte er zunächst die Haustierzucht auf Basis der Mendelschen Vorgaben, wenn auch unter Berücksichtigung der Darwinschen Deszendenztheorie.[627]

Doch der nationalsozialistische Wissenschafter Holecek-Holleschowitz fühlte sich offensichtlich verpflichtet, in einem Anhang auch eine Rassenlehre für den Menschen anzubieten. Der Jargon veränderte sich nun völlig, dominierten zunächst die exakte Beschreibung und auch praktische Vorschläge für Landwirte, so folgten nun vage Aussagen, die weder mit Literatur noch mit empirischem Material unterlegt wurden. Zur Bewertung der europäischen Menschenrassen entwickelte er einen eigenen Bewertungsraster, der auf den Parametern Intellekt, Gefühl und Willen beruht. Zuchtauslese erscheint dem Dozenten durchaus positiv, nur macht er sie vom völkischen Willen abhängig und warnt vor der Hoffnung auf schnelle Erfolge:

> „Ein besonderer Umstand wird aber gerade für die europäische Bevölkerung auffällig, daß in dieser Entwicklung aus den Rasseelementen zu einer völkischen Einheit der Ausdruck der geistig-seelischen Haltung vielleicht die erste Stufe der Entwicklung vorstellt, die den Weg zu einer bestimmten Ausprägung nach den Eigenschaftsnormen im völkischen Sinn ausrichtet, wenn die Auslesewirkung aus den natürlichen und bewußt geleiteten rassehygienischen Kräften nachhaltig werden und über eine längere Zeitdauer sich erstrecken können."[628]

In Europa treten nach Holecek-Holleschowitz vier Rasseelemente auf, denen der Tierzuchtexperte interessanterweise fast ausschließlich Charaktereigenschaften und intellektuelle Fähigkeiten, aber keine physischen Eigenschaften zuordnet. Die „nordische Rasse" habe eine hohe „Organisationsleitung", neige zum „Grübeln" und habe kein Interesse an „Augenblickslösungen in den geistigen Fragen und Fragen des Lebens", der „alpinen Rasse" konzediert er „zähe und stete Arbeit". Dafür sei sie nicht besonders phantasiebegabt und der „hohe Intellekt erreicht seltener die höchsten Leistungswerte". Die „westische Rasse" sei lebhaft und unbeständig, habe „Sinn für Gestalt, Linie und Farbe" und sei leicht beeinflussbar, die „dinarische Rasse" erscheint weniger spezifisch, ihr wird aber große praktische Intelligenz zugeordnet.[629]

[627] CARL HOLECEK-HOLLESCHOWITZ, Angewandte Tierzucht auf rassenbiologischer Grundlage, Wien 1939, S. 11. Das Werk ist Prof. Leopold Adametz, „dem Nestor der zootechnischen Forschung und Meister der Tierzuchtlehre gewidmet". Adametz wurde auch von Tschermak-Seysenegg als wichtiger Anwender der Mendelschen Gesetze auf die Tierzucht geschätzt. Vgl. TSCHERMAK-SEYSENEGG (wie Anm. 71), S. 160, Holecek findet hier übrigens keine Erwähnung.

[628] Ebd., S. 173.

[629] Alle Zitate: ebd., S. 173 f.

Holecek-Holleschowitz untersucht nun das „Mischverhältnis" der Rasseelemente in vier von ihm selbst festgelegten „Volkskreisen", dem spanischen, dem englischen, dem französischen und dem deutschen. Wenig überraschend, dass er beim deutschen und beim englischen Volkskreis zum besten Befund kommt, für den französischen jedoch eine ungünstige Prognose durch den „Einfluß der zu sehr unterschiedlichen Rasseelemente" stellt.[630]

„Allgemein faßbare Nachweise dieser Entwicklung eines bestimmten Rasse- und Erbgutes" machte der Tierzüchter von voluntaristischen Faktoren abhängig,

„denn für die Entwicklung bleibt der Zeitmaßstab in einer menschlichen Lebensdauer beschränkt, der nur in einer Festigung des Gemeinschaftsgedankens und einer festverbundenen Volksgemeinschaft überwunden und weiter gesteckt werden kann."[631]

Wer derartige Ziele verwirklichen will, braucht den geeigneten Lehrkörper, der weniger empirisch nachvollziehbare Erkenntnisse als vielmehr die richtige Gesinnung an die Studenten weiterzugeben gewillt ist. Karl Holecek-Holleschowitz schaffte es aber trotz dieser Äußerungen und trotz seiner Arbeit im NSDDB nicht, im Nationalsozialismus eine Universitätskarriere zu starten. Er ist der einzige von den führenden Dozentenbundfunktionären des Jahres 1938, dem keine Professur an der Hochschule angeboten wurde. Nach seiner Enthebung 1945 scheint er nicht mehr wissenschaftlich gearbeitet zu haben.[632] Insgesamt fällt das weit gehende Fehlen von rassenkundlichen und rassenhygienischen Vorlesungen an der BOKU auf, dafür gab es Vorträge über die Kolonialgebiete und über den Südostraum.[633]

Welche Aufgaben und Voraussetzungen die Lehrenden an der BOKU zu erfüllen hatten, machten Dozentenbundführer Sekera und Rektor Porsch im Vorlesungsverzeichnis für das Studienjahr 1939/40 mit großer Offenheit klar:

„An die Stelle des wissenschaftlichen Einzelgängers und weltfremden Professors tritt der neue Dozent. Aus seiner Kameradschaft mit Männern der Bauernführung holt er sich die Aufgaben. In der Kameradschaft des deutschen Forschungsdienstes löst er seine Aufgaben. Und in der Kameradschaft zu seinen Studenten vermittelt der Dozent nicht nur Wissen, sondern vor allem jene persön-

630 Ebd., S. 174.

631 Ebd., S. 175.

632 Wenigstens finden sich keinerlei Hinweise in „Kürschners Deutschem Gelehrten-Kalender". An der BOKU taucht sein Name noch einmal auf: In der Sitzung vom 13. 1. 1958 kommt es im Professorenkollegium zu einer Diskussion über die „Notgemeinschaft ehemaliger Hochschullehrer", die in der Sache des ehemaligen Hochschuldozenten Karl Holecek-Holleschowitz interveniert hatte. Zu einer Rückkehr ist es aber nicht gekommen (Archiv der BOKU, Protokoll der Sitzung des Professorenkollegiums, 13. 1. 1958).

633 GRÜTTNER (wie Anm. 103), S. 165 ff.

liche Haltung, die notwendig ist, um neue Aufgaben zu sehen, sie richtig zu lösen und das Ergebnis dem Volk wiederzugeben.“[634]

Eine deutlichere Absage an die alte Professorenhochschule lässt sich wohl nicht formulieren. Was die Inhalte der Lehrveranstaltungen betrifft, so wird zwar immer wieder die Wichtigkeit der neuen Orientierung betont. Doch aus den Worten von Prorektor Olbrich lassen sich auch die Schwierigkeiten bei der Umsetzung erkennen:

„Für die außerordentlich wichtige Vorlesung ‚Landwirtschaftspolitik‘ (2stdg.) nebst ‚Übungen‘ (1stdg.), ferner ‚Deutsche Ernährg.-wirtschaft‘ (1 stdg.), ‚Volk und Staat‘ kann leider im gegenwärtigen Augenblicke ein Supplent nicht vorgeschlagen werden. Der angehende Priv. Doz. Dr. Haushofer hält sich aus dienstlichen Gründen derzeit außerhalb Wiens auf [...] Ein event. Unterbleiben dieser Vorlesungen wäre deshalb außerordentlich bedauerlich, weil gerade diese Vorlesungen für die Studierenden der Landwirtschaft, z.T. auch der Forstwirtschaft außerordentlich wichtig sind und sie einführen sollen in das Wesen der Agrarpolitik des dritten Reiches.“[635]

Mit Kriegsbeginn wurden die Forderungen an die Hochschulen wieder pragmatischer: Bereits 1939 wurde das Fehlen von Kompetenz in den slawischen Sprachen beklagt. Der Raubzug nach Osten und Südosten konnte dadurch eine nicht unwesentliche Behinderung erfahren. Robert Katschina, der Leiter des Außenamtes der Studentenschaft und der Akademischen Auslandsstelle in Wien, spielt den Ball aber an die Schulen zurück:

„Da wohl von der Hochschule alleine das Erlernen von Sprachen nicht erwartet werden darf [...], so wird die klare Forderung nach Einführung des pflichtmäßigen slawischen Sprachunterrichts in unseren Mittelschulen, zumindest in jenen Gauen, die im Osten des Deutschen Reiches liegen, einmal klar ausgesprochen werden müssen.“[636]

Überhaupt veränderten sich auch in der Studentenschaft die Voraussetzungen in die oben erwähnte Richtung. Um die wissenschaftliche Kapazität zu bündeln, beschloss die Reichsstudentenführung die Einrichtung von Reichsfachgruppen, die eigenständige Forschungen betreiben sollten: Die BOKU-Studentenführung

[634] Sekera – Porsch (wie Anm. 622), S. 7.

[635] ÖSTA, AVA, MCU, Fasz. 1210, 38.828/38 (BOKU 1210/38).

[636] Robert Katschina, Außenarbeit und neue Hochschule, in: Jahrbuch der Deutschen Studentenschaft an den Ostmarkdeutschen Hochschulen für 1939/40 (Ausgabe Hochschule für Bodenkultur), Wien 1939, S. 13.

beteiligte sich an der Reichsfachgruppe Landwirtschaft[637] und der Reichsfachgruppe Forstwirtschaft.[638]

1941 nahm die Balkankommission der Wiener Akademie der Wissenschaften ihre Tätigkeit wieder auf. Wien sollte als „Ausfallstor" des Großdeutschen Reichs gegenüber dem europäischen Südosten dienen.[639] Im Juni 1941, nach der Zerschlagung Jugoslawiens und dem Überfall auf die Sowjetunion intensivierten sich die Südost-Aktivitäten der Wiener Hochschulen, die darin auch die Möglichkeit sahen, Diskussionen über ihre Daseinsberechtigung hintanzuhalten.[640]

Neben der unter Führung der Wiener Universität stehenden „Südostgemeinschaft deutscher Hochschulen", entstand unter der Ägide von Gauleiter Baldur von Schirach die „Südosteuropa-Gesellschaft", in der Partei- und Staatsfunktionäre eng mit Hochschulprofessoren zusammenarbeiteten.[641]

So wurden auch zwei Südost-Institute ins Leben gerufen, an denen BOKU-Angehörige führend beteiligt waren: Dem Südost-Agrarinstitut gehörten unter der Präsidentschaft von Rektor Staffe die Professoren Bleier, Donat, Brandenburg, Haempel, Hausmann, Kaserer, Kubiena, Liebscher, Löhr, Sekera, Schedler und Tschermak-Seysenegg, sowie die Dozenten Haushofer und Passecker an, als Geschäftsführer fungierte ao. Prof. Hausmann. Im Südost-Institut für Wald- und Holzforschung[642] finden sich im Kuratorium die Rektoren Tschermak und Staffe, der Beirat wurde von Prof. Schimetschek geleitet, die Geschäftsführung hatte im Studienjahr 1944/45 Anna Sinreich inne. Beteiligt waren unter anderem die Prof. Kubiena und Tschermak sowie Doz. Hafner.[643] Das Institut wurde am 10. Dezember 1942 mit einer Gründungsfeier ins Leben gerufen. Die Aktivitäten dürften sich aber, wohl kriegsbedingt, in engen Grenzen gehalten haben. Prof. Steden sprach nach dem Krieg davon, dass diese Institute nur „fiktiv vorhanden" gewesen seien und nur aus „kleinen Büchereien und Fragebögen bestanden hätten".[644]

[637] Die Fachgruppe 2 (1940), S. 53–61.

[638] Die Fachgruppe 5 (1941), S. 40–50.

[639] Siehe dazu und zu den folgenden Ausführungen ausführlicher: SIEGFRIED MATTL – KARL STUHLPFARRER, Angewandte Wissenschaft im Nationalsozialismus. Großraumphantasien, Geopolitik, Wissenschaftspolitik, in: HEISS u.a. (Hg.) (wie Anm. 8), S. 289 ff.

[640] Die BOKU blieb dieses Mal von Auflösungsgerüchten verschont, im Gegensatz zur Hochschule für Welthandel, deren Bestand ernsthaft in Frage gestellt wurde. Vgl. BERGER (wie Anm. 31), S. 27 ff.

[641] Als Beispiel für diese Zusammenarbeit nennen MATTL - STUHLPFARRER (wie Anm. 539), S. 290, das „Südostinstitut für Wald- und Holzforschung", das von Prof. Schimetschek (BOKU) und dem Ministerialdirektor im Reichsforstamt Eberts geleitet wurde.

[642] Der komplette Name lautet „Südost-Institut für Wald- und Holzforschung der Südosteuropa-Gesellschaft und der Fachgliederung Forst- und Holzforschung im Reichsforschungsrat an der Hochschule für Bodenkultur".

[643] Der Drang der Hochschule Richtung Balkan lässt sich auch anhand der Kurse für Wehrmachtsangehörige in Athen und Belgrad feststellen. Zu den Südost-Gesellschaften (SOG) vgl. DÖW, Nr. 10.649.

[644] STEDEN, Bericht (wie Anm. 412), S. 8.

Die Südosteuropa-Aktivitäten führten an den Hochschulen für Welthandel und Bodenkultur immerhin zu einer Zunahme von Hörern aus den Balkanstaaten, während die wissenschaftlichen Ergebnisse der Südosteuropa-Forschung bescheiden blieben. Die beiden eher schulisch ausgerichteten Hochschulen gewannen gegenüber der wissenschaftlich orientierten Wiener Hochschule an Terrain.[645]

Weniger auf praktischem denn auf ideologischem Terrain agierte der Pflanzensoziologe Erwin Aichinger mit einem Vortrag aus dem Jahr 1942, der Einblick in das biologistische Welt- und Wissenschaftsbild des renommierten Forschers (mehr zur Person unten) gibt: Aichinger hielt den Festvortrag bei der Verleihung des Paracelsus-Preises der Stadt Villach an den Schriftsteller Erwin Guido Kolbenheyer: Kolbenheyers Arbeiten gehörten im Dritten Reich zu den von Parteistellen am heftigsten akklamierten Texten. Insbesondere Alfred Rosenberg lobte Kolbenheyers Paracelsus-Trilogie als Beispiel für „germanische Kunst".[646] Der Autor wurde 1941 sogar in die Wiener Akademie der Wissenschaften gewählt.[647]

In seinem Vortrag ging Aichinger vor allem auf den Text „Bauhütte" ein, in dem Kolbenheyer folgendes weitgestecktes Ziel verfolgte: „Das Grundproblem der Gegenwart ist, über den rationalistischen Individualismus hinweg die Ordnungsform zu erfassen, die das Individuum aus seinem monadischen Kerker befreit."[648]

Aichinger unternahm den kühnen Versuch, die Erkenntnisse der Pflanzensoziologie, die er in diesem Vortrag als Ordnungssystem absolut setzte, ohne jede Einschränkung auf die menschliche Gesellschaft zu übertragen. Dabei ging er rein assoziativ vor:

> „Auch die ersten menschlichen Ansiedler lebten anfangs in Horden, also in einer Individuenballung, weil sich unter diesen ungünstigen Verhältnissen ein einzelner ebensowenig halten konnte, wie in den ersten Pioniergesellschaften unserer Pflanzenwelt, wobei die verschiedenen Arten der Pflanzengesellschaft den verschiedenen Individuationen in der menschlichen Gesellschaft entsprechen."[649]

645 Ebd., S. 291.

646 JOSEPH WULF, Kultur im Dritten Reich. Literatur und Dichtung, Frankfurt a. M./Berlin 1989, S. 107. Die persönliche Vorliebe für diesen Typus von Literatur beweist auch die persönlichen Freundschaft Aichingers mit Bruno Brehm. Vgl. TRAUDE ALBL-AICHINGER, Mein Vater – Sein Leben. Aus dem Leben eines Naturforschers, wie es die Tochter erlebte, o.O. 1997, S. 155 f.

647 GERHARD OBERKOFLER, Politische Stellungnahmen der Akademie der Wissenschaften in Wien, in den Jahren der NS-Herrschaft, in: KONRAD – NEUGEBAUER (Hg.) (wie Anm. 28), S. 123. Oberkofler bezeichnet Kolbenheyers Antrittsrede „Die volksbiologische Funktion des Geisteslebens und der Geisteserziehung", als einen Versuch, biologische Kategorien auf soziale Erscheinungen zu übertragen, und stuft ihn als „unglaublich dummen, aber gefährlich drohenden Vortrag" ein.

648 Zit. nach WULF (wie Anm. 646), S. 107.

649 ERWIN AICHINGER, Pflanzen- und Menschengesellschaft, ein biologischer Vergleich. Festvortrag anläßlich der Verleihung des Paracelsus-Preises der Stadt Villach an Dr. phil. Dr. med. h.c. Erwin Guido Kolbenheyer im Jahre 1942. Erschienen in Biologia Generalis XVII , Heft 1/2. Sonderdruck 1944, S. 65. Co-Herausgeber von Biologia Generalis war der Rektor der BOKU, Otto Porsch.

Auch die Stadtfeindschaft bildet einen wichtigen Topos von Aichingers Rede. Er spottet über den Aufenthalt von Leuten „mit grotesk anmutenden Kleidern, mit rot geschminkten Lippen“ in der freien Natur. Als Vergleich fällt ihm ein Papagei im „dunkel-grünen Nadelwald“ ein.[650]

Neben allerlei kühnen Behauptungen (die Tuaregs sind für Aichinger Germanen, die auf der Entwicklungsstufe der deutschen Kinder stehen geblieben sind![651]) gerät er sehr bald in große argumentative Schwierigkeiten, etwa als er der Frage nachgeht, ob die Bergbauern nicht ebenfalls „zurückgeblieben“ sind.

Gegen Ende seines Vortrages wendet er sich der Zukunft der nationalsozialistischen Bewegung zu und vergleicht sie mit dem Christentum:

> „Denn Dogma bedeutet Stillstand, Alterung und Tod, Differenzierung in Anpassung an die Verhältnisse bedeutet Aufstieg. [...]
>
> Hätte Christus Nachfolger gehabt, die sich auch den geänderten Verhältnissen und einer neuen Geisteshaltung, als dem Ausdruck biologisch-völkischen Wachstums angepaßt hätten, es hätten alle, die als Ketzer gebrandmarkt wurden, nie zur Reformation aufzurufen brauchen. Soll unsere Bewegung fortbestehen, so muß sie sich immer wieder den jeweiligen Änderungen anpassen können. Der Führer hat die Kräfte in unserem Volk ausgelöst und zusammengerufen, die erbbiologisch und schwellenmäßig bedingt, nach neuer Geisteshaltung drängten. Um den Fortbestand zu sichern, müssen immer wieder die Kräfte führend sein, die dem Wachstum des Volkes Rechnung tragen und die Menschen des Volkes müssen dort stehen, wo sie ihren Platz am besten ausfüllen können.
>
> So wie die aufbauende Arbeit in der Forstwirtschaft gerade darin liegt, daß sie immer wieder im Zuge der Entwicklung die Bäume jeweils an diese Orte pflanzt, wo sie aufkommen, leben und höchste Werte nachhaltig produzieren können, so liegt die Aufgabe der Führung in unserem Volk darin, daß sie die Menschen immer wieder dorthin stellt, wo sie ihrer Eignung gemäß höchste Werte schaffen können.“[652]

Wer nun diese Führung bilden soll, auch das ist von der Natur vorgegeben bzw. durch eine dementsprechende Erziehung zu erreichen: „Auch unter den Menschen gibt es [...] solche, die den herrschenden [Baum-, P. E.] Stämmen zu vergleichen sind und solche, die gleich der Strauch- und Krautschicht dem herrschenden Stamm erst das Leben ermöglichen.“[653] Aichinger vermeidet in der Darlegung seines simplen und von Aporien durchsetzten Weltbildes die im NS-Diskurs üblichen antisemitischen Assoziationen. Wer mit „Strauch- und Krautschicht“ gemeint war, konnte sich das Villacher Publikum selber zusammenreimen.

[650] Ebd., S. 69.
[651] Ebd., S. 70.
[652] Ebd., S. 74 f.
[653] Ebd., S. 76.

Am Ende dieses Vortrags stehen ein Lobpreis auf die Fortschritte der Wissenschaft bei der Entwicklung neuartiger Waffen und die Erkenntnis, dass die Unterordnung „unter einheitlicher Führung“ die Möglichkeiten der Anpassung an die Umwelt optimieren.[654]

In den letzten Kriegsjahren wurden derartige Aussagen von Wissenschaftern und Studenten weniger. Die meisten Forscher an der BOKU waren, je länger der Krieg dauerte, bemüht, den Status eines „kriegswichtigen Betriebs“ zu erhalten, wie es beispielsweise dem Institut von Prof. Kubiena gelang. Das brachte den Angestellten den begehrten „u.k.“-Status ein und führte auch zu einer Bevorzugung bei der Evakuierung aus dem bombenbedrohten Wien. Diese Institute wurden auch finanziell sehr gut ausgestattet.[655]

Kriegswichtige Institute waren auch nicht von der Auflösung bedroht. Von den großspurigen ideologisch motivierten Ankündigungen und Plänen, die die Jahre 1938/39 geprägt hatten, war nichts mehr übrig geblieben als eine Mischung aus kriegswirtschaftlichem Pragmatismus und Klientelpolitik.

Ein wichtiger Indikator für die Wertigkeit der Wissenschaft für die Kriegsmaschinerie des Großdeutschen Reiches liegt wohl in der Verleihung von Kriegsverdienstkreuzen. Als im Juni 1944 die Kandidaten der BOKU für diese Auszeichnung genannt werden sollten, wurden nicht weniger als 18 Personen vorgeschlagen: Professor Tschermak-Seysenegg für das Kriegsverdienstkreuz I. Klasse ohne Schwerter, die anderen 17 für das Kriegsverdienstkreuz II. Klasse. Die Begründungen für diese Nominierungen gehen von kriegswirtschaftlicher Wichtigkeit der Forschungsarbeit, dem harten Einsatz als „Systemerhalter“ im Betrieb der Hochschule bis hin zu einer Art Auszeichnung für das wissenschaftliche Gesamtwerk. Unter den von der Hochschule zur Auszeichnung Vorgeschlagenen befinden sich elf Professoren, ein Dozent, ein Rektoratsbeamter, der Bibliotheksinspektor, ein Laborant, ein Amtsgehilfe und ein Obergärtner. Es sollte auf diese Weise offensichtlich eine Art Ausgleich zwischen den sozialen Gruppen innerhalb der BOKU-Gefolgschaft hergestellt werden.

Im November 1944 wurden schließlich drei Professoren von dieser Liste mit dem Kriegsverdienstkreuz II. Klasse ausgezeichnet. Rektor Tschermak führte in seiner Festrede aus:

„Gewichtige Ergebnisse der Forschung mehren das Ansehen jeder wissenschaftlichen Anstalt, sie sind sichtbar wie das weithin leuchtende Ziffernblatt auf einem Turme, sie [...] helfen uns, Naturkräfte und Rohstoffe unseren menschlichen

[654] Ebd., S. 78 f.

[655] HERMANN FLATSCHER, Die Hochschule für Bodenkultur 1938–1948, in: 75 Jahre Hochschule für Bodenkultur. I. Bd.: Allgemeiner Teil, Wien 1947: „Es hatte dies den unbestreitbaren Vorteil, daß ganz erhebliche Geldmittel den einzelnen Lehrkanzeln und Instituten zur Verfügung gestellt wurden, von denen man zu normalen Zeiten kaum zu träumen wagte.“ (S. 35). Flatscher betonte aber auch, dass die Vergabe „im wesentlichen durch die Parteibrille vorgenommen“ (ebd.) wurde.

Zwecken dienstbar zu machen, sind in vielen Fällen auch wichtige Voraussetzungen der modernen Kriegsführung."[656]

Ausgezeichnet wurden Erich v. Tschermak-Seysenegg, vor allem wegen seiner Züchtung des schalenlosen Ölkürbisses, Otto Porsch („überaus fruchtbare wissenschaftliche Tätigkeit auf dem Gebiet der Grundwissenschaft Biologie") und Hermann Kaserer (seine Verfahren bewirkten Ertragssteigerungen bei Zuckerrüben, Mais und Sommerweizen).[657] Es fällt auf, dass hier bis auf Porsch (dessen wissenschaftlicher Ruf unbestritten war) keine deklarierten Nationalsozialisten ausgezeichnet wurden und dass einige andere an der Hochschule Lehrende unmittelbarer in die Kriegsmaschinerie eingebunden waren als die hier Angeführten. Das Kriegsverdienstkreuz fungierte in diesem Fall quasi als wissenschaftliche Auszeichnung. Die einfachen Gefolgschaftsmitglieder gingen leer aus.

Etwas anders sieht es in der zweiten Phase der Auszeichnungen aus: Unter den fünf Ausgezeichneten finden sich zwei einfache Gefolgschaftsmitglieder und drei Professoren, bei deren Forschungen der Zusammenhang mit der Kriegsführung klarer ersichtlich ist. Ende Jänner 1945 werden folgende Männer in einer der letzten Feierstunden, die vor Kriegsende an der Hochschule stattgefunden haben, geehrt:

1. Prof. Robert Stigler: wegen physiologischer Untersuchungen zum Tauchen, da er sich als Marinestabsarzt mit dem Aufenthalt des Menschen im U-Boot auseinander gesetzt hatte, als Erfinder einer Gebirgstragbahre (die sowohl militärisch wie zivil genutzt werden konnte) und für die „rassenphysiologischen Erkenntnisse" aus Afrika-Expeditionen, die die Probleme der Akklimatisation und Bioklimatik von Weißen zum Thema hatten. Alle diese Forschungen waren bereits vor Kriegsbeginn vorgelegen.[658]

2. Prof. Walter Kubiena: für seine bodenkartographischen Arbeiten in Diensten der Wehrmacht. Sein Institut war zum Rüstungsbetrieb erklärt und in die Wehrforschungsgemeinschaft aufgenommen worden und hatte sich auf die Herstellung von Bodenkarten Südosteuropas konzentriert.[659] Weiters wurde er auch für seine Vorschläge zur Bekämpfung von Wasser- und Windschäden ausgezeichnet.

3. Prof. Franz Sekera: für die Schaffung des das ganze Deutsche Reich umfassenden Bodengesundheitsdienstes. Dieser habe zu einer wesentlichen Ersparnis von Handelsdüngemitteln geführt, ohne dass dadurch der Ernteertrag gesunken wäre. Damit habe er sich „größte Verdienste im Kriegseinsatz" erworben.

Auszeichnungen gingen auch an die beiden Beamten Insp. Josef Kohout (für den „außerordentlich aufreibenden Dienst" als einziger Inskriptionsbeamter) und

[656] Archiv der BOKU, 1031/44.

[657] Ebd.

[658] Stigler arbeitete auch während des Zweiten Weltkriegs an rassephysiologischen Themen. Siehe dazu den Eintrag bei den enthobenen Professoren (vgl. 199).

[659] 1941 wurde von studentischer Seite ein „Südostwerk" mit dem Ziel der Erstellung großer Karten ins Leben gerufen. Etwa: Fachgruppe 5 (1941).

Abb. 14: Robert Stigler – Rassenphysiologe und zentrale Figur der Nationalen an der BOKU.

Insp. Theodor Jaschke (als Leiter der Bibliothek und Mitarbeiter an einer großen Bibliographie zu den Südoststaaten).[660]

Die höchste Kriegsauszeichnung („ohne Schwerter"), die an einen Angehörigen der Hochschule vergeben wurde, ging an den außerplanmäßigen Professor Ernst Feichtinger. Am 1. September 1944 wurde dem „Landwirt und Landeshauptabteilungsleiter II Dr. Ernst Feichtinger, Gneixendorf-Krems, das Kriegsverdienstkreuz I. Klasse" verliehen. Feichtinger war bereits früh in die NSDAP (Nr. 1,452.003) eingetreten und gehörte seit 1. März 1933 der SS an.[661] Vielleicht hat diese Auszeichnung auch damit zu tun, dass Feichtinger Teile jenes Grundes besaß, auf dem sich das berüchtigte STALAG XVIIB, das größte Kriegsgefangenenlager des Reiches befand.[662]

660 Archiv der BOKU, 19/45.

661 Archiv der TU Wien (TUWA), Personalakt Ernst Feichtinger (gestaltet nach Feichtingers Angaben).

662 Vgl. zu Feichtinger als Besitzer dieses Geländes:
Feichtinger musste sich nach 1945 vor dem Volksgericht verantworten.

2.3.6. Die Hochschule im Krieg

Nach dem Überfall auf Polen und dem Beginn des Zweiten Weltkrieges erließ Sekera am 7. September 1939 einen Aufruf „an die gesamte Gefolgschaft der Hochschule", der an die Märztage 1938 denken lässt:

„Kameradschaft ist jetzt alles! Es mag in der sorgenvollen Zeit einmal ein hartes Wort geben – dann gibt man sich nachher die Hand und die Sache ist erledigt. Wer das nicht zuwege bringt, gehört nicht zu uns. [...] Unser Rektor Pg. Porsch und ich haben als Zeichen unserer unerschütterlichen Zusammengehörigkeit vereinbart, dass ab heute alle Verfügungen gemeinsam erlassen und unterzeichnet werden."[663]

Trotz des Krieges ging der Vorlesungsbetrieb an der BOKU weiter. Porsch, ein renommierter Botaniker und illegaler Nationalsozialist, war bis zum 31. Jänner 1941 als Rektor tätig. In seiner Amtszeit wurde die Anpassung an die reichsdeutschen Studienpläne vollzogen. Insgesamt lässt sich dadurch eine stärkere Betonung der Praxis feststellen.

Vergleicht man das Studienjahr 1937/38 mit dem Jahr 1939/40, dann gibt es eine Reihe von gravierenden Veränderungen: Das Professorenkollegium wurde als entscheidungs- und handlungsfähige Instanz völlig ausgeschaltet. Nach dem in allen Arbeitsbereichen des NS-Staates geltenden Führerprinzip hätte man annehmen können, dass die Kompetenzen des Rektors ausgeweitet worden wären. Dem war aber nicht so, er musste die Macht mit dem Dozentenbundführer teilen. Im Sinken begriffen war die Bedeutung der Studentenschaft, nicht zuletzt wegen des Sinkens der Studentenzahlen durch Studienverbote und Einberufungen.

In einem gemeinsamen programmatischen Aufsatz äußerten sich 1940 Rektor Prof. Porsch, NS-Dozentenführer Sekera und Studentenführer Hopfner zunächst zu den neuen (ideologischen) Aufgaben der Hochschule für Bodenkultur. Darin heißt es unter anderem:

„Unsere Hochschule gehört nicht mehr den Sonderinteressen eines Großgrundbesitzes, sondern sie ist in erster Linie Erziehungsstätte deutscher Bauernführer und Lehr- und Forschungsstätte im Dienste deutscher Nahrungsfreiheit."[664]

Inhaltlich wurden zwei Schwerpunkte für die Arbeit der Hochschule für Bodenkultur festgelegt:

1. Die Betreuung des Südostens – in erster Linie natürlich der dort ansässigen Volksdeutschen.

[663] Archiv der BOKU, 92/38 (Sammelakt: „Kundmachungen und Mitteilungen") (7. 9. 1939).

[664] Porsch – Sekera – Hopfner (wie Anm. 578), S. 5.

2. Sonderaufgaben der alpinen Land- und Forstwirtschaft: Hier wurde besonders die Bedeutung der Kulturtechnik, des „biologischen Ingenieurwesens" (wie es General-Inspektor Todt nannte) betont. Die Bedeutung der Bergbauern wurde hervorgehoben: „Der Grundsatz ‚Blut und Boden' erschließt das ostmärkische Bergland mit seinem Bauerntum zu einem ständig fließenden Blutsquell für das Flachland."[665]

1940 brachte auch eine Umstrukturierung des Studienbetriebes: Statt der Semester- wurde eine Trimesterregelung eingeführt, nur um im Wintersemester 1941 wieder aufgehoben zu werden. Die Frage, welche akademischen Titel die Absolventen tragen dürfen, wurde endlich geklärt, die Studiendauer wurde trotz gewisser Widerstände unter den Professoren gekürzt und an deutsche Studienpläne angepasst.

So dauerte das Landwirtschaftsstudium nun sechs statt acht Semester, gleichzeitig wurde jedoch vor Ablegung der Abschlussprüfung die Absolvierung einer einjährigen (später sogar zweijährigen) Berufspraxis verlangt. Der akademische Titel lautete „Diplom-Landwirt". Das forstwirtschaftliche Studium wurde von acht auf sieben Semester herabgesetzt, dafür musste vor dem Erwerb des Titels eines „Diplom-Forstwirts" ein Praxissemester nachgewiesen werden. Nach Absolvierung zweier zusätzlicher technischer Semester (u. a. Wildbachverbauung) konnte der akademische Titel eines „Diplom-Forstingenieurs" erworben werden. Das kulturtechnische Studium wurde von neun auf sieben Semester verkürzt. Vorgesehen war die Ablegung von drei Staatsprüfungen und die Erlangung des akademischen Grades „Diplom-Ingenieur".[666] Diese Umstellungen waren im Lehrkörper sehr umstritten, obwohl sich keine offene Opposition konstituierte. Der Rückzug von Emil Hellebrand, eines betont nationalen Professors, im Jahr 1941 kann jedenfalls darauf zurückgeführt werden.[667]

Dass trotz der Gleichschaltungspolitik die Professorenschaft der Hochschule keinen monolithischen Block darstellte, zeigt der Fall des ao. Prof. Herbert Flatscher, der im Studienjahr 1939/40 zeitweilig enthoben wurde. Flatscher, einer der wenigen Professoren, die nicht der NSDAP beigetreten waren, geriet wegen eines Gutachtens in Gegensatz zu Professor Löhr und (schlimmer noch) zu Dozentenbundführer Sekera. Nach seiner „sofortigen Enthebung von jeder Dienstleistung an der Hochschule für Bodenkultur" ging Flatscher sofort in die Gegenoffensive. Er brachte eine Ehrenbeleidigungsklage gegen Sekera ein, der ihn, wie er angab, seit Beginn des Jahres 1939 verfolgte. Flatscher zitierte dabei einen Forstbeamten:

665 Ebd., S. 7.

666 Vgl. dazu STEDEN, Bericht (wie Anm. 412), S. 6 f.

667 „[V]ergrämt durch die Zerstörung des alten, bewährten Aufbaues der Lehrpläne, die Zerreißung von Vorlesungen und Übungen unter neuen Namen, ohne erkennbare Notwendigkeit, [zog er sich] zurück." 100 Jahre (wie Anm. 1), Bd. 1, S. 170.

„Sekera hat mich gefragt, warum ich ausgerechnet bei dem Dr. Flatscher eine wissenschaftliche Arbeit machen wolle. Dr. Flatscher sei kein Nationalsozialist und deshalb empfehle es sich nicht, bei ihm zu arbeiten.“[668]

Sekera reagierte auf Flatschers mutige Offensive überraschend zurückhaltend: Er konzedierte Flatscher große fachliche Qualitäten, sprach aber davon, dass er „charakterlich versagt“ hätte. Er schlug vor, Flatscher an ein „Holzforschungsinstitut des Altreiches zu versetzen und seiner liberalen Einstellung gemäß jegliche Einschaltung in der Öffentlichkeit zu unterbinden“.[669] Überraschenderweise setzte sich letztendlich Flatscher durch und erhielt seine ao. Professur zurück. Dies ist wohl ein Indiz dafür, dass Sekeras Macht 1940 – nach den Enthebungen und Wiedereinsetzungen der Jahre 1939/40 – nicht mehr unumstritten war.

Ein weiteres Beispiel für den Umgang mit vermeintlichen bzw. echten politischen Gegnern ist die Ablehnung der erneuten Ernennung von Dr. Kisser zum ao. Professor. Ihm wurde seitens des NSDDB zwar patriotische Verlässlichkeit konzediert, die Tätigkeit in der katholischen Akademikergemeinschaft und in der „Leogesellschaft“ war jedoch noch nicht vergessen; er wäre in der „Systemzeit“ zwar nicht „besonders gehässig“ gewesen, hätte aber charakterlich „keinen guten Ruf“ und sei als „Streber“ und „Intrigant“ bekannt. Mit derlei persönlichen Beflegelungen sollte das Eindringen weiterer Nicht-Nationalsozialisten in den Lehrkörper verhindert werden.[670]

Unter Rektor Prof. Staffe[671] (ebenfalls ein „Illegaler“), der von 1941 bis 1944 amtierte, traten ideologische Momente wie schon ausgeführt in den Hintergrund, er bemühte sich um die Stärkung der Position der Hochschule. Langsam gewann der Rektor gegenüber dem Dozentenbund wieder an Handlungsfreiheit. Dies wurde durch den Umstand erleichtert, dass praktisch alle Protagonisten des NSDDB aus dem Jahre 1938/39 inzwischen eine Professur erhalten hatten.

Staffes Versuch, die Wiedereinführung zweier zusätzlicher Semester im Landwirtschaftsstudium zu erreichen, schlug jedoch fehl.

Obwohl die Hochschule mit ihrer Aufgabenstellung für die „Blut und Boden“-Ideologie durchaus verwendbar und auch die Hungerkatastrophe von 1918 noch in Erinnerung war, wurde sie nicht so aufgewertet und ausgeweitet, wie manche im Kollegium erwartet hatten. Kriegsbedingt erlebte die Forschung aber erstmals in der Geschichte der BOKU eine klare Aufwertung gegenüber der Lehre. So wurden während der Kriegsjahre fünf Außeninstitute eingerichtet (1940: Institut für angewandte Pflanzensoziologie in St. Andrä-Villach; 1941: Versuchs- und Demonstrationsstall in Pötzleinsdorf [gepachtet]; 1942: Alpine Versuchsstelle Rinn

[668] ÖSTA, AVA, MCU, Fasz. 1207, 1183/40. Beilage 10 der Antwort Flatschers auf die Vorwürfe Sekeras (25. 1. 1940).

[669] Ebd. 4931/40 (24. 1. 1940).

[670] Ebd., V-2c-11.025/40.

[671] Laut Neues Wiener Tagblatt, 16. 1. 1941, S. 11, hatte Porsch „aus gesundheitlichen Gründen um seine Amtsenthebung gebeten“.

Abb. 15: Adolf Staffe – vom Rektor der BOKU zum Regierungsberater in Kolumbien.

bei Innsbruck; 1942: Höhenphysiologisches Laboratorium in Kals; 1943: Höhenstation Komperdell-Serfaus).

Weitere Versuche, das wissenschaftliche Programm der Hochschule auszuweiten, blieben erfolglos, wie etwa die von Prof. Flatscher initiierte Angliederung der Akademie für Brauwesen und Gärungstechnik als vierte Studienrichtung. Dazu sollte es erst in der wiedererrichteten Republik kommen.

Dagegen wäre als vierte Studienrichtung von den Zentralstellen eine eigene Fakultät für Weinbau bewilligt worden. Dieses Projekt scheiterte jedoch mangels geeigneter Dozenten und infolge des Fehlens der Infrastruktur an der BOKU.

Nach Staffes Rücktritt am 31. Oktober 1944 wurde Leo Tschermak zum Rektor bestimmt.[672] Prof. Steden kommentierte seine Amtszeit: „Prof. Tschermak stammte aus der alten österreichischen Schule und milderte die autoritäre Führungspraxis insofern, als er auch Mitarbeiter heranzog, die nicht Parteigenossen waren."[673]

Ein Blick auf die Entwicklung des Personalstandes der Hochschule zeigt, dass im Vergleich zum Studienjahr 1937/38 die Zahl der Professuren von 22 auf 27, die der Honorardozenten sogar von 15 auf 34 gestiegen war. Die Zahl der wissenschaftlichen Assistenten blieb mit 28 gleich. Diese Zahlen lassen sich als Wiederherstellung des Normalzustandes vor 1933 interpretieren. Trotzdem bleibt es erstaunlich, dass in einer Phase des Frequenzrückgangs (1944/45: 160 Hörer) und des „totalen Kriegs" der Personalstand erhöht wurde.

2.3.7. Widerstand

Mehr als 200 Hochschulangehörige kehrten nicht mehr aus dem Zweiten Weltkrieg zurück, viele kamen erst nach Jahren aus der Kriegsgefangenschaft heim. Wie sie zum nationalsozialistischen System und zum Krieg standen, wird sich nicht mehr feststellen lassen. Jedenfalls gab es im Umfeld der BOKU Menschen, die ihrer Abneigung gegen das NS-Regime Taten folgen ließen: Zwei von ihnen wurden für ihren Widerstand hingerichtet.

Walter Caldonazzi, ein gebürtiger Südtiroler (Jg. 1916), belegte nach seiner Matura 1934 das Fach Forstwirtschaft an der BOKU, das er mit dem Titel Diplom-Ingenieur abschloss. Er war Mitglied der katholischen Hochschulverbindung „Amelungia" und arbeitete als Forstingenieur in einer privaten Forstkanzlei. Caldonazzis Widerstandsgruppe operierte in Wien und in Kramsach und setzte sich überwiegend aus Monarchisten und Katholiken zusammen.[674]

Hermann Klepell (Jg. 1922) studierte Kulturtechnik und entstammte einer sozialdemokratischen Familie. Sein Vater, der Gastwirt August Klepell, war vor

[672] Vgl. auch Völkischer Beobachter (Wiener Ausgabe), 2. 11. 1944, S. 4.

[673] STEDEN, Bericht (wie Anm. 412), S. 8.

[674] Vgl. RILL (wie Anm. 163), S. 140.

dem Februar 1934 Bezirksvorsteher des 18. Wiener Gemeindebezirks und wurde nach Ende des Bürgerkrieges nach Wöllersdorf deportiert.

Nachdem Hermann Klepell eingezogen und an die Ostfront versetzt worden war, konnte Prof. Ackerl seine Versetzung zu einer Vermessungsabteilung und später zu seiner eigenen Dienststelle erreichen. Er begründete dies 1945 so: „Dabei war neben fachlichen Gründen auch das Ziel maßgebend, mich mit politisch zuverlässigen Mitgliedern zu umgeben.“[675]

Klepell und Caldonazzi waren 1942 oder 1943 mit der „Österreichischen Freiheitsbewegung“ des katholischen Geistlichen Dr. Heinrich Maier in Kontakt getreten. Diese Gruppe hatte gute Beziehungen zu linken Gruppen in Wien, war selber aber überwiegend bürgerlich-katholisch orientiert. Es dürften auch Kontakte zur Abwehr und zu einigen Industriellen bestanden haben.[676] Der Gruppe gehörten neben Caldonazzi und Klepell der Generaldirektor der Semperit-Werke (und brasilianische Konsul) Dr. Meßner, Polizeioberwachtmeister Andreas Hofer (ein Urenkel des Tiroler Freiheitskämpfers) und Dr. Clemens Pausinger an.[677]

Wie gestaltete sich die Widerstandstätigkeit konkret? Die aus Sicherheitsgründen streng getrennt agierenden Gruppen von Dr. Maier, Dr. Legradi und Dr. Sokal sammelten Nachrichten über militärisch wichtige Tatsachen und leiteten diese über Dr. Meßner und die Pianistin Barbara Issakides, die Kontakte zu den Amerikanern in Istanbul hatten, an die Alliierten weiter. So konnten beispielsweise schon 1943 die Pläne für die Konstruktion der V-Waffen übermittelt werden. Weiters bemühte sich die Freiheitsbewegung, die Stimmung im Volk zu erkunden und mittels Mund-zu-Mund-Propaganda zu beeinflussen. Über die in den Gruppen tätigen Ärzte wurde Sabotage in Militärlazaretten betrieben und versucht, Gesinnungsgenossen vor dem Fronteinsatz zu bewahren.[678] Die spektakulärste Aktion fand 1942 statt. Die Leiter der drei Gruppen verfassten ein elfseitiges Memorandum, das über die Schweiz an den britischen Außenminister Sir Stafford Cripps und den sowjetischen Außenminister Molotow gerichtet war. Die Bitte um Antwort auf diesen Zustandsbericht über die Lage in Österreich wurde erfüllt. Der britische Rundfunk nahm in seinen Sendungen für Österreich mehrmals Bezug auf die Widerstandsgruppe. Die wichtigsten Forderungen lauteten: Wiederherstellung des territorialen Status vom 1. März 1938, uneingeschränktes Selbstbestimmungsrecht der Völker, überstaatliche Neuordnung unter Wahrung der Gleichberechtigung aller Völker.

Walter Caldonazzi und Hermann Klepell wurden zusammen mit fast allen Widerstandskämpfern der Gruppe Maier am 15. Jänner 1944 verhaftet. Nach schwe-

675 Archiv der BOKU, 367/1945.

676 DÖW, Nr. 1552: Widerstandstätigkeit der Gruppe Legradi-Sokal in Verbindung mit der Gruppe Dr. Heinrich Maier, verfaßt von Dr. HELENE SOKAL, verh. LEGRADI, o. O., o. J. (masch.), S. 1.

677 Ebd., und HANS EGGER, Österreichische Blutzeugen: Dipl.-Ing. Walter Caldonazzi, in: Österreichische Nation 11/1959, S. 160 f. In den beiden Texten werden auch noch weitere Namen genannt, etwa der frühere Minister Perntner und Generalleutnant Stümpfl.

678 Die Tätigkeit der Vertrauensleute in der Abwehr und in der chemischen Industrie dürfte sehr effizient gewesen sein. Vgl. Dr. HELENE SOKAL-LEGRADI (wie Anm. 676), S. 1 ff.

ren Folterungen („Was ich an Brutalität und Herzlosigkeit von Menschen im Jahre 1944 erfahren habe, lässt mich leicht von dieser Erde scheiden. Wir sind hier keine Menschen mehr, nur mehr Tiere.“[679]) kam es im Oktober 1944 zum Prozess. Am 28. Oktober 1944 verurteilte der Volksgerichtshof Caldonazzi, Klepell und sechs weitere Mitstreiter (Kaplan Dr. Maier, Hofer, Dr. Wyhnal, Dr. Ritsch, Generaldirektor Meßner, Dr. Pausinger) zum Tode. Caldonazzi starb am 9. Jänner 1945 auf dem Schafott. Aus seinem Brief vom 1. Jänner 1945:

„Ihr wißt, ich war immer ein Gegner des Krieges, immer ein Feind des geistlosen preußischen Militarismus. Macht mir keine Vorwürfe, bitte, mir war dieser scheußliche Tod vorgezeichnet, ich trage mein Los mit voller Ergebenheit als treuer Christ. [...] Die Boshaftigkeit der Menschen, Hunger und Kälte machen uns den Abschied von dieser Welt leicht. Was mich tief erschüttert hat, ist die Tatsache, daß die Wiener Gestapoleute (z. B. Kommissar Kaiser) den Preußen an Brutalität nicht nachstehen, ja diese noch übertreffen. Ich fiel dem Verrat preußischer Gestapospitzel in der Zelle zum Opfer. [...] Meine Lieben, seid nicht traurig, bald werde ich bei meinem lieben Mütterlein sein, das auch als Opfer der Gestapo und dieses teuflischen Regimes mir vorausgegangen ist! Vater! Es ist Gottes Beschluß, daß ich mein Leben für eine gute Sache lasse; besser, als ich wäre gegen meine Überzeugung für Hitler als Soldat gefallen.“[680]

Pastor Hans Rieger, der die evangelischen Gefangenen im Landesgericht Wien zu betreuen hatte, gibt in seinem Dokumentarbericht „Das Urteil wird jetzt vollstreckt“ ein berührendes Porträt von Hermann Klepell und seiner Familie. August Klepell hatte bis zuletzt die Hoffnung auf eine Begnadigung seines Sohnes nicht aufgegeben. So schrieb er an seinen in der Todeszelle auf die Hinrichtung wartenden Sohn:

„Und so versteh, unser lieber Bub, daß alles geschieht, was geschehen kann. Und wenn nicht alles Lug und Trug ist, was uns gesagt wird, so haben wir doch Hoffnung, Dich baldigst zu sehen. Ich habe Dir bei meinem letzten Besuch gesagt, Dein Papa kämpft wie ein Löwe um Dich, und da wir ein Löwenpaar sind, so hoffen wir, mit Gottes Hilfe, den Kampf zu bestehen.“[681]

Doch alle Hoffnungen, die sogar vom Vorsitzenden des Volksgerichtshofes genährt worden waren, waren vergeblich. Am Freitag, dem 23. März 1945 werden Klepell, Wyhnal und Kaplan Maier hingerichtet. Dies war der letzte Termin, an

[679] Aus einem aus dem Kerker geschmuggelten Brief von DI Walter Caldonazzi vom 1. 1. 1945, in: Österreichische Nation (wie Anm. 677), S. 161.

[680] Ebd.

[681] Abgedruckt in: HANS RIEGER, Das Urteil wird jetzt vollstreckt. Dokumentarbericht Seelsorge im Gefängnis des Wiener Landesgerichts 1942–1944, Wuppertal 1967, S. 32. Wieder aufgelegt unter dem selben Titel Wien 1977.

Abb. 16: Franz Ackerl befürwortete die posthume Graduierung von Hermann Klepell.

dem mehrere Todesurteile im Landesgericht vollstreckt wurden. Rieger schildert das letzte Gespräch mit dem verurteilten Studenten:

„‚Das Dumme ist für uns, daß wir so knapp vor Torschluß drangekommen sind und dazu noch so jung!' Dann aber fuhr er mit einer oft an ihm beobachteten stolzen Kopfbewegung fort: ‚Aber wir sterben nicht umsonst. Unser Tod ist eine Aussaat, die Früchte bringen wird.' Nach der Feier des letzten Abendmahls kam die letzte Stunde immer näher. Ruhig und gefaßt sah ihr der junge Mann entgegen. Die Unabänderlichkeit seines Schicksals ließ ihn nicht verzweifeln, sondern machte ihn vielmehr entschlossen. Die letzten Gespräche galten den Erinnerungen an sein Elternhaus. ‚Wenn ich auch jung sterben muß, ich habe doch dank der Liebe meiner Eltern ein sehr schönes und glückliches Leben gehabt. Leidvoll wurde es erst mit der Stunde meiner Verhaftung. Bitte Herr Pfarrer, sagen Sie meinem Vater und meiner Mutter, daß sie alles getan haben, um mir meine Kindheit und meine Jugend so schön und glücklich zu gestalten wie sie war.'"[682]

Nach der Befreiung stellte Vater August Klepell bei der Hochschule den Antrag, seinem Sohn posthum den Titel „Diplomingenieur" zu verleihen. Aus dem Gutachten des Vertreters der kulturtechnischen Studienrichtung Professor Franz Ackerl:

„Hermann Klepell war ein sehr fähiger, pflichteifriger und fleißiger Student, er stand vor Ablegung der dritten kulturtechnischen Staatsprüfung, als er als Hilfsassistent für Geodäsie zum Wehrdienst einberufen wurde. [...] Wäre Klepell nicht zum Wehrdienst einberufen worden, so hätte er etwa im Herbste 1944 das Ingenieur-Diplom als Kulturtechniker erworben. Als Vertreter der kulturtechnischen Studienrichtung erkläre ich, daß von Seiten der Kulturtechnik und des Geschäftsausschusses gegen die Erfüllung der Bitte des Vaters Klepells kein Einwand erhoben wird, im Gegenteil, die Bitte als Beitrag zu der Wiedergutmachung wärmstens befürwortet wird."[683]

August Klepell erhielt am 23. Juni 1945 folgendes Schreiben der Hochschule:

„Das Professorenkollegium der Hochschule für Bodenkultur hat in dankbarer Würdigung des Opfertodes ihres Sohnes Hermann für Österreich Ihrer Bitte stattgegeben und genehmigt die Anbringung der Standesbezeichnung ‚Ingenieur' auf seinem Grabstein."[684]

682 Ebd., S. 37 f. Rieger schreibt konsequent „Kleppel". Auch in anderen Dokumenten variiert die Schreibung.

683 Archiv der BOKU, 367/1945, Begründung vom 28. 5. 1945, angenommen am 7. 6. 1945.

684 Ebd. (23. 6. 1945).

2.3.8. Kriegsende an der BOKU

Der „totale Krieg" begann sich auf die wenigen verbliebenen Studenten spätestens in der zweiten Jahreshälfte 1944 auszuwirken. Im Juni wurden im Linnépark Splittergräben ausgehoben, ein Arbeitskommando von BOKU-Angehörigen arbeitete im Sommer beim Ölfrüchteanbau am Zentralfriedhof.[685] Am 25. Juli wurde im Zuge der totalen Mobilmachung eine Immatrikulationssperre (ausgenommen Verwundete und Witwen) verhängt.[686] Im August ließ Goebbels auf Kriegsdauer alle Kongresse und Tagungen verbieten. Kriegswichtige Veranstaltungen durften nur nach persönlicher Bestätigung des Reichspropagandaministers stattfinden.[687] Im September traf Bormann erste Vorbereitungen zur teilweisen Stilllegung der Hochschulen.[688]

Auf das Attentat auf Hitler am 20. Juli 1944 reagierten Rektor Staffe und Dozentenbundführer Schimetschek pflichtgemäß:

„An den Führer und Reichskanzler/Führerhauptquartier
Auf das tiefste erschüttert und empört über den ruchlosen Anschlag auf ihr Leben und damit das des ganzen Volkes sind wir hochbeglückt über das sinnvolle Walten der Vorsehung. In steter Treue Rektor und Dozentenführer der Hochschule für Bodenkultur in Wien im Namen der Dozenten, Studenten und der übrigen Gefolgschaft".[689]

Am 10. Oktober 1944 schließlich wurden alle inländischen Studenten (das beinhaltet auch Volksdeutsche, Protektoratsangehörige, Staatenlose, die nicht als „fremdvölkisch" galten) zum Stellungsbau abkommandiert. Ausgenommen waren neben Wehrmachtsangehörigen nur Versehrte, Studenten an kriegswichtigen Instituten und Studierende, die bis zum 15. November ihre Prüfungen ablegen sollten.[690] Vermutlich traf diese Maßnahme gar nicht so viele Studierende, denn wie Prof. Flatscher 1948 berichtete, kamen in den letzten Kriegsmonaten „80 und mehr Prozent" der Hörer aus „den Ost- und Südostländern Europas".[691]

Der Bericht des abtretenden Rektors Staffe über die Jahre 1941 bis 1944, erstattet in der Kollegiumssitzung am 12. Dezember 1944, enthält praktisch keinerlei ideologische Einsprengsel, dafür wurde auch „angesichts der ernsten Zeit, in der wir uns jetzt befinden, von einer Inaugurationsfeier Abstand genommen".[692]

685 Archiv der BOKU, 601/44 (Linnépark), 748/44 (Zentralfriedhof).

686 ARAUSCH (wie Anm. 104), S. 208.

687 Archiv der BOKU, 834/44 (23. 8. 1944).

688 Archiv der BOKU, 850/44 (16. 9. 1944).

689 Archiv der BOKU, 715/44 (21. 7. 1944).

690 Archiv der BOKU, 911/1/44, vgl. auch „Der Wiener Hochschulbetrieb", in: Neues Wiener Tagblatt 3. 11. 1944, S. 3.

691 FLATSCHER (wie Anm. 655), S. 36.

692 Archiv der BOKU, 1063/44.

Die Evakuierung von Instituten in den Jahren 1944 und 1945 ließ den Standort Wien beinahe verwaist erscheinen. Trotzdem fanden an der Hochschule noch zwei Festakte statt, die in direktem Zusammenhang mit dem Krieg standen.

Die Ehrung der Gefallenen stand im Mittelpunkt einer der letzten Veranstaltungen vor Kriegsende: Am 15. Februar 1945 wurde die Gedenktafel für die gefallenen Studenten des Zweiten Weltkriegs enthüllt. Die Tafel war vom Holzbildhauer Fritz Niessner konzipiert und geschnitzt worden. Die Kosten beliefen sich auf 4.810 RM und wurden durch Spenden der Professoren (zwischen 50 und 150 RM) und der Kameradschaften aufgebracht. Die Materialkosten wurden von Prof. Staffe übernommen.[693] Franz Brücken, der Amtsleiter der Nationalsozialistischen Soldatenbetreuung und Forststudent, hatte sich an Rektor Tschermak mit dem eher ungewöhnlichen Vorschlag gewandt, das Denkmal noch in Kriegszeiten in Auftrag zu geben. Er argumentierte mit der Befürchtung, dass es möglich sein könnte, dass die gefallenen Soldaten nach dem Ende des Krieges nicht die gebührende Achtung erhalten würden.[694]

Rektor Tschermak schloss sich dieser Meinung an und veranlasste die Errichtung der Tafel, an deren Kopfseite ein Zitat aus Hitlers „Mein Kampf" zu lesen war: „Solange aber Deutsche leben/werden sie bedenken/daß dies einst Söhne ihres Volkes waren." Diese Tafel und ihr Motto blieben bis in die achtziger Jahre ein Zankapfel.

Während das Dritte Reich gerade zusammenbrach, beschäftigten sich die Behörden immer noch intensiv mit der „Judenfrage": Es ging um die genaue Beobachtung von „Mischlingen" oder mit „Mischlingen" verheirateten Menschen. Die betreffenden Mitarbeiter mussten gemeldet werden.[695]

Immer mehr Institute und Personal wurden in den Westen verlagert. Im Februar 1945 mussten sich die Institute auf die Evakuierung vorbereiten, im März kam die Anordnung zum Rückzug der „kriegswirtschaftlich wichtigen" Bereiche nach Strobl.[696] „Um die Ostertage des laufenden Jahres 1945 steigerte sich diese Bewegung zur Flucht mit Kind und Kegel."[697] Die Institute der Hochschule begannen sich eins nach dem anderen nach Westen abzusetzen: Prof. Kubiena ging nach Admont, Prof. Sekera nach Säusenstein, Prof. Kaserer nach Tirol.[698]

Vom Professorenkollegium verblieben außer Rektor Leo Tschermak nur die Professoren Flatscher, Grögor und Bleier in Wien. Prof. Olbrich ließ sich noch im

[693] Archiv der BOKU, 247/45: Spenderliste für die Ehrentafel. Dabei fehlt die Kameradschaft „Horst Wessel", die im Vorlesungsverzeichnis 1944/45 noch vermerkt ist.

[694] Verdrängte Geschichte (wie Anm. 2), S. 44.

[695] Im Jänner mussten die unter diese Kategorien fallenden Personen gemeldet werden, um eine bessere Überwachung durch die Gestapo zu gewährleisten: Lydia Heiny (Vertragsangestellte) galt als „Mischling zweiten Grades" und wurde an die Hochschule für Welthandel versetzt. Die Frau des Laboranten Ludwig Schmidt galt als „Mischling ersten Grades" (Archiv der BOKU, 103/45).

[696] Archiv der BOKU, 62/45.

[697] STEDEN, Bericht (wie Anm. 412), S. 8.

[698] Zusammenstellung sämtlicher Institute und Arbeitsstellen der Hochschule für Bodenkultur in: Archiv der BOKU, 217/45.

Abb. 17: Wilhelm Olbrich fiel knapp vor Kriegsende als Volkssturmoffizier.

Jänner 1945 zum Volkssturm versetzen und fiel Ende März bei Marchegg. Gerade ihm, der immer ein prononcierter Deutschnationaler gewesen war, widmete Anton Steden einen ehrenden Nachruf:

„Er war einer derjenigen schätzenswerten Charaktere, die aus ihrer Überzeugung auch dann kein Hehl machten, wenn dabei keine Lorbeeren zu ernten waren und die mit dem Pfunde ihrer Überzeugung auch dann nicht wucherten, wenn es lohnend gewesen wäre. [...] Obwohl uns im Leben eine Welt getrennt hat, wollen wir seiner im Tode mit Achtung gedenken." [699]

Prof. Kaserer erlebte das Kriegsende in Tirol:

„Als gegen Ende März 1945 infolge der Verkehrsstörungen die Versuchsstation Gross Enzersdorf unerreichbar und das Institut für Acker- und Pflanzenbau an der Hochschule durch Mangel an Wasser und Gas unbenützbar wurde, verlegte ich im Sinne einer allgemeinen Weisung des Kurators mit einem Dienstauftrag des Rektors meine wissenschaftliche Tätigkeit nach Tirol, wo in Rinn bei Innsbruck das unter Leitung des meinem Institute zugeteilten wissenschaftlichen Rates Dr. Erwin Mayr stehende alpine Versuchsfeld als letzter betriebsfähiger Rest meines Institutes aufrecht geblieben war. Ich nahm zunächst in Sistrans, dann in Mutters bei Innsbruck Wohnung, legte von dort aus in Rinn Versuche an und arbeitete in Innsbruck im Labor der landw. chem. Versuchsanstalt experimentell und ausserdem noch literarisch in verschiedenen Bibliotheken und zwar ausschliesslich über aktuelle, für den Wiederaufbau der österreichischen Landwirtschaft wichtige Tagesfragen. [...] So habe ich zwar ferne von Wien und auch sehr lange in Unkenntnis der über mich im Mai verhängten Dienstenthebung trotzdem das ganze Jahr 1945 hindurch fleissig an landwirtschaftlichen Wiederaufbauproblemen gearbeitet."[700]

Weitab von dieser stilisierten wissenschaftlichen Idylle spielte sich in den letzten Tagen des Krieges an der Donau ein mörderisches Drama ab, an dem auch ein Angehöriger der Hochschule für Bodenkultur beteiligt war. Dr. Erwin Hopp war als Fachmann für Erdstraßen- und Bahnbau als Unterabschnittsleiter zum Bau des Südostwalls eingeteilt. Daneben hielt er aber auch weiterhin seine Lehrveranstaltungen als Supplent für den eingerückten Professor Ackerl. Wie weit dies freiwillig gewesen war, spielte in dem Volksgerichtsprozess gegen Hopp eine Rolle.[701]

Hopp war im dritten „Engerau-Prozeß" angeklagt, weil er an einem „Todestransport" von ungarischen Juden nach Mauthausen beteiligt gewesen war.

[699] STEDEN, Bericht (wie Anm. 412), S. 10. Antrag auf Beurlaubung für Prof. Olbrich für „die Durchführung seiner Wehrmachtseinsätze" seitens der NSDAP-Gauleitung Wien: Archiv der BOKU, 36/45. Die Ankündigung, dass Olbrich als Bataillonskommandeur beim Volkssturm eingesetzt wird: Archiv der BOKU, 45/45.

[700] Archiv der BOKU, 105/46.

[701] Vgl. die Zeugenaussagen von JOSEF DONAT und FRANZ ACKERL aus dem Jahr 1949, in: DÖW, Engerau III, Vg 3015/45.

Doch bereits in Deutsch-Altenburg, wo 1.865 Gefangenen auf drei Schleppschiffen der DDSG zusammengepfercht werden sollten, waren nach Aussage Hopps 265 von ihnen tot, ermordet von lokalen SA-Männern und politischen Leitern der NSDAP.[702] Hopp, der als Bewacher eingesetzt war, begleitete dann die Schiffe auch noch auf ihrer apokalyptischen Fahrt donauaufwärts bis nach Mauthausen, bei der noch viele Menschen umkommen sollten. Aus der Aussage eines Überlebenden:

„Unsere Fahrt dauerte 9 Tage, dabei haben wir schauderhaft gehungert, und sehr viele starben dabei. Das Schiff wurde von Erwin Hopp und Willibald Praschak begleitet. [...] Bei einer Gelegenheit sind mehrere vom Schiff geflüchtet, von denen wurden zwei niedergeschossen, die gleich in die Donau geworfen wurden, das hat Praschak getan. Anlässlich unserer Ausschiffung in Mauthausen wurden diejenigen, die über den Brettersteig nicht hinübergehen konnten, niedergeschossen.“[703]

In insgesamt vier Prozessen beschäftigte sich die österreichische Volksgerichtsbarkeit mit den Massakern, die mit dem Transport von ungarischen Juden aus Petrzalka nach Mauthausen verbunden waren.[704] Erwin Hopp wurde vom Volksgericht Wien am 4. November 1946 zu 19 Jahren Haft verurteilt. Er wurde schuldig befunden, vor 1938 der illegalen NSDAP angehört zu haben, kraft seines Amtes als Unterabschnittsleiter beim Bau des Südostwallbaues seine Aufsichts- und Fürsorgepflicht verletzt und Häftlinge durch Abgabe eines Schreckschusses in einen qualvollen Zustand versetzt, sowie politischen Leitern zu Misshandlung und Waffengebrauch geraten zu haben. Dafür wurde er gemäß §§ 11 (10) VG sowie § 1/1 und 3/1 KVG verurteilt. Im Zuge der NS-Amnestie 1957 wurde er aus dem Gefängnis entlassen.[705]

702 Aussage des Angeklagten Erwin Hopp, Hauptverhandlungsprotokoll III betreffend Erschiessung von jüdischen Zwangsarbeitern zwischen Engerau (Petrzalka) und Bad Deutsch-Altenburg, in: Widerstand und Verfolgung in Niederösterreich 1934–1945. Eine Dokumentation, Bd. 2, hg. v. Dokumentationsarchiv des Österreichischen Widerstandes, Wien 1987, S. 560. Nach einer anderen Aussage hatte es bei diesem Massaker 102 Tote gegeben. Vgl. CLAUDIA KURETSIDIS-HAIDER, Der Fall Engerau und die Nachkriegsgerichtsbarkeit. Überlegungen zum Stellenwert der Engerau-Prozesse in der österreichischen Nachkriegsjustizgeschichte, in: Dokumentationsarchiv des Österreichischen Widerstandes, Jahrbuch 2001, Wien 2001, S. 67.

703 Aussage Alexander Sandor, in: Widerstand in NÖ (wie Anm. 702), S. 560.

70 KURETSIDIS-HAIDER (wie Anm. 702), S. 67–90.

705 Herzlichen Dank an Frau Mag. Kuretsidis-Haider und das DÖW für diese Information.

3. Restauration nach 1945

Wie schon in den Jahren 1933/34 und (teilweise) 1938 unterschied sich die Entwicklung der BOKU auch in der Nachkriegszeit sehr stark vom „Mainstream" der österreichischen Universitätsgeschichte: Auf den besonders hohen Anteil von Nationalsozialisten im Kollegium reagierten Behörden und Kollegium mit einer vergleichweise scharfen Entnazifizierung. Wenn an anderen Universitäten sehr schnell Kontinuität mit der NS-Vergangenheit durch die rasche Wiederbestellung von nationalsozialistischen Professoren hergestellt wurde, waren es an der BOKU eher die Studenten, und zwar schon vor der Zulassung des Ringes Freiheitlicher Studenten (RFS), die in gewisser Weise an die NS-Tradition anknüpften. Letztlich blieb die BOKU bis in die siebziger Jahre aber eine katholisch-konservativ geprägte Hochschule.

Während der letzten Kriegstage wurden im Hof der Hochschule belastende Akten verbrannt. Deshalb sind Personalakten aus der Zeit vor 1945 nur in Ausnahmefällen erhalten geblieben.[706]

Am 24. April 1945 fand die erste Kollegiumssitzung unter dem Vorsitz von Prof. Steden statt. Steden war vom damaligen Staatssekretär Figl als Leiter des provisorischen Staatsamtes für Landwirtschaft und Volksernährung mit der vorläufigen Leitung der Hochschule betraut worden. Prof. Werner hatte einen ähnlichen Auftrag von der österreichischen Widerstandsbewegung erhalten. Die beiden arbeiteten aber eng zusammen. Zur ersten Sitzung des Kollegiums trafen die Professoren Wilhelm Neubauer, Alfred Till, Josef Hermann Flatscher, Franz Ackerl, Anton Steden und Othmar Werner sowie der Dozent Karl Schuhecker zusammen.

Drei wichtige Probleme galt es zu lösen:

1. die rasche (Wieder-)Errichtung einer akademischen Verwaltung,
2. die Sammlung und Bestandsaufnahme des Personals,
3. die Sicherung des Gebäudes, der Räume und der Einrichtungen.

Eingeleitet wurde die erste Sitzung des Professorenkollegiums nach der Befreiung mit einer Trauerminute für Prof. Zeßner-Spitzenberg.[707] Dann ging es um einen juridisch möglichst einwandfreien Neuanfang. Die BOKU wählte dazu ausgerechnet die Personal- und Studienordnung des Jahres 1937/38, „um etwaigen

[706] Archiv der BOKU, 675/46 (27. 6. 1946): „Zu obigen Bezug [das Bundesministerium für Unterricht hatte den Personalakt Sekeras angefordert, P. E.] berichtet das Rektorat, daß der für Prof. Dr. Sekera hier geführte Personalakt mit vielen anderen Personalakten im März 1945 von den Nationalsozialisten vor ihrer Flucht verbrannt worden ist. Das Rektorat besitzt nur mehr ein Karteiblatt." Rektor Tschermak hatte, einer Anordnung der Verwaltungsstelle folgend, die Vernichtung der Akten durchführen lassen. Vgl. STEDEN, Bericht (wie Anm. 412), S. 12. – Im Archiv der BOKU findet sich kein Hinweis auf einen schriftlichen Befehl.

[707] Bezirksvorsteherstellvertreter Dr. Gottfried Strohschneider regte an, den Platz vor der Hochschule in Zeßner-Platz umzubenennen. Rektor Till versicherte ihn seiner wärmsten Sympathie. Warum dieses Vorhaben nicht in die Tat umgesetzt wurde, ist nicht bekannt. In: Archiv der BOKU, 510/1945 (14. 7. 1945).

Abb. 18: Anton Steden leitete die erste Sitzung des Professorenkollegiums am 24. April 1945.

Abb. 19: Othmar Werner, Opfer des Nationalsozialismus, Mann der „ersten Stunde“ im April 1945.

mißliebigen Irrtümern, betreffs faschistisch eingestellten Personals vorzubeugen".[708] Folgerichtig wurde Prof. Zederbauer einstimmig zum Rektor magnificus gewählt. Aufgrund seines schlechten Gesundheitszustandes konnte er diesen Titel nur ehrenhalber übernehmen. Zederbauer wurde im November 1945 „in Anerkennung seiner hervorragenden wissenschaftlichen Leistungen und seiner Verdienste" die Würde eines Ehrendoktors der Bodenkultur verliehen. Der Antrag für die Verleihung datierte vom 2. Juni 1945 und betont neben den wissenschaftlichen Verdiensten noch einmal die Inhaftierung in Dachau.[709]

Man beschloss, dem Staatsamt einen Prorektor vorzuschlagen, der die Leitung der Hochschule übernehmen sollte. Das Staatsamt legte dem Professorenkollegium jedoch nahe, aufgrund der Fülle der anstehenden Entscheidungen,

„lieber die Wahl eines aktiven Rektors für das kommende Studienjahr 1945/46 außergewöhnlicherweise vorzuverlegen und den gewählten Rektor gleichzeitig mit der Geschäftsführung für das restliche laufende Studienjahr 1944/45 zu betrauen. Das Professorenkollegium trat daher zusammen und wählte einstimmig seinen ‚jüngsten Senior', den ordentlichen Professor für Geologie und Bodenkunde Dr. Alfred Till, zum Rektor magnificus der Hochschule für Bodenkultur für das Studienjahr 1945/46."[710]

Eine große Zahl der an der Hochschule Lehrenden hatte sich in den ersten Monaten des Jahres 1945, als die Front unaufhaltsam Wien näherrückte, (ob mit oder ohne Auftrag) nach Westen abgesetzt und war nun nicht in der Lage, die Zonengrenze zu überschreiten. Noch gravierender aber war, dass die meisten Professoren, Dozenten und Assistenten der NSDAP angehört hatten und so schnell wie möglich ihrer Posten enthoben werden mussten. Prorektor Steden schilderte die Lage:

„Eine schwierige Aufgabe war auch die Ordnung der Personalfragen. Die Professoren und Dozenten mit ihren Hilfskräften waren zum großen Teil ins Salzkammergut ‚ausgewichen' und ließen die hiesigen Institute verwaist zurück. Die Assistenten waren vielfach eingerückt, und nur die meist älteren administrativen und technischen Beamten und Angestellten waren ziemlich vollständig versammelt. Darum soll heute und an dieser Berichtsstelle das Lob des braven Mannes ertönen, das Lob des Laboranten, Gärtners, Aufsehers, Beamten, Angestellten und Arbeiters, der nicht auswich und der sich nicht verlagerte, sondern hierblieb, die Ärmel

708 Archiv der BOKU, Sitzungen des Professorenkollegiums (Mappe), Protokoll der 1. Kollegiumssitzung vom 24. 4. 1945.

709 Archiv der BOKU, Personalabteilung, Personalakt Emmerich Zederbauer, Antrag auf Ehrendoktorwürde.

710 Inaugurationsfeier 1945/46, S. 12. Vgl. dazu auch: Archiv der BOKU, Sitzungen des Professorenkollegiums (Mappe), Protokoll der 1. Kollegiumssitzung vom 24. 4. 1945.

aufkrempelte und anhub, zu arbeiten. Mit dieser Belegschaft männlichen und weiblichen Geschlechts wurde der physische Aufbau der Hochschule begonnen.“[711]

Diese Absetzbewegungen, die in erster Linie von den führenden Nationalsozialisten unter den Professoren ausgelöst worden waren, beschrieb Prof. Flatscher 1948 mit deutlicheren Worten. Dabei fällt die nach 1945 in Österreich sehr populäre Gleichsetzung von Preussentum und Nationalsozialismus auf:

„Die Tage des Zusammenbruchs kamen. Vom Kollegium der Hochschule waren nur jene anwesend, die von dem wiedererstehenden Vaterland nichts zu fürchten hatten und die Befreiung Österreichs aus den Fesseln des Preußentums herbeisehnten. Zu Ehren des letzten Rektors nazistischer Prägung, Prof. Dr. Leo Tschermak, verdient es aber festgehalten zu werden, daß er sein Amt nicht im Stiche ließ, obwohl er von den kommenden Ereignissen nichts zu erwarten hatte. Alle übrigen Belasteten zogen es vor, am Wolfgangssee in Oberösterreich oder sonstwo im Westen ihr Domizil aufzuschlagen, bis die kritischen Tage der Besatzung der Geschichte angehörten.“[712]

Der neue Rektor Till beschrieb den ersten Eindruck, der ihm im April 1945 – nach einer siebenjährigen unfreiwilligen Trennung – von seiner Hochschule vermittelt wurde: „Und so kam ich dann herauf, auf die Türkenschanze, fand die Hochschule öd und verlassen, alle Tore verschlossen, wie in einen Dornröschenschlaf versunken.“[713]

Der Zustand der Gebäude der Hochschule war weniger schlimm als befürchtet. Ein geordneter Lehrbetrieb war trotzdem nicht möglich. Nur eine kleine Zahl von Instituten war funktionsfähig. An eine Rückführung der ausgelagerten Sammlungen, Lehrmaterialien und Forschungsgeräte nach Wien war wegen der Undurchlässigkeit der Demarkationsgrenzen nicht zu denken.[714] Erst nach der Befreiung wurde das während des Krieges als Luftwaffenlazarett verwendete Studentenheim „von unbekannten Elementen sinn- und zwecklos zerstört.“[715] Bis zur Inaugurationsfeier 1945 waren die notwendigen Instandsetzungsarbeiten trotz Zusagen seitens des Staatsamtes[716] noch nicht durchgeführt.

[711] Inaugurationsfeier 1945/46, S. 12.

[712] FLATSCHER (wie Anm. 655), S. 36. Auch in „Professor Dr. Leo Tschermak – 70 Jahre!“, in: Wiener Zeitung, 3. 7. 1952, S. 5, wird Tschermaks Rolle bei Kriegsende herausgestrichen: Er habe „wertvolle wissenschaftliche Güter vor der Zerstörung bewahren und seinem Nachfolger übergeben“ können.

[713] Inaugurationsfeier 1945/46, S. 18.

[714] Vgl. ebd., S. 11.

[715] Archiv der BOKU, 572/1945: Die Hochschule ersuchte das Staatsministerium für Heerwesen, dem das Heim zugeteilt war, um die leihweise Überlassung der Betten und Spinde, „bis eine Neueinrichtung des Heims möglich sein kann“.

[716] Archiv der BOKU, 393/1945 (15. 6. 1945): Unterstaatssekretär Lugmayer verspricht Prof. Till die sofortige Intervention bei Raab zur Behebung der Bauschäden.

Die BOKU kehrte 1945 sofort wieder zum auf vier Jahre ausgerichteten Studienplan zurück. In einem Interview betonte Rektor Till die „Vernichtungswut" der Nazis in den letzten Kriegstagen und bedauerte besonders die in diesen Tagen durchgeführte „Verlagerung" der Bibliothek.[717]

Besonders prekär war die Lage der Versuchsstation in Groß-Enzersdorf: Deren Leiter Ing. Friedrich Thoma hatte sich im April 1945 ohne Befehl abgesetzt.[718] Nach der Einnahme der Station durch die Rote Armee war an eine Wiederaufnahme des Betriebs nicht zu denken,[719] sie wurde von den Besatzungstruppen in Beschlag genommen. Groß-Enzersdorf blieb bis ins Studienjahr 1946/47 ohne Leitung. Dann wurde Prof. Kopetz mit dieser schwierigen Aufgabe betraut.

Trotz all dieser Probleme verlangte das Staatsamt für Volksaufklärung, Unterricht und Erziehung, dass die BOKU wie auch alle anderen Wiener Hochschulen das Sommersemester 1945 eröffnen solle. Im Professorenkollegium wurde offen über die Schwierigkeiten (Studenten- und Lehrermangel) diskutiert, schließlich aber doch einstimmig beschlossen, das Semester am 28. Mai 1945 zu eröffnen. Unter welchen Bedingungen dieses Semester gestartet wurde, zeigt die sofortige Abschaffung von fünf Instituten und die Auflösung von vielen kleineren Lehrkanzeln und Honorardozenturen wie Bauerngeschichte, Physik, Bergbauernwirtschaft, Kulturtechnik für Landwirte, Forstpolitik, forstlich-chemische Technologie, Landwirtschaft für Forstwirte, Erd-, Straßen- und Bahnbau, Hydraulik und Gewässerkunde und Grundstücksbewertung. Dass auch die meisten offiziell bestehenden Institute überhaupt nicht oder nur unzureichend besetzt waren, versteht sich von selbst. Das Professorenkollegium bestand im April 1945 ja nur aus sieben Männern.

Zu den Personalschwierigkeiten kamen nun auch neue Rechtsunsicherheiten: Das Staatsamt erließ die Weisung, keine Diplomprüfungen mehr abzuhalten, da die reichsdeutschen Titel „Diplom-Landwirt", „Diplom-Forstwirt", und „Diplom-Ingenieur" in Österreich nicht mehr vergeben würden. Weiters sollte die BOKU die „arisierte" Villa in der Peter Jordan-Straße 66 zurückgeben, in der sich Prof. Sekera mit seinem Institut angesiedelt hatte.[720]

717 „Fachleute für Beruf und Forschung. Gespräch mit dem Rektor der Hochschule für Bodenkultur", in: Neues Österreich, 8. 6. 1945, S. 2. Zur Bibliothekssituation vgl. auch: Akademische Rundschau 1 (1945/46), Nr. 3 (November 1945), S. 15.

718 Das Staatsamt wollte ihn deswegen sogar zur Verhaftung ausschreiben. Vgl. Archiv der BOKU, Sitzungen des Professorenkollegiums, 12. Sitzung (24. 7. 1945). Das Professorenkollegium teilte dem Bundesministerium für Unterricht am 21. 2. 1946 mit, dass es „an einer weiteren Dienstleistung" Thomas „keinerlei Interesse habe und den Genannten dem Bundesministerium für Unterricht zur Verfügung stelle" (Sitzung vom 21. 2. 1946). Thoma wurde später mit der Leitung des Bundesgutes Rottenmann betraut. Vgl. 100 Jahre (wie Anm. 1), Bd. 1, S. 338.

719 Vgl. Bericht des Polizeidienststellenleiters von Groß-Enzersdorf, in: Archiv der BOKU, Sitzungen des Professorenkollegiums, 7. Sitzung (19. 6. 1945).

720 Vgl. Archiv der BOKU, Sitzungen des Professorenkollegiums, 3. Sitzung (18. 5. 1945). Die endgültige Rückgabe der Villa verzögerte sich noch bis ins Studienjahr 1950/51. Vorerst musste nur das Institut von Prof. Sekera ausziehen, das Gebäude wurde danach unter anderem der Hochschülerschaft zur Verfügung gestellt.

Unter diesen Umständen war das Wohlwollen der Besatzungsmacht für die Aufrechterhaltung der Infrastruktur lebenswichtig. In der Anfangsphase galt es noch, Übergriffe der Besatzungsmacht zu verhindern: So wurden die österreichischen Staatsforste am 20. Juli 1945 gebeten, vor der Versuchsstation Wolfersberg Schilder in russischer Sprache aufzustellen, um Zerstörungen durch Soldaten zu verhindern.[721] Später suchte man bei den Befreiern auch um Unterstützung an. So etwa beim Besuch einer russischen Delegation an der Hochschule, als vier Bitten geäußert wurden: Am dringendsten war die Bitte um Kohlen- und Kokslieferungen. Weiters sollte die russische Fachliteratur zugänglich gemacht und der wissenschaftliche Meinungsaustausch ermöglicht werden. Schließlich wurde über die russische Kommandantur um „wissenschaftliche Apparate aus Deutschland“ angefragt.[722] Die Amerikanisch-Österreichische Gesellschaft lieferte bereits 1945/46 erstmals Bücher, Zeitungen, Apparate und Chemikalien. Die Professoren konnten sogar Wünsche anmelden.[723]

Natürlich war der Unterricht in den ersten Semestern nach dem Krieg nicht von großartigen pädagogischen oder wissenschaftlichen Ideen geprägt. Das wichtigste Schlagwort für die Unterrichtsgestaltung hieß „Konzentration“ – so viele Unterrichtsfächer wie möglich sollten in einer Lehrveranstaltung abgehandelt werden, um den Hörern einen raschen Studienabschluss zu garantieren. Dabei sollte aber, so Rektor Till, vermieden werden, dass „die Vorlesungen zu einer Art Einpaukkurs für Prüfungen werden“.[724] Selbst in dieser Phase wurde in den Reden die Wichtigkeit der Ausbildung zur kritischen Wissenschaft betont, wenngleich die Mittel dazu fehlten und die praktische Seite des Unterrichts in dieser Zeit ganz besonders wichtig genommen wurde. Rektor Tills Inaugurationsrede für das Studienjahr 1945/46 schloss durchaus optimistisch:

> „Die ‚grüne‘ wird unsere Hochschule genannt. Grün sind Wald und Flur, und Grün ist unsere Farbe; Grün ist aber auch die Farbe der Hoffnung, die wir aus ganzem Herzen in die Zukunft unseres geliebten jetzt neu erstehenden Österreich setzen. Unsere Hochschule, nostra academia, vivat, floreat, crescat!“[725]

Doch zu Beginn des Wintersemesters 1945/46 galt es zunächst, Vertrauen in die Lebensfähigkeit der BOKU zu gewinnen und den Verlust der Lehrkräfte an andere Hochschulen zu verhindern. Aus Personalmangel sah sich das Rektorat am 1. Oktober 1945 zu einem Schreiben an die Rektoren der Universitäten Graz und Innsbruck und der Technischen Hochschule Graz sowie an die Polizeidirektionen Linz, Salzburg, Innsbruck, Bregenz, Graz, Klagenfurt und Lienz veranlasst. Darin wurde davor gewarnt, dass sich enthobene Angehörige der Hochschule für Bo-

[721] Archiv der BOKU, 509/45.

[722] Archiv der BOKU, Sitzungen des Professorenkollegiums, 22. Sitzung (4. 10. 1945).

[723] Ebd., 4. 1. 1946.

[724] Inaugurationsfeier 1945/46, S. 22.

[725] Ebd., S. 24.

Abb. 20: Alfred Till war Rektor in der schwierigsten Phase der Geschichte der BOKU.

denkultur um Lehraufträge bemühten und allerorten das Gerücht verbreiteten, die Hochschule für Bodenkultur wäre zerstört. Der Rektor ersuchte „um Ergreifung geeigneter Maßnahmen, damit dem Treiben illegaler Saboteure ein rasches Ende bereitet wird".[726]

3.1. Entnazifizierung

Die „Entnazifizierung" in Österreich ist erst in den letzten 20 Jahren zu einem wichtigen Forschungsgegenstand der Zeitgeschichte geworden. Dieses Thema ist nach wie vor umstritten, wohl auch weil es eine der Gründungsvoraussetzungen der Zweiten Republik betrifft. Im Gegensatz zu Deutschland waren in Österreich die Parteien und Behörden voll in den Prozess der Entnazifizierung eingebunden.[727] Hier hatten die österreichischen Demokraten unter Aufsicht der Alliierten eine Art Reifeprüfung abzulegen. Dass die Aufgabe zu Beginn sehr ernst genommen wurde, soll an dieser Stelle noch einmal herausgestrichen werden.

Besonders auch im universitären Bereich lässt sich in den Jahren 1945/46 nichts von der oft kritisierten Laschheit der Entnazifizierungsbehörden feststellen, eventuell mit Ausnahme des Universitätsstandorts Steiermark, wo insbesondere in Leoben seitens der Hochschule keine wie immer gearteten Anstrengungen unternommen wurden,[728] ja sogar der letzte Rektor des NS-Regimes nur eine geringfügige Zurückstufung erfuhr. An der Universität Wien verloren 51%–66% der Professoren ihr Amt, in Graz 53%, an der TH Wien 64%–73%, an der Veterinärmedizinischen Hochschule und an der Hochschule für Welthandel jeweils 65%.[729]

Aber wie Willi Weinert und andere richtig angemerkt haben, sind diese Zahlen für sich genommen wenig aussagekräftig, da mit dem Beginn des „Kalten Krieges" die Rückkehr der 1945/46 enthobenen Professoren einsetzt. 1949/50 waren schon wieder 60% der Professoren der philosophischen Fakultät im Amt, die bereits 1944 im Vorlesungsverzeichnis zu finden waren. Auf der juridischen Fakultät fanden sich 1956/57 sogar zwei Drittel der Professoren von 1944 wieder in Amt und Würden. Die skandalöse Rehabilitierung des schwer belasteten Germanisten Josef Nadler steht da als pars pro toto.[730] Die nationalsozialistische Vergangenheit eines Univer-

726 Archiv der BOKU, 826/45.

727 Dieter Stiefel, Nazifizierung plus Entnazifizierung = Null?, in: Sebastian Meissl – Klaus-Dieter Mulley – Oliver Rathkolb (Hg.), Verdrängte Schuld, verfehlte Sühne. Entnazifizierung in Österreich 1945–1955, Wien 1986, S. 29.

728 Willi Weinert, Die Entnazifizierung der österreichischen Hochschulen, in: Meissl – Mulley – Rathkolb (Hg.) (wie Anm. 727), S. 257 f.

729 Zahlen nach ebd., S. 259 f. Hier finden sich auch Erklärungen für die unterschiedlichen Ergebnisse für die Universität und die TH Wien.

730 Vgl. Sebastian Meissl, Der „Fall Nadler" 1945–1950, in: Meissl – Mulley – Rathkolb (Hg.) (wie Anm. 727), S. 281–301.

sitätsprofessors wurde nur mehr dann als Skandal betrachtet, wenn sich dieser inzwischen den Kommunisten angenähert hatte.[731]

Die Vorgangsweise an der BOKU unterschied sich davon erheblich: Denn hier wurden die „belasteten" Lehrenden fast zur Gänze ihrer Ämter enthoben, und zwar sehr rasch. Dies bedeutete einen regelrechten Kahlschlag unter den Lehrenden: 23 von 27 Professoren (85%) verloren ihre Posten,[732] weiters wurden 37 Dozenten (17 Privat- und 20 Honorardozenten) enthoben. Vergleicht man diese Zahlen mit jenen, die Weinert und Dieter Stiefel für alle österreichischen Universitäten ermittelt haben, dann fallen sowohl der hohe Organisationsgrad der NSDAP[733] als auch die in der Anfangsphase sehr strenge Durchführung der Entnazifizierungsgesetze an der Hochschule für Bodenkultur auf: Während an allen österreichischen Hochschulen bis zum 31. Mai 1948 ca 40% der Lehrenden „ausgeschieden" wurden,[734] lag der Anteil der Enthobenen an der BOKU weit höher. Die „Rückkehrer-Quote" war dabei signifikant niedriger.

Ein Vergleich zwischen dem Lehrkörper 1944 und 1950 führt dies deutlich vor Augen:

Position	1944/45	1950/51	davon ident
o. Prof	21	10	3
ao.Prof	6	9	–
Hon.Prof.	3	3	–
Außerplanm. Prof.	4	–	–
Dozenten	11	63	2
Gesamt	**45**	**85**	**5**

Keiner der 1950 angeführten Professoren war Mitglied der NSDAP gewesen, einer von ihnen hatte eine Vergangenheit im NSDDB.[735] Einige, wie Professor

[731] Vgl. die Fallstudie von CHRISTIAN FLECK, Der Fall Brandweiner. Universität im Kalten Krieg, Wien 1987, S. 80 ff. Fleck untersucht den selektiven Umgang mit NS-Vergangenheiten im Vergleich der öffentlichen Rufvernichtung des Völker- und Kirchenrechtlers Heinrich Brandweiner, Aktivist in der kommunistisch inspirierten Friedensbewegung, und des beredten Schweigens über den Dekan der Grazer juridischen Fakultät Hans Spanner, der im Stab von Seyß-Inquart in den besetzten Niederlanden als Rechtssetzer tätig gewesen war.

[732] Vgl. Verdrängte Geschichte (wie Anm. 2), S. 42.

[733] Zum Vergleich: Während an der BOKU nicht einmal 20% der Professoren als im Sinne des NS-Gesetzes „unbelastet" eingestuft wurden, waren es an der Universität 31%, an den steirischen Hochschulen 30%. Vgl. DIETER STIEFEL, Entnazifizierung in Österreich, Wien 1981, S. 172. Stiefels Auflistung drückt die führende Position der BOKU bei belasteten Professoren aus.

[734] Ebd., S. 141.

[735] Ackerl war jedenfalls nicht Mitglied der NSDAP. Der politischen Vergangenheit der 63 an der BOKU tätigen Dozenten wurde hier nicht nachgegangen.

Kirsch, hatten sich nach dem März 1938 Vorfeldorganisationen der Nazi-Partei (wie etwa der NSV oder dem NSKK) angeschlossen, um selber Verfolgungen zu entgehen.[736]

Dass mit dieser strengen Handhabung der Entnazifizierung die Arbeit einzelner Institute schwer beeinträchtigt wurde, nahmen die Verantwortlichen an der BOKU hin. In manchen Fachrichtungen, insbesondere im forstwirtschaftlichen Bereich, ergaben sich noch bis Anfang der fünfziger Jahre Probleme aus dem Umstand, dass viele Studenten mehr Interesse an den enthobenen Professoren, ihren Lehrmethoden und ihren Arbeiten hatten als an den Vortragenden an der BOKU.

Nach den 1946 publizierten Vorstellungen des „Vereins demokratischer Hochschullehrer" wären die an der BOKU tätigen Wissenschafter zum großen Teil aber in die am mildesten zu behandelnde Kategorie gefallen: Diese aus linken, antinazistischen Professoren bestehende Gruppe (die Namen der Autoren blieben wohlweislich anonym) schlug folgende Vorgangsweise vor. In praktisch gerichteten Wissenschaften sowie in „bestimmte[n] Gattungen von Naturwissenschaften" könne mehr Milde an den Tag gelegt werden, „weil hier ein Eindringen nationalsozialistischen Geistes in die wissenschaftliche Tätigkeit nicht wahrscheinlich ist." Strenger müsste bei den Ärzten vorgegangen werden, am strengsten aber bei Juristen und Geisteswissenschaftern, „da in den von ihnen vertretenen Wissenschaften Theorie und Praxis am ausgeprägtesten und untrennbar ineinander übergehen."[737]

Für die Auslegung der Nationalsozialisten-Gesetze war aber nicht in erster Linie das Kollegium allein zuständig, ja der Spielraum des Professorenkollegiums war sogar sehr klein. Für manche unter Kollegen als minderbelastet angesehene Professoren, Dozenten und Assistenten setzte sich das Kollegium auch ein, doch zunächst immer vergeblich.

Eine der wenigen grundsätzlichen Stellungnahmen der BOKU zu Nationalsozialismus, „Anschluss" und Entnazifizierung findet sich in der Inaugurationsrede von Rektor Till im Herbst 1945. Die Bombenanschläge des Jahres 1934 und der Kanzlermord an Engelbert Dollfuß

„und manches andere mußte doch dem naivsten ‚Anschlußidealisten' die Augen öffnen, daß da ein fremdes, gewalttätiges, ja tollwütiges Deutschland an Österreichs Tore pochte, ja sie einzuschlagen drohte. Andere sahen dies wohl ein und wußten genau, was da gespielt wurde (hörte man doch aus Deutschland selbst aus Arbeiterkreisen den Ruf ‚Hitler bedeutet den Krieg'), aber sie sahen jetzt engstirnig ihren Weizen blühen und verschrieben sich aus purem Strebertum der Partei. Da aber die neue Zeit weder Dummköpfe noch unredliche Streber als Lehrer an ihren hohen Schulen brauchen kann, mußten wir uns zu einem radikalen Abbau entschließen. Dabei sind wir mit der größten Gewissenhaftigkeit vorgegangen. Ein

[736] Vgl. Personalakt W. Kirsch, in: TUWA. Kirsch wurde 1945 als „Geschädigter" eingestuft.

[737] Alle Zitate: Die Wehrlosen. Zum Problem der nationalsozialistischen Hochschullehrer, hg. v. der Vereinigung demokratischer Hochschullehrer Österreichs, Wien 1946, S. 10 f.

Unrecht ist dabei, soweit dies an uns gelegen war, keinem Kollegen geschehen; das kann ich ihnen versichern.“[738]

In manchen Fällen versuchten Angehörige von enthobenen Professoren, mit persönlichen Vorsprachen bei Prorektor Steden die Enthebung abzuwenden oder rückgängig zu machen.[739] Auch diese Interventionen blieben ohne Erfolg. Nicht einmal das Professorenkollegium konnte in den wenigen Fällen, wo es eine Weiterbeschäftigung befürwortete, seine Position durchsetzen.

Eine Ausnahme in jeder Hinsicht stellt lediglich der Fall von Franz Ackerl dar: Er erscheint im Vorlesungsverzeichnis des Jahres 1938/39 noch als Verantwortlicher für Propaganda im NSDDB auf. Nachdem er 1939 zur Wehrmacht eingezogen wurde, hat er aber offensichtlich mit dem Nationalsozialismus gebrochen und für den militärischen Widerstand gearbeitet (vgl. dazu oben die Ausführungen zu Hermann Klepell). Ackerl wurde im Krieg sechsmal verwundet und war dadurch linksseitig erblindet und ertaubt.[740] In diesem Fall kam es jedenfalls zu keinem Enthebungsverfahren, ja der Fall wurde im Kollegium nicht einmal angesprochen.

Nur zwei der 23 enthobenen Professoren kehrten später an die Hochschule zurück, einer in den späten vierziger, der andere erst in den fünfziger Jahren. Die meisten waren, als sich die allgemeine politische Lage für ehemalige Nationalsozialisten wieder verbesserte, schon zu alt, um noch einmal eine Professur an der Hochschule für Bodenkultur anzunehmen. Einige wie die Professoren Schimetschek oder Kubiena erhielten sehr bald einen Ruf ins Ausland, andere gingen in land- und forstwirtschaftliche Institutionen in den Bundesländern oder in die verstaatlichte Wirtschaft. Etwas anders war die Situation der Dozenten und Assistenten, die zunächst genauso streng behandelt wurden. Doch konnten sie ungefähr ab 1949 eher mit einer Pardonierung durch Kollegium und Ministerium rechnen.

Die Entnazifizierung brachte auch eine empfindliche Einschränkung der Zahl der Institute. Schon im Mai 1945 wurden fünf Lehrstühle ersatzlos gestrichen. Diese Maßnahme betraf ausschließlich solche Institute, die nach dem „Anschluss“ ad personam geschaffen worden waren. Damit wurde die Zahl der Professuren wieder genau auf den Stand von 1938 beschränkt. Betroffen waren:

1. das Institut für Pflanzenernährung und Bodenbiologie (Sekera), das im Institut für Pflanzenbau aufging,

2. das Institut für Tierernährung (Liebscher), das vom Institut für Tierzucht übernommen wurde,

3. das Institut für Pflanzensoziologie (Aichinger), das zur Botanik zurückkehrte,

[738] Inaugurationsfeier 1945/46, S. 20 f.

[739] Von einem Besuch der Frauen der Professoren Sekera, Löhr und Bleier und des Dozenten Jirak berichtete Prorektor Steden in der 5. Sitzung des Professorenkollegiums am 5. 6. 1945 (Archiv der BOKU, Sitzungen des Professorenkollegiums).

[740] 100 Jahre (wie Anm. 1), Bd. 1, S. 170.

4. das Institut für Forstbenutzung (Mayer-Wegelin), das dem Institut für forstliche Botanik zugeteilt wurde, und

5. das Institut für forstliche Bodenkunde (Hartmann), dessen Agenden an die „Allgemeine Bodenkunde“ und an die „Forstliche Standortslehre“ übertragen wurden.[741]

Schon am 10. Mai 1945 kamen aus dem zuständigen Staatsamt die ersten Enthebungsdekrete. Sie betrafen die Professoren Kaserer, Stigler, Liebscher, Aichinger, Sekera, Kubiena und Staffe. Die zweite Liste war bei weitem umfangreicher. Sie betraf unter anderem den letzten Rektor Tschermak und die Professoren Bleier, Porsch, Tischendorf, Hartmann, Herzner, Löhr und Haempel. Auf der dritten Liste vom 14. Juni fand sich unter anderem der Name von Prof. Grögor.[742] Am 22. August 1945 teilte das Staatsamt mit, dass die „reichsdeutschen“ Professoren Mayer-Wegelin, Brandenburg und Thiede nicht in den österreichischen Hochschuldienst übernommen würden.[743]

Besonders spannend ist der Vergleich der einzelnen an der BOKU tätigen Berufsgruppen in puncto NSDAP-Mitgliedschaft. Nach der Zerstörung der zentralen Meldekartei des „Kurators der wissenschaftlichen Hochschulen in Wien“, verlangte die neu geschaffene Unterrichtsverwaltung von den Hochschulen binnen kürzester Zeit Personallisten, die unter anderem die Fragen nach Parteimitgliedschaft und Funktionärstätigkeit klären sollten. Außerdem konnte auf diese Weise geklärt werden, wer den Dienst wieder aufgenommen hatte.

Die wichtigste Unterlage für den Entnazifizierungsprozess war die am 26. April 1945 aufgrund von an den Hochschuldienststellen vorhandenen Unterlagen erstellten Personalliste der BOKU.[744] Sie zeigt den je nach sozialer Stellung völlig unterschiedlichen Grad der politischen Organisiertheit. An der BOKU war die Nationalsozialistische Deutsche Arbeiterpartei zwischen 1938 und 1945 ohne jeden Zweifel zu einer „Professorenpartei“ geworden.

Position	NSDAP	Nicht in der NSDAP	unbekannt
Professoren	23	4	–
Dozenten	4	1	–
Assistenten	8	7	6
Wiss. Hilfskräfte	6	5	4
Beamte, Verw.	5	23	1
Angestellte	5	15	1
Arbeiter	1	11	15

[741] Archiv der BOKU, Sitzungen des Professorenkollegiums, 3. Sitzung (18. 5. 1945).

[742] Gesammelt in: Archiv der BOKU, 314/45.

[743] Archiv der BOKU, 647/45 (22. 8. 1945) Nach Archiv der BOKU, 313/45 waren alle drei Mitglieder der NSDAP.

[744] Archiv der BOKU, 313/45.

3.1.1. Kontinuitäten und Brüche bei der Lehrenden: Die Studienjahre 1937/38 bzw. 1944/45 im Vergleich zu 1945/46

Nichts veranschaulicht den Austausch des Lehrpersonals so deutlich wie ein Vergleich der Vorlesungsverzeichnisse von 1944/45 und 1945/46: Bei den ordentlichen Professoren ist das Verzeichnis in nur zwei Fällen deckungsgleich (Wilhelm Neubauer[745] und Leo Hauska, beide Forstwirte). Von den 21 ordentlichen Professoren 1944/45 sind zu Beginn des Studienjahres 1945/46 19 enthoben worden, von den sechs außerordentlichen Professoren verblieben zwei in ihrem Amt (Prof. Flatscher, Prof. Ackerl).

Steigt man die akademische Hierarchie hinab, so gibt es bei den Dozenten nur mehr in einem einzigen Fall (Dozent Schuhecker) Übereinstimmung. Zudem werden 1945/46 die Funktionen von Honorar- und außerplanmäßigen Professoren abgeschafft. Sehr viele Lehrkanzeln werden dafür interimsmäßig von Dozenten geleitet, deshalb ist dies auch die einzige Position, in der im Vergleich zu 1944/45 eine Zunahme zu verzeichnen ist. Die Lehrbeauftragten werden zur Gänze ausgewechselt.

Position	1944/45	1945/46	davon ident
o. Prof	21	5	2
ao. Prof	6	4	2
Hon. Prof.	3	–	–
Außerplanm. Prof.	4	–	–
Dozenten	11	17	1
Lehrbeauftragte	17	10	-
Gesamt	**62**	**36**	**5**

Da die BOKU mit dem Sommersemester 1945 ganz bewusst an das Studienjahr 1937/38 anknüpfen wollte, sei an dieser Stelle auch noch der Vergleich zwischen den Studienjahren 1937/38 und 1945/46 angestellt. Hier treten die angestrebten Kontinuitäten deutlich zutage: Das Professorenkollegium setzte sich ausschließlich aus Professoren zusammen, die im Studienjahr vor dem „Anschluss“ an der BOKU tätig gewesen waren. Vier hatten damals bereits eine Professur innegehabt, Prof. Steden war 1937/38 noch Honorardozent gewesen. Auch bei den Dozenten wurde in erster Linie auf bewährte Vortragende zurückgegriffen.

[745] Neubauer wurde das Amt des Prorektors angeboten, er lehnte jedoch ab: Archiv der BOKU, 1120/45.

Abb. 21: Leo Hauska gehörte zur kleinen Gruppe der unpolitischen Lehrenden, die alle drei Säuberungen (1934, 1938 und 1945) unbeschadet überstanden.

Position	1937/38	1945/46	idente Pos.	andere Pos.
o. Prof.	14	5	4	1
ao. Prof.	8	4	4	–
Dozenten[746]	51	17	11	1
prov. Lehrbeauftragte	–	10	–	–
Gesamt	**73**	**36**	**19**	**2**

Zunächst galt es für das Kollegium, die Lücken, die durch die Entnazifizierung entstanden waren, zu füllen. Denn trotz aller Vereinheitlichungs- und Rationalisierungsbestrebungen, trotz der immer wieder geäußerten Selbstbeschränkung war die Nachbesetzung der wichtigsten Stellen doch unvermeidlich.

Ein Beispiel für diese Zurückhaltung wurde in einem Interview von Rektor Till mit dem „Neuen Österreich“ deutlich: Till wies noch einmal auf die angestrebte Konzentration der Lehrinhalte hin, die eine „Einsparung von menschlichen und materiellen Kräften erlaube“. Weiters betonte er die Wichtigkeit der politischen Zuverlässigkeit: „Ein mit einem wirklichen Fachmann besetztes Ordinariat ersetzt zehn nazistische Honorardozenten.“[747]

Der Entlassung von Wissenschaftern im Zuge der Umsetzung der NS-Gesetze war zwar politisch, moralisch und juristisch höchst gerechtfertigt, ja für die Errichtung eines demokratischen Bildungswesens unumgänglich gewesen, gerade die BOKU geriet dadurch aber in ernsthafte Schwierigkeiten. Einige der Ausgeschlossenen waren auf ihren Fachgebieten höchst anerkannt (etwa Otto Porsch, Erwin Schimetschek oder Walter Kubiena) und konnten nur sehr schwer ersetzt werden.

Als Ersatz wurde in erster Linie, wie schon oben erwähnt, auf jene Lehrbeauftragten zurückgegriffen, die 1938 aus politischen oder rassischen Gründen enthoben worden waren. Doch damit war die Lücke noch bei weitem nicht ausgefüllt, denn einige der Rückkehrer – wie etwa Rektor Till – waren schon im pensionsreifen Alter. Andere, wie Professor Amschler,[748] befanden sich im Exil und konnten nicht sofort nach Wien zurückkehren, obwohl die Hochschule alles in ihrer Macht stehende unternahm, um den exilierten Forscher und Lehrer nach Wien zurückzuholen. Bei Professor Werner, der die Folgen nationalsozialistischen Rassenwahns am eigenen Leib erlitten hatte und zu „schweren, gesundheitsgefährdenden Arbei-

[746] Die Unterscheidung zwischen Honorar- und Privatdozenten wurde hier nicht berücksichtigt.

[747] „Fachleute für Beruf und Forschung. Gespräch mit dem Rektor der Hochschule für Bodenkultur“, in: Neues Österreich, 8. 6. 1945, S. 2. Damit verzichtete Till auf den anderswo gerne gepflegten Topos der „Unersetzbarkeit“ von Universitätsprofessoren. Vgl. dazu: WEINERT, Entnazifizierung (wie Anm. 728), S. 264.

[748] Amschler kehrte 1946 an die Hochschule zurück. Vgl. Archiv der BOKU, Sitzungen des Professorenkollegiums, 9. 5. 1946.

ten"[749] herangezogen worden war, überrascht die Verbundenheit mit der eigenen Hochschule, von der er verjagt worden war: Der „trotz allem Unverbitterte" nahm seine Tätigkeit bereits am 16. April 1945 wieder auf.[750]

Im Sommersemester 1945 wurden nicht weniger als neun Lehrkanzeln von Supplenten geleitet. Unter ihnen befanden sich Beamte, Praktiker (in einem Fall sogar ohne akademischen Titel) und Dozenten: Dazu kam noch, dass einige Professoren gleich zwei Lehrkanzeln leiteten: So war Professor Ackerl etwa für Mathematik und Geodäsie, sein Kollege Hauska für allgemeines forstliches Bauingenieurwesen und Wildbach- und Lawinenverbauung oder Professor Werner für Pflanzenzüchtung und für Obst- und Gartenbau zuständig.[751]

Nach der Vertreibung der Deutschen aus der Tschechoslowakei hätte es ein großes Potential an sudetendeutschen Hochschulprofessoren (Teschen-Liebwerd, Brünn, Prag) gegeben, die an der BOKU Beschäftigung hätten finden können und auch gerne nach Wien gekommen wären. Doch alle für die BOKU in Frage kommenden Wissenschafter hatten der Sudetendeutschen Partei (SdP) und/oder der NSDAP angehört.[752]

In der zweiten Jahreshälfte widmete sich das Kollegium der Frage der belasteten Dozenten und Assistenten. Hier waren Ministerium und Kollegium eher bereit, über eine zweifelhafte politische Vergangenheit hinwegzusehen.

Wenn nationalsozialistisch belastete Lehrbeauftragte akzeptiert werden sollten, war dazu die Deckung der Zentralbehörden notwendig. Dann musste neben der Betonung der Notwendigkeit für Forschung und Lehre eine möglichst akzeptable Erklärung für die Parteimitgliedschaften geliefert werden (vgl. die oben erwähnte Rechtfertigungsschrift von Prof. Kaserer): Am besten dazu geeignet war die Verwendung eines politisch opportunen Ressentiments. Hermann Flatscher erklärte am 14. Februar 1946 im Professorenkollegium, dass er sechs Dozenten für die neue Studienrichtung brauche:

> „Sektionschef Skrbensky habe ihm konzediert, dass 4 Dozenten davon eine leicht nazistische Vergangenheit aufweisen; dies ist nicht anders möglich, weil im Jahre 1939 alle Brauereiakademiker der Partei beitreten mussten, um einer Überfremdung der österreichischen Brauereiindustrie durch Elemente aus dem Altreich zu verhindern."[753]

Die hier angesprochene Praxis, „Minderbelastete" von anderen Institutionen zu übernehmen und eigene „Minderbelastete" in hochschulfremden Forschungsin-

[749] 100 Jahre (wie Anm. 1), Bd. 1, S. 223.

[750] Ebd.

[751] Inauguration 1945/46, S. 13 f.

[752] Vgl. Archiv der BOKU, Sitzungen des Professorenkollegiums vom 22. 11. 1945 und 7. 2. 1946. Im zweiten Fall informierte Lugmayer das Professorenkollegium davon, dass die Alliierten der Aufnahme eines SdP-Mitglieds nicht zustimmen würden.

[753] Archiv der BOKU, Sitzungen des Professorenkollegiums, 14. 2. 1946.

stitutionen oder in der Wirtschaft unterzubringen, gehörte seit 1946 zu den in Österreich üblichen Vorgangsweisen.

Unter großen Schwierigkeiten wurde das Sommersemester 1945 zu Ende gebracht. Da man keine neuen Leute bekam, wurden in einzelnen Fällen die Enthebungsverfahren etwas verschleppt. Einige „minderbelastete" Dozenten verblieben im Dienst, das Kollegium agierte in Einzelfällen so, dass die endgültige Entscheidungen der übergeordneten Dienststellen hinausgezögert wurden. Es lässt sich nicht mehr feststellen, ob damit auf das Verhalten der Betreffenden im „Dritten Reich" Bezug genommen wurde oder ob ihre Arbeit unverzichtbar gewesen ist. Fest steht aber, dass das Kollegium durchaus zu differenzieren verstand.

Von April bis September 1945 fanden nicht weniger als 21 offizielle Sitzungen des Professorenkollegiums statt, die sich zum überwiegenden Teil mit Personalfragen beschäftigten. Das Protokoll der „Jubiläumssitzung" vom 25. April 1946 vermerkt:

> „Der Rektor eröffnet die Sitzung, stellt die Beschlussfähigkeit des Kollegiums fest und stellt mit Befriedigung fest, dass ein wichtiger Abschnitt der Geschichte der Hochschule mit dem abgelaufenen Jahr glücklich überstanden ist, und der Augiasstall, den die Nazi vor einem Jahr zurückgelassen haben, gesäubert ist."[754]

Der Stellenplan für die BOKU sah schon für 1946 14 ordentliche, 17 außerordentliche Professoren sowie 16 Honorardozenten vor.[755]

3.1.2. Die enthobenen Professoren[756]

* Erwin **Aichinger**, Prof. für Pflanzensoziologie (1938–1945):

Aichinger bekleidete den Rang eines SS-Obersturmführers und war illegaler Nationalsozialist. Zu Aichinger siehe S. 202 ff.).

* Hubert **Bleier**, Prof. für Pflanzenzüchtung und Vererbungslehre (1941–1945):

Bleier lehrte vor 1938 in Hohenheim als Dozent. 1941, also zwei Jahre nach der Ausschreibung erfolgte die Berufung an die BOKU auf den Lehrstuhl von Prof. Tschermak-Seysenegg.[757] Nach seiner Enthebung 1945 ging er nach Deutschland, arbeitete zunächst als Leiter von landwirtschaftlichen Versuchsstationen und wurde dann als Professor nach Hohenheim berufen.[758]

[754] Ebd., 25. 4. 1946.

[755] Archiv der BOKU, 988/45.

[756] Zusammenstellung in Verdrängte Geschichte (wie Anm. 2), S. 42.

[757] Bleier war Zweitgereihter, in: ÖSTA, AVA, MCU, Fasz. 1208, 335.069/39.

[758] Vgl. TSCHERMAK-SEYSENEGG (wie Anm. 71), S. 101 f.

* Ernst **Brandenburg**, Prof. für Pflanzenschutz (1941–1945):

Brandenburg wurde als „Reichsdeutscher" nicht übernommen. 1948 erhielt er einen Lehrauftrag an seiner Heimatuniversität Bonn, 1950 eine ordentliche Professur in Hamburg.

* Josef **Donat**, Prof. für allgemeinen technischen und kulturtechnischen Wasserbau (1943–1945), Rückkehr an die Hochschule als o. Prof. für Wasserbau II (1959–1970) und ab 1964 für Technische Bodenkunde:

Donat war seit November 1936 im Nationalsozialistischen Lehrerbund und danach im NSD-Dozentenbund aktiv gewesen, er gehörte der NSDAP seit dem 1. Oktober 1937 an.[759] 1939 hatte er die Funktion des „Fakultätsführers für Kulturtechnik" inne. Professor Donat stellte schon im Mai 1945 einen Antrag auf Weiterbelassung an der Hochschule. Seine Kollegen Neubauer, Ackerl und Flatscher bezeugten, dass er ein „Demokrat christlich-sozialer Richtung" sei, der nach dem März 1938 in die NSDAP eingetreten, „seit 1941 aber in steigendem Masse antifaschistisch eingestellt war".[760] 1948 wurde seine Entlassung rückwirkend aufgehoben,[761] an die BOKU kehrte er aber erst 1959 zurück.

* Ludwig **Grögor**, Professor für landwirtschaftliche Maschinen- und Gerätekunde (1935–1945):

Grögor gehörte der Burschenschaft „Oppavia" an und war immer deutschnational eingestellt gewesen, ohne sich deutlich zu exponieren. Er war 1932 in die NSDAP eingetreten und wurde am 4. Juli 1941 mit der Ostmark-Medaille ausgezeichnet.[762] Seine Ernennung zum o. Prof. am 1. August 1939 war eine „Wiedergutmachungsmaßnahme" (wie auch bei Staffe und Tischendorf).

Auch für Grögor setzte sich das Kollegium im Mai 1945 ein: Dieser habe „niemals aktiven Gebrauch" von der Parteimitgliedschaft gemacht, habe „jeden engeren Kontakt mit der nationalsozialistischen Majorität im Professorenkollegium" vermieden und sei „stets korrekt und unparteiisch gegenüber den Studenten" gewesen.[763] Grögors einzige Funktion war gegen Kriegsende die des Leiters des Luftschutzes an der Hochschule.[764] Seine Enthebung wurde mit 14. Juni 1945 angeordnet.[765]

* Oskar **Haempel**, Professor für Hydrobiologie und Fischereiwirtschaftslehre (1924–1934, 1938–1945):

Er wurde sowohl 1934 wie auch 1945 enthoben. Haempel war der VF (Vaterländischen Front) beigetreten, wurde bei einer Überprüfung am 29. September 1937 als „betont national" eingestuft. Bei einer NSDAP-internen Untersuchung gab er an, seine Söhne vor 1938 zwei Jahre lang in die illegale HJ geschickt zu haben. Beide

[759] Archiv der BOKU, 15/46.

[760] Vgl. Archiv der BOKU, 323/45. In der 12. Sitzung des Professorenkollegiums (24. 7. 1945) wurde seine Wiederaufnahme mit Mehrheit als „möglich" bezeichnet.

[761] Archiv der BOKU, Sitzungen des Professorenkollegiums, 24. 6. 1948.

[762] Archiv der BOKU, 15/46.

[763] Archiv der BOKU, 330/45.

[764] Archiv der BOKU, 264/45.

[765] Archiv der BOKU, 315/45.

gehörten später dem Nationalsozialistischen Soldatenring an. Die zuständige NSDAP-Ortsgruppe Krottenbach bescheinigte ihm am 18. Juni 1940 einen „durch und durch national ausgerichtete[n] Charakter“.[766]

* Franz **Hartmann**, Professor für forstliche Bodenkunde (1940–1945), Rückkehr 1952 als Honorardozent für forstliche Standortslehre, 1955 Ernennung zum ao. Prof. für Standortslehre und Standortskartierung, von 1961–1962 als o. Professor tätig:

Hartmann hatte im NSD-Dozentenbund die Funktion des „Fakultätsführers für Forstwesen“ von 1939 an inne.

* Robert **Herzner**, Prof. für Chemie (1941–1945):

Herzner betreute 1944/45 das Amt Wissenschaft im Rahmen des NSD-Dozentenbundes der BOKU. Er war auch als Ortsgruppenschulungsleiter tätig und erhielt in dieser Funktion Urlaub von der Hochschule.[767]

* Hermann **Kaserer**, Prof. für landwirtschaftliche Produktionslehre und Weinbau (1919–1945), ab 1922 für landwirtschaftlichen Pflanzenbau, ab 1937 für Ackerbau und Pflanzenbau, Rektor 1936/37, 1938/39:

Kaserers Ansuchen um einen Arbeitsplatz und Anbauflächen in den Versuchsgärten der BOKU zur Fortsetzung seiner wissenschaftlichen Arbeit wurde im Professorenkollegium mit Mehrheit (4:1) abgelehnt.[768] Kaserer, der der NSDAP erst nach dem März 1938 beigetreten war, ließ sich davon jedoch nicht beirren und versuchte im Laufe des Jahres 1946 noch mehrmals, unter anderem mit seiner bereits oben zitierten Rechtfertigungsschrift,[769] wenigstens als Forscher an die BOKU zurückkehren zu dürfen. Kaserer war nach der Emeritierung von Tschermak-Seysenegg hauptverantwortlich für die Versuchsstation Groß-Enzersdorf gewesen und wollte seine hier begonnenen Forschungsarbeiten und -versuche fortführen.

* Walter **Kubiena**, Prof. für Geognosie und landwirtschaftliche Bodenkunde (1941–1945):

Walter Kubiena gehörte der NSDAP seit 1. Mai 1938 an und hatte die „Illegalen“-Nummer 6,381.874. Kubienas Angebot zur „Mitarbeit am Wiederaufbau“ wurde 1945 vom Professorenkollegium abgelehnt.[770] Ein weiterer Versuch im nächsten Jahr scheiterte ebenfalls.[771] Seine Bitte um finanzielle Unterstützug an das Unterrichtsministerium (er hielt sich 1945/46 mit Gelegenheitsjobs für die britische Besatzungsmacht in Liezen über Wasser) wurde von Rektor Till jedoch „wärmstens befürwortet“.[772]

766 ÖSTA, AdR, Gauakt Dr. Oskar Haempel.

767 ÖSTA, AVA, MCU, Fasz. 1211, IV-2/311.286/b/39.

768 Archiv der BOKU, 1001/45.

769 Archiv der BOKU, 105/46.

770 In: Archiv der BOKU, Sitzungen des Professorenkollegiums, 12. Sitzung (24. 7. 1945).

771 Ende 1946 stellte er noch einmal einen Antrag auf Verleihung einer Honorardozentur (Archiv der BOKU, Sitzung des Professorenkollegiums, 28. 11. 1946), Mitte 1947 wurde er jedoch pensioniert (Sitzung vom 19. 6. 1947).

772 Archiv der BOKU, 944/45.

Abb. 22: Walter Kubiena machte nach seiner Enthebung wissenschaftliche Karriere in Deutschland und Spanien.

Kubienas wissenschaftlicher Karriere war die Enthebung aber nicht abträglich. Er ging nach Spanien und wurde in Madrid Professor am Instituto de Fisiología vegetal. 1954 wurde Kubiena als dem „Begründer der mikroskopischen Bodenforschung“ und „bedeutendsten Bodensystematiker Europas“ der „Justus von Liebig“-Preis der Universität Kiel verliehen.[773] 1955 war er als Honorarprofessor in Hamburg tätig.

* Wilhelm **Liebscher**, Prof. für Tierernährung (1942–1945):

Liebscher gehörte der NSDAP seit 1931 an. Vom österreichischen Volksgericht wurde Liebscher angeklagt, jedoch freigesprochen.[774]

* Ludwig **Löhr**, Prof. für Wirtschaftslehre des Landbaues (1939–1945):

Löhr hatte im NSD-Dozentenbund ab 1939 die Funktion des „Fakultätsführers für Landwirtschaft“ inne. Er gehörte der NSDAP seit 1933 an und war Hauptstellenleiter im Gauamt für Agrarpolitik in Wien.[775] Auch er wurde vom Volksgericht wegen §58 StG und §8 VG 1947 angeklagt und freigesprochen.[776]

* Hans **Mayer-Wegelin**, ao. Prof. für Forstbenutzung (1944–1945):

Er wurde als „Reichsdeutscher“ nicht übernommen. Mayer-Wegelin war über Istanbul (wo er im selben Jahr gelehrt hatte wie Leo Tschermak) und Göttingen (Berufung 1940) nach Wien gekommen. Nach seiner Enthebung in Wien erhielt er 1949 wieder eine Professur in Göttingen.

* Wilhelm **Olbrich**, Prof. für Mathematik und darstellende Geometrie (1919–1945):

Olbrich war einer der wichtigsten Repräsentanten der Nationalen an der BOKU.[777] Nach 1938 betätigte er sich wie Herzner als Ortsgruppenschulungsleiter.[778] Die Enthebung wurde ausgesprochen, bevor noch bekannt wurde, dass Olbrich als Offizier einer Volkssturmeinheit gefallen war.

* Otto **Porsch**, Prof. für Botanik (1920–1934, 1938–1945), Rektor 1932/33, 1939–1941:

Auch Porsch gehörte zu jenen Professoren, die 1934 und 1945 enthoben wurden. Nach 1945 unterrichtete er für kurze Zeit im Institut von Erwin Aichinger in Kärnten. Porsch starb 1959 im 84. Lebensjahr.[779]

* Anton **Schedler**, ao. Prof. für Wetter und Klima sowie Physik (1942–1945):

Schedler trat am 19. Oktober 1932 in die NSDAP ein (Mitgliedsnummer: 1,303.538), war Obmann des RDB (Reichsbundes Deutscher Beamter) an der

773 Neues Österreich, 16. 6. 1954, S. 3.

774 Archiv der BOKU, 1103/45: Das Rektorat konnte die Anklage aus bekannten Gründen nicht mit Material versorgen. Vgl. auch Sitzungen des Professorenkollegiums, 25. 5. 1950.

775 Verdrängte Geschichte (wie Anm. 2), S. 30.

776 Archiv der BOKU, Sitzung des Professorenkollegiums vom 5. 5. 1949.

777 Daneben galt er auch als Sportfan. So stellte er im Februar 1936 einen Antrag zum Besuch der Olympischen Winterspiele in Garmisch-Partenkirchen (ÖSTA, AVA, MCU, Fasz. 1211, 2049/36).

778 ÖSTA, AVA, MCU, Fasz.1211, IV-2/311.286/b/39).

779 Kurzer Nachruf in: Die Presse, 6. 1. 1959, S. 7.

BOKU, Mitglied des NSDDB sowie Blockleiter an der Zentralanstalt für Meteorologie.[780]

* Erwin **Schimitschek**, Prof. für Forstschutz und Forstentomologie (1939–1945):

Erwin Schimetschek war Nachfolger von Sekera in der Funktion des Dozentenbundführers an der BOKU. Weiters hatte er seit dem Studienjahr 1941/42 die Funktion des Beauftragten des Auslandsamtes des NSD-Dozentenbundes an der BOKU inne. Schimetschek, dessen wissenschaftliche Qualifikation anerkannt war,[781] ging nach Deutschland und avancierte zum Direktor des Forstzoologischen Institutes der Universität Göttingen in Hannoverisch-Münden.

* Franz **Sekera**, Prof. für Pflanzenernährung und Bodenkunde (1942–1945):

Der einstige kommissarische Verwalter wurde 1946 wegen Hochverrats angeklagt[782] und schließlich auch verurteilt (siehe S. 206 ff.).

* Adolf **Staffe**, Prof. für Tierzucht und Molkereiwesen (1928–1945), Rektor 1941–1944:

Staffe verdankte seine ordentliche Professur (1938) explizit einer Wiedergutmachungsmaßnahme.[783]. Staffe war nach eigenen Angaben vom 23. Mai 1938 der NSDAP 1932 beigetreten, hatte seine Mitgliedskarte aber anlässlich einer Hausdurchsuchung 1934 vernichtet. Die Mitgliedsbeiträge habe er bis 1934 an Prof. Kölbl abgeliefert, von 1935 bis 1938 an die NSDAP Ottakring. Staffe gab an, gezwungenermaßen der Vaterländischen Front angehört zu haben und im Ständestaat durch Nicht-Beförderung „schwerste materielle Schädigung“ erfahren zu haben.[784] Weiters habe er seine beiden Töchter im nationalsozialistischen Sinne erzogen und schon 1937 in den illegalen BdM geschickt. In einem Bezirkserhebungsblatt vom 29. September 1937 wurde er als „betont national“ eingeschätzt.

Bei einer Überprüfung durch die Gauleitung Wien am 23. Mai 1942 wurde Staffe als „sehr gebefreudig“, als „aufrechter Charakter“, „geachtet und beliebt“, kurz als ein „in jeder Hinsicht wertvoller und guter Parteigenosse“ charakterisiert.[785]

Ein 1946 erhobener Einspruch gegen die Entlassung blieb erfolglos.[786] Staffe ging zunächst in die Schweiz und dann nach Kolumbien, wo er zum Regierungsberater in Tierzuchtfragen avancierte.[787]

[780] Archiv der BOKU, 15/46.

[781] Vgl. dazu 100 Jahre (wie Anm. 1), S. 267 (Institutsgeschichte verfasst von seinem Nachfolger Anton Kurir).

[782] ÖSTA, AdR, Gauakt 59.330, Franz Sekera: Leider nur rudimentär erhalten.

[783] ÖSTA, AVA, MCU, Fasz. 1208, 532/1 (BOKU), 24.356/38 (Österr. Unterrichtsministerium).

[784] ÖSTA, AdR, Gauakt 12.734, Dr. Adolf Staffe.

[785] Ebd. Eine weitere Bestätigung stammt vom 2. 2. 1944.

[786] Nach ÖSTA, AdR, Gauakten, Akt 12.734, Dr. Adolf Staffe war 1948 ein Strafverfahren nach §§ 8, 10 VG anhängig.

[787] 100 Jahre (wie Anm. 1), Bd. 1, S. 198.

* Robert **Stigler**, Prof. für Anatomie und Physiologie der Haustiere (1920–1934, 1938–1945):

Stigler war ebenfalls 1934 zum ersten Mal enthoben worden und einer der prononciertesten Nationalen an der BOKU. Schon vor dem ersten Weltkrieg hatte er sich mit rassenanthropologischen Fragen beschäftigt und dieses Interesse ein Leben lang verfolgt. Im 2. Weltkrieg veranstaltete Stigler Untersuchungen von französischen Kriegsgefangenen.[788] Im Juli 1999 protestierten die Welser Grünen dagegen, dass eine Straße nach dem „Rassehygieneprofessor“ benannt ist.[789]

* Klaus **Thiede**, Prof. für Volkswirtschaftslehre (1941–1945):

Er wurde als „Reichsdeutscher“ nicht übernommen.[790]

* Wilhelm **Tischendorf**, Professor für Forstbetriebseinrichtung, Forstverwaltungslehre und Rechnungswesen (1929–1945, Tischendorf war 1934 für kurze Zeit enthoben worden), ab 1935 zusätzlich Forstwirtschaftslehre für Landwirte, ab 1939 für Forsteinrichtung und Forstverwaltung:

Für Tischendorf verwendete sich 1945 ein Zisterziensermönch aus dem Stift Zwettl. Rektor Till antwortete auf dessen Bittbrief, dass in diesem Fall nichts zu machen sei, da Tischendorf in der „illegalen Zentrale“ an der BOKU tätig gewesen sei. Selbst wenn der Verwaltungsgerichtshof zu seinen Gunsten entscheiden sollte, sei eine „Weiterverwendung an der Hochschule für Bodenkultur ausgeschlossen.“[791]

* Leo **Tschermak**, Prof. für Waldbau und Forstbenutzung (1938–1945), Rektor 1944/45:

Tschermak hatte die niedrige NSDAP-Mitgliedsnummer 1,601.921 und wurde noch 1944 als „sehr zuverlässiger Parteigenosse, der an allen Veranstaltungen der Ortsgruppe teilnimmt und tätiger Nationalsozialist“ charakterisiert. Auch innerhalb des NS-Altherrenbund betätigte sich der „Silvane“.[792] Tschermak war zwar nach 1945 nicht mehr an der BOKU tätig, seine Beziehungen zur Forstwirtschaft ließen ihn aber zum Präsidenten des Österreichischen Forstvereins avancieren.[793]

788 Robert Stigler, Rassenphysiologische Untersuchungen an farbigen französischen Kriegsgefangenen in einem Kriegsgefangenenlager, in: Zeitschrift für Rassenphysiologie 13 (1943), S. 26–57. Allgemein zu diesem Thema: Maria Teschler-Nicola – Margit Berner, Die Anthropologische Abteilung des Naturhistorischen Museums in der NS-Zeit. Berichte und Dokumentation von Forschungs- und Sammlungstätigkeit 1938–1945, Wien (Senatsbericht) 1999.

789 http://www.ooenet.at/antifa/WELS.HTM.

790 Über Thiedes weiteren Weg konnte nichts erhoben werden. Die Recherchen in „Kürschners Deutschem Gelehrten-Kalender“ blieben erfolglos. Aber auch seine Forschungsarbeit in Wien bleibt im Dunkeln. In 100 Jahre (wie Anm. 1), Bd. 1, wo ansonsten die wissenschaftlichen Leistungen aller Professoren und der meisten Dozenten kurz präsentiert werden, findet sich nur ein nichtssagender Satz über ihn (S. 247).

791 Archiv der BOKU, 575/45.

792 ÖSTA, AdR, Gauakt 88.846, Dr. Leo Tschermak.

793 „Professor Dr. Leo Tschermak – 70 Jahre!“, in: Wiener Zeitung, 3. 7. 1952, S. 5 (enthält eine ausführliche Würdigung ohne Erwähnung von Tschermaks politischer Vergangenheit).

Abb. 23: Leo Tschermak wurde bald nach seiner Enthebung als Professor der BOKU zum Präsidenten des Österreichischen Forstvereins gekürt.

3.1.3. Zwei Sonderfälle: Nazis, die sich nach 1945 als Opfer der eigenen Partei fühlten

Emanuel Hugo **Vogel**, der sich nach seinem Konflikt mit Sekera von der BOKU zurückgezogen hatte, wollte nach dem Krieg an die Hochschule zurückkehren. Sein Antrag auf Wiedererlangung einer Professur wurde vom Professorenkollegium am 18. Mai 1945 verworfen.[794] Auch ein Versuch, eine Honorarprofessur zu erhalten, scheiterte im November 1945 am einstimmigen Votum des Kollegiums.[795]

Nach eigenen Angaben hatte sich Vogel im Oktober 1944 der österreichischen Widerstandsbewegung angeschlossen.[796] Er ist somit der einzige Lehrende der BOKU, der dreimal (1934, 1938, 1945) enthoben bzw. nicht wiederbestellt wurde. In seiner 5. Sitzung beschäftigte sich das Professorenkollegium 1945 noch einmal mit dem Fall Vogel. An der Entscheidung änderte sich nichts. Unter anderem wurde ins Treffen geführt, dass Vogel schon über 70 Jahre alt und sein Lehrstuhl bereits be-setzt sei.

Leopold **Kölbl**, der – wie oben erwähnt – 1934 nach Deutschland geflüchtet war und es bis zum Rektor der Universität München gebracht hatte, war auf gewisse Weise ein Opfer der Politik seiner eigenen Partei geworden. Nach dem März 1938 stand eine Rückkehr nach Wien nicht zur Diskussion.[797] Im Februar 1939 wurde der angesehene Wissenschafter (vormaliger Rektor der Universität München und Präsident der Deutschen Akademie) verhaftet, erst 1941 vor Gericht gestellt und schließlich nach dem (Homosexuellen-)Paragraphen 175 (Reichsstrafgesetzbuch) zu zwei Jahren und drei Monaten Gefängnis verurteilt.[798]

Nach Kriegsende versuchte der erste Führer der NSDAP an der BOKU nun als Nazi-Opfer in Österreich wieder Fuß zu fassen. An eine Fortsetzung seiner wissenschaftlichen Karriere war aber nicht zu denken, die doppelte Punzierung machte dies im Österreich des Jahres 1945 unmöglich.[799] Kölbl wandte sich an die sowjetische Mineralölverwaltung in Österreich und wurde hier für Kartierungsarbeiten sowie für strukturgeographische Untersuchungen eingesetzt. Auch nach dem Staatsvertrag blieb er in den Diensten der ÖMV. Kölbl starb am 25. Dezember 1970.[800]

[794] Archiv der BOKU, Sitzungen des Professorenkollegiums, 3. Sitzung (18. 5. 1945), 5. Sitzung (5. 6. 1945).

[795] Archiv der BOKU, 941/45.

[796] ÖSTA, AdR, Gauakt 422, Dr. Emanuel Hugo Vogel, Aussage: K-29.937-2/46 (Innenministerium).

[797] ÖSTA, AVA, MCU, Fasz. 1208 312.576c/39. Auf eine Anfrage wird am 9. 3. 1939 seitens des Ministeriums geantwortet, dass die Nicht-Rückholung Kölbls in keinerlei Zusammenhang mit den Vorwürfen gegen ihn stand.

[798] BÖHM (wie Anm. 403), S. 610.

[799] Archiv der BOKU, Sitzungen des Professorenkollegiums, 12. Sitzung (24. 7. 1945): Das Staatsamt, das Informationen einholte, wurde vom Kollegium auf Kölbls Rolle zwischen 1932 und 1938 aufmerksam gemacht.

[800] WIESENEDER (wie Anm. 408), S. 218 f.

Abb. 24: Erwin Aichinger – eine typische Forscherkarriere?

3.1.4. Erwin Aichinger – ein österreichisches Forscherleben[801]

An dieser Stelle muss angemerkt werden, dass dem Autor keine Einschätzung der wissenschaftlichen Bedeutung Erwin Aichingers möglich ist. Aichinger genoss aber ohne Zweifel weit über Österreich hinaus großes Ansehen und sein Forschungsansatz der Pflanzensoziologie liefert bis zum heutigen Tag wichtige Erkenntnisse. Seine immer wieder gerühmten Fähigkeiten, als Lehrer die Studenten zu begeistern, sowie seine Naturverbundenheit und Sportlichkeit können hier nur am Rande erwähnt werden. An dieser Stelle geht es um einen exemplarischen Lebenslauf eines BOKU-Professors, der 1945 die Hochschule als Nationalsozialist verlassen musste und nicht wieder an die BOKU berufen wurde.

Erwin Aichinger, geboren 1894 in Bleiberg/Kärnten, wurde an der Forstlichen Fachschule in Bruck/Mur ausgebildet. Kriegsbedingt konnte er die Schule erst 1921 abschließen. Schon Erwin Aichingers Vater Josef, ein Apotheker, war in seiner Jugend als botanischer Forscher tätig gewesen und hatte dabei unter anderem mit dem „Rassentheoretiker" Houston Stuart Chamberlain zusammengearbeitet.

Wie so viele BOKU-Professoren, die vor 1945 lehrten, begann auch Aichingers Berufslaufbahn mit land- und forstwirtschaftlicher Praxis. Nachdem er im Ersten Weltkrieg verwundet worden war und sich 1919 auch am Kärntner Abwehrkampf beteiligt hatte, trat Erwin Aichinger 1922 in die Dienste des Liechtensteinschen Forstamtes. Aus seiner täglichen Arbeit heraus entstanden eigenständige Forschungen. Er begann Lehrveranstaltungen an der ETH Zürich und in Montpellier bei Prof. Josias Braun-Blanquet, einem der Begründer der Pflanzensoziologie, zu besuchen.

1933, als seine „Arbeitsstelle für alpenländische Vegetationskunde und Bodenkultur" schon sechs Jahre lang in Betrieb war, promovierte er an der Hochschule für Bodenkultur. Aichinger stand in Kontakt mit dem ersten Ehrendoktor der BOKU, Rudolf Jugoviz (sehr oft auch: „Iugoviz"), mit dem Forstwissenschafter Adolf Cieslar, mit dem Pflanzenphysiologen Hans Molisch (Universität Wien) und auch mit seinem ersten Lehrer Josias Braun-Blanquet (Montpellier).

Ein Jahr nach der Dissertation habilitierte sich Aichinger über den „Faakersee und seine Verlandung" an der Universität Wien, und zwar am Pflanzenphysiologischen Institut bei Karl Höfler und am Botanischen Institut bei Fritz Knoll (1938 Rektor der Universität Wien).

1936 erhielt er als Leiter des Instituts für angewandte Pflanzensoziologie einen Ruf nach Freiburg. Als Universitätsprofessor nahm Aichinger auch die deutsche Staatsbürgerschaft an. Nach dem „Anschluss" Österreichs forderten maßgebliche

[801] Die Daten in diesem biographischen Abriss sind zwei Arbeiten entnommen: ALBL-AICHINGER (wie Anm. 646), und GUSTAV WENDELBERGER, Erwin Aichinger – 60 Jahre, in: ERWIN JANCHEN (Hg.), Festschrift für Erwin Aichinger zum 60. Geburtstag, hg. im Auftrage und mit Unterstützung des Landes Kärnten, Bd. 1, Wien 1954, S. XIII–XXVIII. Ergänzt werden diese Daten durch Kürschners Deutschem Gelehrten-Kalender 1976.

Stellen seine Rückkehr nach Österreich, so auch Landesforstmeister Dipl.-Ing. Reinthaller.

„Mit Rücksicht auf die Wichtigkeit der Pflanzensoziologie für die Verschiedenartigkeit der ostmärkischen Verhältnisse erscheint es erstrebenswert, diesen Teil des Waldbaues an der Hochschule für Bodenkultur durch den Vorkämpfer dieser Lehre lesen zu lassen. Ich stelle daher den Antrag Dr. Aichinger, Freiburg, an die genannte Hochschule zu berufen. Mein Antrag wird von dem Wunsche des Großteils der ostmärkischen Forstleute unterstützt.“ [802]

1939 übernahm Aichinger die neu geschaffene Professur für Pflanzensoziologie an der Hochschule für Bodenkultur, wobei er zu den Lehrveranstaltungen aus Villach anreiste. Das Institut in Villach wurde immer weiter ausgebaut und 1942 vom Gau Kärnten übernommen.

Dass Aichinger auch gesellschaftspolitische Interessen und Ambitionen hatte, zeigt nicht zuletzt die schon ausführlich zitierte Kolbenheyer-Laudatio aus dem Jahre 1942. Dass er überhaupt mit dieser Rede beauftragt worden ist, weist auf seine wichtige Rolle im NS-Establishment Kärntens hin.

Der Tragweite und politischen Bedeutung dieses Vortrags waren sich Aichinger und seine Freunde sehr wohl bewusst, denn im ausführlichen Werkverzeichnis, das in der 1954 erschienenen, über 1.300 Seiten starken Festschrift zu seinem 60. Geburtstag enthalten ist, fehlt „Pflanzen- und Menschengesellschaft, ein biologischer Vergleich“ wohlweislich.

Traude Albl-Aichinger, in deren Arbeit über ihren Vater keine Rede von politischen Aktivitäten oder der SS-Mitgliedschaft Aichingers ist, bemühte sich, Entlastendes zu präsentieren: Im letzten Kriegsjahr führte Aichinger eine Korrepondenz mit Max Planck, den er über dessen Sohn Erwin Planck kennen gelernt hatte. Als Erwin Planck nach dem 20. Juli 1944 verhaftet wurde, wandte sich der verzweifelte Vater an Aichinger, von dem er sich wegen seiner Kontakte zu hohen Parteistellen Hilfe erwartete.[803] Aichinger versuchte, über Vermittlung des Kärntner Gauleiters Rainer zu helfen, doch die Hinrichtung von Erwin Planck und seiner Gruppe konnte damit nicht verhindert werden. In einem anderen Brief von Max Planck findet sich ein Hinweis, dass Aichinger in einem Fall einem Kollegen, der mit einer Jüdin verheiratet war, geholfen hat.[804]

Nach seiner Enthebung als Professor der Hochschule für Bodenkultur konzentrierte sich Aichinger völlig auf seine Arbeit in Kärnten und machte zunächst weiter, als wäre nichts geschehen. Mit Unterstützung der britischen Befreier baute er sein Institut in Arriach rasch wieder auf, und schon im Juli 1945 machte ihm der Kärntner Landeshauptmann Hans Piesch seine Aufwartung. Piesch

[802] Zit. nach: ALBL-AICHINGER (wie Anm. 646), S. 94.

[803] Ebd., S. 108–112.

[804] Dieser Brief von Max Planck an E. Aichinger in: ebd., S. 108 f.

versprach Aichinger auch prompt das Salär eines ordentlichen Universitätsprofessors aus Landesmitteln.[805] Doch die Vergangenheit holte den Wissenschafter schließlich doch noch ein: Im November 1945 wurde er wegen seiner Funktionen in der SS und im NS-Reichsbund für Biologie im Lager Wolfsberg interniert. Aichinger übergab das Institut seiner einzigen österreichischen Mitarbeiterin Dipl.-Ing. Lore Kutschera. Während seiner Abwesenheit wurde Kutschera von zwei ehemaligen Kollegen ihres Chefs unterstützt: Der einstige BOKU-Rektor Otto Porsch leitete von 1945 bis 1947 einen Botanikkurs. Auch ein zweiter belasteter Kollege, der seiner Professur enthoben wurde, Ludwig Löhr, fand in Aichingers Institut für kurze Zeit eine Anstellung.[806]

Nach seiner Freilassung übernahm Aichinger nicht nur wieder die Leitung des von ihm gegründeten Instituts, er wurde sehr bald zu einer wichtigen Integrationsfigur für Forststudenten der BOKU: Sieben Mitglieder der „Forstlichen Arbeitsgemeinschaft" (mehr dazu unten) nahmen im Sommer 1948 an einem pflanzensoziologischen Einführungskurs in Kärnten teil.[807] Ein Jahr später waren es bereits 40 Studenten.[808]

Mit der Berufung zum Honorarprofessor an die Universität Graz (1951) und der voluminösen Festschrift zum 60. Geburtstag im Jahr 1954 war die Wiederaufnahme von Aichinger in den Kreis der in der akademischen Welt anerkannten Forstwissenschaftler abgeschlossen. Auf Aichingers Bemühen, die Erkenntnisse der Pflanzensoziologie zu popularisieren, wurde immer wieder hingewiesen, verständlicherweise ohne Berufung auf die Kolbenheyer-Rede.[809] Die Festveranstaltung zu Aichingers 60. Geburtstag fand im Blauen Saal des Klagenfurter Konzerthauses statt. Die dabei überreichte zweibändige Festschrift vereinigte ehemalige und aktuelle Professoren der BOKU und weist darüber hinaus eine Vielzahl von internationalen Beiträgen auf, wobei der große Anteil von Arbeiten osteuropäischer Forscher überrascht. Unter den Autoren finden sich die enthobenen Professoren Leo Tschermak, Walter Kubiena, Franz Sekera, Franz Hartmann, Erwin Schimetschek und Ludwig Löhr sowie die an der BOKU tätigen Josef Kisser, Herbert Franz und Kurt Lohwag.

Anlässlich von Aichingers 80. Geburtstag erinnerten sich ehemalige Studenten an die unmittelbare Nachkriegszeit: Die BOKU erscheint in dieser Reminiszenz als ein Ort der überquellenden Hörsäle, an dem „Umerziehung" gepredigt wurde. Das Verbindungsleben konnte den Studenten, „denen die Jahre davor und vor allem deren Endergebnis eine gesunde Skepsis gegen übertriebenes politisches Engagement eingepflanzt hatten" nicht mehr als geistige Heimat dienen. Also hatte sich ein Wissenschafter wie Aichinger als Leitbild angeboten:

805 Ebd., S. 116.

806 Ebd., S. 124. Löhr musste das Institut wieder verlassen, da er nicht die „anfänglich angenommene Subordination" (ebd.) an den Tag legte.

807 Ebd., S. 128. Auf dem hier abgebildeten Foto sind unter anderem zwei wichtige Führer der Forstlichen Arbeitsgemeinschaft, Kurt Schallenberger und Erwin Nießlein, zu sehen.

808 Ebd., S. 134.

809 ANCHEN, Festschrift (wie Anm. 801), S. VII (Vorwort).

„Damals war Professor Aichinger selbst ein ‚Umzuerziehender', und er hat die entsprechenden ‚Kuren' alle brav durchgemacht. Junge Forststudenten waren es, denen später Studenten der landwirtschaftlichen Fakultät folgten, die den Kontakt zu ihm suchten. Er verschloß sich ihnen nicht. Er gab ihnen Anweisung zu einer noch stärkeren Liebe zur Natur, zur Wissenschaft, zum Beruf und zur Heimat, für die mit allen Kräften zu arbeiten sie sich vorgenommen hatten."[810]

Aichingers letzte Lebensjahrzehnte waren von einer Reihe von Ehrungen gekennzeichnet: Er wurde unter anderem mit dem Goldenen Ehrenring der Stadt Villach (1960) und dem Österreichischen Ehrenkreuz für Wissenschaft und Kunst I. Klasse (1965) ausgezeichnet. 1967 vollendete er sein opus magnum „Pflanzen als forstliche Standortsanzeiger". Erwin Aichinger starb 1985 im Alter von 91 Jahren.

Trotz aller wissenschaftlicher Erfolge verstand Aichinger die Enthebung des Jahres 1945 und die folgende Internierung als tiefe Kränkung, die er nie ganz überwinden konnte. Und so beginnt das Buch seiner Tochter mit folgender, von Erwin Aichinger selbst stammenden Widmung, in der er sich als Opfer der Geschichte sieht und jede Einsicht oder gar Selbstkritik verweigert:

„Meinen Studenten, die trotz Verfolgung und Zurückstellung immer an mich geglaubt haben. Meinen vielen Freunden, Kameraden und Kollegen, die ebenso wie ich völlig ungerecht leiden mußten, aber nicht mehr Gelegenheit hatten, sich zu verteidigen."[811]

3.1.5. Franz Sekera: Der Prozess

Derartige biographische oder autobiographische Zeugnisse sind von Franz Sekera leider nicht überliefert. Der Hauptverantwortliche für den Umsturz an der BOKU im März 1938 tauchte beim Zusammenbruch des NS-Regimes unter. Im Juni 1945 ließ er dem Professorenkollegium einen Rechtfertigungsbrief zukommen, der leider nicht erhalten ist.[812] Inzwischen versuchte auch seine Familie, das Professorenkollegium zu einer Intervention zu seinen Gunsten zu veranlassen. Sekeras Schwester verstieg sich in einem Brief vom 26. Juli 1945 an den Rektor allen Ernstes zu der Behauptung, dass sich ihr Bruder „nie als Nazi betätigt habe".[813] Aber auch Sekera selbst unternahm alles, um seine Rolle im „Dritten Reich" herunterzuspielen. So bat er das Staatsamt für Inneres brieflich um Befreiung von der Registrierungspflicht. Das Kollegium, um eine Stellungnahme gebeten, lehnte dies,

[810] Zitiert nach: ALBL-AICHINGER (wie Anm. 646), S. 181 f. (Original „Erwin Aichinger – Eine Laudatio seiner alten Studenten", in: Der Kärntner Bauer, Dezember 1974).

[811] Ebd., S. 4.

[812] Ein Hinweis auf diesen Brief findet sich im Archiv der BOKU, Sitzungen des Professorenkollegiums, 7. Sitzung (16. 6. 1945).

[813] Archiv der BOKU, Sitzungen des Professorenkollegiums, 13. Sitzung (27. 7. 1945).

unter Hinweis auf die Erfahrungen, die man mit Sekera nach dem März 1938 gemacht hatte, einstimmig ab.[814]

Am 19. Juli 1945 wurde Sekera schließlich verhaftet. Das Kollegium sprach sich trotz der Erinnerung an Sekeras Verhalten gegenüber den Frauen der Verhafteten des Jahres 1938 für eine Unterstützung für seine Frau und Kinder aus.[815] Doch scheint sein Wirken an der BOKU so tiefe Wunden hinterlassen zu haben, dass darüber hinaus keine wie immer geartete Versöhnung möglich war. Auf Sekeras Tod 1955 reagierte das Kollegium nicht – wie sonst auch bei enthobenen Professoren üblich und in den Protokollen verzeichnet – mit einer Schweigeminute.

Von der Verhaftung bis zum Verfahren gegen Sekera vergingen fast eineinhalb Jahre. Am 28. Dezember 1946 berichtete die von den Briten herausgegebene „Weltpresse“ unter dem Titel „Nazistischer Hochschulkommissar wird angeklagt“ erstmals über den Fall Sekera.[816] Die Anklage zielte schließlich einerseits auf Hochverrat, weil sich Sekera in der Zeit vor dem März 1938 nationalsozialistisch betätigt habe, und konzentrierte sich andererseits auf seine Rolle bei der Verschleppung der Professoren Zederbauer und Zeßner-Spitzenberg in das KZ Dachau.

Als Zeugen waren die Professoren Till, Amschler und Kaserer, sowie Direktor Swoboda, Leo Butzenlechner und andere geladen. Sekeras Verteidigung gestaltete sich schwierig. Die Fakten konnte er schwer abstreiten, so argumentierte er mit dem Druck, dem er seitens der Partei ausgesetzt gewesen sei. Was die persönlichen Enthebungen betraf, war der Angeklagte geständig, verwies aber auch in diesem Fall auf äußeren Druck, nämlich den der Studenten. Die Kürzung der Bezüge für die Professoren sei ihm von der Partei aufgetragen worden. Im wohl schwer wiegendsten Punkt der Anklage, einer möglichen Verwicklung in die Verhaftungen von Zeßner-Spitzenberg und Zederbauer, wurde Sekera freigesprochen.

Besonders erschwerend wurde in der Urteilsbegründung sein „gehässiges Auftreten“ gegenüber den Frauen der nach Dachau deportierten Professoren bewertet, sein Vermerk „Für Verräter des Deutschtums sind RM 140,– zu viel!“ zeige eine „verbissene nationalsozialistische Einstellung“. Als mildernd wertete das Gericht Sekeras Geständnis, den guten Leumund, seine familiäre Situation sowie den Druck, den er seitens der Partei ausgesetzt gewesen war. Sekera wurde zu zwei Jahren Gefängnis verurteilt.[817]

Der Prozess selbst fand Niederschlag in praktisch allen Wiener Blättern. Unisono wurde das Urteil als sehr milde, ja zu milde eingeschätzt: Die Schlagzeilen lauten: „Ein Nazi-Professor vor dem Volksgericht. Ein Menschenleben auf dem Gewissen – nur zwei Jahre“,[818] „Der Nazikommissar der Hochschule für Bo-

814 Ebd.

815 Archiv der BOKU, 359/1946.

816 Weltpresse (britisch), 28. 12. 1946, S. 8. Der Artikel enthält zahlreiche Ungenauigkeiten und weist fehlerhafte Namensschreibweisen auf.

817 DÖW, Vg 2296/45 (Kopie des Urteils).

818 Österreichische Volksstimme (KPÖ), 19. 2. 1947, S. 3.

denkultur",[819] „,Für Verräter Deutschlands sind 140 RM zu viel!' Zwei Jahre Kerker für ehemaligen Professor der Hochschule für Bodenkultur"[820] oder „Naziprofessor gibt seine Verbrechen zu. Dr. Sekera zu zwei Jahren schweren Kerker verurteilt".[821] Am deutlichsten drückt die kommunistische „Österreichische Volksstimme" ihre Unzufriedenheit mit dem Urteil aus, bezieht sich dabei aber in erster Linie auf Sekeras Amt: „Wieder einmal eine auffallend milde Strafe gegen einen Nazi in so gehobener Stellung wie der Leitung einer Hochschule."[822]

Die Artikel betonen die Brutalität des Umsturzes an der BOKU und verweisen auf Sekeras Rolle bei der Verhaftung von Zederbauer und Zeßner-Spitzenberg. Auch die eigenmächtige Herabsetzung der Bezüge der gemaßregelten Professoren auf das Existenzminimum wird immer wieder herausgestrichen. Der Urteilsbegründung folgend wird dem Verurteilten (übrigens in den meisten Artikeln zu „Sekora" verballhornt) besonders der handschriftliche Vermerk auf dem Gesuch der Professorengattinnen zur Last gelegt.

Geteilter Meinung ist man über das Auftreten des Angeklagten vor Gericht: Während der „Wiener Kurier" ihn als geständig beschreibt, mokiert sich die „Welt am Abend" über Sekeras Selbsteinschätzung als der „anständigste Mensch".

„Nun ist der Herr Professor vor dem Volksgericht wegen Illegalität angeklagt. Sehr zivil und bescheiden sitzt er auf der Anklagebank und ähnelt keineswegs mehr dem ‚politischen Leiter' in der eleganten Uniform und der herrischen Geste wie ihn ein Photo, das bei den Akten liegt, darstellt. Bei einem ‚Führerappell' sagte er zu den Studenten: ‚Ihr habt uns geholfen, das Alte zu erschlagen, nun wollen wir euch helfen, das Neue aufzubauen!' Wie sehr ihm das gelungen ist, beweist ein Spaziergang durch Wien."[823]

Die „Welt am Abend" betont auch, dass der Fall Sekera ein Fallbeispiel für „Wie man im Dritten Reich Karriere machte" sei. Seine wissenschaftliche Ausbildung sei nur durch ein österreichisches Staatsstipendium möglich gewesen,[824] 1938 sei er auf der untersten Stufe der akademischen Rangordnung gestanden und habe nach seinem Aufstieg am 13. März auch sofort hohe finanzielle Ansprüche gestellt.[825] Der „Wiener Kurier" hebt die Eigenmächtigkeit von Sekeras Handeln hervor.[826]

Nach seiner Entlassung aus dem Gefängnis arbeitete Sekera für den Bodengesundheitsdienst, den er selber noch in seiner Zeit als Professor ins Leben gerufen

[819] Österreichische Zeitung (Rote Armee), 19. 2. 1947, S. 3.
[820] Welt am Abend (Französischer Pressedienst), 19.2. 1947, S. 3.
[821] Wiener Kurier (amerikanisch), 19. 2. 1947, S. 2.
[822] Österreichische Volksstimme, 19. 2. 1947, S. 3.
[823] Welt am Abend, 19. 2. 1947, S. 3.
[824] Vgl. TUWA, Personalakt Franz Sekera.
[825] Welt am Abend, 19. 2. 1947, S. 3.
[826] Wiener Kurier, 19. 2. 1947, S. 2.

hatte und erstellte landwirtschaftliche Fachgutachten (vor allem über die Bodenqualität). Außerdem widmete er sich der Fortbildung von Bauern, denen er wissenschaftliche Ergebnisse vermitteln wollte. Trotz dieser nach der Haftzeit vollbrachten Leistungen verwundert es doch, dass ausgerechnet das „Kleine Volksblatt“, eine ÖVP-Zeitung, Sekera am Tag vor der Unterzeichnung des österreichischen Staatsvertrags einen ehrenden Nachruf widmete, der mit keinem Wort die politische Rolle erwähnt, die der Verstorbene gespielt hatte:

> „Gestern erlitt der ehemalige Professor der Hochschule für Bodenkultur Doktor Ing. Franz Sekera einen Schlaganfall, dem er sofort erlag. Der Verstorbene war als herausragender Bodenbiologe weit über die Grenzen Österreichs hinaus bekannt. Durch seine Forschungsarbeit und seine beratende Hilfe hat er nicht nur einen großen Kreis von Betrieben, sondern auch der gesamten österreichischen Landwirtschaft nach der Beendigung des Zweiten Weltkriegs unschätzbare Dienste erwiesen. Der Gelehrte, der im 55. Lebensjahr stand, bekam zahlreiche Berufungen ins Ausland, die er jedoch alle ablehnte, weil er seine Kenntnisse, sein Wissen und seine unermüdliche Arbeit in den Wiederaufbau des Vaterlandes stellen wollte.“[827]

Kein Wort über die Opfer von Sekeras Amtszeit, die ja – wenigstens was die Lehrenden betrifft – fast ausschließlich aus dem politischen Lager kamen, dessen Sprachrohr die betreffende Zeitung war. Dies gehörte wohl mit zu dem von beiden Großparteien forcierten Projekt einer Aussöhnung mit der Geschichte, die eben eine Aussöhnung mit der „Tätergeschichte“ war. Sieben Jahre früher hatte die selbe Zeitung die eigenen Opfer betont, wohl auch um die antinazistische Reputation der christlichsozialen Bewegung zu unterstreichen. So etwa im Artikel „Engel der Zelle“, der zehn Jahre nach seinem Tod im KZ Dachau an Prof. Zeßner-Spitzenberg erinnerte:

> „Zehnstündige schwerste Arbeit bei brennender Sonnenhitze, stundenlange Stehappelle, unsagbare Quälereien durch die Lageraufseher schwächten den leidenden Mann so sehr, daß er schon 16 Tage später mit seinen Kräften am Ende war. Mit nahezu 41 Grad Fieber mußte er noch zu einem zweistündigen Appell antreten und sich anbrüllen lassen, bis er zusammensank.“[828]

3.2. Studieren nach dem Krieg

Parallel zur Konstituierung der „Wiener demokratischen Studentenschaft“ im Mai des Jahres 1945 dürfte sich auch an der BOKU eine so genannte „Studentenführung“ konstituiert haben. Auf jeden Fall schlug Rektor Till im Juni 1945 die

827 Das Kleine Volksblatt, 14. 5. 1955, S. 7. Das „Volksblatt“ hatte einst vom Sekera-Prozess nicht anders als die anderen Wiener Blätter berichtet (19. 2. 1947, S. 2).

828 Das Kleine Volksblatt, 1. 8. 1948, S. 3. Der Artikel ist gezeichnet mit A. M. (vermutlich Alfred Maleta).

Umbenennung der „Studentenführung" (dieser Begriff war ganz offensichtlich diskreditiert) in „Demokratische Studentenschaft" bzw. „Studentenvertretung" vor.[829] Sonst hat diese Organisation jedoch keine Spuren im Aktenverkehr hinterlassen.

Im Juli präsentierte die „Österreichisch-demokratische Studentenschaft" dem Rektor eine erste Liste von geschädigten BOKU-Hochschülern.[830] Wie nach dem Ersten Weltkrieg wurden auch jetzt Studienerleichterungen gewährt. Diese Erleichterungen betrafen in erster Linie die politisch oder rassisch Verfolgten, in zweiter Linie auch die zum Wehrdienst eingezogenen Studenten.[831] Bis in das Sommersemester 1946 waren an der BOKU 350 Gesuche um Studienerleichterungen eingegangen, von denen 230 positiv erledigt werden konnten.[832]

Der Rückstau bei den Studienabschlüssen war durch die Folgen des „totalen Krieges" fast so eklatant wie nach dem Ersten Weltkrieg. 1950/51 gab es 277 Studienabschlüsse, genauso viel wie im Studienjahr 1922/23.[833] Hingegen blieb bei den Hörerzahlen der Rekord von 1.784 Inskribenten aus dem Studienjahr 1918/19 unerreicht: 1947/48 waren an der BOKU 1.388 Studierende inskribiert.[834]

Unter diesen Voraussetzungen trat selbst die Hochschülerschaft für strengere Prüfungen ein, um einen numerus clausus zu verhindern.[835] In den studentischen Zeitschriften wurde vor dem Studium der Bodenkultur gewarnt.[836] Das Anforderungsprofil, das in der „Akademischen Rundschau" für BOKU-Studenten entwickelt wurde, erinnert an die Jahre 1934 bis 1938: Gesucht wurden Studenten, „die heimat- und naturverbunden sind, Menschen, die auch ohne Großstadt leben können." „Die grüne Hochschule kann nur Menschen brauchen, die das Herz auf dem rechten Fleck haben und auch von manueller Arbeit nicht zurückschrecken!"[837]

829 Archiv der BOKU, Sitzungen des Professorenkollegiums, 6. Sitzung (12. 6. 1945).

830 Archiv der BOKU, 562/45 (30. 7. 1945).

831 Archiv der BOKU, 534/45 (28. 7. 1945) schildert einen sehr ungewöhnlichen Fall: Ein Student wurde zugelassen, obwohl er nur fünf Klassen Gymnasium aufzuweisen hatte. Danach war er aus politischen Gründen aus dem Gymnasium relegiert und zum Wehrdienst eingezogen worden. Als Schwerstkriegsversehrter wurde er als Hörer an der BOKU aufgenommen. Allgemeines zu den Studienerleichterungen: Akademische Rundschau 1 (1945/46), Nr. 6, S. 15, und Richtigstellung durch den Rektor in: ebd., Nr. 10, S. 15.

832 Akademische Rundschau 1 (1945/46), Nr. 24, S. 15.

833 Offizielle Zahlen der BOKU vgl. WELAN (wie Anm. 31), S. 272 f. VÖLLMECKE (wie Anm. 199), Bd. 2, S. 92, hat manche kleinere Abweichungen aufzuweisen. Besonders krass ist allerdings die Diskrepanz für die Studienabschlüsse 1950/51: Während Welan, unter Berufung auf die hauseigene Statistik, auf 277 kommt, scheint bei Völlmecke die Zahl 348 auf.

834 Die Entwicklung der Hörerzahlen an der BOKU verläuft übrigens, auch was die Friedenszeiten betrifft, bis 1945 fast parallel zu jener der TH Graz. In Graz wird aber im WS 1945/46 mit 2.125 Inskribierten ein neuer Rekordwert erreicht, der fast 100% über jenen der Jahre 1918–1920 liegt. Vgl. WEINGAND (wie Anm. 7), S. 4

835 Akademische Rundschau 1 (1945/46), Nr. 24, S. 15.

836 „Hat die Bodenkultur Berufsaussichten", in: Der Student 1 (1945/46), Nr. 2, S. 18. Vgl. auch Akademische Rundschau 2 (1946/47), Nr. 2, S. 11.

837 Akademische Rundschau 2 (1946/47), Nr. 2, S. 11.

Die Zahl der Studentinnen nahm nach Kriegsende in absoluten Zahlen zu, sank aber wegen des vermehrten Zustroms von Studenten prozentuell wieder stark ab: So waren 1947/48 unter den 1.388 Studierenden 170 Hörerinnen. In den Folgejahren lässt sich ein Absinken sowohl in absoluten Zahlen wie im prozentuellen Anteil fast bis auf das Niveau der Ersten Republik, wo der Frauenanteil ja konstant unter 5% gelegen war, konstatieren: 1955/56 waren nur mehr 29 Studentinnen (bei einer Gesamthörerzahl von 565) inskribiert.[838]

Dem Professorenkollegium lag sehr viel daran, eine Wiederholung der Entwicklung der frühen dreißiger Jahre zu verhindern. So wurde gefordert, dass die Studentenschaft so gestaltet werde, „daß auf akademischen Boden eine politische und weltanschauliche Differenzierung nicht in Erscheinung trete".[839] Diese Forderung fand im Staatsamt eine positive Aufnahme. Durch Verordnung des Staatsamtes wurden schließlich die ordentlichen österreichischen Hörer und Hörerinnen in ihrer Gesamtzahl zur Hochschülerschaft der jeweiligen Hochschule zusammengefasst. Zusammen bildeten diese Hochschülerschaften die „Österreichische Hochschülerschaft", die als Körperschaft öffentlichen Rechts geschaffen wurde (StGBl. 170 vom 3. September 1945).[840] Diese Konstruktion ersetzte das Provisorium der „Wiener Demokratischen Studentenschaft", die sich im SS 1945 aus den drei Hochschulparteien, die ihrerseits wieder an die drei zugelassenen politischen Parteien gekoppelt waren, gebildet hatte.[841]

Auch die Studierenden mussten sich nach Kriegsende einer Entnazifizierung unterziehen. Schon von Anfang an wurde die Hochschülerschaft bei Fragen der politischen Belastung (dieser Begriff wurde von Semester zu Semester neu definiert) von Studenten konsultiert.[842] Bis Juli 1946 wurden an der BOKU 810 Hörer zum Studium zugelassen, 35 wurden ausgeschlossen, 26 zu Sühneleistungen verurteilt. Damit lag der Prozentsatz der Gemaßregelten an der BOKU etwas höher als der Wiener Durchschnitt (10.431 zugelassene, 226 ausgeschlossene, 179 zur Sühnearbeit verurteilte Studenten). Besonders auffällig ist der hohe Anteil von Wehrmachtsoffizieren, die an der BOKU inskribiert waren: 130 waren zum Studium zugelassen, 13 mussten Sühnearbeit leisten, ausgeschlossen wurde keiner der ehemaligen Offiziere.[843]

Leider ist die Quellenlage über das Zustandekommen der Maßnahmen gegen Studenten der Hochschule für Bodenkultur sehr lückenhaft,[844] als Sühneleistung

[838] Völlmecke (wie Anm. 199), Bd. 2, S. 90.

[839] Archiv der BOKU, Sitzungen des Professorenkollegiums, 6. Sitzung (12. 6. 1945).

[840] Vgl. Barbara Schreiber, Freud und Leid der österreichischen Studenten in der Nachkriegszeit. Beiträge zur Geschichte der ÖH von 1945–1955, Diplomarbeit Innsbruck 1993, S. 7.

[841] Christine H. Forster, Die Geschichte der Österreichischen Hochschülerschaft 1945–1955, Wien 1984, S. 17 ff. Forster gibt auch einen ausführlichen Überblick über die Gründungsgeschichte der ÖH (S. 34 ff.). Im Zentrum der Untersuchung steht die Universität Wien, die Entwicklungen an anderen Hochschulen werden nur am Rande untersucht.

[842] Archiv der BOKU, Sitzungen des Professorenkollegiums, 21. Sitzung (27. 9. 1945).

[843] Zahlen der ÖH in: Das kleine Volksblatt, 5. 7. 1946, S. 4.

wurde in einigen Fällen die Arbeit in der Versuchslandwirtschaft in Groß-Enzersdorf verhängt. So wurden im Kollegium im März 1946 die Fälle von fünf Studenten diskutiert: Zur Wahl stand die Relegation auf zwei Semester oder verpflichtende Arbeit in Groß-Enzersdorf. In der Diskussion im Kollegium tauchte die Befürchtung auf, dass die fünf eine nationalsozialistische Betriebszelle gründen könnten. Außerdem bestehe die Gefahr, dass die Russen „diese Studenten als typische Vertreter der österreichischen Hochschülerschaft ansehen könnten".[845] Wenig später wurden tatsächlich zehn andere Studenten zur „Sühnearbeit" in Groß-Enzersdorf eingesetzt.[846]

Im Vergleich mit den Professoren und Dozenten wurden nur wenige „hauptbelastete" Studenten vom Hochschulbesuch ausgeschlossen, die weniger Belasteten zog man vor allem zur Beseitigung von Bombenschäden heran.[847] Für das Wintersemester 1945/46 galten folgende genaue Immatrikulations- und Inskriptionsbestimmungen: Grundsätzlich nicht zugelassen wurden illegale Nationalsozialisten, Angehörige der SS und Funktionäre der NSDAP, der SA, des NSKK und des NSFK. In besonders berücksichtigenswerten Fällen zugelassen wurden Anwärter und Mitglieder der NSDAP und Mitglieder der SA, des NSKK, NSFK und ehemalige Studentenführer.[848]

Rektor Till erläuterte den Umgang mit nationalsozialistischen Studenten:

> „Sicherlich waren die meisten nur bedauernswerte Opfer eines Systems, das ihnen gerade in den Entwicklungsjahren die Seelen vergiftet und den Geist verwirrt und gelähmt hat. Hier galt es also, nicht so sehr zu richten, als zu retten und auf die Plastizität des jugendlichen Gehirns zu vertrauen, die eine innere Wandlung noch erhoffen läßt. Hier gaben wir also allen, die ohne oder sogar gegen ihren Willen in die Fallstricke der Partei geraten waren, eine Bewährungsfrist und begnügten uns damit, nur die wenigen hoffnungslosen Fälle von der Hochschule auszuschließen."[849]

Die Methoden dieser geplanten Umerziehung und ihre öffentliche Beschwörung waren zwar sicher gut gemeint, erinnerten jedoch zum Teil – in der Form, nicht im Inhalt – an die theatralischen Inszenierungen der beiden untergegangenen Regimes. Eine am 13. November 1945 abgehaltene Immatrikulationsfeier an der Hochschule für Bodenkultur wurde von (studentischen) Sprechern eingelei-

844 Archiv der BOKU, 631/45 enthält die Urteile des Disziplinarsenats der Hochschule in fünf Fällen: Dabei wurde ein Student für immer, die vier anderen auf ein Jahr ausgeschlossen.

845 Archiv der BOKU, Sitzungen des Professorenkollegiums, 21. 3. 1946. Die fünf oben erwähnten Studenten wurden übrigens dem forstlichen Versuchsgarten zugeteilt.

846 Ebd., 11. 4. 1946.

847 Allgemein zum Umgang mit den „belasteten" Studenten vgl. STIEFEL, Entnazifizierung (wie Anm. 733), S. 173 ff.

848 Archiv der BOKU, 779/1945.

849 Inaugurationsfeier 1945/46, S. 21.

tet, die den guten Willen der neu immatrikulierten Studenten betonten und den Rektor um Aufnahme in den Hochschulverband baten.

Nichts könnte die nach 1945 zurückgewonnene Macht des Professorenkollegiums deutlicher illustrieren als dieses Bittritual, das ein grundlegendes Misstrauen gegenüber den Studenten verrät und die wiedergewonnene Machtposition des Rektors und der Ordinarien betont. Dieses Misstrauen beruhte auf den Erfahrungen der Jahre 1933/34 und 1938 und wurde 1945 begleitet von dem Ideal der Erziehung zur Demokratie. Die vom Lehrkörper der BOKU und den im Wintersemester 1945/46 aufgenommenen Hörerinnen und Hörern besuchte Veranstaltung wurde mit einer Rede von Rektor Till („Meine lieben jungen Freunde!") fortgesetzt, in denen die akademischen Freiheiten erläutert und die Studenten aufgefordert wurden, vom demokratischen Recht auf freie Meinungsäußerung, und zwar sowohl an der Hochschule wie auch im öffentlichen Leben, Gebrauch zu machen. Nach einer Ermahnung, das Studium nicht zu verbummeln, nahm Prorektor Steden die feierliche Angelobung vor.

Neben der Achtung der akademischen Regeln und Gesetze wurden die Jungstudenten auch auf die Republik Österreich eingeschworen:

„Prorektor: Gelobt Ihr, daß Ihr ganz im Geiste unserer Alma mater einträchtig zusammenarbeiten werdet, um die Zukunft unserer schönen Heimat glücklich zu gestalten und daß Ihr Euch stets als treue Söhne und Töchter eines unabhängigen und demokratischen Österreichs bekennen und stets danach handeln werdet?

Die Sprecher: Wir geloben es!

Prorektor: Und nun frage ich auch die ausländischen Hörer unter Euch: Gelobt Ihr, Ansehen und Ruf des österreichischen Staates und der Stadt, die Euch das geistige Rüstzeug für Eure Lebensstellung freigiebig darbietet, allezeit hochzuhalten?

Der Sprecher der ausländischen Studenten: Wir geloben es!"[850]

Der österreichbewussten Erziehung der bislang im nationalsozialistischen Sinn indoktrinierten Jugend dienten auch zwei Pflichtvorlesungen, die der Unterstaatssekretär Lugmayer angeregt hatte[851] und die vom Professorenkollegium einstimmig beschlossen wurden:[852] Die erste sollte sich mit den „philosophischen Grundlagen der österreichischen Geschichte" beschäftigen, die zweite einen Überblick über die Wirtschafts- und Sozialgeschichte Österreichs bieten, wobei

[850] Immatrikulationsfeier der Hochschule für Bodenkultur 1945/46, Wien 1946, S. 7. Eine ähnliche Veranstaltung sollte für schon inskribierte belastete Studenten stattfinden: Auf jeden Fall hatte Till anlässlich der Installation der studentischen Selbstverwaltung vor, an die „ehemaligen nat.-soz. Studenten eine Ermahnung in Form einer Kundmachung zu richten." Vgl. Archiv der BOKU, Sitzungen des Professorenkollegiums, 11. 10. 1945.

[851] Vgl. Archiv der BOKU, Sitzungen des Professorenkollegiums, 12. Sitzung (24. 7. 1945).

[852] Ebd., 18. Sitzung (4. 9. 1945).

„Bauerngeschichte, Volkstum und Trachtenkunde" besondere Berücksichtigung finden sollten. Auch dies ist ein klarer Anknüpfungspunkt an jene Pflichtvorlesungen, die nach 1934 eingeführt worden waren.

Ab dem Sommersemester 1946 übernahm Lugmayer, neben Sektionschef Skrbensky der wichtigste Fürsprecher der BOKU in der neu aufgebauten ministeriellen Verwaltung, als Honorarprofessor selbst die Vorlesungen aus Philosophie der Natur- und Geisteswissenschaften.[853]

Das in den Medien immer wieder zur Sprache gebrachte Problem mit „ausländischen faschistischen Elementen"[854] unter den Studierenden, scheint an der BOKU keine besonders wichtige Rolle gespielt zu haben.

An der BOKU dominierte von Anfang an die FÖSt (Freie Österreichische Studentenschaft), eine nach Eigendefinition kulturell-religiös, aber nicht klerikal agierende Studentengruppe, die von der ÖVP unterstützt wurde.[855] Die gesetzlich verankerte studentische Selbstverwaltung wurde erst durch die Hochschülerschaftswahlen vom 19. November 1946 mit Leben erfüllt. Sechs Tage davor fand eine einmalige gemeinsame Wahlversammlung aller drei wahlwerbenden Gruppen statt. Je ein Vertreter durfte ein Statement abgeben. In diesem Wahlkampf waren Flugzettel verboten, Anschläge durften nur nach Genehmigung affichiert werden. „Flüsterpropaganda ist im vollen Umfang erlaubt, Tätlichkeiten sind tunlichst zu unterlassen."[856] Diese Aufforderung wurde nicht grundlos ausgesprochen: An der Universität Wien kam es am 14. November zu schweren, ja sogar blutig verlaufenden Zusammenstößen zwischen kommunistischen Demonstranten und Hochschülern.[857] An der BOKU blieb es hingegen ruhig. Vielleicht auch aus diesem

[853] Einen kurzen Abriss über das Leben dieses intellektuellen Vertreters des politischen Katholizismus bietet FRANZ LUGMAYER, Prof. Dr. Karl Lugmayer (1892–1972), in: Österreich in Geschichte und Literatur mit Geographie 40 (1996), Heft 3, S. 139–156. Hier findet sich auch eine Bibliographie der Werke und der Sekundärliteratur. Vgl. auch Biographisches Handbuch der österreichischen Parlamentarier 1918–1993, Wien 1993, S. 349.

[854] „Die Ausländer an unseren Hochschulen", in: Wiener Zeitung, 8. 3. 1946, S. 2. Hier ist in sattsam bekanntem Jargon weiters die Rede von der „Gefahr einer Überschwemmung unserer Hochschule", von „Schiebern und Schleichhändlern", von Scheinstudenten, denen es nur um „eine langfristige Aufenthaltsbewilligung" gehe usw. Ähnlich auch in der kommunistischen Presse: Österreichische Volksstimme, 22. 2. 1946, S. 2 („Auslandsfaschisten bevölkern die Hochschulen").

[855] SCHREIBER (wie Anm. 840), S. 14 ff. Hier waren unter anderem Kurt Schubert, Hans Tuppy und Erika Fischer (später: Weinzierl) aktiv. FISCHER-KOWALSKI - STRASSER (wie Anm. 18), S. 314, sprechen von einer Nachfolgeorganisation des Bundes „Neuland".

[856] Archiv der BOKU, 1021/1946.

[857] Vgl. STIEFEL, Entnazifizierung (wie Anm. 733), S. 177 ff. Während einer Wahlversammlung war es zu neonazistischen Kundgebungen von Studenten gekommen: KZ-Überlebende wurden mit Rufen wie „Schade, daß sie dich im Konzentrationslager nicht umgebracht haben!" attackiert und die Hinrichtung der Hauptkriegsverbrecher in Nürnberg bedauert. Diesen Vorkommnissen wurde in der Presse, vor allem in der kommunistischen, breiter Raum gewidmet. Die daraufhin folgende kommunistisch inspirierte Demonstration endete mit der Belagerung der Universität Wien. Eine große Menge drang in das Gebäude ein, hisste beim Rektorszimmer die rote Fahne und verprügelte anwesende Studenten. Unter den 31 zum Teil schwer verletzten Studenten befand sich kein einziger, der Mitglied oder Anwärter der NSDAP gewesen war.

Grund lassen sich schwer wiegende Folgen der nach den „November-Unruhen" verschärften Entnazifizierungsbestimmungen für die Studenten an der BOKU nicht feststellen.[858]

Die Wahlen endeten mit einem klaren Sieg für die ÖVP-nahe Union österreichischer Akademiker (FÖSt, CV-Gruppen und Katholische Landsmannschaften). Sie erhielt 844 Stimmen (82,7%), der Verband Sozialistischer Studenten kam auf 168 Stimmen (16,4%). Die kommunistischen Studenten konnten nur 8 Stimmen (0,8%) erzielen. Detail am Rande: Der VSStÖ hatte an der BOKU keine Kandidaten aufgestellt![859] Im Vergleich zu heute war die Wahlbeteiligung sensationell hoch. Von 1.262 inländischen Hörern beteiligten sich 1.084 (85,9%) an den Wahlen.

Für die Funktionäre der Hochschülerschaft galt jedoch ein striktes Verbot der parteipolitischen Tätigkeit auf Hochschulboden.[860] Die Erfahrungen mit der Praxis der Selbstverwaltung machten schließlich eine Abänderung des Hochschülerschaftsgesetzes notwendig. Der Vorsitzende der ÖH an der BOKU im Jahr 1948, Rudolf K. Wicha, meinte zur Situation der Hochschülerschaft nach ihrer Installierung: „Allerdings wurde sie dadurch sofort in einen Aufgabenkreis hineingestellt, den zu bewältigen ihr durch organisatorische Schwierigkeiten und Mängel noch nicht restlos möglich gewesen ist."[861]

Die Erfahrungen aus der Praxis mündeten in eine Novelle des Hochschülerschaftsgesetzes durch Verordnung des Bundesministeriums für Unterricht (BGBl. 249/1947). Die Österreichische Hochschülerschaft an der BOKU gliederte sich nun in vier Fachgruppen, die den angebotenen Studienrichtungen entsprachen. Die Fachgruppen waren für die „fachliche Förderung und Betreuung der Studierenden" zuständig, der Hauptausschuss widmete sich den „Aufgaben und Fragen, die sich auf den gesamten Hörerkreis erstreckten".[862]

Seitens der Sozialistischen Studenten gab es hin und wieder Kritik an Professoren (wie etwa an Till), die für eine Entpolitisierung der Hochschulen eintraten. Wenn auch die Motive für diese professorale Haltung aus den Erfahrungen der Ersten Republik erklärt werden können, so kann keinerswegs von strikter Neutralität seitens der Professorenschaft gesprochen werden.[863] Es regte sich sachlich begründeter, scharf formulierter Widerstand von links:

„[E]rinnern wir uns daran, daß die Entpolitisierung der Hochschulen diese zu Brutstätten der Reaktion machte und daß die edlen Verfechter dieses Gedankens

[858] Sogar die ÖVP-Zeitung „Neues Volksblatt" sprach am 16. 1. 1947 davon, dass „[e]in Fünftel der Hochschüler vor dem Ausschluß" (S. 4) stünde.

[859] Archiv der BOKU, 1021/1946. Nachdem die sozialistischen Studenten die ÖH der BOKU in ihren Zeitschriften attackiert hatten, wurde der VSStÖ von ÖH-Vorsitzenden Wicha aufgefordert, dieses Mandat zu besetzen. Der Student 1 (1945/46), Nr. 9–10, S. 18.

[860] 75 Jahre (wie Anm. 13), S. 44.

[861] Ebd., S. 40.

[862] Ebd., S. 41.

[863] So trat beispielsweise Prof. Kisser bei einet FÖSt.-Wahlveranstaltung als Sprecher auf, in: Der Student 3 (1947/48), Wahlnummer, S. 16.

heute als gute Demokraten an den höchsten Stellen sitzen und sich feig um die Verantwortung für die Irreleitung der Jugend drücken. Wir halten aus diesem Grunde die Äußerung von seiner Magnifizenz fest, obwohl wir der Ansicht sind, daß zwar nicht ein Rektor die Politik vom Hochschulboden verschwinden lassen kann, der umgekehrte Fall aber durchaus möglich ist."[864]

Bei den zweiten Wahlen im Jänner 1948 ging die Wahlbeteiligung auf 74,9% zurück. Die „Union" konnte ihren Wahlsieg wiederholen, der VSStÖ schnitt aber deutlich besser ab. Das Wahlergebnis lautete: Union 698 (76,8%), VSStÖ 193 (21,3%), Kommunistische Studenten 17 (1,9%) Stimmen.

Zum Vergleich das Gesamtergebnis aller österreichischen Hochschulen und Universitäten: Die Union kam auf 11.888 Stimmen (70,3%), der VSStÖ erreichte 4.445 (26,3%), die Kommunisten 575 (3,4%) der Stimmen. Das Mandatsverhältnis im Zentralausschuss der ÖH lautete 16:6:1.[865] An der BOKU lagen die ÖVP-nahen Studenten also noch besser, die sozialistischen und kommunistischen Studenten schnitten schlechter ab als im österreichischen Durchschnitt.

Innerhalb kürzester Zeit musste die ÖH Aufbauarbeiten leisten: 1948 existierten bereits je ein Auslands-, Kultur-, Personal-, Presse-, Sozial-, Sport- und Wirtschaftsreferat. Neben diesen sieben Abteilungen betrieb die ÖH eine eigene Bibliothek, eine Lehrmittelstelle (in erster Linie, um den Papierbedarf der Studierenden zu decken) und einen Skriptenverlag.[866]

Bei den ÖH-Wahlen des Jahres 1949 konnte die „Union österreichischer Akademiker" ihre Position noch einmal ausbauen: Sie erreichte bei einer Wahlbeteiligung von 76% 662 Stimmen (81,4%), die sozialistischen Studenten kamen auf 151 Stimmen (18,6%), die Kommunisten waren zu dieser Wahl, zu der Unterrichtsminister Graf die Losung „Kampf gegen den Weltkommunismus"[867] ausgegeben hatte, an der BOKU gar nicht erst angetreten.[868]

In einem Punkt ist der Bruch mit der Vergangenheit nicht zu übersehen: Die Wiedererrichtung der Hausverbindungen an der BOKU war zunächst überhaupt kein Thema. 1953, dem Jahr des Erstantretens des Ringes Freiheitlicher Studenten (RFS) bei den ÖH-Wahlen, konstituierte sich die „Silvania" zwar wieder, doch konnten die Burschenschaften nicht annähernd die Bedeutung erreichen, die sie in

864 Strom. Jugend, Geist und Welt 1 (1945/46), Nr. 42, S. 10.

865 Archiv der BOKU, 121/1948.

866 75 Jahre (wie Anm. 13), S. 42 ff.

867 Neues Volksblatt, 18. 5. 1949, S. 1. An der BOKU waren die Wahlen vorgezogen worden und hatten schon im Februar stattgefunden.

868 Ursprünglich hätte der VdS (Verband demokratischer Studenten), eine KPÖ-nahe Liste, kandidieren sollen, doch wurde diese „Tarnliste", wie sie von den politischen Gegnern bezeichnet wurde, nicht zugelassen: Die Kommunisten riefen danach zum Wahlboykott auf. Vgl. Hochschul-Zeitung 2 (1948/49), Nr. 2, S. 1. Damit wurde es nichts mit einer Premiere an der BOKU, denn der VdS hatte sowohl bei den Landwirten als auch in der Gärungstechnik Spitzenkandidatinnen aufgestellt. Vgl. Hochschul-Zeitung 2 (1948/49), Nr. 1, S. 1.

der Ersten Republik hatten. 1970 wurde die „Aktivitas“ der Korporation endgültig sistiert, nur mehr die „Alten Herren“ blieben organisiert.[869] „Hubertus“ und „Pflug“ wurden nicht mehr wiederbelebt.

3.3. Die Gründung einer neuen Studienrichtung: Brau- und Gärungstechnik[870]

1895 hatte die viersemestrige „Österreichische Akademie für Brauindustrie“ ihre Lehrtätigkeit aufgenommen. Von Anfang an bestanden personelle Kontakte zur Hochschule für Bodenkultur. So war etwa Prof. Schwackhöfer zum ersten Direktor der Brauakademie bestellt worden. Wegen der extrem hohen Studiengebühren gab es hier nie sehr viele Studenten. Während des Ersten Weltkrieges stellten sowohl diese in „Versuchsstation und Akademie der Brauindustrie“ umbenannte Institution als auch die Hochschule für Bodenkultur Räumlichkeiten für das Kriegsreservelazarett Nr. 7 zur Verfügung. Im Gegensatz zur BOKU blieb die Brauakademie den ganzen Krieg geschlossen. Erst 1919/20 nahm die Akademie ihre Tätigkeit wieder auf, eine regelmäßige Ausbildung kam jedoch nicht mehr zustande. So wurde z. B. 1932 ein einsemestriger Kurs angeboten.[871]

Zwischen der Lehrkanzel für landwirtschaftlich-chemische Technologie unter Professor Adolf Cluß, Ordinarius von 1904 bis 1930, und der Brauakademie, wo Cluß auch immer wieder unterrichtete, bestanden sehr enge Beziehungen.

Es gab wohl keinen ungewöhnlicheren Zeitpunkt für die Gründung einer neuen Studienrichtung als den Juni 1945. Während sich in Wien die Besatzungsmächte einrichteten und die österreichische Allparteienregierung verzweifelt versuchte, ihren Einfluss auf alle vier Zonen auszudehnen und die Beseitigung der Kriegsschäden absolute Priorität besaß, konnte die Hochschule für Bodenkultur die Palette der angebotenen Studienrichtungen vergrößern. Doch die Verantwortlichen an der BOKU, in der Industrie und im zuständigen Ministerium wussten die Lage zu ihren Gunsten zu nutzen. Dank der intensiven Bemühungen von Prof. Flatscher, der die Vertreter der Brauwirtschaft (an deren Spitze Präsident Manfred Mautner-Markhof) von der Notwendigkeit der Angliederung der Brauakademie an die Hochschule überzeugte, und von Dr. Karl Lugmayer, der als Unterstaatssekretär für Unterricht die administrativen Grundlagen für die Gründung schuf, konnte bereits im Wintersemester 1945/46 der I. Jahrgang für Brau- und Gärungstechnik beginnen.[872]

869 Vgl. auch KRAUSE (wie Anm. 77), S. 160.

870 Die Darstellung folgt im wesentlichen der Studie von Prof. HANS KLAUSHOFER, Geschichte der Studienrichtung Lebensmittel- und Biotechnologie, in: 50 Jahre Lebensmittel- und Biotechnologie an der Universität für Bodenkultur Wien, Wien 1995, S. 10–50. Vgl. auch 100 Jahre (wie Anm. 1), Bd. 1, S. 158 ff., S. 322 ff. und S. 328 ff.

871 KLAUSHOFER (wie Anm. 870), S. 12 f.

872 Lugmayer hatte schon im Juni 1946 die BOKU wissen lassen, dass er einer Vereinigung der Brauakademie mit der Hochschule positiv gegenüberstehen würde: Archiv der BOKU, 467/1945.

Prof. Flatscher hatte sich schon unter Rektor Staffe bemüht, die Agenden der Brauakademie an die BOKU zu bringen, war aber am Widerstand der Berliner Zentralstellen gescheitert. Nach dem Zusammenbruch des NS-Regimes nahm Flatscher gleich wieder Kontakt mit der Brauindustrie auf. Besonders Präsident Mautner-Markhof setzte sich sehr für die Verankerung der Brau- und Gärungstechnik an der Hochschule für Bodenkultur ein.[873]

Mit der „Lehrkanzel für angewandte Mikrobiologie und biologische Untersuchungsmethoden" erhielt die junge Studienrichtung eine zentrale Stelle für Lehre und Forschung.[874] Mit der Leitung wurde Prof. Armin Szilvinyi betraut. Das Brauerei- und Gärungstechnikstudium bestand anfänglich aus sechs Semestern Hochschulstudium und einer zweisemestrigen Pflichtpraxis in „Brauereien, Mälzereien, Brennereien oder sonstigen gärungstechnischen Betrieben".[875]

Eine Tradition der „Brauakademie" blieb erhalten. Das Brau- und Gärungstechnikstudium war wesentlich teurer als die anderen Studienrichtungen: Während Landwirte, Forstwirte und Kulturtechniker öS 71,– Studiengebühren zu begleichen hatten, mussten die Gärungstechniker mit öS 153,– mehr als das Doppelte bezahlen.[876]

In einem Rückblick auf die Gründung der neuen Studienrichtung führte Prof. Flatscher aus, dass auch eine gewisse antideutsche Stimmung zum Gelingen des Unternehmens beigetragen hatte. Nachdem er darauf hingewiesen hatte, dass es im deutschen Sprachraum nur zwei derartige Akademien, und zwar in München und in Berlin gäbe, setzte er fort:

> „Nun wird es eine geraume Zeit nicht möglich sein, Brau- und Gärungstechniker im Deutschen Reich auszubilden, die zweite Republik, die so viel durch den preußischen Terror zu erdulden hatte, wird nicht sobald ihre Studierenden in das Herz Brandenburgs entsenden. [...] Das Staatsamt für Unterricht erkannte mit richtigem Blick die Notwendigkeit und die Möglichkeit, jetzt oder niemals wieder die einst so weltbekannte Schule ins Leben zu rufen und damit auch die Spezialindustrie der Brau- und Gärungstechnik wieder aufzurichten. Schon zur Zeit der Brau-Akademie bestritt eine Reihe von Lehrkräften der Hochschule für Bodenkultur die grundlegenden Fächer des Brauereistudiums. Es lag daher nahe, die Hochschule als die berufenste Anstalt mit der Wiedereröffnung zu betrauen."[877]

Sehr viel Weitblick bewies Flatschers Zukunftsvision der neu geschaffenen Studienrichtung, wenngleich sie in der ersten Phase nicht annähernd in die Tat

[873] Vgl. seine Rede in: Inaugurationsfeier 1945/46, S. 26–29.

[874] 100 Jahre (wie Anm. 1), Bd. 1, S. 159.

[875] Ebd.

[876] Vorlesungsverzeichnis der Hochschule für Bodenkultur 1946/47. Ab 1949/50 wurden die Studiengebühren an die der anderen Studienrichtungen angeglichen.

[877] FLATSCHER (wie Anm. 655), S. 38 f.

Abb. 25: Hermann Flatscher – ein erfolgreicher Oppositioneller?

umgesetzt werden konnte; denn zu gering war die Dotation und zu dünn die personelle Ausstattung der einzigen als Extraordinariat systematisierten Lehrkanzel:[878]

„Die vierte Fakultät der Hochschule für Bodenkultur steht aber erst am Anfange ihrer Entwicklung. Sie wird nach und nach die Wissenschaft, Forschung und Lehre aller Lebens- und Genußmittel als ihren Aufgabenkreis betrachten, die Verarbeitung jener Roh- und Werkstoffe in ihren Aufgabenkreis ziehen, die ihre Schwesterfakultäten zu betreuen haben und damit die Fakultät für Ernährungswissenschaften werden."[879]

Manfred Mautner-Markhof, der 1947 zum Ehrendoktor der Hochschule für Bodenkultur promoviert wurde, erklärte angesichts der ersten Absolventen der neuen Studienrichtung im Sommersemester 1948, dass die Gärungstechnik

„es sich durch Aufstellung eines sorgsam erwogenen Studienplanes zum Ziele gesetzt [hat], nicht nur für den Nachwuchs für leitende Fachleute an Brauereien und Gärungsbetrieben zu sorgen, sie gibt ihren Absolventen auch jenes fachliche Rüstzeug mit, das sie befähigt, in Brotfabriken, Müllereien, Lagerhäusern, alkoholfreien Getränkebetrieben, Konservenfabriken und anderen Lebensmittelbetrieben gehobene technische Stellungen zu bekleiden."[880]

Wie schlecht die Ausstattung der neuen Studienrichtung war und wie bescheiden die Berufsaussichten der Absolventen von den Professoren eingeschätzt wurden, zeigt folgender Vorfall: Das „Neue Österreich" hatte am 29. Oktober 1950 über die Gärungstechnik unter der Überschrift „Eine Fakultät die Studenten sucht"[881] berichtet und die positiven Berufsaussichten für Gärungstechniker betont. Die BOKU war über diese Werbung aber alles andere als erfreut und forderte von der Zeitung in recht harschem Tonfall einen Widerruf.[882]

3.4. Rückkehr zur Normalität?

Nachdem die ärgsten Probleme, die durch Nationalsozialismus und Krieg entstanden waren, beseitigt worden waren, konnte sich die Hochschule für Bodenkultur der wichtigen Frage stellen, welche Rolle sie im neu entstandenen Österreich einnehmen wollte. Die ungenügende Klärung der eigenen Rolle hatte schließlich in der Ersten Republik beinahe in die Zerstörung der eigenen Lebensgrundlagen geführt. Dieser Fehler sollte sich nach dem Zweiten Weltkrieg nicht wiederholen.

[878] Vgl. 100 Jahre (wie Anm. 1), Bd. 1, S. 160.

[879] Ebd., S. 39.

[880] 75 Jahre (wie Anm. 13), S. 32.

[881] Neues Österreich, 29. 10. 1950, S. 2.

[882] Archiv der BOKU, 814/1950.

Mit ungewöhnlicher Offenheit wurde in der Festschrift zum 75-Jahr-Jubiläum die mangelnde Bindung an die Erste Republik bedauert:

„Im Sturm und Drang dieser Periode verlor die Hochschule für Bodenkultur teilweise vorübergehend den Kontakt mit der Entwicklung der Verhältnisse. Die Mehrzahl der neuen führenden Männer hatten wenig persönliche Beziehungen zur Hochschule und vielleicht auch nicht immer das nötige Vertrauen. Manche Hochschulprofessoren wiederum wurzelten so tief in den Verhältnissen der Donaumonarchie und der nunmehrigen Nachfolgestaaten, daß sie nur schwer die Verbindung mit der neuen Ordnung, die gar manchem als Unordnung scheinen mochte, fanden."[883]

In der Notzeit nach dem Zweiten Weltkrieg präsentierte man sich folgerichtig als eine akademische Institution, die fest auf dem Boden der österreichischen Verfassung stand und für das tägliche Brot kämpfte:

„Unsere grüne Hochschule wird stets eingedenk sein, daß sie nicht eine Versorgungsanstalt für Professoren, sondern eine Dienerin ihres Volkes ist; denn auch sie ist dazu berufen, mitzuarbeiten, daß die Sorge um das tägliche Brot gebannt, Handel, Gewerbe und Industrie gefördert und der allgemeine Wohlstand erhöht werde."[884]

Immer wieder wurde die Konzentration der Kräfte, die selbstlose Zusammenarbeit der Disziplinen propagiert. Rektor Kisser lehnte in seiner Antrittsrede als Rektor für das Studienjahr 1950/51 „jede fakultätsmäßige Abkapselung oder standesgemäße Überbetonung strikte ab, da dies der universellen Zielsetzung der Hochschule nicht entsprechen würde."[885]

Dieses Konzept war angesichts der bestehenden Probleme durchaus vernünftig und erfolgversprechend. Es erschwerte aber die Position der Hochschule, als es in den sechziger und siebziger Jahren um den Ausbau der BOKU ging. Immerhin trat aber das Professorenkollegium in der Öffentlichkeit als Einheit auf, die Konflikte der Vergangenheit wurden in dieser Phase der Geschichte nur mehr intern und oft auf persönlicher, nicht auf politischer Ebene ausgetragen.

Das neue Selbstbewusstsein manifestierte sich auch in der 75-Jahr-Feier: So konnte die Hochschule als zweiten Teil der Jubiläumsschrift eine Sammlung von 53 wissenschaftlichen Aufsätzen (auch von ausländischen Autoren) publizieren.[886]

[883] 75 Jahre (wie Anm. 13), Bd. 1, S. 7.

[884] Inaugurationsfeier 1945/46, S. 22.

[885] Feierliche Inauguration des für das Studienjahr 1950/51 zum Rector magnificus gewählten ordentlichen Professors Dr. phil. Josef. Kisser, Wien 1950, S. 29 f. Ähnlich hatte schon Prorektor Steden bei seinem Festvortrag anlässlich der 75 Jahr-Feier argumentiert. Vgl. Anton Steden, 75 Jahre Hochschule für Bodenkultur, in: 75 Jahre (wie Anm. 13), Bd. 1, S. 7 ff. Kissers Rede nahm deutlich Bezug auf die prekäre Situation im Kollegium in der Causa Schallenberger (s.u.).

[886] 75 Jahre Hochschule für Bodenkultur, II. Teil: Die Bodenkultur in Forschung und Praxis, Wien 1948.

Damit wollte sich das Kollegium in die „scientific community" zurückmelden. Gleichzeitig setzten einige Professoren auf dem Gebiet der Volksbildung Akzente. Rektor Steden und die Professoren Kisser (einmal) und Flatscher (zweimal) hielten im Herbst 1947 15-minütige Radiovorträge.[887]

Die Normalisierung äußerte sich auch in einem deutlich milderen Umgang mit der nationalsozialistischen Vergangenheit. So berechtigt die Integration von einzelnen jungen Wissenschaftern gewesen sein mag, muss doch darauf hingewiesen werden, dass die Abmilderung der NS-Gesetze weniger wegen der Einsicht der Betroffenen, sondern rein pragmatisch bedingt war. Außerdem erlaubte der Zeitgeist („Kalter Krieg") ein Buhlen um die Sympathien der Ehemaligen. Dass unter solchen Umständen Tabubrüche bei den Themen Eigenstaatlichkeit oder Bewertung von Krieg und Widerstand sehr leicht passieren konnten, musste die BOKU (auch wenn es im Professorenkollegium keine ehemaligen Nationalsozialisten gab) bald schmerzhaft erfahren.

Die Zahl der Professoren hatte sich 1947/48 wieder ungefähr beim Stand von 1937/38 eingependelt, blieb aber noch lange Zeit unter dem Stand von 1944, während bei den Dozenten sehr schnell der Aufholbedarf gedeckt werden konnte:

Studienjahr	o. und ao. Prof.	Dozenten	Absolventen	Verhältnis Prof./Abs.
1937/38	22	15	110	1:5
1944/45	27	34	24	1:0,9
1947/48	20	33	136	1:6,8
1950/51	19	41[888]	277	1:14,5
1952/53	17	42	138	1:8,1
1955/56	22	56[889]	119	1:5,4

Als 1949 die ersten enthobenen Lehrbeauftragten ihre venia legendi zurückerhielten, musste in allen Fällen eine geheime Abstimmung im Kollegium durchgeführt werden.[890] 1950 wurde die Rückgabe von aberkannten Titeln gesetzlich geregelt (§26 Studiengesetz). Auch hier hatte das Kollegium aber das letzte Wort. Im April 1950 wurden die Anträge zweier Absolventen auf Wiederverleihung ihrer

[887] Archiv der BOKU, 554/47.

[888] Soweit die offizielle Angabe! Die Überprüfung anhand des Vorlesungsverzeichnisses 1950/51, Wien 1950, S. 4 ff., ergibt eine Zahl von 63 Privat- und Honorardozenten.

[889] In dieser Statistik wurde nicht mehr zwischen Honorar- und Privatdozenten unterschieden.

[890] In der Sitzung des Professorenkollegiums vom 10. 2. 1949 erhielten Doz. Hafner und Prof. Tschermak ihre Lehrbefugnis mit klaren Mehrheiten zurück. Archiv der BOKU, Sitzungen des Professorenkollegiums, 10. 2. 1949.

Titel (in einem Fall ein Ingenieur, im anderen Ingenieur- und Doktortitel) knapp abgelehnt.[891]

Dies war aber die letzte Entscheidung des Kollegiums, mit der Sanktionen gegen „Ehemalige“ verhängt bzw. bestätigt wurden. Abgesehen von vereinzelten Diskussionen um die Wiederverleihung der veniae[892] war damit dieses Thema für das Kollegium beendet. Dass die in dieser Frage entstandenen Koalitionen und Feindschaften nachwirkten, lässt sich nicht nur aus persönlichen Gesprächen schließen, sondern findet bis in die sechziger Jahre Niederschlag in den Protokollen der Sitzungen des Kollegiums.

3.4.1. Der Forstwirte-Verein

1947 konstituierte sich an der BOKU eine „forstliche Arbeitsgemeinschaft“ unter der Leitung von Kurt Schallenberger.[893] Die forstliche Arbeitsgemeinschaft blieb zunächst innerhalb der Strukturen der Hochschülerschaft aktiv. Bei den ÖH-Wahlen 1948 finden sich die Namen von Erwin Nießlein[894] und Kurt Schallenberger, der beiden Hauptproponenten der „Arbeitsgemeinschaft“, als Kandidaten für die Fachgruppe „Forstwissenschaften“.[895] Am 22. Juni 1949 fand im Festsaal der Hochschule für Bodenkultur die Gründungsversammlung des von dieser Arbeitsgemeinschaft inspirierten „Forstwirte-Vereines“ statt. Damit beginnt eine ungewöhnliche und folgenreiche Episode in der Geschichte der Hochschule.

Denn dieser so genannte Fachverein trug eindeutig revisionistische, ja auch neonazistische Züge und gehört somit zu jener, auch von Weinert konstatierten, „Sammlung der Rechten“ an den österreichischen Hochschulen.[896]

Die erste Veranstaltung des Vereins konnte mit Prominenz aus Politik, Wissenschaft und Großgrundbesitz aufwarten: Schallenberger, der, so erzählen es auch seine damaligen Gegner, ein Organisationsgenie ersten Ranges war, hatte sehr viel Forstprominenz versammelt. In der Gründungsversammlung wurden Rektor Flatscher und die Professoren Schreiber und Lorenz-Liburnau zu Ehrenmitgliedern des Vereins ernannt. Flatscher wurde sogar die erste Ehrenpräsidentschaft übertragen. Weitere prominente Ehrenmitglieder: die Großgrundbesitzer Franz Mayr-Melnhof, der „Führer des steirischen Waldbesitzes“, wie es bei der Verleihung hieß,

[891] Archiv der BOKU, Sitzungen des Professorenkollegiums, 27. 4. 1950.

[892] Am 10. 3. 1955 setzt das Kollegium ein Komitee wegen Wiederverleihung der Lehrbefugnis an Prof. Herzner ein, zu einer Rückkehr ist es aber nicht gekommen. Am 13. 1. 1958 wird die venia von Prof. Donat beantragt, am 10. 3. 1958 ohne Kolloquium und Probevorlesung genehmigt.

[893] Bericht des Vorsitzenden des Hauptausschusses der „Österreichischen Hochschülerschaft“ an der Hochschule für Bodenkultur in Wien cand. Agr. Rudolf Wicha, in: Feierliche Inauguration von Rector magnificus Hermann Flatscher für das Studienjahr 1948/49, Wien 1949, S. 15.

[894] Vgl. auch ERWIN NIESSLEIN, Wissenschaft des Lebens, in: Der Student. Organ der Freien österreichischen Studentenschaft 3 (1947/48), Nr. 2/3, S. 8.

[895] Der Student. Wahlnummer 1948, S. 6.

[896] WILLI WEINERT, Rechtsextremismus an den Hochschulen (wie Anm. 264), S. 289–308, bes. S. 292 f.: Der Forstwirte-Verein wird hier aber nicht explizit erwähnt.

und Rudolf Hoyos-Spitzenstein,[897] der „Führer des österreichischen Waldbesitzes". Der Name eines weiteren Ehrenmitglieds hätte aufmerksame Beobachter stutzig machen können: In Abwesenheit wurde Prof. Erwin Aichinger,´der 1945 die BOKU verlassen musste, mit dieser Auszeichnung bedacht. Offensichtlich hatte 1949 die Sensibilität gegenüber dem Nationalsozialismus schon erheblich abgenommen.

Die Motive für die Gründung des Vereins klangen durchaus ehrenhaft: Der Forstwirte-Verein verstand sich als „Nachwuchsorganisation des österreichischen Forstvereines", versprach „engste Zusammenarbeit mit dem Absolventenverband", grenzte sich aber von der Hochschülerschaft ab, denn er verstand sich nicht in erster Linie als „studentische sondern als forstliche Einrichtung", wenngleich von Anfang an von einer „Interessensgemeinschaft"[898] die Rede war.

Natürlich richtete sich der Verein aber auch an die Studenten der Forstwissenschaft. Die Tendenz, die Schallenberger dem Verein geben wollte, äusserte sich in seiner Rede anlässlich der Heldenehrung, die im Anschluss an die Gründungsversammlung beim Kriegerdenkmal stattfand:

> „Als Frontsoldat des letzten Krieges stelle ich eindeutig fest, dass wir weder für noch gegen eine politische Idee oder Bewegung gekämpft haben. Es ist und bleibt nun einmal eine unseres Volkes unwürdige Geschichtsfälschung zu behaupten, diese Männer seien zum Kriegsdienst gepresst das Opfer eines von ihnen verehrten Ideals geworden. Es ist aber ebenso eine Ehrlosigkeit, ihnen nachträglich, scheinbar zu ihrer Ehrenrettung zuzumuten, sie wären im innersten Herzen geheime Widerstandskämpfer gewesen. Diesen Männern wäre es nie in den Sinn gekommen, die Waffen gegen Angehörige ihres eigenen Volkes zu erheben, sie waren weder Landsknechte noch Verräter, sondern Soldaten."[899]

Diese ungeheuerliche Beschimpfung der Widerstandskämpfer, die im Sinne der Moskauer Deklaration von 1943 mit ihrem Einsatz die Grundlage für das Wiedererstehen eines freien, unabhängigen und demokratischen Österreich gelegt hatten, als „Verräter" oder „Landsknechte" blieb von den anwesenden Honoratioren unwidersprochen. Sie kann damit auch als Beleg für den Umschwung in der Einschätzung des Krieges dienen. Wie nach dem Ersten Weltkrieg ist plötzlich nicht mehr von Opfern, sondern von unantastbaren Helden die Rede, von denen der „letzte Einsatz gefordert worden"[900] (also die Opferung des eigenen Lebens) war. Wer diesen Einsatz gefordert hatte, wer für die Politik zuständig gewesen war,

[897] Rudolf Hoyos-Spitzenstein war Bataillonskommandant der Heimwehr. Zwischen 1934 und 1938 gehörte als Referent für Land- und Forstwirtschaft dem Österreichischen Staatsrat an. 1938 wurde Hoyos verhaftet. Kurzer biographischer Abriss in ENDERLE-BURCEL – KRAUS (wie Anm. 492), S. 108 f.

[898] Alle Zitate: Forstwirte-Verein an der Hochschule für Bodenkultur. Mitteilungen 1949–1950, unpag. (= S. 7).

[899] Ebd., (= S. 17).

[900] Ebd.

wurde hier bewusst verschleiert oder in die Zweitrangigkeit verwiesen. Das Opfern des eigenen Lebens hingegen wurde als unhinterfragter Selbstzweck anerkannt.

In einer Rede anlässlich der Immatrikulationsfeier am 16. November 1949 nahm Professor Flatscher unter Verweis auf das christliche Gebot der Nächstenliebe deutlich Stellung gegen den Krieg. Er rief den Studenten zu: „Verachten Sie die Waffen des Krieges!" Dennoch enthält diese Rede einige Passagen, die Schallenberger veranlasst haben, sie in den von ihm herausgegebenen „Mitteilungen" ebenfalls abzudrucken. Eine besondere Ironie bei dieser Rede liegt in der Tatsache, dass gerade Flatscher früher (etwa bei der Gründung der Brau- und Gärungstechnik) bereit gewesen war, auf antideutsche Gefühle bei der Durchsetzung von Zielen zu setzen:

„Sie sind überwiegend Söhne und Töchter des deutschen Volkes; sind Sie stolz darauf, das deutsche Volk hat der Welt so viel gegeben, dass wenige Jahre der Verirrung die Grösse und Verdienste nicht aufzuheben vermögen. War die Schuld auch gross, die das deutsche Volk auf sich geladen hatte, indem es falschen Propheten folgte, so beginnt die Sühne heute schon größer zu werden als die Schuld."[901]

Dabei konnte niemand Flatscher der geheimen Sympathie mit dem Nationalsozialismus verdächtigen. Er hatte – zwischen 1938 und 1945 eine Ausnahme an der BOKU – niemals der NSDAP angehört, ja er war sogar mit hochrangigen nationalsozialistischen Kollegen (Sekera, Löhr) tief verfeindet und wurde von ihnen mit der Abschiebung ins „Altreich" bedroht. Er hatte also kein persönliches Interesse, die deutsche Schuld schon vier Jahre nach Kriegsende herunterzuspielen. Hermann Flatscher war ein „politischer Freidenker",[902] der jedes Mal mit den Machthabenden in Konflikt geriet – nach 1945 eben mit der „schwarzen" Mehrheit im Kollegium. Folgerichtig galt er in den sechziger Jahren als Sozialist. Professor Frühwirth, der in der Causa Forstwirte-Verein als leitender ÖH-Funktionär auf der anderen Seite stand, konzedierte Flatscher trotzdem „charakterliche Größe".[903] Mit derartigen Reden profilierte sich Flatscher jedenfalls als Schutzpatron des Forstwirte-Vereins. Attacken gegen den Verein im Kollegium pflegte er als grundsätzlich gegen die Forstwissenschaft gerichtet abzuschmettern.

Über den Verein wurde nämlich schon vor der Gründungsversammlung im Professorenkollegium diskutiert, wobei sich sehr rasch zwei Parteien bildeten, die größere trat gegen, die kleinere für Schallenbergers Vereinigung auf. Am 30. Juni 1949 wurde die Frage der Überlassung von Räumlichkeiten an den eben erst gegründeten Verein diskutiert: Prof. Werner, der selber im Nationalsozialismus gelitten hatte, protestierte grundsätzlich gegen die Vereinsgründung. Ebenfalls gegen den Forstwirte-Verein Stellung nahmen die Professoren Brunner („skan-

[901] Ebd. (= S. 33).

[902] Interview mit Prof. Frühwirth, 13. 9. 1995.

[903] Im Interview (13. 9. 1995) erzählte Prof. Frühwirth zur Illustration, dass Flatscher in seiner Zivilingenieurkanzlei mit Vorliebe arbeitslose ehemalige Nationalsozialisten anstellte.

dalöser Ungeist“), Szilvinyi („getarnte neonazistische Bestrebungen“), Krenn, Amschler und Steden. Ein Teil der Vorwürfe war auch unpolitisch. Einige Professoren vermuteten die Urheber von Diebstählen an der Hochschule ebenfalls im Forstwirte-Verein.[904] Trotzdem wurde der Verein letztlich an der BOKU zugelassen.

Schallenberger, der im Wintersemester 1949/50 ausgerechnet in die Disziplinarkommission gewählt worden war, sah sich mit einem Disziplinarverfahren konfrontiert, das aber sowohl von einigen Professoren wie auch von den Studenten in die Länge gezogen und erst Mitte 1950 mit einer Rüge für den Angeklagten endete.

Eines der Themen dieses Verfahrens war das Verhalten des Vereins gegenüber dem Professorenkollegium in der Frage der beiden Denkmaltafeln an der BOKU. Schallenberger hatte eigenmächtig Aufträge zur Ergänzung der Ehrentafel vergeben.[905] Der Forstwirte-Verein hatte somit deutlich – an die Traditionen der Deutschen Studentenschaft anschließend – seinen Anspruch auf die Tafeln (Pflege, Kundgebungen etc.) angemeldet.[906]

Die Kontroversen in der Disziplinarkommission führten gleich wieder zu einem neuen Verfahren gegen Schallenberger, „da sich dieser vor den Hörern über den Rektor und das Professorenkollegium lustig gemacht hatte“.[907]

Warum das Denkmal für die Gefallenen des Zweiten Weltkriegs zu einem Zankapfel geworden ist, erklärt sich durch die oben angebrachte Tafel, die ein Zitat aus Hitlers „Mein Kampf“ enthielt. Professor Kirsch regte in der Sitzung vom 26. Oktober 1950 an, die „obere Inschrift zu entfernen“,[908] der Rektor wieder wollte ein Komitee von Kriegsteilnehmern darüber entscheiden lassen. Ob dieses Komitee je getagt hat, ist mehr als fraglich, Tatsache ist, dass die Tafel bis 1984 unangetastet blieb.[909]

Im Juni 1950 machte der Forstwirte-Verein Stimmung gegen Anton Kurir, den Vorstand jenes Instituts, an dem bis 1945 Prof. Schimetschek tätig gewesen war. In einer Resolution erklärten die Hochschüler, dass „Dozent Kurir nicht die fachlichen und pädagogischen Fähigkeiten für sein Lehramt besäße“ und auch mehrfach „unakademisches Verhalten an den Tag gelegt habe.“[910] Am 26. Juni 1950 fand dann tatsächlich ein zweistündiger Hörerstreik gegen Kurir statt.[911] Damit wurde die

[904] Archiv der BOKU, Sitzungen des Professorenkollegiums, 30. 6. 1949.

[905] Archiv der BOKU, 614/1950.

[906] Ebd. Prof. Ackerl hatte wegen dieser „Anmaßung Schallenbergers“ das Verfahren beantragt. Archiv der BOKU, 446/1950.

[907] Archiv der BOKU, Sitzungen des Professorenkollegiums, 13. 7. 1950.

[908] Ebd., 26. 10. 1950. Die Tafel mit dem Hitler-Zitat war oberhalb der Namen der Gefallenen montiert.

[909] Dazu vgl. EBNER, Tafeln (wie Anm. 3), S. 9 f.

[910] Neues Österreich, 24. 6. 1950, S. 2.

[911] Vgl. Wiener Zeitung, 27. 6. 1950, S. 5. Hier ist von einer paritätischen Kommision aus Studenten und Professoren die Rede, die den Fall klären sollte.

Autorität des Kollegiums zum ersten Mal nach 1945 deutlich herausgefordert, ein großer Teile der Forststudenten war erstmals in der Zweiten Republik gegen einen Lehrenden vorgegangen.

Die Professoren reagierten auf diese Herausforderung mit einer klaren Entscheidung: Eine Abstimmung im Professorenkollegium, ob der Forstwirte-Verein von der Hochschule abgesiedelt werde solle, endete am 23. November 1950 mit 14 Professoren „Ja"-, und drei „Nein"-Stimmen, zwei Stimmzettel blieben leer.[912]

Der Streit um den Verein war damit aber noch nicht beendet, im Gegenteil, es drohte eine weitere Eskalation. Die „Liste der forstlichen Fachvertreter" und die Fachschaft (zum Teil identisch mit den Repräsentanten des Vereins) traten für sein Verbleiben ein, die Hochschülerschaft war dagegen. Aber auch innerhalb des Vereins gärte es: Nationalrat Franz Strobl[913] (ÖVP) forderte den Rücktritt Schallenbergers, während Prof. Flatscher einen zweiten Beschluss (14:2 bei einer Enthaltung) zur Absiedlung mit der Bemerkung quittierte, er bleibe selbstverständlich Ehrenpräsident des Vereines. Seiner Meinung nach richte sich der Beschluss gegen die Forstwirte im Allgemeinen, er habe es in diesem Kreise auch nicht anders erwartet.[914] Damit war die vielbeschworene Einigkeit, die die Erfolge der Nachkriegszeit ermöglicht hatte, ernsthaft gefährdet.

Der Forstwirte-Verein musste die von der BOKU zur Verfügung gestellten Räumlichkeiten verlassen, Ende 1950 wurde diese unfreiwillige Absiedelung auch vereinspolizeilich angezeigt,[915] der Verein arbeitete aber weiter.

Als eindeutige studentische Gegner des Vereins verblieben einige CVer und Landwirte.[916] Sonst stießen Schallenbergers Bestrebungen, aus studentischer Unzufriedenheit politisches Kapital zu schlagen, auf große Resonanz. Am 16. Februar 1951 wurde der Alleinvertretungsanspruch der ÖH wiederhergestellt und der Forstwirte-Verein auch als Verein von der Hochschule für Bodenkultur verwiesen, „womit die Betreuung der Forststudenten auf dem Boden der Hochschule in den Händen einer einzigen Institution, nämlich der gesetzlich vorgesehenen Interessensvertretung im Rahmen des Fachschaftsausschusses Forstwirtschaft gelegen ist."[917]

Im Frühjahr 1951 nahm die Geschichte des Forstwirte-Vereins eine überraschende Wendung: Schallenberger wurde wegen Urkundenfälschung, Betrugs und Unterlassung der Registrierungspflicht von der Staatspolizei verhaftet. Es stellte sich heraus, dass er reichsdeutscher Staatsangehöriger war und seine österrei-

912 Archiv der BOKU, Sitzungen des Professorenkollegiums, 23. 11. 1950.

913 Der Burgenländer Franz Strobl hatte an der BOKU Forstwirtschaft studiert und gehörte dem Nationalrat zwischen 1945 und 1962 an. Kurzer biographischer Abriss in: Biographisches Handbuch (wie Anm. 853), S. 582.

914 Archiv der BOKU, Sitzungen des Professorenkollegiums, 15. 2. 1951.

915 Archiv der BOKU, 894/1950.

916 Interview mit Prof. Frühwirth, 13. 9. 1995.

917 Archiv der BOKU, 38/51.

chischen Heimatscheine (Wien, Judenburg) gefälscht hatte. Weiters war er Mitglied von NSDAP und SS gewesen und hatte dies bei der Entnazifizierung verschwiegen. Bei seiner Verhaftung gab er, folgt man dem Protokoll des Professorenkollegiums, seiner Befriedigung darüber Ausdruck, dass es ihm, einem Genie, gelungen sei, die „österreichischen Behörden so lange zu täuschen."[918]

Prof. Flatscher blieb immer noch bei seiner Linie und sprach noch ein halbes Jahr später davon, dass Schallenberger von einer politischen Gruppe „nicht im offenen Kampf, sondern aus dem Hinterhalt" gestürzt worden war.[919] Mit der „politischen Gruppe" hatte Flatscher ins Schwarze getroffen: Die Österreichische Hochschülerschaft und ihr Vorsitzender Josef Frühwirth trugen entscheidend zur Enttarnung von Schallenberger bei. Nach der Einschätzung des ÖH-Vorsitzenden, des späteren ao. Prof. und Nationalrats Frühwirth, war der Verein ein „Sammelsurium von Ehemaligen", mit dem die Mehrheit der damals Studierenden sympathisierten. Dabei sei der Kreis der Sympathisanten weit über den Kreis der Forstwirte hinausgegangen.

Neben dem politischen Aspekt darf nicht übersehen werden, dass viele Studenten auch vier Jahre nach Kriegsende noch immer den Eindruck hatten, dass die an der BOKU lehrenden Kräfte oft nicht ganz auf den letzten Stand der Wissenschaft repräsentierten. Auch die „Landwirtschaftliche Arbeitsgemeinschaft" gab wie die „Forstliche Arbeitsgemeinschaft" in ihren Schriftenreihen abgesetzten Professoren die Möglichkeit, neben aktuellen Lehrenden zu publizieren. In der Referatesammlung „Neuzeitliche Probleme der alpenländischen Bodennutzung" finden sich einerseits Beiträge von Ludwig Löhr und Erwin Aichinger, andererseits auch von Herbert Franz und Ladislaus Kopetz. An der Spitze dieser Schwesterorganisation der „Forstlichen Arbeitsgemeinschaft" stand damals übrigens Karl Schleinzer, später ÖVP-Parteiobmann und Kanzlerkandidat.[920]

Einmal noch tauchte der Name Schallenberger im Professorenkollegium auf: Er wurde am 1954 erneut verhaftet und wegen Veruntreuung von 477.000 Schilling zu drei Jahren schwerem Kerker verurteilt.[921]

Dieser Teil der Geschichte der BOKU ist deswegen so interessant, weil sich hier die Rekonstituierung des deutschnationalen Lagers an den österreichischen Hochschulen nachvollziehen lässt: 1951 waren erstmals an einzelnen Universitäten (im Falle der BOKU nur an einer Fakultät) andere Gruppen als die drei zugelassenen Studentenfraktionen angetreten und hatten, fast ausschließlich zu Lasten der „Union", 18% der Stimmen eingefahren. An der BOKU war es die „Fachliche

918 Archiv der BOKU, Sitzungen des Professorenkollegiums, 12. 4. 1951.

919 Ebd., 22. 11. 1951.

920 Programm für das Studienjahr 1951/52, S. 56. Als Leiter des Skriptenverlags der Hochschülerschaft arbeitete 1952/53 Günther Haiden, späterer SPÖ-Landwirtschaftsminister (Programm 1952/53, S. 56).

921 Archiv der BOKU, Sitzungen des Professorenkollegiums, 18. 6. 1954 und 8. 7. 1954. Nach Information von Prof. Killian hat Schallenberger danach das Leben eines Abenteurers geführt, das ihn u. a. in die Fremdenlegion geführt hat.

Forstvertretung", die auf Anhieb ein Mandat im Hauptausschuss erreichte. Ein Blick auf die Kandidatenliste der „Forstvertretung" zeigt, dass ein Großteil ehemalige Aktivisten des Forstwirte-Vereins waren.

Damit war auch auf der BOKU der Boden für die Gründung des Ringes Freiheitlicher Studenten (RFS) gelegt. Der RFS diente als Sammelbecken für alle nationalen und freiheitlichen Studenten, er trat für die gleichberechtigte „Zusammenarbeit der europäischen Völker" ein, lehnte den Marxismus kategorisch ab und forderte die „Wiederherstellung" der Freiheit der Wissenschaft, worunter in erster Linie die Wiedereinsetzung der „1945 vertriebenen Lehrer" verstanden wurde.[922]

Mit diesem Programm gewann der RFS 1953 auf Anhieb ein Drittel der studentischen Stimmen und brach damit österreichweit sogar die absolute Mehrheit der ÖVP-nahen Studenten. An der BOKU konnte der „Wahlblock österreichischer Akademiker" (ÖVP) knapp mehr als 50% gewinnen, der RFS kam aber gefährlich nahe, erreichte bei den Gärungstechnikern eine Zweidrittel-Mehrheit und kam bei den Forstwirten bis auf vier Stimmen an den „Wahlblock" heran.

1955 lag der „Wahlblock" an der BOKU wieder klar über 60%, bei den Gärungstechnikern und bei den Forstwirten konnte der RFS seine Position aber halten.

922 FORSTER (wie Anm. 841), S. 240.

Ausblick

Die Normalisierung der BOKU in den fünfziger und sechziger Jahren äußerte sich in großer Konstanz (oder auch Stagnation) bei den Hörerzahlen, bei der Zahl der Lehrbeauftragten und beim wissenschaftlichen Personal.[923] Diese Konstanz trat bei den ÖH-Wahlergebnissen ebenfalls zutage: So endeten alle Wahlen für den Hauptausschuss an der BOKU zwischen 1957 und 1965 mit dem gleichen Ergebnis: Wahlblock 7 Mandate, RFS 2 Mandate, Sozialistische Studenten 0 Mandate.[924]

Dass ab der Mitte der siebziger Jahre (etwa auch durch die Abschaffung von Studiengebühren und andere verbesserte Rahmenbedingungen) die Hörerzahlen an den österreichischen Universitäten stark anstiegen, gilt beinahe für alle Hochschulen, ganz besonders aber für die BOKU: Hier versiebenfachte sich die Zahl der Inskribenten zwischen 1970/71 (1.147) und 1994/95 (7.737). Mit dieser eklatanten Zunahme der Hörerzahlen korrespondierte eine Verbreiterung des Angebots durch den Studienversuch „Landschaftsökologie und Landschaftsgestaltung“ (seit 1981/82) und schließlich durch das reguläre Studium „Landschaftsplanung und Landschaftspflege“. Die räumliche Ausstattung der BOKU verbesserte sich in den letzten 30 Jahren wie nie zuvor in der Geschichte. Dabei spielte es offensichtlich keine wesentliche Rolle, ob das Wissenschaftsministerium mit Sozialisten (Firnberg, Fischer) oder mit ÖVP-Politikern (Tuppy, Busek) besetzt war.

Durch den Weg zur Massenuniversität sahen auch die ÖH-Wahlergebnisse an der BOKU völlig anders aus: Der RFS ist seit den Wahlen von 1981 in der Bedeutungslosigkeit verschwunden, grüne und linksalternative Listen (Basisgruppe BOKU) konstituierten sich zum ersten Mal an der „grünen“ Hochschule. Als einzige Konstante blieb, dass der VSStÖ hier nie Fuß fassen konnte.

[923] Vgl. WELAN (wie Anm. 31), Statistischer Anhang, S. 262 ff.
[924] Ebd., S. 276.

Verzeichnis der verwendeten Quellen und Literatur

1. Archivalische Quellen

Archiv der BOKU, Rektorat und Direktion
- Faszikel 1872–1986
- Indices 1872–1986
- Protokollbücher 1872–1986
- Protokolle der Sitzungen des Professorenkollegiums 1945–1972

Archiv der BOKU, Personalabteilung

Archiv der BOKU, Studiendekanat

Dokumentationarchiv des Österreichischen Widerstandes (DÖW)
- Akten und Kopien betreffend Hopp, Klepell, Caldonazzi, Zederbauer, Zeßner-Spitzenberg, Sekera, Südosteuropa-Gesellschaft

Österreichisches Staatsarchiv (ÖSTA), Allgemeines Verwaltungsarchiv (AVA)
- Ministerium für Cultus und Unterricht, Bestand „Hochschule für Bodenkultur", Fasz. 1176–1225

Österreichisches Staatsarchiv (ÖSTA), Archiv der Republik (AdR)
- Gauakten

Technische Universität Wien Archiv (TUWA)
- Personalakten

2. Gedruckte Quellen

Reichsgesetzblatt für die im Reichsrat vertretenen Königreiche und Länder 1869–1918.

Ministerratsprotokolle der Ersten Republik.

Reden gehalten bei den Inaugurationsfeiern an der Hochschule für Bodenkultur 1873–1968 (5 Bände).

Programm (bzw. Vorlesungsverzeichnis) der Hochschule für Bodenkultur für das Studienjahr 1914/15 bis 1955/56, Wien 1914–1955.

Immatrikulationsfeier der Hochschule für Bodenkultur 1945/46, Wien 1946.

3. Periodika:

Akademische Rundschau, Jg. 1 (1945/46) und 2 (1946/47).

Der Altherren-Bund, Jg. 1 (1938) – Jg. 5 (1942), ab Jg. 5 unter dem Titel: Reich und Geist.

Arbeiter-Zeitung, Jg. 1919–1934, Jg. 1945–1955.

Bericht der Wiener Burschenschaft „Silvania", WS 1913/14, SS 1914.

Die Bewegung. Zentralorgan des Nationalsozialistischen Deutschen Studentenbundes, Jg. 4 (1936) – Jg. 12 (1944).

Die BOKU, Jg. 1994–2000.

Der Christliche Ständestaat. Österreichische Wochenhefte. Jg. 1 (1934) – Jg. 5 (1938).

Die Fachgruppe. Organ des Amtes Wissenschaft und Facherziehung und Mitteilungsblatt der Reichsfachgruppen der Reichsstudentenführung, Folge 1 (1940) – Folge 6 (1942).

Forstwirte-Verein an der Hochschule für Bodenkultur, Mitteilungen 1949–1950.

Der jüdische Student, Jg. 1 (1933) – Jg. 6 (1938).

Hochschul-Zeitung. Herausgegeben von der Vereinigung demokratischer Studenten, Jg. 1 (1948) – Jg. 4 (1951).

Land- und Forstwirthschaftliche Unterrichtszeitung, Jg. 1887–1914.

Mitteilungen des NSD.-Dozentenbundes, Jg. 3 (1940) – Jg. 5 (1942).

Der Morgen, Jg. 1934.

neue generation. Organ der sozialistischen Studenten, Jg. 1 (1951) – Jg. 5 (1955).

Neues Österreich, Jg. 1945–1955.

Neues Wiener Tagblatt, Jg. 1922–1944.

Österreichische Hochschulblätter. Organ der kommunistischen Studenten, Jg. 1946.

Österreichische Monatsschrift für Forstwesen, Jg. 1869.

Österreichische Volksstimme, Jg. 1945 – Jg. 1948.

Österreichische Zeitschrift für Geschichtswissenschaft (ÖZG), Jg. 1 (1990) – Jg. 10 (1999).

Österreichische Zeitung, Jg. 1946–1955.

Die Presse, Jg. 1959.

Profil, Jg. 1986.

Reichspost, Jg. 1919–1938.

Roter Hochschulkampf, Jg. 1 (1931) – Jg. 3 (1933).

Sozialistisch-akademische Rundschau. Monatsschrift des Verbandes der sozialistischen Studenten Österreichs, Jg. 1 (1928) – Jg. 7 (1934).

Strom. Jugend, Geist und Welt, Jg. 1 (1945) – Jg. 5 (1949).

Der Student. Deutsche akademische Rundschau. Organ der Deutschen Studentenschaft, Jg. 9 (1928)– Jg. 12 (1931).

Der Student. Organ der „Freien österreichischen Studentenschaft", Jg. 1 (1945/56) – Jg. 11 (1955/56), ab Jg. 2 (1952) unter dem Titel: Morgen. Zeitschrift freier Akademiker.

Welt am Abend, Jg. 1946–1947.

Weltpresse, Jg. 1946–1947.

Wiener Hochschulführer, Jg. 1923/24 und Jg. 1930.

Wiener Kurier, Jg. 1946–1947.

Wiener Zeitung, Jg. 1914–1955.

4. Interviews

Interview mit Prof. Frühwirth, 13. September 1995.

Interview mit RR Gerhard Hauptmann, 12. Februar 1996 und 13. März 1996.

Interview mit Prof. Hans Klaushofer, 15. Dezember 1995.

5. Literatur

a) Offizielle Festschriften und Denkschriften

Zur Gedenkfeier der Forst-Lehranstalt Mariabrunn 1813 und der k.k. Hochschule für Bodenkultur in Wien 1872, Wien 1912/13.

60 Jahre Hochschule für Bodenkultur, hg. v. Professorenkollegium der Hochschule für Bodenkultur, Wien 1933.

75 Jahre Hochschule für Bodenkultur. I. Bd.: Allgemeiner Teil, Wien 1947. II. Bd.: Die Bodenkultur in Forschung und Praxis, Wien 1948.

100 Jahre Hochschule für Bodenkultur in Wien 1872–1972. 1. Bd.: 100-Jahr-Bericht, Wien 1972. 2. Bd.: 100-Jahr-Feier, Wien 1973.

Denkschrift über Gründung einer landwirthschaftlichen Hochschule in Wien, Wien 1869.

Die Existenznotwendigkeit der Hochschule für Bodenkultur in ihrer heutigen Organisation für die Land- und Forstwirtschaft Österreichs, hg. v. Professorenkollegium der Hochschule für Bodenkultur in Wien (Denkschrift), Wien 1934.

100 Jahre Kulturtechnik und Wasserwirtschaft, Wien 1983.

120 Jahre Forststudium an der Universität für Bodenkultur Wien, Wien 1995.

50 Jahre Lebensmittel- und Biotechnologie an der Universität für Bodenkultur Wien, Wien 1995.

b) weitere Primär- und Sekundärliteratur

Wolfgang Abendroth, Die deutschen Professoren und die Weimarer Republik, in: Jörg Tröger (Hg.), Hochschule und Wissenschaft im Dritten Reich, Frankfurt a. M./New York 1984, S. 11–25.

Erik Adam, Austromarxismus und Schulreform, in: Peter Heintel u. a. (Hg.): Die Schul- und Bildungspolitik der österreichischen Sozialdemokratie in der Ersten Republik, Wien 1983, S. 271–416.

Erwin Aichinger, Pflanzen- und Menschengesellschaft, ein biologischer Vergleich. Festvortrag anläßlich der Verleihung des Paracelsus-Preises der Stadt Villach an Dr. phil Dr. med. h.c. Erwin Guido Kolbenheyer im Jahre 1942. Erschienen in Biologia Generalis XVII, Heft 1–2, Sonderdruck 1944.

TRAUDE ALBL-AICHINGER, Mein Vater – Sein Leben. Aus dem Leben eines Naturforschers, wie es die Tochter erlebte, o. O. 1997.

JULIANE ALTON u.a. (Hg.): un-mut. Der Beginn einer Protestbewegung, Wien o. J. [1988].

GÖTZ ALY – SUSANNE HEIM, Vordenker der Vernichtung. Auschwitz und die deutschen Pläne für eine neue europäische Ordnung, Frankfurt a. M. 1993.

MITCHELL G. ASH (Hg.), Mythos Humboldt. Vergangenheit und Zukunft der deutschen Universität, Wien/Köln/Weimar 1999.

MITCHELL G. ASH, Die Wissenschaften in der Geschichte der Moderne. In: ÖZG 10 (1999), H. 1, S. 105–129.

MARIA AUBÖCK – GISA RULAND, Grün in Wien. Ein Führer zu den Gärten, Parks und Landschaften der Stadt, Wien 1994.

ÄNNE BÄUMER, NS-Biologie, Stuttgart 1990.

ÄNNE BÄUMER, NS-Biologie und Schule, Frankfurt a. M. 1992.

PETER BERGER, Die Wiener Hochschule für Welthandel und ihre Professoren 1938–1945, in: ÖZG 10 (1999), H. 1, S. 9–49.

BIOGRAPHISCHES HANDBUCH der österreichischen Parlamentarier 1918–1993, Wien 1993.

HELMUT BÖHM, Von der Selbstverwaltung zum Führerprinzip. Die Universität München in den ersten Jahren des Dritten Reiches (1933–1936), Berlin 1995 (Ludovico Maximilianea, Forschungen 15).

GERHARD BOTZ, Die Eingliederung Österreichs in das Deutsche Reich. Planung und Verwirklichung des politisch-administrativen Anschlusses (1938–1940), 3. Aufl. Wien 1988.

GERHARD BOTZ, Gewalt in der Politik. Attentate, Zusammenstöße, Putschversuche, Unruhen in Österreich 1918 bis 1938. 2. Aufl. München 1983, S. 102 ff.

GERHARD BOTZ, Nationalsozialismus in Wien. Machtübernahme und Herrschaftssicherung 1938/39, 3. Aufl. Wien 1988.

ERNST BRUCKMÜLLER, Landwirtschaftliche Organisationen im Modernisierungsprozeß. Landwirtschaftsgesellschaften, Genossenschaften und politische Vereine vom Vormärz bis zum Ersten Weltkrieg, Habil.-Schrift Wien 1976.

ERNST BRUCKMÜLLER, Nation Österreich. Kulturelles Bewußtsein und gesellschaftlich-politische Prozesse, 2. Aufl. Wien/Köln/Graz 1996.

ERNST BRUCKMÜLLER, Sozialgeschichte Österreichs, Wien/München 1985.

ANNA DETZLHOFER u.a., Pflege- und Entwicklungskonzept für den Türkenschanzpark, Wien (Institut für Landschaftsgestaltung an der Universität für Bodenkultur) 1989.

Die DEUTSCHE Universität im Dritten Reich. Eine Vorlesungsreihe der Universität München, München 1966.

URSULA DICKBAUER, Auf der Suche nach der corporate-identity der Universität für Bodenkultur. Eine sozialwissenschaftliche Untersuchung, Diplomarbeit Wien 1995.

KARL DINKLAGE, Die landwirtschaftliche Entwicklung, in: ALOIS BRUSATTI (Hg.), Die Habsburgermonarchie1848–1918, Bd. 1: Die wirtschaftliche Entwicklung, Wien 1973.

PAULUS EBNER, Die Geschichte zweier Tafeln, in: Die BOKU 6 (1996), S. 9f.

HANS EGGER, Österreichische Blutzeugen: Dipl.-Ing. Walter Caldonazzi, in: Österreichische Nation 11 (1959), S. 160f.

MAXIMILIAN EICHLER, Dimensionen des Agrarrechtes. Landeskultur, Marktordnung und Ernährungssicherheit, Wien 1987.

ROBERT EIGLER, Der 18. Wiener Gemeindebezirk Währing. 150 Jahre Siedlungs- und Bautätigkeit 1840–1990, Wien 1990.

GERTRUDE ENDERLE-BURCEL – JOHANNES KRAUS, Christlich-Ständisch-Autoritär. Mandatare im Ständestaat, Wien 1991.

WILHELM EXNER, Erlebnisse, Wien 1929.

ANSELM FAUST, Der Nationalsozialistische Deutsche Studentenbund. Studenten und Nationalsozialismus in der Weimarer Republik, 2 Bde., Düsseldorf 1973.

MARINA FISCHER-KOWALSKI, Zur Entwicklung von Universität und Gesellschaft in Österreich, in: HEINZ FISCHER (Hg.), Das politische System Österreichs, Wien 1974.

MARINA FISCHER-KOWALSKI – HERMANN STRASSER, Gesellschaftliche Entwicklung und Hochschulreform in Österreich 1: Eine soziologische Analyse der Veränderungen im Hochschulsektor seit dem Zweiten Weltkrieg, Wien 1974.

HERMANN FLATSCHER, Die Hochschule für Bodenkultur 1938–1948, in: 75 Jahre Hochschule für Bodenkultur. I. Bd.: Allgemeiner Teil, Wien 1947, S. 34–39.

CHRISTIAN FLECK, Der Fall Brandweiner. Universität im Kalten Krieg, Wien 1987.

CHRISTIAN FLECK, „In seinem Felde alles Erreichbare zu leisten...“, in: Grenzfeste deutscher Wissenschaft. Über Faschismus und Vergangenheitsbewältigung an der Universität Graz, Graz 1985, S. 20–47.

CHRISTIAN FLECK, Rezension von „Willfährige Wissenschaft“, in: ÖZG 1 (1990), H. 1, S. 139–143.

CHRISTINE H. FORSTER, Die Geschichte der Österreichischen Hochschülerschaft 1945–1955, Wien 1984.

ALBERT FUCHS, Geistige Strömungen in Österreich 1867–1918, Wien 1984 (Nachdruck von 1949).

MICHAEL GEHLER, Männer im Lebensbund. Studentenvereine im 19. und 20. Jahrhundert unter besonderer Berücksichtigung der Jahre 1918–1945, in: Zeitgeschichte 21 (1994), H. 1–2, S. 45–66.

MICHAEL GEHLER, Neuere Literatur zur Geschichte der Universitäten, Wissenschaften, Studenten und Korporationen in Deutschland und Österreich unter besonderer Berücksichtigung der Jahre 1918–1945, in: Archiv für Sozialgeschichte 34 (1994), S. 300–332.

MICHAEL GEHLER, Studenten und Politik. Der Kampf um die Vorherrschaft an der Universität Innsbruck 1918–1938, Innsbruck 1990 (Innsbrucker Forschungen zur Zeitgeschichte 6).

PETER GOLLER, „... natürlich immer auf wissenschaftlicher Ebene!“: Die geisteswissenschaftlichen Fächer an der Universität Innsbruck im Übergang von Nazifaschismus zu demokratischer Republik nach 1945, Innsbruck 1999.

PETER GOLLER, Der Dozentenkader der Naturwissenschaftlichen Fakultät Innsbruck und die Befreiung vom Nazifaschismus 1945–1951, Innsbruck 2000.

GRENZFESTE deutscher Wissenschaft. Über Faschismus und Vergangenheitsbewältigung an der Universität Graz, Graz 1985.

DAGMAR GRIMM-PRETTNER, Der Türkenschanzpark, in: Perspektiven (1992), H. 4, S. 42.

HAINBURG. Versuch einer sachlichen Information der ÖH an der Universität für Bodenkultur, Wien 1985.

MICHAEL GRÜTTNER, Studenten im Dritten Reich, Paderborn/Wien/Zürich 1995.

HERBERT DACHS u.a. (Hg.), Handbuch des politischen Systems Österreichs. Die Zweite Republik, 3. Aufl. Wien 1997.

HAUSORDNUNG der Wiener Burschenschaft „Silvania“, Wien o. J.

HANS HAUTMANN, Geschichte der Rätebewegung in Österreich 1918–1924, Wien/Zürich 1987.

ROBERT HEIN, Studentischer Antisemitismus in Österreich, Wien 1984 (Beiträge zur österreichischen Studentengeschichte 10).

WALTRAUD HEINDL – MARINA TICHY (Hg.), „Durch Erkenntnis zu Freiheit und Glück...“. Frauen an der Universität Wien (ab 1897), 2. Aufl. Wien 1993.

HELMUT HEIBER, Universität unterm Hakenkreuz. Teil 1: Der Professor im Dritten Reich. Bilder aus der akademischen Provinz, München/London/New York/Paris 1991.

GERNOT HEISS u.a. (Hg.), Willfährige Wissenschaft. Die Universität Wien 1938–1945, Wien 1989.

LYNNE HELLER, Geschichte der Hochschule für Musik und Darstellende Kunst in Wien 1909–1970, 5 Bde., Wien 1994 (= Schlußbericht eines Forschungsprojektes des Bundesministeriums für Wissenschaft und Forschung).

LYNNE HELLER, Die Reichshochschule für Musik in Wien 1938–1945, phil. Diss. Wien 1992.

WALTER HÖFLECHNER, Die Baumeister des künftigen Glücks. Fragmente einer Geschichte des Hochschulwesens in Österreich vom Ausgang des 19. Jahrhunderts bis in das Jahr 1938, Graz 1988 (Publikationen aus dem Archiv der Universität Graz 23).

WALTER HÖFLECHNER, Die Österreichische Rektorenkonferenz, Wien 1993.

ANDREA MARIA HOFBAUER, Die verführte Universität? Die „Jahrbücher der Hochschülerschaft Österreichs“ 1934–1938, Diplomarbeit Wien 1996.

INVENTAR archivalischer Quellen des NS-Staates. Die Überlieferung von Behörden und Einrichtungen des Reichs, der Länder und der NSDAP, Teil 2, München u.a. 1995.

JAHRBUCH der Deutschen Studentenschaft an den Ostmarkdeutschen Hochschulen für 1938/39 (Ausgabe Hochschule für Bodenkultur), Wien 1938.

JAHRBUCH der Deutschen Studentenschaft an den Ostmarkdeutschen Hochschulen für 1939/40 (Ausgabe Hochschule für Bodenkultur), Wien 1939.

JAHRBUCH der Hochschülerschaft Österreichs 1937/38 (Ausgabe Hochschule für Bodenkultur), Wien 1937.

ERWIN JANCHEN (Hg.), Festschrift für Erwin Aichinger zum 60. Geburtstag, hg. im Auftrage und mit Unterstützung des Landes Kärnten, 2 Bde., Wien 1954.

KONRAD JARAUCH, Deutsche Studenten 1870–1970, Frankfurt a. M. 1984.

WILLIAM M. JOHNSTON, Österreichische Kultur- und Geistesgeschichte. Gesellschaft und Ideen im Donauraum 1848–1938, 2. Aufl. Wien 1980.

WILHELM KAFFL (Hg.), Wille und Weg der nationalsozialistischen Studenten, Marburg 1937.

FERDINAND KASTANEK, Die Aufgaben der landeskulturellen Wasserwirtschaft bei der Umsetzung einer gewässerverträglichen Landbewirtschaftung, in: Grundwasserverträgliche Landbewirtschaftung. Konsequenzen für die Land-, Forst- und Wasserwirtschaft, Wien 1995.

MICHAEL H. KATER, Studentenschaft und Rechtsradikalismus in Deutschland 1918–1933. Eine sozialgeschichtliche Studie zur Bildungskrise in der Weimarer Republik, Hamburg 1975.

HERBERT KILLIAN, Bibliographie zur Geschichte von Kloster, Forstlehranstalt und forstlicher Versuchsanstalt Mariabrunn, Wien 1990.

HERBERT KILLIAN, Mariabrunner Trilogie. II. Teil: Die Forstlehranstalt und Forstakademie, Bd. 1: Die geschichtliche Entwicklung (1813–1875), Wien 1968.

HERBERT KILLIAN, Wo stand das erste Gebäude unserer forstlichen Fakultät?, in: Allgemeine Forstzeitung, Folge 10 (1972), S. 272–273.

ELISABETH KLAMPER, „Sie sollen sie nicht haben, des Ostens deutsche Mark, so lang noch deutsche Knaben sie schirmen waffenstark.“, in: Wien 1938 – Katalog einer Ausstellung des Historischen Museums der Stadt Wien, Wien 1988, S. 179–196.

HANS KLAUSHOFER, Geschichte der Studienrichtung Lebensmittel- und Biotechnologie, in: 50 Jahre Lebensmittel- und Biotechnologie an der Universität für Bodenkultur Wien, Wien 1995, S. 10–50.

KURT KNOLL, Die Geschichte der schlesischen Landsmannschaft „Oppavia“ in Wien im Rahmen der allgemeinen studentischen Entwicklung an den Wiener Hochschulen, Wien 1923/24.

ALOIS KOCH, Die k.k. Hochschule für Bodenkultur, XIX., Hochschulstraße 17, in: Wien am Anfang des XX. Jahrhunderts. Ein Führer in technischer und künstlerischer Richtung, II. Bd., Wien 1906, S. 187–190.

PETER KRAUSE, Studiosus austriacus. Handbuch des österreichischen Korporationswesens, Wien 1982.

HUBERT KUHN (Hg.), Hundert Jahre akademisches Forststudium in Österreich, Wien/München 1967.

CLAUDIA KURETSIDIS-HAIDER, Der Fall Engerau und die Nachkriegsgerichtsbarkeit. Überlegungen zum Stellenwert der Engerau-Prozesse in der österreichischen Nachkriegsjustizgeschichte, in: Dokumentationsarchiv des Österreichischen Widerstandes, Jahrbuch 2001, Wien 2001, S. 67–90.

Die landwirthschaftlichen Unterrichts-Anstalten und Vereine der im Reichsrathe vertretenen Königreiche und Länder der österreichischen Monarchie (August 1868), Wien 1868.

LORENZ LASSNIGG, Bildungsreform gescheitert... Gegenreform? 50 Jahre Schul- und Hochschulreform in Österreich, in: REINHARD SIEDER - HEINZ STEINERT – EMMERICH TALOS (Hg.), Österreich 1945–1995. Gesellschaft-Politik-Kultur, Wien 1995, S. 458–484.

PATER [JOHANN MARIA] LENZ, Christus in Dachau. Ein religiöses Volksbuch und ein kirchengeschichtliches Zeugnis, 2. Aufl. Wien 1956.

BRIGITTE LICHTENBERGER-FENZ, „... deutscher Abstammung und Muttersprache". Österreichische Hochschulpolitik in der Ersten Republik, Wien/Salzburg 1990.

BRIGITTE LICHTENBERGER-FENZ, Österreichs Hochschulen und Universitäten und das NS-Regime, in: EMMERICH TALOS – ERNST HANISCH – WOLFGANG NEUGEBAUER (Hg.), NS-Herrschaft in Österreich, Wien 1988.

BRIGITTE LICHTENBERGER-FENZ, Österreichs Universitäten und Hochschulen – Opfer oder Wegbereiter der nationalsozialistischen Gewaltherrschaft? (Am Beispiel der Universität Wien), in: GERNOT HEISS u.a. (Hg.), Willfährige Wissenschaft. Die Universität Wien 1938–1945, Wien 1989, S. 3–15.

BRIGITTE LICHTENBERGER-FENZ, Österreichs Universitäten 1930–1945, in: Friedrich Stadler (Hg.): Kontinuität und Bruch 1938–1945–1955. Beiträge zur österreichischen Wissenschaftsgeschichte, Wien/München 1988.

BRIGITTE LICHTENBERGER-FENZ, Österreichs Universitäten unter dem nationalsozialistischen Regime, in: Grenzfeste deutscher Wissenschaft. Über Faschismus und Vergangenheitsbewältigung an der Universität Graz, Graz 1985, S. 5–19.

BRIGITTE (LICHTENBERGER-)FENZ, Volksbürgerschaft und Staatsbürgerschaft. Das Studentenrecht in Österreich 1918–1932, Diss. Wien 1977.

FRANZ LUGMAYER, Prof. Dr. Karl Lugmayer (1892–1972), in: Österreich in Geschichte und Literatur mit Geographie 40 (1996), H. 3, S. 139–156.

SIEGFRIED MATTL, Agrarstruktur, Bauernbewegung und Agrarpolitik in Österreich 1919–1929, Wien/Salzburg 1981.

SIEGFRIED MATTL – KARL STUHLPFARRER, Angewandte Wissenschaft im Nationalsozialismus. Großraumphantasien, Geopolitik, Wissenschaftspolitik, in: GERNOT HEISS u.a. (Hg.), Willfährige Wissenschaft. Die Universität Wien 1938–1945, Wien 1989, S. 283–302.

SEBASTIAN MEISSL – KLAUS-DIETER MULLEY – OLIVER RATHKOLB (Hg.), Verdrängte Schuld, verfehlte Sühne. Entnazifizierung in Österreich 1945–1955, Wien 1986.

SEBASTIAN MEISSL, Wiener Universität und Hochschulen, in: Wien 1938 – Katalog einer Ausstellung des Historischen Museums der Stadt Wien, Wien 1988, S. 197–210.

JULIANE MIKOLETZKY, „Mit ihm erkämpft und mit ihm erbaut deutsche Technik ein neues Abendland". Die Technische Hochschule in Wien in der NS-Zeit, in: ÖZG 10 (1999), H. 1, S. 51–70.

JULIANE MIKOLETZKY – UTE GEORGEACOPOL-WINISCHHOFER – MARGIT POHL, „Dem Zuge der Zeit entsprechend...". Zur Geschichte des Frauenstudiums in Österreich am Beispiel der Technischen Universität Wien, Wien 1997.

HORST MÖLLER, Nationalsozialistische Wissenschaftsideologie, in: JÖRG TRÖGER (Hg.), Hochschule und Wissenschaft im Dritten Reich, Frankfurt a. M./New York 1984, S. 65–76.

PAUL MOLISCH, Politische Geschichte der deutschen Hochschulen in Österreich von 1848 bis 1918, 2. Aufl. Wien/Leipzig 1939.

KURT MÜHLBERGER (Hg.), Archivpraxis und historische Forschung. Mitteleuropäische Universitäts- und Hochschularchive. Geschichte, Bestände, Probleme und Forschungsmöglichkeiten, Wien 1992 (Schriftenreihe des Universitätsarchivs der Universität Wien 6).

ALBERT MÜLLER, Dynamische Adaptierung und „Selbstbehauptung". Die Universität Wien in der NS-Zeit, in: Geschichte und Gegenwart 23 (1997), S. 592–617.

NACHWUCHS und Auslese, hg. im Auftrage des Reichsstudentenführers von Dr. Heinz Franz und Dr. Hanns Streit, Großenhain 1939 (Schriftenreihe der Zeitschrift „Der Altherrenbund", 2. F.).

NEONAZI an der Uni. Dokumentation 7. 11. 1979 Wien (ÖH BOKU) 1979.

NEUBAUTEN für Zwecke des naturwissenschaftlichen, medizinischen, technischen und landwirtschaftlichen Unterrichtes an den Hochschulen in Wien 1894–1913. Im Auftrag des k.k. Ministeriums für Kultus und Unterricht dargestellt und der in Wien vom 21.–26. September 1913 tagenden 85. Versammlung deutscher Naturforscher und Ärzte gewidmet, Wien 1913.

NEUZEITLICHE Probleme der alpenländischen Bodennutzung. Referate von Walter Czerwinka, Franz Zürn, Herbert Franz, Ladislaus Kopetz, Ernst Aichinger und Ludwig Löhr, hg. v. der Landwirtschaftlichen Arbeitsgemeinschaft an der Hochschule für Bodenkultur in Wien. Mit einem Vorwort von Karl Schleinzer, Wien 1950.

ERNST NOLTE, Zur Typologie des Verhaltens der Hochschullehrer im Dritten Reich, in: DERS., Marxismus, Faschismus, Kalter Krieg. Vorträge und Aufsätze 1964–1976, Stuttgart 1977, S. 136–152.

OESTERREICHS erster Agrar-Congress zu Wien im November 1868. Besprochen von Carl Graf Belrupt und Otto Baron Petrinó, Innsbruck 1869.

GERHARD OBERKOFLER, Politische Stellungnahmen der Akademie der Wissenschaften in Wien in den Jahren der NS-Herrschaft, in: HELMUT KONRAD – WOLFGANG NEUGEBAUER (Hg.), Arbeiterbewegung – Faschismus – Nationalbewußtsein, Wien/München/Zürich 1983, S. 115–126.

GERHARD OBERKOFLER – PETER GOLLER, Geschichte der Universität Innsbruck 1669–1945, Frankfurt a. M. u.a. 1995.

GERHARD OBERKOFLER – PETER GOLLER, Materialien zur Geschichte der naturhistorischen Disziplinen in Österreich: Die Botanik an der Universität Innsbruck (1860–1945), Innsbruck 1991 (Forschungen zur Innsbrucker Universitätsgeschichte 17).

ADOLF OSTERMAYER, Das Wesen des deutschen Bauern, in: Der getreue Eckart 10 (1932/33), 2. Halbbd., S. 744.

MARTIN PABST, Couleur und Braunhemd. Deutsche Studenten in der Weimarer Republik und im „Dritten Reich", München 1993.

BRUCE F. PAULEY, Eine Geschichte des österreichischen Antisemitismus. Von der Ausgrenzung zur Auslöschung, Wien 1993.

BRUCE F. PAULEY, Der Weg in den Nationalsozialismus. Ursprünge und Entwicklung in Österreich, Wien 1988.

ADA PELLERT – MANFRIED WELAN, Die formierte Anarchie, Wien 1995.

HELFRIED PFEIFER, Die Ostmark. Eingliederung und Neugestaltung. Historisch-systematische Gesetzessammlung, Wien 1941.

SUSANNE PREGLAU-HÄMMERLE, Die politische und soziale Funktion der österreichischen Universität. Historische Analyse und aktuelle Diskussion, Diss. Innsbruck 1984.

SUSANNE PREGLAU-HÄMMERLE, Die politische und soziale Funktion der österreichischen Universität. Von den Anfängen bis zur Gegenwart, Innsbruck 1986.

EDUARD RABOFSKY – GERHARD OBERKOFLER, Verborgene Wurzeln der NS-Justiz. Strafrechtliche Rüstung für zwei Weltkriege, Wien 1985.

HANS RIEGER, Das Urteil wird jetzt vollstreckt. Dokumentarbericht Seelsorge im Gefängnis des Wiener Landesgerichts 1942–1944, Wuppertal 1967 (unverändert wieder aufgelegt Wien 1977).

ROBERT RILL, CV und Nationalsozialismus in Österreich, Salzburg 1987.

FRITZ K. RINGER, Die Gelehrten. Der Niedergang der deutschen Mandarine 1890–1933, Stuttgart 1983 (Orig.: Harvard 1969).

MANFRED SCHATTLEITNER, Die Universitätsbibliothek der Universität für Bodenkultur: Geschichte, Gegenwart und Zukunft, Wien 1995.

GUSTAV ADOLF SCHEEL, Die Reichsstudentenführung. Arbeit und Organisation des deutschen Studententums, Berlin 1938.

KARL SCHLEINZER (Hg.), Neuzeitliche Probleme der alpenländischen Bodennutzung, hg. v. der Landwirtschaftlichen Arbeitsgemeinschaft (LAG) an der Hochschule für Bodenkultur in Wien, Wien 1950.

GÜNTHER SCHÖNAUER, Geschichte der Hochschule für Bodenkultur, Hausarbeit Wien 1977.

HEINRICH SCHÖNWIESE, Es war einmal. Großvater erzählt. Erinnerungen von Heinrich Schönwiese (1875–1951) o.O. o.J. (unpub.).

BARBARA SCHREIBER, Freud und Leid der österreichischen Studenten in der Nachkriegszeit. Beiträge zur Geschichte der ÖH von 1945–1955, Diplomarbeit Innsbruck 1993.

ERNST C. SEDLMAYR, Zur Verwendung der Kriegsgefangenen in der Landwirtschaft, Wien 1916.

ERNST C. SEDLMAYR, Die Landwirtschaft in Russisch-Polen vor dem Krieg, Wien 1917.

ERNST C. SEDLMAYR, Mein System einer staatlichen Getreideaufbringung im Kriege. Ein Beitrag zur Lösung des Ernährungsproblems, Wien 1918.

TOM SEGEV, Die Soldaten des Bösen. Zur Geschichte der KZ-Kommandanten, Reinbek 1992.

REINHARD SIEDER – HEINZ STEINERT – EMMERICH TALOS (Hg.), Österreich 1945–1995. Gesellschaft – Politik – Kultur, Wien 1995.

HELENE SOKAL, verh. LEGRADI, Widerstandstätigkeit der Gruppe Legradi-Sokal in Verbindung mit der Gruppe Dr. Heinrich Maier, o. O. o. J. (masch.).

FRIEDRICH STADLER (Hg.), Kontinuität und Bruch 1938–1945–1955. Beiträge zur österreichischen Kultur- und Wissenschaftsgeschichte, Wien/München 1988.

ANTON STEDEN, Bericht von Prorektor Steden über die Hochschule für Bodenkultur vom 1. Oktober 1937 bis 30. September 1945, in: Feierliche Inauguration des für das Studienjahr 1945/46 zum Rector magnificus gewählten ord. Professor der Geologie und Bodenkunde Dr. Alfred Till, Wien 1946, S. 3–18.

ANTON STEDEN, 75 Jahre Hochschule für Bodenkultur, in: 75 Jahre Hochschule für Bodenkultur. Bd. 1, Wien 1947, S. 1–9.

DIETER STIEFEL, Entnazifizierung in Österreich, Wien 1981.

DIETER STIEFEL, Die große Krise in einem kleinen Land. Österreichische Finanz- und Wirtschaftspolitik 1929–1938, Wien/Köln/Graz 1988 (Studien zu Politik und Verwaltung 26).

DIETER STIEFEL, Nazifizierung plus Entnazifizierung = Null? In: SEBASTIAN MEISSL – KLAUS-DIETER MULLEY – OLIVER RATHKOLB (Hg.), Verdrängte Schuld, verfehlte Sühne. Entnazifizierung in Österreich 1945–1955, Wien 1986, S. 28–36.

GERNOT STIMMER, Eliten in Österreich 1848–1970, 2 Bde., Wien/Köln/Graz 1997 (Studien zu Politik und Verwaltung 57).

FRIEDWIN STURM (Hg.), Montanuniversität Leoben 1840–1990, Graz 1990.

BERTHOLD SUTTER, Die politische und rechtliche Stellung der Deutschen in Österreich 1848 bis 1918, in: ADAM WANDRUSZKA – PETER URBANITSCH (Hg.): Die Habsburgermonarchie 1848–1918, III. Bd.: Die Völker des Reiches, 1. Teilbd., Wien 1980, S. 154–339.

EMMERICH TALOS – ERNST HANISCH – WOLFGANG NEUGEBAUER (Hg.), NS-Herrschaft in Österreich, Wien 1988.

MARIA TESCHLER-NICOLA – MARGIT BERNER, Die Anthropologische Abteilung des Naturhistorischen Museums in der NS-Zeit. Berichte und Dokumentation von Forschungs- und Sammlungstätigkeit 1938–1945, Wien (Senatsbericht) 1999.

KLAUS THEWELEIT, Männerphantasien. Bd. 1: Frauen, Fluten, Körper, Geschichte. Reinbek 1980.

JÖRG TRÖGER (Hg.), Hochschule und Wissenschaft im Dritten Reich, Frankfurt a. M./New York 1984.

PETER URBANITSCH, Die Deutschen in Österreich in: ADAM WANDRUSZKA – PETER URBANITSCH (Hg.), Die Habsburgermonarchie 1848–1918, III. Bd.: Die Völker des Reiches, 1. Teilbd., Wien 1980, S. 33–153.

VERDRÄNGTE Geschichte? Die Hochschule für Bodenkultur im Austrofaschismus und Nationalsozialismus, Wien 1985.

JUDITH VÖLLMECKE, Österreichische Hochschulstatistik 1829 bis 1979, in: Geschichte und Ergebnisse der zentralen amtlichen Statistik in Österreich 1829–1979, Wien 1979, Bd. 1, S. 479–512 (Kommentarteil); Bd. 2, S. 67–94 (Statistikteil).

EMANUEL HUGO VOGEL, Österreichs Selbständigkeit als Weg einer gesamtdeutschen Lösung des Donauraumproblems/Ständeverfassung und Demokratie. Zwei unzeitgemäße Aufsätze, Wien 1935.

HUGO FRH. VON HAAN, Statistische Streiflichter zur österreichischen Hochschulfrequenz, Wien 1917.

ERICH VON TSCHERMAK-SEYSENEGG, Leben und Werk eines österreichischen Pflanzenzüchters. Beitrag zur Geschichte der Wiederentdeckung der Mendelschen Gesetze und ihre Anwendung für die Pflanzenzüchtung, Berlin/Hamburg 1958.

Die WEHRLOSEN. Zum Problem der nationalsozialistischen Hochschullehrer. hg. v. der Vereinigung demokratischer Hochschullehrer Österreichs, Wien 1946.

NORBERT WEIGL, Österreichs Forstwirtschaft in der Zwischenkriegszeit 1918–1938, Wien 1997 (Dissertationen der Universität für Bodenkultur 45).

WILLI WEINERT, Die Entnazifizierung der österreichischen Hochschulen, in: SEBASTIAN MEISSL – KLAUS-DIETER MULLEY – OLIVER RATHKOLB (Hg.), Verdrängte Schuld, verfehlte Sühne. Entnazifizierung in Österreich 1945–1955, Wien 1986.

WILLI WEINERT, Die Maßnahmen der reichsdeutschen Hochschulverwaltung im Bereich des österreichischen Hochschulwesens nach der Annexion 1938, in: HELMUT KONRAD – WOLFGANG NEUGEBAUER (Hg.), Arbeiterbewegung – Faschismus – Nationalbewußtsein, Wien/München/Zürich 1983, S. 127–134.

WILLI WEINERT, Rechtsextremismus an den Hochschulen, in: Rechtsextremismus in Österreich nach 1945, hg. v. Dokumentationsarchiv des österreichischen Widerstandes, 5. Aufl. Wien 1981, S. 289–308.

HANS-PETER WEINGAND, Die Technische Hochschule Graz im Dritten Reich. Vorgeschichte, Geschichte und Nachgeschichte des Nationalsozialismus an einer Institution, Graz 1988.

ERIKA WEINZIERL, Prüfstand. Österreichs Katholiken und der Nationalsozialismus, Mödling 1988.

ERIKA WEINZIERL, Universität und Politik in Österreich. Antrittsvorlesung an der Universität Salzburg, Wien/München 1969.

MANFRIED WELAN, Rede zum 120. Geburtstag der Universität für Bodenkultur im ehemals Graf Schönborn'schen Palais in der Laudongasse am 1. Oktober 1992, in: ÖZV (1993), H. 1, S. 49–52.

MANFRIED WELAN, Die Gründungsumstände der BOKU und 120 Jahre ihrer Tätigkeit (unpubl. Manus.).

MANFRIED WELAN, Hans-Karl Zessner-Spitzenberg. Das erste Opfer an der Boku 1938, in: Blick ins Land 5 (1988).

MANFRIED WELAN, Ein Preis in memoriam Hans-Karl Zessner-Spitzenberg, in: HELMUTH GATTERBAUER (Hg.), Kontinuität und Wandel im Agrarrecht, Wien 1979, S. 4–13.

MANFRIED WELAN, Ein Schloß mit Park, in: Die BOKU 6 (1996).

MANFRIED WELAN (Hg.), Die Universität für Bodenkultur. Von der Gründung in die Zukunft 1872–1997, Wien/Köln/Weimar 1997.

WIDERSTAND und Verfolgung in Niederösterreich 1934–1945. Eine Dokumentation, Bd. 2, hg. v. Dokumentationsarchiv des Österreichischen Widerstandes, Wien 1987.

WIDERSTAND und Verfolgung in Wien 1934–1945, Bd. 3: 1938–1945, hg. v. Dokumentationsarchiv des Österreichischen Widerstandes, 2. Aufl. Wien 1984.

H. WIESENEDER, Leopold Kölbl (Nachruf), in: Mitteilungen der Geologischen Gesellschaft in Wien 63 (1970), S. 217–221.

MARTIN WILCKENS, Der Hochschul-Unterricht für Land- und Forstwirthe im Hinblick auf die Frage der Einverleibung der Wiener Hochschule für Bodencultur in die Wiener Universität, Wien 1878.

HARALD WINKEL (Hg.), Festschrift zum 175jährigen Jubiläum/Universität Hohenheim, Stuttgart 1993.

„WIR TRAGEN das Banner der Freiheit". 10 Jahre Kampf um eine Hochschule, Bonn 1937.

ERICH WITZMANN, Der Anteil der Wiener waffenstudentischen Verbindungen an der völkischen und politischen Entwicklung 1918–1938, Diss. Wien 1940.

HELMUT WOHNOUT, Hans Karl Zeßner-Spitzenberg, in: Academia. Zeitschrift für Politik und Kultur 39 (1988), H. 4, S. 6–9.

HELMUT WOHNOUT, Die Janusköpfigkeit des autoritären Österreich. Katholischer Antisemitismus in den Jahren vor 1938, in: Geschichte und Gegenwart 13 (1994), S.3–16.

JOSEPH WULF, Kultur im Dritten Reich. Literatur und Dichtung, Frankfurt a. M./ Berlin 1989.

MARIA ZACHERL, Hochschulprofessor DDr. Hans-Karl Zeßner-Spitzenberg. Versuch einer Biographie, Wien 1968 (unpubl.).

HELGE ZOITL, Der Kampf um die Gleichberechtigung. Die Sozialdemokratische Studentenbewegung in Wien 1924–1925, Diss. Salzburg 1978.

HELGE ZOITL, „Student kommt von Studieren!" Zur Geschichte der sozialdemokratischen Studentenbewegung in Wien, Wien/Zürich 1992.

ZU DEN Hochschulkrawallen. Offener Brief an Herrn Bundesminister für Kultus und Unterricht vom Vorstand der Deutsch-demokratischen Hochschulvereinigung, Wien 1929.